SECCIÓN DE OBRAS DE ECONOMÍA LATINOAMERICANA

PROTECCIONISMO *VERSUS* LIBRECAMBIO

ALDO R. FLORES QUIROGA

PROTECCIONISMO *VERSUS* LIBRECAMBIO

La economía política de la protección comercial en México, 1970-1994

FONDO DE CULTURA ECONÓMICA
MÉXICO

Primera edición en español, 1998

Carretera Picacho-Ajusco, 227; 14200 México D. F.

ISBN 968-16-5793-4

Impreso en México

A mamá, papá y MILENA

ABREVIATURAS

AMB	Asociación Mexicana de Bancos.
AMCB	Asociación Mexicana de Casas de Bolsa.
AMIF	Asociación Mexicana de la Industria Farmacéutica.
AMIS	Asociación Mexicana de Instituciones de Seguros.
ANIA	Asociación Nacional de la Industria Automotriz.
ANIERM	Asociación Nacional de Importadores y Exportadores de la República Mexicana.
ANIQ	Asociación Nacional de la Industria Química.
Asocindmex	Asociación de Industriales del Estado de México.
Bancomext	Banco Nacional de Comercio Exterior.
Caintra	Cámara de la Industria de la Transformación del Estado de Nuevo León.
Camco	Cámara Americana de Comercio.
Canacero	Cámara Nacional de la Industria del Acero.
Canacintra	Cámara Nacional de la Industria de la Transformación.
Canafarma	Cámara Nacional de la Industria Farmacéutica.
Canamel	Cámara Nacional de Manufacturas Eléctricas.
Canatextil	Cámara Nacional de la Industria Textil.
Careintra	Cámara Regional de la Industria de la Transformación.
Cedi	Certificados de Devolución de Impuestos.
CEMEU	Comité Empresarial México-Estados Unidos.
CCE	Consejo Coordinador Empresarial.
CCIBC	Consejo Coordinador de la Industria de Bienes de Capital.
CEMAI	Consejo Empresarial Mexicano para Asuntos Internacionales.
CIDE	Centro de Investigación y Docencia Económicas.
CMHN	Consejo Mexicano de Hombres de Negocios.
CNE	Colegio Nacional de Economistas.
Colmex	Colegio de México.
Conacex	Consejo Nacional de Comercio Exterior.
Concamin	Confederación Nacional de Cámaras Industriales.
Concanaco	Confederación Nacional de Cámaras Nacionales de Comercio.
Concanacomin	Confederación Nacional de Cámaras Nacionales de Comercio e Industria.
Coparmex	Confederación Patronal de la República Mexicana.

CROC	Confederación Revolucionaria de Obreros y Campesinos.
CRT	Confederación Revolucionaria del Trabajo.
CT	Congreso del Trabajo.
CTM	Confederación de Trabajadores de México.
FDN	Frente Democrático Nacional.
FMI	Fondo Monetario Internacional.
GATT	*General Agreement on Tariffs and Trade.*
Imecca	Instituto Mexicano de Control de Calidad.
INEGI	Instituto Nacional de Estadística, Geografía e Informática.
IPN	Instituto Politécnico Nacional.
ISI	Industrialización vía Sustitución de Importaciones.
ITAM	Instituto Tecnológico Autónomo de México.
LER	Liga de Economistas Revolucionarios.
PAN	Partido Acción Nacional.
PECE	Pacto de Estabilidad y Crecimiento Económico.
PRI	Partido Revolucionario Institucional.
PSE	Pacto de Solidaridad Económica.
RCEU	Representante Comercial de los Estados Unidos.
Secofi	Secretaría de Comercio y Fomento Industrial.
SHCP	Secretaría de Hacienda y Crédito Público.
SPP	Secretaría de Programación y Presupuesto.
TLC	Tratado de Libre Comercio de América del Norte.
UMAI	Unión Mexicana de Asociaciones de Ingenieros.
UNAM	Universidad Nacional Autónoma de México.
UNCTAD	*United Nations Conference on Trade and Development.*

PREFACIO

El cambio estructural llegó a México en los años ochenta. Sus principales componentes son bien conocidos: liberalización comercial, privatización, desregulación —incluso avance democrático—. Todavía nos encontramos inmersos en ese proceso de cambio y aún nos preguntamos sobre los términos de su consolidación. ¿Hasta dónde se extenderá el nuevo conjunto de políticas económicas liberales? ¿Cuánto tiempo durarán esas políticas? Hay indicios de que este nuevo entorno económico permanecerá por muchos años, aunque no es claro en dónde chocará con sus límites. Los mercados libres no siempre atienden *a tiempo* los rezagos sociales, y la paciencia ciudadana para la adquisición de satisfactores como salud, vivienda, educación o entretenimiento no siempre es abundante. Probablemente los procesos electorales nos den una respuesta a esta incertidumbre mediante la selección de administraciones que profundicen o moderen el cambio estructural. Todo depende de las prioridades ciudadanas: esperar a la distribución de los frutos del crecimiento orientado hacia afuera o crear mecanismos para repartirlos en el instante mismo de su generación.

Mientras presenciamos el desenlace, conviene reflexionar sobre el curso de los acontecimientos que nos trajo hasta este punto. Quizá esta reflexión nos proporcione las pistas necesarias para entender mejor la naturaleza de nuestros presentes conflictos y de sus posibles soluciones. De ahí las interrogantes de este libro: ¿cómo llegamos hasta aquí? ¿De dónde provino el cambio estructural? En particular, ¿dónde se originó el impulso de reformar el sistema comercial mexicano y por qué adoptó la forma que ahora le conocemos?

En este libro ofrezco una respuesta a este tipo de preguntas realizando un ejercicio de historia económica-política. Mi perspectiva es que el análisis histórico de la interacción entre la economía y la política provee una perspectiva útil para lidiar con las interrogantes anteriores. Si bien la tradición de división del trabajo académico dicta estudiarlos por separado, resulta cada vez más difícil comprender los procesos políticos sin tomar en cuenta los económicos y vice-versa. En las decisiones de política económica de nuestros gobernantes cuesta trabajo identificar criterios puramente técnicos o políticos, tan sólo porque la persecución de eficiencia económica enfrenta límites políticos (pienso en la rebelión de los zapatistas de Chiapas) y porque la persecución de objetivos políticos encuentra claras restricciones económicas (pienso en los experimentos estatistas de los años setenta).

Recuerdo sentir la necesidad de leer análisis que combinaran la economía y la política, cuando inicié mis estudios de economía en 1984 en la Universidad Autónoma de Nuevo León. Entonces el diagnóstico de los problemas del país —la deuda externa, la recesión inflacionaria— apuntaba a una mezcla de incompetencia de nuestros gobernantes y "mala suerte". Desde entonces me pareció una respuesta equivocada: administraciones presidenciales integradas por funcionarios con diversos niveles de preparación, visiones contrastantes de los problemas del país y diversos grados de compromiso con "el interés nacional" habían dejado al país en circunstancias similares, ya sea promisorias o desalentadoras. La experiencia de las últimas tres décadas reforzó esta visión: los experimentos tanto de los tecnócratas de izquierda como de los de derecha desembocaron en crisis económicas agudas. Ahora parece evidente que ni el nivel educativo de nuestros gobernantes ni su suerte son suficientes para entender sus decisiones y su impacto sobre el desarrollo del país. Una constelación de variables económicas y políticas dentro y fuera de su control debió contribuir a las decisiones de política económica que tomaron. Mi intención en este estudio es aportar pistas adicionales para identificar esas variables.

En el periodo de gestación de este libro acumulé deudas con muchas personas. Agradezco especialmente al ex presidente Miguel de la Madrid por motivarme (sin saberlo, al elegir la opción del cambio estructural) a realizar esta investigación y (sabiéndolo) a tratar de mejorarla. También agradezco de manera particular a Jeffry Frieden por iniciarme en los métodos de la economía política moderna y desafiarme constantemente a repensar los temas de este libro más de lo que yo creía necesario.

Amigos y compañeros de talleres, seminarios y conversaciones en la Universidad de California en Los Ángeles, la Universidad de Columbia, la Universidad de California en Irvine, The Claremont Graduate University, El Colegio de México y el ITAM aportaron ideas útiles sobre mi trabajo. Deseo agradecer especialmente el apoyo brindado por Barbara Geddes, Mohan Penubarti, Kenneth Sokoloff, Pamela Starr, Arthur Stein, Michael Wallerstein, Jaime Rodríguez, Linda Rodríguez, Jacek Kugler, Dean McHenry, Tom Rochon, Tom Willet, Paul Zak, Helen Milner, Gustavo Vega, Emilio Zebadúa y Rafael Fernández de Castro.

Gracias también a quienes me orientaron para conseguir parte de la información que sustenta este libro: a Luis Bravo, Héctor Hernández, David Ibarra, Humberto Jasso, Adriana Peña, Salvador Ramos, Adriaan Ten Kate, René Villarreal y Rocío Ramos de Villarreal. Gracias al Conacyt y a la UCLA, instituciones que me apoyaron durante esta investigación.

El afecto y el apoyo de mi familia fueron esenciales para completar este trabajo. Este libro es para ellos.

Por último, la advertencia acostumbrada, pero importante: soy el único responsable de las argumentaciones presentadas en este libro.

A.R.F.Q.

INTRODUCCIÓN

Problemas y preguntas

La política comercial mexicana sufrió transformaciones fundamentales entre 1970 y 1994. Grandes reformas afectaron el nivel y la estructura de protección del país, y modificaron también los términos de sus relaciones comerciales multilaterales y bilaterales. La naturaleza de esos acontecimientos propone abundantes rompecabezas para el economista político.

El nivel de protección del país varió notablemente durante este periodo. En tres ocasiones (1971-1975, 1977-1980 y 1985-1988) el gobierno intentó liberalizar la economía. Los dos primeros intentos acabaron con niveles de protección superiores a los iniciales. El tercero culminó en la eliminación de gran parte de las barreras no arancelarias y el establecimiento de uno de los regímenes comerciales más abiertos de la historia del país. Los dos intentos fallidos se realizaron en condiciones económicas favorables, mientras que el exitoso se llevó a cabo en las que posiblemente fueron las peores condiciones económicas de la historia mexicana reciente.

Durante el mismo periodo las relaciones comerciales multilaterales y bilaterales de México siguieron un patrón similar. En el frente multilateral, el gobierno mexicano buscó el ingreso al GATT en 1979, sólo para posponerlo indefinidamente en 1980 y modificar de nuevo su posición cinco años después, adhiriéndose formalmente al acuerdo en 1986. En el frente bilateral, el gobierno mexicano pasó de un rechazo total de las proposiciones estadunidenses de negociar un Tratado de Libre Comercio de América del Norte a buscar activamente su firma entre 1990 y 1993.

Las modificaciones de la estructura de protección comercial también acompañaron esos cambios en la orientación comercial y las relaciones comerciales multilaterales de la nación. En cada uno de los tres intentos de las autoridades comerciales mexicanas de reducir las barreras arancelarias del país se ajustó la estructura arancelaria y se modificaron las barreras no arancelarias con el fin de alcanzar una estructura más "racional" de la protección. Los ajustes de la estructura de protección se realizaron en forma incremental, pero aun así siguieron de cerca el patrón de avance y retroceso de las liberalizaciones comerciales: las autoridades comerciales mexicanas detuvieron y anularon (en 1975-1976 y 1980-1982) las reformas de la estructura de protección que iniciaron un par de años antes; sólo las reformas de 1985-1988 subsistieron.

Estos acontecimientos provocan una serie de preguntas. ¿Por qué el gobierno mexicano intentó inicialmente reformar la política comercial del país? ¿De dónde provino el interés en esas reformas? ¿Por qué el gobierno no logró reducir la protección en sus dos primeros intentos? ¿Por qué tuvo éxito en el tercero? ¿Por qué cambió tan repentinamente su posición sobre el ingreso al GATT y el TLC? ¿Cuál fue el origen de su posición respecto al GATT y el TLC? ¿Qué determinó que algunas industrias quedaran más protegidas al final de las reformas comerciales? Puesto que las reformas comerciales afectaron a muchos intereses, ¿cómo lesionaron el comportamiento político de éstos? ¿Cómo dañaron la popularidad del gobierno? ¿Cómo manejó el gobierno los aspectos técnicos y políticos de esas reformas?

Este estudio ofrece respuesta a tales preguntas, las cuales resumo en dos más generales: *1)* ¿por qué se protege más a algunas industrias mexicanas que a otras?, y *2)* ¿qué determina el nivel de protección de la economía mexicana?

Responder a estas preguntas es importante porque están estrechamente relacionadas con problemas del desarrollo económico y político, así como de cooperación en el comercio internacional. La respuesta que les demos influye en nuestra comprensión de cómo operan esas políticas y, por último, afecta decisiones políticas. Si es cierto, como los economistas no se cansan de repetir, que el libre comercio contribuye a la mejor utilización de los recursos de un país y aumenta el bienestar de la mayoría, debemos preguntarnos por qué es tan difícil lograrlo y cómo es posible buscarlo manteniendo al mismo tiempo la estabilidad económica y política. Además, puesto que la política comercial de un país representa la elección de una política económica exterior, también depende de problemas de relaciones internacionales. Cuando un país eleva sus barreras comerciales está limitando las posibilidades de intercambios mutuamente beneficiosos entre diferentes economías, posiblemente estimulando la elevación de las barreras comerciales en otros países y, por lo tanto, contribuyendo a hacer menos abierto el sistema comercial mundial. Las relaciones internacionales suelen verse complicadas por disputas comerciales, muchas veces originadas por presiones internas. Por consiguiente, comprender esas presiones es un modo de entender cómo se hace la política exterior y los conflictos comerciales entre las naciones.

EXPLICACIONES DISPONIBLES

Hasta la fecha contamos con tres tipos principales de análisis para explicar el comportamiento de la política comercial mexicana durante el periodo comprendido por este estudio. El primer tipo proviene sobre todo de la literatura económica y relaciona la política comercial mexicana con por lo menos uno de los siguientes factores: movimientos adversos en los términos de intercambio, debilidad de los ingresos fiscales, persistentes crisis de la balanza de pagos, el impulso de la industrialización por sustitución de importaciones entre 1930 y 1982 (el argumento de la industria incipiente), el impulso de la industrialización por promoción de las exportaciones después de 1985, o la necesidad de generar saldos exportadores netos positivos para pagar deudas externas de 1982 en adelante (por ejemplo, Izquierdo, 1964; Reynolds, 1970; King, 1970; Bueno, 1971; Villarreal, 1976; Aspra, 1977; Ten Kate *et al.*, 1979; Balassa, 1983; Villarreal, 1988; Ten Kate y de Mateo, 1989a; de Mateo, 1989; Ten Kate, 1992a).

El segundo tipo de análisis es político; sus proponentes provienen de todas las disciplinas de las ciencias sociales y sigue dos líneas de argumentación principales. Una línea explica la formación de la política económica (no exclusivamente comercial) mexicana con base en las preferencias del gobierno. Éstas generalmente se determinan recurriendo a los gustos o preferencias reveladas de política económica del presidente o del grupo de tecnócratas en turno (por ejemplo, Heredia, 1994; Pastor y Wise, 1994), o por la competencia entre alianzas de la élite (Cordera y Tello, 1979; Hamilton, 1982; Maxfield, 1990). Esta visión está implícita además en muchos de los análisis de economistas. La otra línea destaca el papel de los grupos de interés y su influencia en las preferencias del gobierno (Mosk, 1950; Cordera y Tello, 1979; Story, 1986).

El tercer tipo de argumento se concentra en el limitado poder de negociación de México en los mercados comerciales y financieros internacionales. Afirma que los cambios en esos dos terrenos obligan a México a adaptar su política comercial de acuerdo con las preferencias de los países con mayor poder de negociación, en particular los Estados Unidos. Desde ese punto de vista, el nuevo sistema comercial mundial surgido de la Ronda de Tokio obligó a México a eliminar las políticas más restrictivas de su régimen comercial (por ejemplo, de Mateo, 1986). Del mismo modo, este tipo de argumentos observa que, debido a la elevada concentración de exportaciones mexicanas en el mercado estadunidense, y a la baja dependencia de las exportaciones estadunidenses respecto al mercado mexicano, la relación comercial bilateral tiende a favorecer a los Estados Unidos. Dicho sencillamente, las sanciones comerciales estadunidenses son más costosas para México que las mexicanas para los Estados Unidos; por lo tanto, México se ajusta a los cambios de política comercial estadunidense.

En el frente financiero, esta perspectiva sostiene que el endurecimiento de los mercados financieros mundiales después de los *shocks* petroleros de los años setenta y el aumento de las tasas de interés estadunidenses a comienzos de los ochenta afectaron la capacidad de México para acceder a fuentes de capital internacionales sin muchas condiciones. Los préstamos externos pasaron a condicionarse a ajustes en la política comercial, y como México necesitó esos préstamos, instrumentó los cambios correspondientes.

Estas explicaciones sin duda señalan factores explicativos importantes, pero motivan una serie de interrogantes adicionales que vale la pena explorar. Los análisis puramente económicos dan por sentadas las decisiones políticas del gobierno y observan sus efectos en el desarrollo de la economía. Al hacerlo dejan sin investigar la relación entre el comportamiento político y el desempeño económico y sus consecuencias para el diseño de la política económica. También pasan por alto el hecho de que los análisis económicos han propuesto causas similares para explicar decisiones políticas diferentes.

El primer aspecto es importante porque vincula el desempeño económico con factores económicos y políticos. Si los procesos políticos influyen en las decisiones de política económica, y estas decisiones afectan el desempeño de la economía, entonces es necesario prestar más atención al papel de estos procesos. Por supuesto, este argumento funciona en los dos sentidos: el desempeño económico afecta el comportamiento político y, por esa vía, las decisiones de política económica. Lo importante es que, si bien el análisis económico es necesario para comprender las decisiones de política económica, es igualmente importante prestar atención al impacto político de las opciones escogidas.

El segundo aspecto presenta algunos enigmas lógicos. Por ejemplo, México enfrentó términos de intercambio adversos en las décadas de 1930 y 1980, pero en los treinta respondió con proteccionismo, mientras que en los ochenta respondió con el libre comercio. Por lo tanto, los términos de intercambio no pueden explicar *por sí solos* la elección de un determinado régimen comercial. Hay otro ejemplo estrechamente relacionado con el anterior. Se dice que a comienzos de los años treinta tanto la insuficiencia de los ingresos gubernamentales (ineficiencia de los mecanismos internos de recaudación de impuestos) como los objetivos de industrialización justificaron el empleo de tarifas para financiar el gasto gubernamental, pero también se dice que la insuficiencia de los ingresos gubernamentales influyó en los ochenta para que se redujeran las tarifas. Por consiguiente, la insuficiencia de los ingresos gubernamentales no explica por sí sola el nivel de protección de nuestro país.

Otros ejemplos se refieren a selecciones de política económica a corto y largo plazo y a las características específicas de éstas. La aguda necesidad de frenar el drenaje de divisas asociado a una crisis de la balanza de pagos ayuda a explicar el proteccionismo a corto plazo, pero no necesariamente la elección de una estrategia comercial de lago plazo. Los argumentos sobre el apoyo a la industria incipiente pueden explicar el proteccionismo a corto, mediano o largo plazo, pero no explican por qué algunas industrias incipientes están más protegidas que otras, o cómo se les selecciona para gozar del privilegio de la protección.

Las explicaciones políticas más comunes tienden a sobrestimar el poder del presidente y a subestimar la capacidad de los grupos de interés internos para influir en las decisiones gubernamentales. Esa caracterización del poder del presidente es comprensible en el caso de México, pero no ayuda mucho a comprender *sistemáticamente* la elección de un régimen comercial. Es cierto que los presidentes mexicanos pueden cambiar el curso de la política económica del país con su firma; sin embargo, no está claro que cuando lo hacen obtengan siempre lo que desean, o que los grupos de interés internos se mantengan indiferentes a lo que hacen. Como demuestro en este estudio, los grupos de interés mexicanos presionan por las políticas comerciales que desean antes y después de la toma de decisión sobre este respecto, y han sido capaces de forzar, invertir o transformar las decisiones del Ejecutivo. Y lo que es igualmente importante, acontecimientos de los mercados financieros y comerciales internacionales pueden alterar las restricciones y las oportunidades de los presidentes, ampliando o reduciendo la gama de políticas económicas a su disposición.

Por último, las explicaciones basadas exclusivamente en factores internacionales subestiman la fuerza de los acontecimientos económicos y políticos internos en la conformación de la política comercial. La condicionalidad de los préstamos externos, por ejemplo, ayuda a explicar las opciones políticas a corto plazo; a cambio de asistencia financiera, de acceso al mercado estadunidense o de inversión extranjera; el gobierno mexicano ha tenido que reducir barreras comerciales. Pero eso tampoco explica necesariamente la elección de un régimen comercial a largo plazo. En ocasiones, después de firmar acuerdos con acreedores extranjeros, el gobierno mexicano ha puesto en práctica políticas económicas en conflicto con lo considerado por los acreedores como opciones aceptables. Las sanciones comerciales han motivado la negociación de acuerdos comerciales sectoriales, pero no necesariamente de reformas comerciales generales.

Las observaciones anteriores sugieren diseñar una agenda doble de investigación, con el fin de ampliar nuestro entendimiento del proceso de toma de decisiones de política comercial mexicana. Los dos puntos de esta agenda son: *1)* desarrollar un marco conceptual para explicar de manera sistemática la elección de políticas comerciales en México, y *2)* incorporar en este marco tanto factores económicos como políticos internos y externos.

UN ENFOQUE COMPLEMENTARIO

Con el enfoque que presento en este estudio pretendo dar un paso para satisfacer la agenda planteada anteriormente. Mi objetivo es complementar las visiones existentes sobre el proceso de formación de la política comercial mexicana. Enfatizo el verbo *complementar*: de ningún modo afirmo que lo dicho hasta la fecha sobre la creación de la política comercial mexicana sea erróneo; sólo intento ampliar nuestra comprensión del fenómeno utilizando un enfoque que se concentra en el papel desempeñado en México tanto por los grupos de interés como por los cambios en el ámbito internacional en el periodo 1970-1994.

Mi línea de argumentación se basa en cinco premisas:

Primera: la política comercial (y los cambios en la intensidad del contacto con los flujos comerciales y financieros internacionales) redistribuye ingresos, creando ganadores y perdedores.

Segunda: los agentes económicos conocen o tienen una idea bastante aproximada de los efectos redistributivos de la política comercial, y tratan de manipularla en beneficio propio. Los ganadores intentan aumentar sus ganancias redistributivas mientras que los perdedores pretenden detener los resultados redistributivos adversos.

Tercera: los agentes con más influencia política tienen ventaja en esa competencia entre los grupos afectados por la política comercial, y generalmente consiguen las políticas comerciales que prefieren.

Cuarta: la influencia política depende generalmente de la estructura institucional, de la capacidad de grupos para movilizar recursos para la acción política (la capacidad de solucionar problemas de la acción colectiva) y de su fuerza electoral. Por ejemplo, las democracias tienden a valorar los votos más que los regímenes autoritarios; los grupos grandes tienen una ventaja electoral sobre los grupos pequeños; los grupos grandes y organizados triunfan sobre los grupos grandes desorganizados; los intereses bien organizados ejercen mayor influencia política que los desorganizados porque son capaces de movilizar recursos en forma creíble y eficaz.

Quinta: los agentes económicos internos responden al cambio de las condiciones económicas internacionales intentando modificar la política comercial existente a fin de obtener ganancias distributivas adicionales (o compensar las pérdidas). Por ejemplo, si el aumento de la competencia extranjera reduce los precios relativos de bienes comerciables, ello dará origen a presiones por mayor asistencia gubernamental tanto de los grupos orientados hacia el mercado nacional como de los orientados hacia la exportación. Del mismo modo, como la elevación de las sanciones comerciales en mercados extranjeros reduce los ingresos de los exportadores nacionales, los sectores orientados hacia la exportación presionarán al gobierno buscando compensación, posiblemente en forma de menor protección a otros sectores. Alternativamente, si la entrada de capitales del exterior se revierte, ello contribuirá a aumentar las tasas de interés internas y posiblemente a reducir los ingresos del gobierno, lo cual eleva los costos financieros para los productores nacionales, reduce subsidios y disminuye la capacidad de las empresas nacionales para competir en mercados extranjeros. Por lo tanto, los sectores orientados hacia la exportación y las empresas que compiten con las importaciones responderán a esa disminución de la entrada de capitales tratando de reformar la política comercial (entre otras regulaciones) a fin de recuperar —o aumentar— su nivel de ingresos anterior. En la medida en que algunos de esos cambios internacionales sean percibidos como permanentes, habrá grupos de interés presionando por cambios permanentes en la política comercial.[1]

Mediante estas premisas explico tanto la estructura como el nivel de la protección comercial de México. Por ejemplo, analizo cómo la estructura de protección es determinada por los distintos grados de vulnerabilidad a la competencia extranjera y de influencia política de las diferentes industrias. Cuanto mayor es la competencia con las importaciones que debe enfrentar una industria y cuanto mejor es su organización política, más probabilidades tiene de verse protegida con tarifas más altas. Por el contrario, cuanto más competitiva sea en los mercados extranjeros y menos políticamente organizada esté, menor será la protección que reciba.

Para explicar los cambios en el nivel de protección, me concentro en los intereses económicos de los sectores orientados hacia la exportación y de los orientados hacia el interior, así como en los cambios en su influencia política. Para emplear un ejemplo utilizado anteriormente, si ocurre algo que reduce los ingresos de los sectores orientados hacia la exportación, espero que presionen al gobierno buscando compensaciones y que el gobierno los favorezca si ejercen relativamente más presión que los sectores que compiten con las importaciones. La presión ejercida por una industria aumentará cuanto mayor sea el grado de disminución del ingreso derivado de sus activos, cuando su tamaño aumenta y cuando mejora su capacidad de resolver sus problemas de acción colectiva. Así, la liberalización del comercio puede ocurrir si grupos orientados hacia la exportación, quienes quieren menos protección (por razones explicadas en el texto principal), llegan a generar más influencia política que los sectores orientados al mercado interno. Por cierto, ésta no es la única posibilidad, sino sólo una hipótesis que exploro en este estudio.

Mis premisas se basan en la teoría de la protección endógena, la cual forma parte de la economía política moderna. Las raíces de

[1] Las características específicas de cada uno de estos elementos se explican en el texto principal.

esta teoría son al menos tan antiguas como la economía política clásica. Adam Smith (1776) identificó motivos de oferta y demanda para la protección comercial cuando afirmó que era "utópico" esperar la desaparición del proteccionismo, en vista de las fuertes presiones ejercidas por los productores en competencia con las importaciones sobre los miembros del Parlamento —a quienes él llamó "monopolistas"— y de los beneficios, en términos de popularidad, que los miembros de Parlamento derivaban de la protección de los intereses de esos productores.

La literatura del siglo XX amplió y formalizó esa perspectiva convirtiéndola en una teoría de la regulación económica, incluyendo la política comercial, con énfasis en la influencia de intereses especiales en la intervención gubernamental (Stigler, 1971; Krueger, 1974) y el efecto de los incentivos de búsqueda de apoyo político del gobierno en la distribución de la regulación (Peltzman, 1976). Modelos subsiguientes utilizaron algunas de esas hipótesis para explicar políticas comerciales, postulando que, al apoyar determinado programa comercial, los partidos o gobiernos buscaban maximizar sus probabilidades electorales (Brock y Magee, 1978), o acercarse a las preferencias del votante medio (Mayer, 1984). Otras obras han explicado la política comercial como resultado de las presiones políticas encontradas de distintos grupos de interés (Findlay y Wellisz, 1982; Becker, 1983; Magee, Brock y Young, 1989).[2]

La mayoría de los estudios asociados con esta teoría se han concentrado en las decisiones de política comercial de países desarrollados. En este libro la aplico a un país subdesarrollado, en el supuesto de que el comportamiento económico y político es básicamente similar en todos los países (lo que cambia en general de país a país son los incentivos institucionales enfrentados por los agentes económicos y políticos). Después de todo, es de esperar que las teorías realmente poderosas deben ser aplicables en una amplia variedad de ambientes. En consecuencia, este estudio puede ser entendido también como una exploración de la fuerza explicativa de los instrumentos de la economía política moderna.

[2] Para reseñas generales de la literatura teórica y empírica, que es extensa, véase Baldwin (1984), Nelson (1989), Hillman (1989), Magee, Brock y Young (1989), Marks y McArthur (1990), Magee (1994) y Rodrik (en prensa).

MÉTODOS Y DATOS

La estrategia que empleo para explicar el comportamiento de la política comercial mexicana consiste en análisis estadístico y estudios de caso. Desarrollo un análisis de regresión de corte transversal a las industrias para estimar la influencia de las características de las mismas sobre la estructura de protección. Las características de las industrias utilizadas en esas regresiones pretenden capturar las preferencias en materia de política comercial y la fuerza política de diferentes industrias.

También realizo análisis de regresión para el cambiante nivel de licencias a la importación durante el periodo 1960-1992. Aquí el énfasis está puesto en descubrir en qué medida ha influido la orientación comercial del sector productivo en el grado de apertura de México, que estimo condiciona sus preferencias de política comercial.

Los estudios de caso exploran los determinantes tanto del nivel de protección de México como de su manejo de las relaciones comerciales bilaterales y multilaterales. Dada la estrecha relación entre estos dos aspectos, los trato juntos en cada uno de los estudios de caso. Por ejemplo, explico en el mismo lugar las decisiones de 1980 de posponer el ingreso al GATT y abandonar las reformas comerciales (capítulo VI); o la decisión de 1985 de liberalizar la economía mexicana e ingresar al GATT (capítulo VII).

Los estudios de caso son incapaces de aportar una prueba rigurosa e indiscutible de las hipótesis de este estudio, pero son posiblemente la mejor alternativa de investigación en vista de las limitaciones de los datos disponibles, y la mejor manera de colocar las decisiones de política comercial en un contexto histórico. Hay variables políticas cualitativas importantes que las estadísticas solas no pueden captar. Por lo tanto, los estudios de caso se basan en estadísticas económicas de fuentes primarias y secundarias, artículos de publicaciones especializadas, libros e informaciones periodísticas, documentos oficiales y en información recogida en entrevistas personales (y confidenciales). Algunos de los datos "blandos" contenidos en estos estudios de caso quizá no sean la mejor base para una investigación científica, pero me parece mejor su uso a la alternativa de "no hacer nada". Además, aportan elementos para comprender las decisiones de política comercial y sirven para observar la movilización de grupos de interés —aspecto valioso especialmente si uno de los propósitos es mostrar que en efecto presionaban al gobierno por las políticas de su preferencia.[3]

ESTRUCTURA DEL LIBRO

El capítulo I presenta el marco teórico de este estudio. El capítulo II se refiere a los antecedentes; describe en términos generales la evolución de la economía mexicana en el periodo posterior a la segunda Guerra Mundial y examina los intereses y las instituciones detrás de la creación de la política comercial mexicana. Los capítulos III a VIII analizan los determinantes políticos y económicos de la estructura y el nivel de protección de México. En todos se ha puesto especial atención a la identificación de los motivos de oferta y demanda para la reforma comercial y los resultados políticos de su interacción.

El capítulo III analiza la determinación de la estructura de protección mexicana. Empleando como punto de referencia el sector manufacturero en 1988, explora mediante análisis de regresión si variables relacionadas con los incentivos al *cabildeo* de una industria, como su estructura de costos, concentración geográfica o la penetración de importaciones, ayudan a explicar los diferentes niveles de protección concedidos a diferentes sectores económicos. Los resultados confirman esta perspectiva y ofrecen fuertes indicaciones de que sí resulta útil como complemento de las más tradicionales explicaciones orientadas hacia el Estado.

El capítulo IV presenta un amplio panorama de los factores que afectaron el cambio del nivel de protección mexicano. Como el ejercicio de este capítulo se apoya en el análisis de regresión, incluye observaciones de un periodo más prolongado (de 1960 a 1992) a fin de llegar a conclusiones más significativas. Este análisis indica que el nivel de las barreras comerciales del país no depende solamente de las condiciones o la influencia tecnocrática del FMI. La orientación exportadora y la penetración de importaciones parecen desempeñar un papel importante en la explicación del cambio del nivel de protección.

[3] Las declaraciones en los periódicos indican por lo menos una batalla por la opinión pública, una expresión de movilizaciones ya en marcha (los periódicos registran acontecimientos, la presentación de documentos, la presencia de *lobbies* en las secretarías, etc.), y confirman la inversión de recursos por parte de los grupos de interés para manifestar públicamente su posición.

Los capítulos V a VIII son estudios de caso. El capítulo V explica los orígenes o las razones de la frustrada reforma comercial de la administración de Echeverría (1970-1976). El capítulo VI analiza el segundo intento frustrado de México de liberalizar su economía durante la administración de López Portillo (1976-1982), y la decisión del gobierno mexicano de postergar el ingreso al GATT en 1980. El capítulo VII explica por qué México liberalizó su economía en los años ochenta, y se concentra en las reformas comerciales del presidente De la Madrid (1982-1988), incluyendo el ingreso de México al GATT en 1986. El capítulo VIII se ocupa de la decisión de México de buscar el TLC durante el gobierno de Salinas (1988-1994). Los hallazgos de estos estudios de caso son consistentes con el marco teórico del capítulo I: los grupos de interés también influyeron en el curso de la política comercial mexicana entre 1970 y 1994.

En el capítulo IX se comparan los hallazgos de este libro con los de otros estudios y se exploran sus implicaciones para el análisis de la economía política y la creación de política. Además, sugiere vías alternativas para el análisis de los problemas tratados en este estudio. El capítulo X presenta las conclusiones.

PRIMERA PARTE

MARCO TEÓRICO

I. UN MARCO PARA EL ANÁLISIS POLÍTICO DE LA POLÍTICA COMERCIAL

ESTE capítulo explica el marco teórico con el que analizo la economía política de la política comercial mexicana. Como mencioné en la introducción, el objetivo principal de este análisis es comprender *1)* por qué se protege a algunas industrias mexicanas más que a otras, y *2)* qué determina los cambios en el nivel de protección de la economía mexicana.

El argumento consta de tres partes. En la sección I.1 especifico la demanda y la oferta de protección —los dos determinantes principales de la política comercial—. En la sección I.2 exploro cómo estos dos elementos se combinan para generar una estructura de protección determinada. En la sección I.3 presento mecanismos político-económicos por los cuales puede ocurrir el cambio en el nivel de protección. En la sección I.4 explico cómo aplico este marco al análisis del caso mexicano.

I.1. LOS DETERMINANTES DE LA POLÍTICA COMERCIAL

Las políticas comerciales redistribuyen el ingreso. Manipulando la política comercial, unos agentes económicos pueden aumentar sus ingresos a expensas de otros. Esto es depredar. Depredar consiste en apropiarse de un flujo de ingresos perteneciente a otros mediante intercambios fuera del mercado. Una forma de depredar es robar. Otra es modificar las regulaciones del mercado, como la política comercial.[1]

Los agentes económicos obtienen ingresos produciendo, intercambiando y depredando.[2] La elección entre producir, intercambiar

[1] Como señala Leamer (1993, p. 436): "Una razón sustancial por la que los economistas deberían seguir utilizando el modelo Heckshher-Ohlin es que da a las barreras comerciales el título que realmente merecen: asaltos en despoblado [...] todas las barreras comerciales que he conocido son mecanismos para transferir ingresos de un grupo a otro o, quizá más a menudo, para detener la transferencia de ingresos que se produciría sin ellas".

[2] Magee, Brock y Young (1989), y Magee (1994), trazan con elocuencia esta distinción.

y depredar depende de los costos y beneficios relativos de cada actividad. Por ejemplo, si —en el margen— el ingreso neto obtenido por unidad de trabajo empleada para producir es mayor que el ingreso neto ganado por unidad de trabajo empleada para depredar, entonces los agentes económicos se dedicarán a producir. En cambio, si una unidad de trabajo empleada para depredar produce más ingreso neto —en el margen— que una unidad empleada para producir, el trabajo se usará para depredar.

Esta distinción es importante para el análisis político de la política comercial porque ofrece una motivación para manipular la protección. Cualquier evento que altere en el margen los beneficios netos relativos de producir, intercambiar o depredar, alterará también las decisiones de los agentes económicos respecto a la asignación de sus recursos productivos. Mientras más rentable sea depredar, mayores recursos se usarán para ese propósito.

¿Qué tipo de eventos alteran la decisión de los agentes económicos respecto a la asignación de sus insumos productivos en cualquiera de estas tres actividades? En general, cambios en los precios relativos de los bienes y de los factores de producción. Estos cambios pueden ser resultado tanto de la libre operación de las fuerzas del mercado como de la interferencia gubernamental en estas fuerzas.

El poder de la interferencia gubernamental en los mercados sobre la rentabilidad de distintas actividades productivas es particularmente importante en la determinación de los incentivos de los agentes económicos para utilizar recursos en actividades no relacionadas directamente a la producción. Quien logre dominar la dirección de esta interferencia en los mercados podrá elevar sus ingresos por vías no relacionadas directamente a la actividad productiva. Cuando, por cualquier razón, el gobierno aumenta o reduce la protección comercial, afecta a muchos intereses, incluyendo los propios. Por ejemplo, una elevación de los aranceles para la importación de automóviles aumenta el precio interno de los automóviles, aumentando así los ingresos de los productores de automóviles nacionales a expensas de los consumidores de automóviles nacionales y de los productores de automóviles extranjeros, considerando todo lo demás constante. Aumentan también los ingresos del gobierno y el poder de quien maneja los aranceles. Afecta a su vez la popularidad interna del gobierno: los productores de automóviles nacionales prefieren gobiernos que los protejan, pero los consumidores de automóviles nacionales y los productores de automóviles extranjeros no quieren esa protección. Afecta la popularidad de gobiernos extranjeros, porque su respuesta a la elevación de los aranceles de nacionales determina si los productores de automóviles extranjeros se sienten protegidos por su gobierno en otros mercados. Afecta las relaciones entre países porque los gobiernos extranjeros, en apoyo de sus productores de automóviles, presionan al gobierno nacional para que modifique el arancel. Por consiguiente, las políticas comerciales están en el centro de muchas controversias nacionales e internacionales, políticas y económicas.

Mi principal interés en este libro es comprender por qué el gobierno mexicano escogió las políticas comerciales que adoptó durante el periodo 1970-1994. En esta sección presento los elementos económicos y políticos básicos que utilizo para entender este asunto. La primera parte identifica los componentes de la "demanda de protección"; especifica los efectos distributivos que se esperan de las políticas comerciales, las preferencias de agentes económicos nacionales y extranjeros en materia de política comercial y el modo como estos agentes agrupan sus preferencias para conformar la demanda de protección. La segunda parte se concentra en la "oferta de protección" e identifica las preferencias del gobierno en cuanto a la política comercial, sus limitaciones y posibilidades, y la manera como éstas se combinan para generar la oferta de protección.

I.1.1. *La demanda de protección*

Los propietarios de factores productivos prefieren políticas comerciales que aumenten sus ingresos. En un mundo de perfecta movilidad de factores, como el del modelo Hecksher-Ohlin-Samuelson (HOS), esto significa que los propietarios del factor escaso de un país prefieren el proteccionismo, mientras que los propietarios del factor abundante prefieren el libre comercio, *independientemente del bien que produzcan*. Si, por ejemplo, el factor abundante es el trabajo, los propietarios de mano de obra en cualquier industria prefieren el libre comercio, mientras que los propietarios de capital en cualquier industria prefieren la protección.

En un mundo de movilidad limitada de los factores, es decir, de factores específicos, como el del modelo Ricardo-Viner (RV), las preferencias de los propietarios de factores en materia de política comercial dependen de la industria en la que producen. Un arancel más elevado sobre el bien producido por la industria *X* aumenta las rentas de sus factores específicos y disminuye las rentas de los factores específicos de otras industrias. En otras palabras, la protección comercial beneficia a los factores específicos de una industria a expensas de los de otra. Por lo tanto, las preferencias del trabajo y del capital específicos de una industria en materia de política comercial son diferentes de las del trabajo y el capital específicos de otra industria.

Así, las diferentes predicciones redistributivas de cada modelo implican distintos tipos de coaliciones en torno a la política comercial. En el modelo HOS, el trabajo y el capital en cada industria tienen intereses en conflicto; en el modelo RV, el trabajo y el capital específicos de la misma industria comparten las mismas preferencias en política comercial y, por lo tanto, tienen intereses comunes. En el modelo HOS, la política comercial divide a las clases sociales; en el modelo RV divide a las industrias. En el modelo HOS las clases sociales buscan depredarse mutuamente, afectando la política comercial; en el modelo RV lo hacen las industrias.

Este estudio se basa en las predicciones del modelo RV. En otras palabras, supongo que la movilidad de los factores es costosa y que las industrias compiten entre ellas por determinar la política comercial.[3] Esto significa que las industrias (en lugar de los factores productivos) tratan de obtener un nivel de protección relativamente más elevado: cuando el nivel de protección de la industria *X* aumenta en relación con el de la industria *M*, los ingresos de los propietarios de factores específicos de la industria *X* aumenta mientras que los de los propietarios de factores específicos de la industria *M* disminuyen.

I.1.1.1. *La generación de la demanda de protección*

No basta con preferir una política comercial para obtenerla. Los propietarios de factores específicos deben movilizar recursos para expresar sus preferencias en materia de política comercial e influir en las decisiones sobre la misma. Deben emplear su tiempo y desviar recursos de la producción para votar y cabildear, que son dos de los principales métodos de expresión de preferencias en el mundo político.

[3] Es este un supuesto estándar de muchos modelos de tarifas endógenas.

El voto es valioso en las elecciones, pero no necesariamente desempeña un papel directo en el diseño de políticas comerciales, puesto que éstas rara vez se deciden por votación.[4] Sin embargo, los votos sirven para castigar (o premiar) a un encargado de la política económica que ha aplicado una estrategia que afecta negativamente (o positivamente) a una industria. Por lo tanto, en los sistemas políticos democráticos los votos constituyen una expresión de preferencias sobre política económica influyente.

La actividad de cabildeo o *lobby*, o más en general la presión de grupos de interés, es valiosa no sólo en época electoral sino en cualquier momento y en cualquier sistema político.[5] En consecuencia, las industrias forman grupos de interés con objeto de presionar al gobierno para que adopte las políticas preferidas por ellas.

La presión resulta de una acción colectiva eficaz. La acción colectiva —la movilización coordinada de recursos políticos— requiere resolver el problema del *free-riding* y otros obstáculos organizativos. El problema del *free-riding* ocurre cuando una persona o un grupo de ellas se beneficia del bien producido por el esfuerzo de un grupo sin contribuir en ese esfuerzo. En el contexto de los gupos de interés, consiste en que si un miembro de una industria asume los costos del cabildeo y con ello logra aumentar la protección para la industria, todos los demás miembros de esta industria se benefician sin pagar los costos de cabildear. De este modo, los incentivos individuales para contribuir al esfuerzo de provisión de las rentas derivadas de la protección son extraordinariamente bajos. Este problema es mayor en los grupos grandes, donde los beneficios por individuo de la protección son reducidos y los costos por individuo de organización son altos.[6] En consecuencia, grupos diferentes enfrentarán costos de cabildeo distintos y tendrán diversas capacidades de organización.

Los problemas de la acción colectiva se superan con más facilidad en las industrias pequeñas y concentradas y en donde existen incentivos selectivos para estimular la participación. Es más fácil coordinar y negociar entre pocos individuos que entre muchos. Cuesta menos coordinar los esfuerzos de individuos que están en el

[4] Una excepción son los referéndums sobre acuerdos comerciales.

[5] La razón de esto se explica en la siguiente sección.

[6] Los lectores interesados en un tratamiento más completo de los problemas de la acción colectiva pueden consultar Olson (1965), principal referencia sobre el tema, o a Cornes y Sandler (1986).

mismo lugar. Así, las industrias dominadas por pocas empresas geográficamente concentradas tienen más probabilidades de resolver sus problemas de acción colectiva y, por extensión, de presionar más al gobierno, si todo lo demás permanece igual.

I.1.1.2. *El contacto con el comercio exterior y la demanda de protección*

Cuanto mayor es el grado de vulnerabilidad de una industria a la competencia extranjera, más probable es que intente participar en la definición de la política comercial. Cuando aumenta la penetración de las importaciones, por ejemplo, de textiles, el precio de los productos textiles nacionales declina, reduciendo a la vez los beneficios económicos de las empresas textiles. Como afirma Hirschleifer (1993): "Cuando la industria textil anda bien, se dedica a los negocios. En cambio, cuando vienen tiempos difíciles manda delegaciones a Washington".[7] La única diferencia para los productores mexicanos es que en tiempos difíciles ellos van a la ciudad de México.[8]

Los productores también buscan protección en los buenos tiempos. Esto no significa que lo hagan con la misma intensidad que en los malos,[9] pero mientras los dueños del capital y la mano de obra generen mayores beneficios cabildeando que produciendo, seguirán contribuyendo al esfuerzo de cabildeo (por supuesto, como ya se mencionó, para ejercer presión por medio de ese mecanismo tienen que resolver el problema de la acción colectiva).

De esto se desprende que la cantidad de recursos dedicados por una industria a presionar al gobierno para manipular la política comercial debería aumentar cuanto mayor es el *valor* del monto de beneficios que puede ganar si obtiene protección comercial. La penetración de importaciones, por ejemplo, no sólo reduce los precios nacionales sino que confirma la rentabilidad del mercado interno. En consecuencia, provoca presiones proteccionistas de industrias que quieren apoderarse del mercado interno para sí. La misma reacción se daría frente a una reducción de los aranceles, que también reduce el precio al que pueden vender los productores internos.[10]

[7] Página 13.

[8] Aunque en este mundo de la interdependencia también grupos mexicanos han ido a Washington y contratado grupos de cabildeo para defender sus intereses allí.

[9] Una manera de apoyar esto es suponer que la utilidad marginal del ingreso es más elevada a niveles de ingreso bajos que a niveles altos.

[10] El precio interno es la suma del precio internacional más la tarifa.

La vulnerabilidad a la competencia extranjera en el mercado nacional es sólo uno de los factores que impulsan a los grupos de interés a buscar protección. Una industria nacional que vende una alta proporción de su producción en mercados extranjeros (un exportador) también buscará alguna forma de asistencia cuando aumente su competencia en los mercados internacionales. Esta competencia reduce los precios de su producto, lo cual disminuye la remuneración de los factores específicos de esa industria. En consecuencia, los exportadores cabildearán por mayores subsidios a la exportación, menores impuestos a la exportación (aranceles más bajos) o algún otro tipo de apoyo gubernamental.[11] En general, esto implica reducir la protección otorgada a otras industrias, puesto que las posibilidades de asistencia del gobierno no son usualmente ilimitadas.

Los productores extranjeros se comportan igual que los exportadores nacionales. Buscan protección de sus respectivos gobiernos y también presionan por barreras comerciales más bajas en otros mercados, ya que esas barreras redistribuyen ingresos, pero no para ellos.[12] Cuanto mayor es el interés de productores extranjeros en el mercado nacional, mayores serán sus incentivos y sus presiones para manipular la política comercial del país. Pueden ejercer su presión directamente sobre el gobierno del país o presionar a su propio gobierno a fin de que éste lo haga por ellos, pero cualquiera que sea el método escogido —probablemente presionar con el respaldo de gobiernos extranjeros, que presumiblemente es más eficaz—, lo utilizarán cada vez que sus intereses en el extranjero se vean afectados.

En suma, los productores del sector privado, nacionales y extranjeros, poseen incentivos para manipular la política comercial del país. Ese incentivo deriva del hecho de que no pueden movilizar recursos productivos de un sector a otro sin experimentar costos, y que sus beneficios dependen fuertemente de la suerte de su industria. Por consiguiente, quienes tienen más que perder cuando se ajusta la política comercial más participarán en su definición.

[11] La sección I.3, *infra*, se ocupa de las consecuencias de este tipo de factores para el nivel de protección de la economía.

[12] Una excepción notable son las restricciones voluntarias a las exportaciones (*voluntary export restrictions*, o VER).

I.1.2. *La oferta de protección*

Los gobiernos implementan políticas comerciales. Los políticos y los burócratas (los creadores o encargados de la política económica) las escogen. ¿Cómo reaccionan a las demandas de grupos de interés? ¿Para quién diseñan las políticas comerciales?

Los encargados de la política económica diseñan las políticas comerciales de acuerdo con sus preferencias y restricciones políticas. Sus preferencias derivan, por lo menos, de su identificación con incentivos políticos (reelección, progreso de su carrera, estabilidad social), de preocupaciones egoístas (incrementar la rentabilidad de su propio factor específico, aumentar su control de las regulaciones del mercado), de alguna definición del "interés nacional" (el arancel óptimo para un país grande, el libre comercio para un país pequeño, la protección de las industrias con alto valor agregado, la protección de sectores "estratégicos"), del sesgo ideológico o cualquier otra variante.[13]

Las restricciones políticas determinan si los políticos pueden efectivamente llevar a la práctica las políticas que prefieren. Imponer políticas en general es más fácil para los dictadores que para los presidentes o los primeros ministros electos. Los dictadores sólo deben asegurarse de proteger los intereses de quienes los ayudan a mantenerse en el poder, es decir, de quienes mantienen las barreras al acceso a los puestos de toma de decisiones, como los militares, o grupos selectos del sector privado. Esos grupos son generalmente menores que la mayoría o incluso la pluralidad, lo cual reduce el número y el tamaño de los grupos a quienes deben satisfacer los dictadores. En cambio, los funcionarios electos deben prestar atención a los intereses tanto de los grupos que los ayudan a obtener poder —la coalición partidaria, quienes contribuyen a la campaña y mantienen las barreras al acceso— como de los votantes. Si un funcionario electo aplica una política comercial que reduce los ingresos de la mayoría de la población, puede perder su cargo en la siguiente elección. Si un político electo aplica políticas que reducen las ganancias de sus partidarios, puede perder contribuciones para su

[13] Los modelos económicos de política comercial generalmente emplean tres tipos de supuestos acerca de los creadores de política: *1)* actúan como "dictadores benevolentes", *2)* buscan su reelección y *3)* no tienen preferencias propias (son una especie de *clearing-house* de presiones de grupos de interés). Para revisiones recientes de estos modelos, véase Magee, Brock y Young (1989), Vousden (1990) y Magee (1994).

campaña y así ver reducidas sus probabilidades de ganar las próximas elecciones. Si un dictador reduce los ingresos de los grupos que lo apoyan, puede perder su puesto.

Las restricciones políticas derivan de la estructura institucional del sistema político —en sí una elección política de la generación anterior. Esta estructura determina, en primer término, qué grupos son políticamente influyentes, y segundo, si esa influencia sirve para expulsar de su puesto a los creadores de política económica. Por lo tanto, si un político desea conservar su puesto debe calcular los efectos de sus políticas para grupos políticos clave: una mayoría de votantes, contribuyentes a las campañas, proveedores de barreras al ingreso al sistema político, trabajadores organizados, organizaciones de industrias o cualquier otro grupo. El cálculo incluye estimar la cantidad de apoyo ganado y perdido al aplicar una política.[14]

Sin embargo, el principal punto por señalar en este examen de las restricciones políticas de los funcionarios públicos es que los intereses organizados tienen más influencia política en *cualquier* sistema político. Los políticos valoran a los aliados poderosos tanto en las democracias como en las dictaduras. Los grupos poderosos son capaces de movilizar más recursos políticos —para proveer votos y/o presión— con más facilidad. Como ya se ha dicho, esos grupos resuelven sus problemas de acción colectiva a menor costo y generan más cabildeo. Y como esos grupos poseen una ventaja política relativa, las políticas comerciales derivan de sus preferencias e influencias.

Esto implica que, como los políticos encuentran conveniente asociarse o aliarse con grupos de interés capaces de movilizar más recursos con más facilidad, tenderán a proveer políticas cercanas a las preferencias de las industrias más organizadas. Al hacerlo obtienen su apoyo y sus recursos, los cuales podrán utilizar para sus propios propósitos. En otras palabras, los gobiernos tenderán a proteger relativamente más a las industrias con mayor influencia política relativa.

[14] Como se mencionó en la introducción, Peltzman (1976), en un modelo "stigleriano" de regulación, proporcionó posiblemente el primer argumento formal para este cálculo. Hillman (1982) lo extendió a un análisis de industrias en declinación.

I.1.2.1. *La cohesión gubernamental, la capacidad de instrumentación y las instituciones a cargo de la política económica*

Además de las limitaciones que encuentra por factores políticos, la creación de política enfrenta otras derivadas de la cohesión del propio gobierno, de su habilidad para instrumentar políticas económicas y de sus instituciones. Distintos organismos gubernamentales y distintos poderes pueden tener intereses en conflicto y por ello no lograr especificar una preferencia política clara. Los intereses en conflicto generalmente resultan de la asociación con diferentes grupos de votantes (grupos de interés) y de objetivos distintos. Es posible que los legisladores no logren obtener la mayoría necesaria para modificar el *statu quo* debido a una fuerte división entre los votantes que representan. Es posible que el Legislativo se oponga a las preferencias políticas del Ejecutivo. Es probable que los miembros del gabinete no logren consenso sobre estrategias económicas porque, por ejemplo, el objetivo de uno es controlar la inflación mientras que el objetivo de otro es generar empleo. En esas circunstancias, el *statu quo* tenderá a prevalecer.

Las capacidades del Estado —la panoplia de instrumentos con que aplica sus políticas— también son importantes a corto plazo. Es posible que políticas demandadas por el sector privado tarden en aplicarse porque el Estado carece de los instrumentos necesarios para aplicarlas. Por ejemplo, un Estado carente de una base interna de ingresos tributarios suficientemente grande tiene más probabilidades de recurrir a aranceles e impuestos a la exportación para obtener ingresos. Esto daña la flexibilidad en descenso de los aranceles.

Las instituciones restringen el conjunto de opciones de política económica disponibles para los funcionarios públicos. La firma de un acuerdo comercial limita el nivel de protección que un gobierno puede ofrecer.[15] Provisiones constitucionales pueden introducir rigideces en el proceso de toma de decisiones o bien reducir el conjunto de reglas que pueden reformarse, imponiendo otra tendencia favorable al *statu quo*. Así, los ajustes de la protección se producen dentro del ambiente institucional escogido para la política comercial. Cuando ese ambiente cambia, los ajustes de la protección pueden ir más allá de esas limitaciones institucionales.

[15] Esto, por supuesto, sólo en la medida en que a todas las partes les resulte conveniente respetar el acuerdo.

I.2. DETERMINANTES DE LA ESTRUCTURA DE PROTECCIÓN

Hasta ahora hemos establecido lo siguiente: primero, las industrias prefieren mayor protección relativa para sí mismas. Segundo, para obtener el nivel de protección relativa que prefieren, las industrias movilizan recursos políticos. Tercero, cuanto más elevado es su grado de vulnerabilidad a la competencia extranjera, o cuanto más alto es el valor de los beneficios que habrán de obtenerse de la protección, más recursos políticos movilizarán las industrias para obtener protección. Cuarto, las industrias que movilizan relativamente más de esos recursos ejercen más influencia política. Quinto, la influencia política relativa determina la protección relativa.

Con base en estas premisas podemos ver la derivación de la demanda y la oferta de protección. Empiezo por el lado de la demanda, expresando la influencia política (*P*) de una industria cualquiera *i* como función positiva tanto del esfuerzo de cabildeo (*B*) como de la fuerza electoral (*V*):

$$P_i = P_i(B_i, V_i) \qquad (1.1)$$
$$\delta P_i/\delta B_i > 0 \quad \delta P_i/\delta V_i > 0$$
$$\delta^2 P_i/\delta B_i^2 < 0 \quad \delta^2 P_i/\delta V_i^2 < 0.$$

Cuanto mayor sea el esfuerzo de cabildeo *(B)* de una industria, mayor será su influencia política. Cuanto mayor sea el número de propietarios de factores trabajando en una industria, mayor será su fuerza electoral *(V)*, aunque eso no necesariamente significa que todos en la industria voten.[16]

El esfuerzo de cabildeo *(B)* depende de la cantidad de trabajo (*L*) y de capital (*K*) dedicados a presionar al gobierno (retirados de la producción)[17] y de la capacidad de la industria para resolver su

[16] El voto puede no ser "racional"; hay costos de transacción asociados con el voto, y puede haber barreras políticamente impuestas que excluyan a algunos votantes.

[17] En lo que sigue me refiero únicamente al capital y el trabajo empleados en el cabildeo o presión. Como ya lo he referido, los agentes decidirán cuánto trabajo y capital dedicarán al cabildeo comparando los ingresos que generan en la producción y en el cabildeo. Si una unidad de trabajo en el cabildeo genera más ingresos que una unidad de trabajo en la producción en el margen, esa unidad será dedicada al cabildeo. O bien, factores específicos cabildearán cuando los ingresos, deducidos los costos de cabildeo, son superiores a los ingresos sin cabildeo. Puesto

problema de acción colectiva. Cuanto mayor es la cantidad de trabajo y de capital utilizada para el cabildeo, mayor será la presión que el grupo ejerce. Los problemas de la acción colectiva son más fáciles de resolver cuanto más elevada es la concentración (C) de la industria. En símbolos:

$$P_i = P_i(L_i, K_i, C_i) \qquad (1.2)$$

$$\delta B_i/\delta L_i > 0 \qquad \delta B_i/\delta K_i > 0 \qquad \delta B_i/\delta C_i > 0$$

$$\delta^2 B_i/\delta L_i^2 < 0 \qquad \delta^2 B_i/\delta K_i^2 < 0 \qquad \delta^2 B_i/\delta C_i^2 < 0.$$

La cantidad de L_i y K_i empleada para el cabildeo aumenta cuanto mayor es la vulnerabilidad a la competencia extranjera o cuanto mayor es el valor de los beneficios que se ganarán con protección.[18] Mayor competencia extranjera reduce el precio relativo (q_i/q_j),[19] enfrentado por los productores en una industria, lo cual reduce sus rentas por concepto de producción (como lo predice el modelo de factores específicos) y aumenta los retornos de la actividad de cabildeo. Además, algunos productores tienen una estructura de costos (S_i) superior a la de otros, situación que limita su capacidad de competir y rebaja sus precios. La mayor vulnerabilidad de este grupo de productores de altos costos les provee de incentivos adicionales para aplicar mas capital y trabajo con el fin de mantener fuera del país a sus competidores extranjeros. Así, cuanto más bajo sea su precio relativo y más alta sea su estructura de costos, mayor será la cantidad de capital y de trabajo dedicada por las industrias nacionales al cabildeo:[20]

que la formalización de esta decisión es bien conocida, la tomo como un hecho. Los lectores interesados en estos aspectos formales, en particular, en las características de las funciones y el proceso de optimización de los productores involucrados pueden consultar, por ejemplo, los modelos de Findlay y Wellisz (1982), Becker (1983), o Vousden (1991, capítulo VIII).

[18] En este aspecto tienen importancia las elasticidades de oferta y de demanda. En general, los aumentos de tarifas producen aumentos de los ingresos de los productores cuando la demanda es inelástica, y cuando la oferta extranjera es elástica.

[19] Como el precio que enfrenta cada industria (*i*, *j*) es igual al precio internacional (q^*) más la tarifa, entonces el componente del precio que disminuye debido a la competencia extranjera es el precio internacional.

[20] Un precio menor reduce las remuneraciones que los factores específicos derivan de la producción. Eso provee incentivos adicionales para emplear los recursos en esfuerzos que restauren los beneficios.

$$L_i = L_i(q_i/q_j, S_i) \qquad K_i = K_i(q_i/q_j, S_i) \tag{1.3}$$
$$\delta L_i/\delta(q_i/q_j) < 0 \qquad \delta K_i/\delta(q_i/q_j) < 0$$
$$\delta L_i/\delta(S_i) > 0 \qquad \delta K_i/\delta(S_i) > 0.$$

La concentración aumenta la influencia política para cualquier nivel determinado de trabajo y capital empleados en el cabildeo. En otras palabras, si dos industrias, por ejemplo la química y la textil, dedican exactamente la misma cantidad de trabajo y de capital al cabildeo, y las dos tienen la misma tecnología de cabildeo, pero la concentración de la industria química es mayor que la de la industria textil, los productores químicos deberían generar más cabildeo y, por lo tanto, generar más influencia política que los productores textiles. Así, el coeficiente C_i puede ser interpretado como un factor de eficiencia organizacional que aumenta o reduce la producción de actividad de cabildeo.

La fuerza electoral es una función del número de trabajadores y dueños de empresas de una industria (N). Cuanto mayor sea ese número, mayor será la fuerza electoral de la industria:

$$V_i = V_i(N_i) \tag{1.4}$$
$$\delta V_i/\delta(N_i) > 0.$$

Suponiendo la existencia de dos industrias, *i* y *j*, la influencia política relativa entre ellas se expresa como P_i/P_j, asumiendo que ninguna de ellas tiene nula influencia política. Cuanto mayor es esta proporción, más políticamente influyente será la industria *i* en relación con la industria *j*. La influencia política relativa indica la demanda de protección relativa: si P_i/P_j aumenta, existe una mayor demanda para aumentar la tarifa relativa de la industria *i*.

Ahora concentrémonos en el lado de la oferta. La oferta de protección relativa (*T*) es una función positiva de la influencia política relativa de las industrias, suponiendo que todo lo demás permanece igual. Como ya se ha explicado, los creadores de política valoran más, y buscan, el apoyo de las industrias fuertes (porque obtienen votos, contribuciones para sus campañas, recursos y otros beneficios), lo que implica que cuanto mayor sea la influencia política relativa de una industria, más receptivos serán los funcionarios públicos a sus preferencias. Por lo tanto, la protección relativa de un país será determinada por la respuesta del gobierno a la influencia política relativa y las preferencias del gobierno:

$$T = T_i/T_j = T\,(P_i/P_j,\ldots) \qquad (1.5)$$
$$P_i, P_j > 0$$
$$\delta T/\delta(P_i/P_j) > 0,$$

donde T_i y T_j representan protección para las industrias *i* y *j*, respectivamente, y se supone que ambas son positivas (ninguna industria tiene nula influencia política). Cuando $T_i/T_j > 1$, la estructura de protección beneficia a la industria *i*. Cuando $T_i/T_j < 1$, la estructura de protección beneficia a la industria *j*. Cuando $T_i/T_j = 1$, la estructura de protección es neutral.

La función *T* expresa características del sistema político. No es evidente que $P_i/P_j = T_i/T_j$; o que, si $P_i/P_j > 1$, entonces *siempre* $T_i/T_j > 1$. La estructura institucional puede tener mecanismos interconstruidos (seleccionados por la generación anterior) que generan una tendencia favorable a uno u otro grupo a algunos niveles de protección relativa.[21] En ausencia de un modelo claro de esos mecanismos, o de un modelo claro de la composición de preferencias de los creadores de política, en la proposición funcional ya citada los he dejado sin especificar. Sin embargo, en mi modelo todavía se aplica que la protección relativa cambia cuando lo hace también la influencia política relativa, cualesquiera que sean las preferencias de los creadores de política, porque los creadores de política ajustan las políticas comerciales en la *dirección* de las preferencias de los grupos más poderosos. Si P_i/P_j aumenta, T_i/T_j también aumenta, pero la magnitud del cambio depende de la especificación de la función *T*. Si existen provisiones constitucionales que impidan reformas drásticas de la política comercial, por ejemplo, las modificaciones de la protección relativa como consecuencia de un cambio en la influencia política relativa serán pequeñas.

Las ecuaciones (1.1), (1.2) y (1.4) juntas implican que si la industria *i* está más concentrada que la industria *j*, siendo todo lo demás igual, ejerce más influencia política, y la correspondiente tarifa T_i/T_j es más elevada. Lo mismo vale para la industria con más fuerza electoral. Estas formas funcionales ayudan además a establecer los

[21] Se trata, por lo tanto, de una cuestión de supuestos acerca del sistema político. A este nivel de generalidad no es necesario hacerlos.

efectos de un cambio en los precios relativos sobre la influencia política relativa de una industria y las tarifas correspondientes. Por ejemplo, si la industria *i* experimenta un cambio de precios relativos adverso (si q_i/q_j declina), habrá una redistribución de ingreso de la industria *i* hacia la industria *j*. En consecuencia, la industria *i* dedicará más trabajo y más capital al cabildeo por un aumento en sus precios relativos a través de protección comercial, mientras que la industria *j* dedicará menos de esos factores (puesto que esa redistribución de ingresos en su favor ha disminuido sus incentivos para hacer cabildeo por protección). Eso significa que, como consecuencia de la declinación del precio relativo de los bienes producidos por la industria *i*, la influencia política de la industria *i* aumenta en el margen en relación con la de la industria *j*.

Para constatar lo anterior es preciso sustituir la ecuación (1.2) por la (1.3) y la (1.4), después la (1.1) por la (1.2), y la (1.4) por la (1.1):

$$T = T_i/T_j = T(\underset{+}{S_i}, \underset{-}{S_j}, \underset{-}{q_i/q_j}, \underset{+}{C_i}, \underset{-}{C_j}, \underset{+}{N_i}, \underset{-}{N_j}), \tag{1.6}$$

donde los subíndices identifican cada una de las industrias, y los signos (+) y (–) indican el signo de las derivadas parciales de cada argumento con respecto a *T*. Esta expresión establece que para *cualquier* industria el nivel relativo de protección aumenta cuando se incrementan su estructura de costos, su concentración o su número de votos, pero disminuye cuando decrece su precio relativo. Esto resume mis expectativas para la estructura de protección de México.

I.3. Determinantes del nivel de protección de la economía

Las industrias prefieren un nivel alto de protección relativa para sí mismas, pero no necesariamente para la economía en su conjunto. Algunas industrias prefieren barreras comerciales altas para el país, y otras las prefieren bajas. La divergencia en las preferencias acerca del nivel de las barreras comerciales del país deriva de diferencias en la orientación comercial de las industrias: mantener el mercado interno cerrado trae mayores beneficios para los productores orientados hacia el interior que para los orientados hacia la exportación.

Los sectores orientados hacia el interior, cuya producción se destina principalmente al mercado interno, tienen incentivos claros para excluir a los productores extranjeros. Monopolizar el mercado interno les permite vender a precios superiores al nivel internacional y obtener mayores beneficios. Además les permite producir con una estructura de costos superior a la de los productores extranjeros. Por ejemplo, una industria que vende 100% de su producción en su país es más vulnerable a la penetración de las importaciones que otra que vende 100% de su producción en los mercados internacionales. Los beneficios de la primera declinan a medida que la penetración de las importaciones reduce sus precios relativos.

Los sectores orientados hacia la exportación, quienes venden la mayor parte de su producción en el extranjero, tienen incentivos menos claros para cerrar el mercado interno a los competidores extranjeros. Si bien las barreras comerciales altas les permiten obtener beneficios por encima de lo normal por la parte de su producción que venden dentro del país, enfrentan dos riesgos asociados con exportar desde una economía protegida: primero, las barreras comerciales altas en su propio país no les dejan otro recurso que adquirir sus insumos a un precio superior al nivel internacional, situación que podría reducir su competitividad en mercados extranjeros; segundo, al exportar desde un país protegido corren el riesgo de que otros países respondan protegiendo sus propias economías, impidiéndoles penetrar en otros mercados. En el caso extremo de una industria que vendiera 100% de su producción en el extranjero, la amenaza de disminución de sus beneficios planteada por esos dos riesgos sería suficiente para motivarla a presionar al gobierno para que rebaje las barreras comerciales.

Una excepción a la proposición anterior aparece si el gobierno decide compensar a los productores nacionales por pérdidas derivadas de ineficiencias de su política comercial. Si el gobierno subsidia los costos de producción de la industria nacional, permitiéndole sobrevivir frente a la competencia de los productores extranjeros más eficientes en relación con sus costos, sus incentivos para querer reducir el nivel de protección de la economía disminuyen. Por lo tanto, un alto nivel de subsidios gubernamentales actúa en contra de la liberalización del comercio.

Según el argumento de la sección anterior, si las industrias obtienen o no sus políticas comerciales deseadas depende de su fuerza relativa. Para el análisis del nivel de protección del país sólo necesitamos concentrarnos en dos sectores: los productores orientados hacia el mercado interno (*M*), que prefieren un nivel alto de barreras comerciales, y los orientados hacia la exportación (*X*), que prefieren un nivel bajo. Si el poder relativo de los sectores orientados hacia la exportación aumenta, la política comercial del país será menos proteccionista; si aumenta la fuerza relativa de los sectores orientados al mercado interno (aquéllos en competencia con las importaciones), la política comercial del país será más proteccionista.

Definiendo Z como el nivel de protección para el conjunto de la economía, podemos expresar lo anterior así:

$$Z = Z\,(P_M/P_X, \ldots) \tag{1.7}$$

$$P_M, P_X > 0$$

$$\delta T/\delta(P_M/P_X) > 0,$$

donde, como antes, el poder de cada sector aumenta con la cantidad de cabildeo que realiza y con su fuerza electoral:

$$P_M = P_M\,(B_M, V_M) \tag{1.8}$$

$$P_X = P_X\,(B_X, V_X) \tag{1.9}$$

y la actividad de cabildeo aumenta con el trabajo, el capital y la concentración del sector:

$$B_M = B_M\,(L_M, K_M, C_M) \tag{1.10}$$

$$B_X = B_X\,(L_X, K_X, C_X). \tag{1.11}$$

La cantidad de capital y de trabajo utilizada por cada sector para presionar al gobierno por algún nivel de barreras comerciales depende a su vez de sus precios relativos (q_X/q_M), la porción de su producción vendida en los mercados extranjeros (O_M y O_X) y la proporción de subsidios obtenida del gobierno (G_M y G_X).

Para el sector orientado hacia el mercado interno, un aumento del precio relativo de las exportaciones reduce sus beneficios y lo estimula a realizar más actividad de cabildeo. Lo mismo ocurre si la dependencia del sector de las ventas en el mercado interno aumenta (si disminuye O_M), puesto que la fuente de sus ingresos está más especializada en el mercado interno. Si el monto de subsidios (G_M)

recibido por este sector aumenta, se refuerza la falta de incentivos de los sectores orientados hacia el mercado interno para *reducir* las barreras comerciales (se refuerza el incentivo para buscar protección comercial), puesto que subsidios más elevados permiten producir a un costo más elevado por unidad. En símbolos:

$$L_M = L_M(q_x/q_M, O_M, G_M) \quad K_M = K_M(q_x/q_M, O_M, G_M) \tag{1.12}$$
$$\delta L_M/\delta(q_x/q_M) > 0 \quad \delta K_M/\delta(q_x/q_M) > 0$$
$$\delta L_M/\delta(O_M) < 0 \quad \delta K_M/\delta(O_M) < 0$$
$$\delta L_M/\delta(G_M) > 0 \quad \delta K_M/\delta(G_M) > 0.$$

Para el sector orientado hacia la exportación tenemos un conjunto similar de relaciones funcionales, aunque cambia el signo de los efectos de cada argumento:

$$L_X = L_X(q_x/q_M, O_X, G_X) \quad K_X = K_X(q_x/q_X, O_X, G_X) \tag{1.13}$$
$$\delta L_X/\delta(q_x/q_M) < 0 \quad \delta K_x/\delta\ (q_x/q_M) < 0$$
$$\delta L_X/\delta(O_X) > 0 \quad \delta K_X/\delta\ (O_X) > 0$$
$$\delta L_X/\delta(G_X) < 0 \quad \delta K_X/\delta\ (G_X) > 0.$$

Cuanto más alto es el precio relativo de las exportaciones en relación con las importaciones, menor será el valor de los beneficios marginales a ganar por el sector orientado a la exportación con la elevación de las barreras al comercio, y menores el trabajo y el capital que destinará obtenerla. Cuanto mayor sea la porción de su producción vendida en el extranjero (O_X), más podrá ganar con la reducción de las barreras comerciales y más presionará al gobierno por la liberalización (o menos presionará por barreras altas). Cuanto más alto sea el nivel de los subsidios gubernamentales, menores serán los incentivos para reducir las barreras comerciales, puesto que los subsidios permiten estructuras de costos mayores y compensan (aunque imperfectamente) el efecto adverso de los cambios del precio relativo.

Sustituyendo las ecuaciones (1.10) por (1.12), la (1.11) por (1.13), y después las ecuaciones (1.8) y (1.9), obtenemos los determinantes de la influencia política absoluta de cada sector:

$$P_M = P_M(q_x/q_M, O_M, G_M, C_M, N_M) \qquad (1.14)$$

+ − + + +

$$P_X = P_X(q_x/q_M, O_X, G_X, C_X, N_X). \qquad (1.15)$$

− + − + +

Sustituyendo los términos de la ecuación (1.7) por los de las ecuaciones (1.14) y (1.15) obtenemos la expresión sumaria del movimiento en el nivel de protección de la economía:

$$Z = Z\,(q_x/q_M, O_M, O_X, G_M, G_X, C_M, C_X, N_M, N_X), \qquad (1.16)$$

+ − − + + + − + −

donde los (+) y (–) son los signos de las derivadas parciales de Z con respecto a cada argumento.

Obsérvese que esta expresión afirma que un aumento en la orientación exportadora de los productores nacionales, cualquiera que sea su origen (el sector orientado a la exportación o el orientado hacia el mercado interno), se asocia con un nivel más bajo de barreras comerciales. Del mismo modo, cualquiera que sea el sector que se apropia subsidios gubernamentales, éstos conducen a un aumento de la protección comercial del país. Por lo tanto podemos simplificar la ecuación (1.16) utilizando la orientación hacia la exportación y el nivel de subsidios del país en lugar de los términos sectoriales equivalentes empleados anteriormente:

$$Z = Z\,(q_x/q_M, O_E, G_E, C_M, C_X, N_M, N_X), \qquad (1.17)$$

+ − + + − + −

donde O_E y G_E representan la orientación hacia la exportación y el nivel de subsidios del conjunto de la economía, respectivamente.

Además de establecer la relación causal entre los subsidios y la orientación hacia la exportación con el nivel de las barreras comerciales, la ecuación (1.17) resume el efecto esperado de otras variables. Por ejemplo, si los precios relativos (q_x/q_M) se mueven en contra de los sectores que compiten con las importaciones (si se elevan los términos de intercambio del país), quedando todo lo demás igual, esos productores presionarán al gobierno relativamente más que los sectores orientados a la exportación por un ajuste de la política comercial, y las barreras comerciales del país se elevarán. Si el grado de concentración de los sectores orientados a la exportación aumenta, reduciendo los costos de su acción colectiva, su influencia política aumentará y las barreras comerciales descenderán, quedando todo lo demás igual. Si la fuerza electoral de las industrias orientadas hacia el mercado interno aumenta, las barreras comerciales también lo hacen.

Nótese la ausencia en este marco de un análisis de los efectos secundarios o cruzados del aumento en el cabildeo de una industria. Estos efectos operarían vía el componente de los precios relativos que depende de la interferencia gubernamental (esto es, de la presión relativa de las industrias) y no de las fuerzas del mercado. Es decir, el precio relativo de una industria puede disminuir por obra del cabildeo de otra, motivando a la industria afectada adversamente a cabildear por cambiar ese precio. Puesto que la relevancia de este efecto deriva simplemente de la diferencia en la dotación de factores de cada industria (de manera que la industria con, digamos, más trabajo podrá contrarrestar el cabildeo de otra que recién empleó más trabajo para cambiar los precios relativos), pero no altera las conclusiones principales, ignoro esta posibilidad.

I.4. Aplicación a México

El marco anterior explica las políticas comerciales basado en dos conceptos principales: la vulnerabilidad a la competencia extranjera tanto en el mercado nacional como en el extranjero y la capacidad de movilizar recursos políticos. Una ofrece incentivos para presionar al gobierno y la otra la capacidad de hacerlo. Sostengo que ambas determinan la influencia política de una industria, permitiéndole obtener la política comercial que desea. ¿Cómo podemos analizar la política comercial de México con base en esta perspectiva? ¿Qué tipo de información ayuda a identificar la "vulnerabilidad" de una industria? ¿Cómo podemos identificar una mayor influencia política?

Como se mencionó en la introducción, mi estrategia incluye dos tipos de investigación. Una se basa en el análisis de regresión, la otra en estudios de caso. Ambas emplean aproximaciones de los conceptos utilizados en este capítulo.

En el capítulo III utilizo análisis de regresión para explicar la estructura de protección en el sector manufacturero de México. Si mi marco proporciona una explicación plausible, deberíamos observar niveles de protección más elevados en las industrias con mayores probabilidades de ser más vulnerables a la competencia extranjera y con mayores probabilidades de resolver sus problemas de acción colectiva. Las industrias que enfrentan una creciente penetración de importaciones o que tienen estructuras de costos elevadas, por ejemplo, deberían obtener más protección, si todo lo demás permanece igual. Las industrias concentradas, que pueden resolver con relativamente mayor facilidad sus problemas de acción colectiva, también deberían tener tarifas más altas. El capítulo III especifica con más detalle las aproximaciones empleadas para las características de la industria y de la protección, y también presenta estimaciones en las que, como aquí se propone, una elevada penetración de importaciones, estructuras de costos elevadas, alta concentración y gran fuerza electoral se asocian con aranceles más elevados.

Para examinar cambios en el nivel de protección de la economía mexicana de 1970 a 1994 utilizo el análisis de regresión del capítulo IV y los estudios de caso de los capítulos V a VIII. Aquí la hipótesis es que las barreras comerciales del país tienden a elevarse a medida que disminuye su orientación hacia la exportación o que aumenta la penetración de importaciones, o ambas cosas. Desde luego, si la tecnología de cabildeo de los sectores orientados hacia la exportación mejora, o si aumenta su concentración o su fuerza electoral, también deberían declinar las barreras comerciales. Lo contrario ocurre si aumenta la eficiencia del cabildeo de las industrias orientadas hacia el mercado interno. El capítulo IV presenta resultados que confirman estas hipótesis: las barreras comerciales del país tienden a caer cuando aumenta la orientación hacia la exportación, y a elevarse cuando aumenta la penetración de importaciones.

Los estudios de caso se concentran en las reacciones de las industrias a acontecimientos asociados a la reducción de sus ingresos, y en la respuesta del gobierno a esas reacciones. Si mi marco es plausible, deberíamos ver a las industrias nacionales movilizando recursos políticos o mostrando más interés por la protección comercial cuando aumenta la penetración de importaciones. Deberíamos ver a los exportadores tratando de reducir la protección a otros sectores cuando aumenta la competencia en los mercados extranjeros, o cuando el proteccionismo de otros países limita su capacidad de penetrar en mercados extranjeros. Deberíamos ver a las industrias relativamente más concentradas ejercer una presión relativamente mayor cuando ocurren eventos que reducen sus ingresos. Deberíamos ver industrias tratando de estructurar las instituciones encargadas de crear la política comercial de forma que las beneficie a corto y a largo plazo. Deberíamos ver avanzar la liberalización cuando los grupos orientados hacia la exportación se muestran más activos políticamente que las empresas que compiten con las importaciones.

Los estudios de caso muestran que el nivel de protección de México durante el periodo entre 1970 y 1994 efectivamente se asoció con la penetración de importaciones, las sanciones a las exportaciones y el esfuerzo de cabildeo de industrias concentradas. Cuando la penetración de las importaciones aumentó, también se incrementó el sentimiento proteccionista, así como las demandas de elevación de las barreras comerciales de las empresas en competencia con las importaciones. Cuando aumentaron las sanciones comerciales, las empresas orientadas hacia la exportación se volvieron más activas políticamente. La concentración operó en favor de las industrias que presionan por ajustes de la política comercial.

SEGUNDA PARTE

EL ENTORNO ECONÓMICO Y POLÍTICO

II. LA ECONOMÍA, LOS INTERESES Y LAS INSTITUCIONES

ESTE capítulo pretende familiarizar al lector con los protagonistas del proceso de creación de la política comercial de México y con el ambiente en donde interactúan. En él se examina sumariamente la evolución de la economía mexicana después de la segunda Guerra Mundial, se identifica a los principales sectores exportadores y a los que compiten con las importaciones (orientados al mercado interno) y se describe a los grupos privados y a las instituciones involucradas en el diseño de la política comercial mexicana. Estos últimos son los principales protagonistas de los estudios de caso explorados en los capítulos V a VIII. Los lectores enterados de esta información quizá prefieran pasar directamente al próximo capítulo.

La sección II.1 describe las grandes tendencias del desarrollo económico mexicano entre 1940 y 1980, prestando especial atención a los cambios en la estructura económica, en el comportamiento de las cuentas externas, en las tasas de crecimiento de la economía y en la distribución del ingreso. La sección II.2 se concentra en los principales actores —tipos de empresas y sectores— detrás de ese desarrollo económico, describiendo sus actividades en el comercio exterior y sus grupos de interés. La sección II.3 describe el lado de la oferta: los poderes y organismos gubernamentales que intervienen en la creación de la política comercial. Después de explicar cómo interactúan los demandantes y los oferentes, el capítulo termina con algunas observaciones finales.

II.1. TENDENCIAS DEL DESARROLLO MEXICANO DE 1940 A 1980[1]

La primera característica notable del desarrollo económico de México desde la década de los cuarenta es la creciente importancia relativa de las actividades manufactureras en el PIB. Como se muestra en el

[1] Puesto que existe una gran cantidad de literatura dedicada al análisis de la evolución de la economía mexicana durante el siglo XX, esta sección se concentra

CUADRO II.1. *México. PIB por sector, 1940-1990 (porcentajes)*

	1940	*1960*	*1970*	*1980*	*1990*
Agricultura, ganadería, recursos forestales y pesca	19.3	15.9	12.2	8.2	8
Minería	n.a.	4.9[1]	2.5	3.2	2.6
Manufacturas	15.4	19.2	23.7	22.1	22.8
Construcción	2.5	4.1	5.3	6.4	4
Electricidad	0.8	1	1.2	1	1.4[2]
Comercio, restaurantes y hoteles	n.a.	31.1[3]	25.9	28	26
Transportación y comunicaciones	n.a.	3.3	4.8	6.4	8.2
Servicios[4]	59.3	21.4	14.3	17.2	16.4
Servicios financieros y bienes raíces	n.a.	n.a.	11.3	8.6	11.8
Ajuste por servicios bancarios[5]	n.a.	–1	–1.2	–1.1	–1.1
TOTAL	100	100	100	100	100

1 Incluye la refinación de petróleo.
2 Incluye gas y agua.
3 Se refiere al comercio solamente.
4 Para 1940 incluye minería, servicios financieros, comercio y transporte. Para 1960 incluye todos los servicios. De 1970 en adelante se refiere a servicios de la comunidad, sociales y personales.
5 Los servicios bancarios tienen cifra negativa porque se trata de valor imputado.
FUENTE: INEGI (1990) y Banco de México.

cuadro II.1, en 1940 la producción industrial representó alrededor de 15% del PIB del país. Esta producción consistía esencialmente en bienes de consumo básicos (alimentos, bebidas, ropa, calzado) y algunos productos químicos, siderúrgicos y refacciones de maquinaria. Para 1980 la participación de la producción industrial en el PIB aumentó a alrededor de 22% y su composición se diversificó. Además de bienes de consumo básicos, la industria mexicana produjo bienes intermedios y de consumo en más industrias modernas, como automóviles,

únicamente en los patrones más generales. La bibliografía sobre el tema es demasiado numerosa para incluirla aquí. Los lectores interesados en visiones más amplias pueden consultar, por ejemplo, a Reynolds (1970), King (1970), Gómez Oliver (1980), Martín del Campo (1985), Villarreal (1988).

partes de automóviles, maquinaria eléctrica y electrónica, productos farmacéuticos y químicos, fibras sintéticas y componentes para la industria de las computadoras.[2]

El establecimiento de esta base manufacturera inició de manera natural alrededor de los años entre la primera y la segunda guerras mundiales, y posteriormente se promovió con la estrategia de industrialización vía sustitución de importaciones (ISI), inaugurada formalmente en la segunda mitad de la década de los cuarenta, cuando el gobierno mexicano empezó a utilizar restricciones cuantitativas y otras barreras no arancelarias para proteger al sector industrial del país.[3] La proporción del valor de las importaciones cubierta por licencias aumentó constantemente, de alrededor de 10% en los años cuarenta a 68% en 1970, y 100% en 1982. En su primera fase (1939-1958) esta estrategia enfatizó la sustitución de bienes de consumo final y algunos intermedios. El cuadro II.2 muestra que la participación de las importaciones en la oferta interna de bienes de consumo cayó de 22 a 5.72%, y para los bienes intermedios declinó de 55.9 a 40.3%. En su segunda fase (1958-1969) se concentró en los bienes intermedios y los de capital, para los cuales la participación de las importaciones en la oferta nacional bajó de 40.3 a 22.3% y de 68.6 a 49.61%, respectivamente. Durante ese periodo las autoridades económicas diseñaron programas concretos para fomentar el establecimiento de las industrias automovilística, farmacéutica y electrónica.

En las décadas de los setenta y los ochenta la estrategia económica mexicana comenzó a cambiar para enfrentar las limitaciones de la ISI. En los años setenta fue menos congruente, puesto que la ISI, la liberalización y la expansión económica basada en el petróleo operaron al mismo tiempo. El resultado fue la reversión de la ISI. La participación de las importaciones en la oferta interna de bienes de consumo aumentó de 5.6% en 1976 a 12.3% en 1981, en la de bienes intermedios de 18.6 a 22.6%, y en la de bienes de capital de 45.2 a 50.1%. Después de la crisis económica de 1982, desencadenada por *shocks* adversos sobre los términos de intercambio y políticas macroeconómicas inconsistentes, la estrategia económica de Méxi-

[2] Las tasas de crecimiento de la producción industrial en las décadas de los sesenta y los setenta fueron de 6.2 y 8.3%, respectivamente, superiores al crecimiento total de la producción total.

[3] Para estudios de la ISI véase Izquierdo (1964), Reynolds (1970), King (1970), Bueno (1971), Cavazos (1975), Ten Kate *et al.* (1979), Balassa (1983), Bucay y Pérez Motta (1987, 1988), Villarreal (1988), Ten Kate y de Mateo (1989), y de Mateo (1989).

CUADRO II.2. *México. Índices de sustitución de importaciones, 1939-1958 (porcentajes)*

	Índice de sustitución de importaciones (mi)				*mi*		
	1939	*1950*	*1958*	*1969*	*1939–1950*	*1950–1958*	*1958–1969*
Alimentos, bebidas, tabaco	16.68	3.57	2.67	1.96	13.11	0.9	0.71
Textiles	17.97	9.61	4.48	3.06	8.36	5.13	1.42
Zapatos y ropa	23.17	1.37	1.03	0.36	21.8	0.34	0.67
Madera y corcho	60.52	5.93	7.72	5.33	54.59	–1.79	2.39
Imprenta	18.86	10.11	7.62	12.4	8.75	2.49	–4.78
Piel	65.6	3.03	5.27	4.03	62.57	–2.24	1.24
Otras manufacturas	64.36	47.68	47.52	37.67	16.68	0.16	9.85
Papel	47.93	29.65	30.51	28.57	18.28	–0.86	1.94
Hule	55.64	22.97	11.2	6.95	32.67	11.77	4.25
Productos químicos	60.22	52	54.2	28.83	8.22	–2.2	25.37
Minerales no metálicos	45.41	16.85	15.56	7.42	28.56	1.29	8.14
Metales básicos	61.37	50.54	36.01	17.17	10.83	14.53	18.84
Productos de metal	69.81	47.17	29.75	26.87	22.64	17.42	2.88
Maquinaria no eléctrica	99.69	88.55	88.52	72.12	11.14	0.03	16.4
Maquinaria eléctrica	89.09	54.43	55.45	32.93	34.66	–1.02	22.52
Equipo de transporte	94.34	74.7	66.51	49.86	19.64	8.19	16.65
Bienes de consumo	22.22	6.9	5.72	4.8	15.32	1.18	0.92
Bienes intermedios	55.91	41.55	40.35	22.31	14.36	1.2	18.04
Bienes de capital	90.29	73.57	68.64	49.61	16.72	4.93	19.03
TOTAL manufacturas	48.56	31.12	31.14	22.58	17.44	–0.02	8.56

FUENTE: Villarreal (1988).

co empezó a desplazarse hacia el crecimiento encabezado por las exportaciones. Así, en los años ochenta el gobierno mexicano comenzó a eliminar gradualmente las barreras no arancelarias, a reducir los aranceles, a negociar acuerdos comerciales internacionales como el GATT y el TLC, y en general a eliminar el sesgo antiexportador de la economía. En consecuencia, entre 1982 y 1990 la proporción del valor de importaciones cubierta por licencias cayó de 100 a 14.1%, el arancel máximo declinó de 100 a 20%, el arancel promedio disminuyó de 27 a 13.1% y el arancel promedio ponderado de 16.4 a 10.4%. El origen y la naturaleza de este cambio se examinan con más detalle en el capítulo VI.

La segunda característica notable de la economía mexicana durante el periodo 1950-1980 fue su elevada tasa de crecimiento con una inflación relativamente estable. El cuadro II.3 muestra series de tiempo de indicadores macroeconómicos mexicanos entre 1950 y 1990. Utilizando esos datos se advierte que el PIB creció a un promedio de 6.2% entre 1950 y 1960, de 7.2% entre 1960 y 1970, y de 6.6% entre 1970 y 1980. Con excepción de los años setenta, buena parte de ese crecimiento ocurrió bajo tasas de inflación estables: en los cincuenta la tasa de inflación promedio fue de 6.8%, en los sesenta cayó a 2.3%, y en los setenta se volvió volátil y aumentó a 17.1%. En los ochenta la estanflación pasó a ser la norma: las tasas de crecimiento promedio de la producción cayeron a 1.6% y la inflación aumentó sustancialmente alcanzando un promedio de 70%. Como lo mencioné, el comportamiento observado en los años setenta y ochenta deriva en una combinación de *shocks* adversos sobre los términos de intercambio y de políticas monetarias y fiscales expansionistas.

La tercera característica importante es la persistencia de desequilibrios en las cuentas exteriores de México, lo cual condujo a recurrir cada vez más a capital extranjero para financiarlas. Con excepción de cuatro años, entre 1940 y 1980 la cuenta corriente de México mostró un saldo negativo. Durante la década de 1950 permaneció en 2.8% del PIB en promedio, en la de 1960 en 2.4% y en la de 1970 en 3.5%. Cuando el saldo en cuenta corriente fue positivo (1942, 1949, 1950, 1955), ello respondió en gran parte a que en los años inmediatamente anteriores ocurrieron devaluaciones reales y al uso de algún tipo de control cambiario. Sólo la devaluación de 1976 fue incapaz de generar un excedente en cuenta corriente al año siguiente.

CUADRO II.3. *México. Indicadores macroeconómicos, 1951-1990*

	Crecimiento del PIB	Inflación	Tasa de interés	Tipo de cambio	Balance fiscal (Porcentajes del PIB)	Déficit de cuenta corriente (Porcentajes del PIB)	M4 (Porcentajes del PIB)	Crédito neto del Banco de México al gobierno
1951	7.7	24.0	8	8.6	–0.3	3.2	16.7	0.7
1952	3.9	4.0	8	8.6	1.4	3.1	15.7	0.5
Administración Ruiz Cortines								
1953	0.3	–1.9	8	8.6	–0.9	2.8	18.8	1
1954	10.0	7.8	8	12.5	–1	3.5	16.8	0.7
1955	8.5	14.6	8	12.5	–0.3	0	16.4	–1.7
1956	6.9	5.3	8	12.5	–0.4	2.3	15.6	0
1957	7.6	6.0	8	12.5	–0.8	3.9	14.7	0.4
1958	5.3	3.3	8	12.5	–0.7	3.9	14.2	1.5
Administración López Mateos								
1959	3.0	0.0	8	12.5	–0.6	2.2	14.9	0.3
1960	8.1	5.5	8	12.5	–0.8	3.5	18.2	0.5
1961	4.9	0.0	8	12.5	–0.7	2.7	18.9	1.1
1962	4.7	1.3	8	12.5	–0.4	1.8	20.7	0.7
1963	8.0	2.2	8	12.5	–1.3	1.4	22.3	0.2
1964	11.7	5.0	8	12.5	–0.8	2.5	22.6	0.2
Administración Díaz Ordaz								
1965	6.5	0.8	8	12.5	–0.8	2.3	23.9	0.8
1966	6.9	2.0	8	12.5	–1.1	2.2	26.0	0.8
1967	6.2	0.8	8	12.5	–2.1	2.5	28.2	–0.1
1968	8.1	1.9	8	12.5	–1.9	2.9	29.8	0.2
1969	6.3	1.7	8	12.5	–2	2.4	32.1	1.3
1970	6.9	7.0	8	12.5	–3.4	3.3	34.0	0.2

Administración Echeverría Álvarez								
1971	4.2	5.3	8	12.5	–2.3	2.4	35.1	–0.2
1972	8.5	5.0	8	12.5	–4.5	2.2	35.9	3.7
1973	8.4	12.0	12.9	12.5	–6.3	2.8	33.5	3.3
1974	6.1	23.8	12.4	12.5	–6.7	4.5	30.3	3.7
1975	5.6	11.2	12.0	12.5	–9.3	5	31.5	3.0
1976	4.2	27.1	12.1	15.4	–9.1	4.1	28.8	1.8
Administración López Portillo								
1977	3.5	20.7	14.0	22.6	–6.3	1.9	22.0	12.8
1978	8.3	16.2	15.9	22.7	–6.2	2.6	24.9	3.7
1979	9.2	20.0	17.5	22.8	–7.1	3.6	26.0	5.1
1980	8.3	29.8	24.3	22.9	–7.5	5.8	32.7	6.0
1981	8.0	28.7	31.8	24.5	–14.1	6.7	35.3	5.9
1982	–0.6	98.8	46.1	57.6	–16.9	3.6	38.8	17.5
Administración De la Madrid Hurtado								
1983	–5.3	80.8	56.4	150.3	–8.6	–4.5	35.6	11.3
1984	3.7	59.2	47.5	185.2	–8.5	–2.7	1.9	8.8
1985	2.8	63.7	65.7	311.2	9.6	–0.8	32.8	9.9
1986	–3.5	105.7	95.3	638.0	–15.9	1.3	39.2	13.6
1987	1.7	159.2	104.3	1404.7	–16	–3.0	42.4	11.3
1988	1.3	51.6	45.5	2287.1	–12.4	1.0	34.2	6.1
Administración Salinas de Gortari								
1989	3.1	19.7	40.1	2629.8	–5.5	2.3	39.5	1.0
1990	4.4	29.9	29.2	2798.5	–4	2.6	44.3	2.9

FUENTE: Banco de México.

En principio, los desequilibrios de la cuenta corriente simplemente reflejan las decisiones de consumo y de ahorro de los sectores público y privado. No son buenos ni malos y no deberían ser objeto de mayor preocupación, al menos mientras permanezcan dentro de rangos manejables. En este sentido, los déficit en cuenta corriente de México en el periodo considerado son expresiones de los niveles insuficientes de ahorro público y privado que se dan en una economía escasa de capital. Sin embargo también pueden verse como consecuencia de los problemas estructurales de la economía mexicana durante este periodo; la debilidad intrínseca de la ISI consistió en promover tanto el uso de técnicas de producción intensivas en capital como la producción para el mercado interno, sin lograr generar una base manufacturera exportadora competitiva capaz de cubrir las necesidades de capital del país. Por eso, déficit crecientes en cuenta corriente acompañaron al proceso de crecimiento económico de México durante estos años.[4]

Este aspecto de las cuentas extranjeras de México generó preocupación a fines de los sesenta, cuando se inició un cambio tanto en las bases económicas del país como en sus fuentes tradicionales de financiamiento externo. En la década de 1960 el gasto público permaneció en un promedio de alrededor de 20% del PIB, pero durante la de 1970 éste aumentó a alrededor de 30%, sin un aumento comparable en los ingresos fiscales. En consecuencia, el déficit fiscal aumentó de un promedio de 1.5% del PIB en los sesenta a un promedio de 6.5% del PIB en los setenta. Gran parte de este déficit fue monetizado, como lo demuestra el aumento de la emisión de moneda, la tasa de inflación, el crédito neto del Banco de México al gobierno y la participación del mayor conjunto monetario, M4, en el PIB, de 25.8% en los sesenta a 30% en los setenta.[5] Además, la sobreva-

[4] Las estimaciones de Villarreal (1988) muestran la elevada elasticidad de ingreso de la demanda mexicana de importaciones (1.5) y su relativamente baja elasticidad de precio (–0.08, que no es significativamente distinto de 0) entre 1939 y 1958, lo que significa que las importaciones fueron muy sensibles al crecimiento del ingreso. En el periodo 1959-1970 la elasticidad del ingreso declinó (de 1.5 a 0.81) y la elasticidad del precio aumentó (de 0 a 1.53), lo que significa que las importaciones se hicieron menos sensibles al crecimiento de la producción y más sensibles a las variaciones de los precios relativos, incluyendo devaluaciones. Esto ilustra tanto los problemas estructurales como los del cambio estructural que acompañaron al proceso de crecimiento económico.

[5] Como aquí sólo se describen los grandes lineamientos, no se afirma que las características estructurales no hayan tenido nada que ver con la creciente inflación. Sin embargo, en general se acepta que después de 1972 el gobierno mexicano perdió su disciplina fiscal, lo que de paso afectó la política monetaria.

luación de las tasas cambiarias empezó a crear problemas en el manejo de cuentas extranjeras durante los años sesenta.[6]

Junto al aumento en el déficit fiscal y en la creación de moneda, México empezó a recurrir cada vez más a los préstamos del exterior para financiar su desequilibrio externo. Antes de 1970 el déficit en cuenta corriente se financió, en orden de importancia decreciente, con el excedente de la cuenta de servicios no financieros, con inversiones extranjeras y con préstamos del exterior. Hacia 1970 este orden se invirtió. Parte de la explicación de esto reside en la expansión de los préstamos internacionales desde finales de los años sesenta y comienzos de los setenta, pero también deriva de la realidad de que, salvo la ocurrencia de un ajuste en las vías del gasto público, en la emisión de moneda y el establecimiento de condiciones para aumentar las exportaciones de manufacturas, el endeudamiento externo seguiría creciendo, junto con la carga de la deuda. Como esto no ocurrió en los años setenta, la deuda externa de México aumentó de alrededor de 6 000 millones de dólares en 1970 a casi 90 000 millones de dólares en 1982 y más de 100 000 millones de dólares en 1990.

Otras tres características importantes del desarrollo económico de México durante este periodo involucran al crecimiento de la población, la urbanización y el alto nivel de concentración del ingreso. Dicho de otra manera, las altas tasas de crecimiento de la producción fueron acompañadas por altas tasas de crecimiento y urbanización de la población, pero no por una mejor distribución del ingreso. El crecimiento poblacional de México aumentó constantemente de 1940 a 1980, de un promedio de 2.7% en los años cuarenta a un promedio de 3.3% en los setenta. En consecuencia, en esos cuarenta años la población total aumentó a más del triple, de 19.6 millones en 1940 a 69.6 millones en 1970, y más de 80 millones en los ochenta.[7] En el mismo periodo, el porcentaje de esta población que vivía en áreas urbanas aumentó de 35 a 45%, y para 1980 cerca de 20% del total residía en la ciudad de México.

Con respecto a la distribución del ingreso, en 1950 la participación de las familias de altos ingresos (el 20% superior) correspondía a 60% del ingreso total, mientras que la de las familias de menores ingresos (el 20% inferior) ascendía a menos de 6%, como lo muestra el cuadro II.4. Aun cuando los datos para los diferentes años no

[6] Véase Bueno (1974).
[7] Véase INEGI (1990).

son estrictamente comparables, parecería que en 1970 la distribución del ingreso mejoró para la clase media, pero siguió siendo desigual, puesto que la participación del ingreso de los 20% superior e inferior declinó a 55.8 y 3.7%. Esta situación no se modificó sustancialmente en los años siguientes, en los que entre el 70 y el 80% de la población del país estuvo por debajo del ingreso promedio nacional.[8]

II.2. La demanda: los intereses y su organización

II.2.1. *Tipos de empresas y sus actividades productivas*

Los productores responsables del desarrollo industrial de México pueden clasificarse según cuatro dimensiones principales: tamaño, actividad, nacionalidad y región.

II.2.1.1. *Tamaño y concentración industrial*

Las empresas pequeñas son las más numerosas en el sector manufacturero mexicano durante todo el periodo ya examinado. Medidas ya sea por el número de trabajadores por empresa o por el nivel de producción, representaron consistentemente cerca de 80% del total de los establecimientos manufactureros, que pasó de 75 770 en 1955 a 131 625 en 1980.[9] Sumadas, las empresas pequeñas y medianas constituyeron alrededor de 97% del total de empresas, mientras el 3% restante correspondió a los grandes establecimientos.

A pesar del gran número de empresas pequeñas y medianas, su participación en el empleo y la producción industriales no fue

[8] Esta información proviene de la misma fuente del cuadro II.4. Para amplios estudios sobre la distribución del ingreso en México *cf.*, por ejemplo, Lustig (1980), Reyes Heroles G. G. (1983), y Aspe y Sigmund (1985).

[9] Estos datos provienen de Hernández Rodríguez (1991), quien examina la evolución de las empresas mexicanas. El tamaño de las empresas se determina aquí por producción e ingreso. Entre 1955 y 1975 la clasificación es como sigue: son empresas pequeñas las que producen menos de 40 000 dólares; medianas las que producen entre 40 000 dólares y 1.6 millones de dólares, y grandes las que producen más de 1.6 millones de dólares. Para 1980 la clasificación cambia: las empresas pequeñas producen menos de 135 000 dólares, las medianas entre 135 000 dólares y 2.3 millones de dólares y grandes más de 2.3 millones de dólares. Véase Álvarez Uriarte (1991) para una descripción diferente de los tipos de empresas y su empleo entre 1965 y 1990 (las conclusiones generales no se modifican sustancialmente).

CUADRO II.4. *México. Distribución del ingreso, por deciles, 1950-1983 (porcentajes)*

Deciles[1]	*1950*[2]	*1958*	*1963*	*1968*[3]	*1970*	*1975*[4]	*1977*[5]	*1983*[6]
I	2.43	2.32	1.69	1.21	1.42	0.69	1.08	1.33
II	3.17	3.21	1.97	2.21	2.34	1.28	2.21	2.67
III	3.18	4.06	3.42	3.04	3.49	2.68	3.23	3.84
IV	4.29	4.98	3.42	4.23	4.54	3.8	4.42	5
V	4.93	6.02	5.14	5.07	5.46	5.25	5.73	6.33
VI	5.96	7.49	6.08	6.46	8.24	6.89	7.15	7.86
VII	7.04	8.29	7.85	8.28	8.24	8.56	9.11	9.76
VIII	9.63	10.73	12.38	11.39	10.44	8.71	11.98	12.56
IX	13.89	17.2	16.45	16.06	16.61	17.12	17.09	17.02
Xa	10.38	10.24	13.04	14.9	11.52	13.34	12.54	33.63
Xb	35.1	25.46	28.56	27.15	27.69	31.68	25.45	n.a.
TOTAL	100	100	100	100	100	100	100	100
Gini	0.516	0.45	0.527	0.526	0.496	0.57	0.496	0.449

n.a. no aplica

[1] Número de familias en cada decil: 1950: 449 997; 1958: 640 538; 1968: 847 765; 1970: 889 175; 1975: 1 020 892; 1977: 1 100 000; 1983: 1 479 565.

[2] Datos de la "parte especial" del censo de población de 1950.

[3] Datos de la revisión por el Banco de México del estudio hecho por la Secretaría de la Presidencia.

[4] Estudio de 1975 sobre el gasto del ingreso. Resultados obtenidos después de la revisión efectuada en 1978.

[5] SPP. Encuesta Nacional de Gasto-Ingreso, 1979.

[6] SPP. Encuesta Nacional de Gasto-Ingreso, 1983.

FUENTE: INEGI.

igualmente significativa durante el periodo en cuestión. Datos del Censo Industrial de 1970, por ejemplo, muestran que las empresas pequeñas (con menos de cincuenta trabajadores) fueron responsables de 20% del empleo en las manufacturas y 13.3% del valor agregado, mientras que las empresas grandes (con más de 250 trabajadores) ocuparon al 45.6% de los trabajadores y generaron 56.1% del valor agregado. Para 1975 la distancia entre esas participaciones aumentó: la participación de las empresas pequeñas en el empleo y la producción se redujo a 18.3 y 13.3%, respectivamente, mientras que la de las grandes empresas aumentó a 51.2 y 61.2%, respectivamente.

Resultados similares se desprenden de estudios basados en estos datos, los cuales señalan sus implicaciones para la concentración industrial. Tello (1978) registró que en 1970 menos de 1% de las empresas manufactureras de México generó 63% de la producción industrial total, controló 67% de los activos fijos del sector, representó cerca de 63% de las nuevas inversiones y empleó a alrededor de 45% de toda la fuerza de trabajo industrial. García Rocha (1980) calculó los índices Gini, Herfindhal, Neehans y Theil para estimar la concentración industrial en México, y observó para 1965 y 1970 una concentración industrial elevada y en aumento. Además, encontró que las empresas grandes representan porciones importantes del empleo, el valor agregado, los activos y el valor de la producción: en 1965, 4.9% del número total de empresas empleaban más de 100 trabajadores cada una y controlaba 74.5% del total de los activos industriales y 70.3% del valor agregado industrial; en 1970 el porcentaje de empresas empleando a más de 100 trabajadores declinó a 4.6%, pero su participación en el total del valor agregado y los activos industriales aumentó a 73.6 y 75.5%, repectivamente.[10]

Martínez y Jacobs (1980) encontraron que en 1970 la tasa de concentración promedio del sector manufacturero, medida de acuerdo con la proporción de la producción controlada por las cuatro empresas más grandes, alcanzaba 42.6%, mientras que en 1975 aumentó a 45.2%.[11] Trejo Reyes calculó los coeficientes de Gini para el sector

[10] El aumento de la concentración podría deberse a cambios en las definiciones del censo industrial. Sin embargo, la conclusión sobre la alta concentración industrial subsiste. Según este estudio, los sectores más concentrados eran las bebidas, la madera y los productos de madera, los productos metálicos, los automóviles, el tabaco y el hule.

[11] Nueve de 16 sectores tenían tasas de concentración de las cuatro empresas más grandes superiores al 40% en 1975: las bebidas (45.6%), el tabaco (76.7%), el

manufacturero de México en 1975 y encontró fuertes disparidades en la distribución de la producción y el empleo por empresa.

Casar *et al.* (1990) observaron que, en 1980, 33% del total de la producción manufacturera fue generado en industrias donde las cuatro empresas más grandes producían más de 70% del total.[12] Entre esas industrias había bienes de consumo básico (alimentos), bienes de consumo duradero modernos (aparatos electrodomésticos, automóviles), bienes intermedios básicos (acero, vidrio, fibras sintéticas, productos químicos y petroquímicos) y, en menor grado, bienes de capital (maquinaria eléctrica y no eléctrica) y bienes de consumo no duraderos (productos farmacéuticos, cosméticos, jabones, dentífricos, alimentos procesados). En el 66% restante de la producción manufacturera la tasa de concentración de las cuatro empresas más grandes oscilaba entre 31.1 y 44.1%, y consistía en industrias dedicadas a la producción de bienes de consumo tradicionales y algunos bienes intermedios, con menos énfasis en las industrias de bienes de capital. El cuadro II.5 muestra la participación en la producción y el tipo de bienes producido de acuerdo con las características del mercado.

La concentración industrial en México se ha relacionado con el tamaño de las industrias y también con la nacionalidad. Martínez y Jacobs (1980) notaron una pequeña correlación positiva entre la concentración industrial y la presencia de empresas multinacionales. Gollás (1982) estimó que la presencia de economías de escala y mercados de distintos tamaños desempeña un papel significativo en la explicación de las diferencias tanto entre los sectores como en el tamaño de las empresas en la concentración industrial en 1970. Grandes economías de escala y mercados pequeños parecen reforzar la concentración industrial. Hernández Laos (1985) encontró una (débil) correlación positiva entre la escala mínima de eficiencia y la concentración industrial en 1975. Tovar Armendáriz (1986) observó una correlación negativa entre la escala mínima de eficiencia y la concentración industrial para el mismo año, y una relación po-

hule (67.7%), el petróleo (81.6%), los minerales no metálicos (50%), los metales básicos (68.9%), la maquinaria no eléctrica (52.2%) y eléctrica (43.9%) y el equipo de transporte, incluyendo vehículos y autopartes (57%). Siete sectores exhibieron tasas de concentración menores del 40%: los alimentos (37.1%), los textiles (29.2%), zapatos y ropa (28.3%), madera y corcho (28.3%), muebles (17.4%), papel (36.9%) e imprentas y editoriales (35.9%). Véase el cuadro 1, p. 158, de ese estudio.

[12] El coeficiente fue de 0.9034 medido por la participación de las empresas en la producción y de 0.7493 medido por su participación en el empleo.

CUADRO II.5. *México. Estructura de mercado. Composición por tipo de bien, 1980 (porcentajes)*

	Porcentaje de la producción en cada sector por tipo de empresa							
	Bienes de consumo básicos	*Bienes de consumo moderno*	*Bienes durables de consumo moderno*	*Bienes intermedios*	*Bienes de capital*	*Total*	*Participación en el valor agregado*	*Tasa de concentración de 4 empresas*
Oligopolios concentrados[1]	9.1	2.1	0.1	71.9	16.8	100	18.7	75.2
Dominados por multinacionales	1.2	2.7	0.3	61	34.9	100	7.4	77.1
Dominados por empresas privadas mexicanas	31.9	10.7	0	46.8	10.7	100	1.9	75.9
Dominados por empresas públicas mexicanas	10.7	0	0	85.6	3.7	100	9.5	70.7
Oligopolios concentrados y diferenciados[2]	32.7	19.5	46	1.1	0.6	100	14.4	83.7
Dominados por multinacionales	24	19.4	54.5	1.4	0.7	100	11.9	82.9
Dominados por empresas privadas mexicanas	73	20.2	6.8	0	0	100	2.6	87.6
Oligopolios diferenciados[3]	59.4	29.3	6.8	4.5	0	100	11.5	38.9
Dominados por empresas multinacionales	21.8	78.2	0	0	0	100	3.4	38.5

Dominados por empresas privadas mexicanas	49.1	23.8	27.1	0	0	100	2.9	44.1
Dominados por empresas mexicanas y multinacionales	90	0	0	10	0	100	5.2	31.1
Oligopolios competitivos[4]	22.5	0.5	2.8	51.8	22.4	100	30.4	41.3
Dominados por multinacionales	0	0	17.6	21.4	61	100	4.1	37.3
Dominados por empresas privadas mexicanas	34.1	1.5	1.2	37.4	25.9	100	10.9	43.9
Dominados por empresas mexicanas y multinacionales	20.2	0	0	70.2	9.6	100	15.4	38.9
Industrias competitivas[5]	54.7	0	0.3	40.8	4.2	100	24.9	13.7
TOTAL de manufacturas	33.7	6.7	8.4	40.1	11.1	100	100	48.6

[1] Los que producen bienes homogéneos y están fuertemente concentrados (tasa de concentración de cuatro empresas por encima de 70%).
[2] Los que producen bienes menos homogéneos.
[3] Están menos concentrados.
[4] Los dominados por empresas pequeñas.
[5] Que tienen empresas pequeñas y costos de entrada y salida bajos.
FUENTE: Casar *et al.* (1990).

sitiva entre esta última y los gastos en publicidad. Casar *et al.* (1990) encontraron que las elevadas tasas de concentración de las cuatro empresas más grandes del sector manufacturero mexicano en 1980 tenían una relación positiva con diferencias en economías de escala, requerimientos de capital y participación de la inversión extranjera, y una relación negativa con los costos de transporte.[13]

II.2.1.2. *Actividad y nacionalidad*

Las empresas pequeñas de propiedad mexicana predominan en los sectores tradicionales, donde se producen bienes de consumo básicos duraderos y no duraderos.[14] Como se aprecia en el cuadro II.6, en 1980 las empresas pequeñas (EP) produjeron 35.3% de la producción industrial total, distribuido de la siguiente manera: 63.4% de alimentos básicos, 59.1% de ropa y calzado, 78.1% de madera y productos derivados, 54% de muebles de madera, 50.8% de imprentas y editoriales y 67.4% de productos de cuero. Las empresas medianas (EM) propiedad de mexicanos generaron alrededor de 8% de la producción industrial y no tuvieron un control abrumador en ningún sector industrial, aunque su participación en la producción tendió a ser superior en muchos de los mismos sectores tradicionales dominados por las empresas pequeñas y en algunos sectores dedicados a productos intermedios. En particular, esa participación oscila entre 10 y 16% en textiles, ropa y calzado, artículos de cuero, papel y celulosa, imprenta y editoriales, productos químicos, derivados del carbón y el petróleo, productos metálicos y maquinaria eléctrica. El porcentaje más alto se encuentra en los sectores de muebles y productos de madera (al-

[13] También observaron que esos factores, sumados al patrón de concentración industrial en el país de origen de la multinacional, explican la concentración industrial en las industrias que producen bienes de consumo. Para los bienes no de consumo la escala mínima de eficiencia es otra variable explicatoria importante.

[14] Los datos sobre la producción por tipo de empresa en cada sector industrial que se presentan aquí y en los párrafos siguientes provienen de Casar *et al.* (1990). Hay un cambio en la clasificación del tamaño de la industria que no se aparta seriamente de los resultados de la clasificación empleada anteriormente: empresas pequeñas de propiedad nacional ahora son las que emplean a menos de 100 trabajadores; empresas medianas de propiedad nacional son las que emplean entre 100 y 249 trabajadores; empresas grandes de propiedad nacional son las que emplean a más de 250 trabajadores; las empresas de propiedad estatal son aquellas en que la participación gubernamental en el capital de la empresa es de más de 50%; empresas multinacionales de propiedad mayoritaria son las que controlan más de 50% de su capital propio.

rededor de 24%). El total de las pequeñas y medianas empresas del sector manufacturero generan alrededor de 44% del total de la producción industrial.

El 56% restante de la producción industrial de 1980 fue generado por empresas grandes, incluyendo empresas privadas nacionales, empresas estatales y empresas multinacionales. Las actividades dominadas por estas empresas fueron la producción de bienes de consumo modernos duraderos y no duraderos, bienes de capital, productos intermedios e insumos específicos. Las empresas nacionales grandes (ENG) generaron alrededor de un quinto de la producción industrial total, más de 40% en bebidas y papel y celulosa, y entre 30 y 40% en textiles, metales básicos y productos de metal. Estas empresas tendieron a predominar en mercados con tasas de concentración de las cuatro empresas más grandes por encima de 70%, especialmente en acero, vidrio, bebidas, alimentos y algunos textiles.

La participación de las empresas de propiedad estatal (EPE) en el total de la producción industrial en 1980 fue de 7.2% (desde luego, sin incluir la importantísima industria petrolera) y tuvo sus niveles máximos en el tabaco (19.4%), los metales básicos (29.5%) y el material de transporte (11.2%). La participación del Estado en estos sectores respondió en gran medida al objetivo del gobierno mexicano de asegurar una oferta segura y constante de insumos básicos, apoyar la producción agroindustrial y mejorar la integración de regiones económicas diferentes. En muchos casos, el inicio de operaciones de este tipo requirió de inversiones muy grandes, y el gobierno mexicano estimó —correcta o incorrectamente— que las inversiones del sector privado serían insuficientes. En consecuencia, la participación del gobierno en la producción de petróleo, acero, fertilizantes, vagones de ferrocarril, automóviles, azúcar y tabaco fue muy alta hasta los años ochenta.

Los sectores con participación de inversiones extranjeras produjeron cerca de un tercio del total de la producción industrial en 1980, y en ese año controlaron más de 70% de la producción tabacalera y farmacéutica, más de 65% de la de hule y material de transporte (automóviles y autopartes) y más de 55% en maquinaria eléctrica y derivados del carbón y del petróleo. Como en el caso de las ENG, las empresas multinacionales dominaron en los mercados con tasas de concentración industrial superiores a 70%, en particular en productos químicos, minerales no metálicos, aluminio, equipos telefónico

CUADRO II.6. *México. Participación de seis tipos de industrias en el producto manufacturero, 1980 (porcentajes)*

	Número de industrias	*Empresas multinacionales**			*EPE*	*ENG*	*EM*	*EP*	*Total*
		1	*2*	*1+2*					
Alimentos	35	10.2	0.8	11	6.9	11.9	6.7	63.4	100
Bebidas	6	17.9	11.9	29.8	0.3	44.4	5.5	20.2	100
Tabaco	3	77.6	0.4	78	19.4	0	0.4	2.2	100
Textiles	17	5	3.8	8.8	5.1	31	14.2	40.9	100
Ropa y calzado	10	7.3	0.6	7.9	0.6	20.7	11.7	59.1	100
Madera y corcho	8	0.5	5.2	5.7	1.3	10.1	4.8	78.1	100
Muebles y productos de madera	3	6.1	5	11.1	0	10	24.8	54	100
Celulosa y papel	4	17.4	5.7	23.1	8.8	47	10.1	11	100
Imprenta y editoriales	4	8	1.7	9.7	1.9	22.2	15.4	50.8	100
Piel	2	4.8	6.9	11.7	0	8.6	12.3	67.4	100
Hule	3	59.7	6.9	66.6	0	12.6	6.3	14.6	100
Productos químicos	17	15.5	19.7	35.2	9.1	18.9	13.5	23.3	100
Productos farmacéuticos y cosméticos	3	71.7	1.5	72.6	0	13.6	5.3	8.5	100
Derivados del petróleo	2	38.3	17.3	55.6	0	14.3	12.9	17.2	100
Minerales no metálicos	16	2.5	9.7	12.2	5.3	42.7	4.2	35.6	100
Metales básicos	6	5	9.2	14.2	29.5	34.8	4.2	17.4	100
Formas estructurales	15	11.9	7.7	19.6	1	35.8	15.2	28.4	100
Maquinaria no eléctrica	12	23.5	25.1	48.6	2.9	17	9.2	22.3	100

Maquinaria eléctrica	11	48.1	9.7	57.8	0	22.7	10.3	9.2	100
Material de transporte	8	53.3	15.6	68.9	11.2	11.2	2.8	5.9	100
Otras manufacturas	3	0.2	39.8	40	0	15.7	9.6	34.7	100
TOTAL	188	19.6	7.7	27.3	7.2	22.1	8.2	35.3	100

* Multinacionales: empresas con más de 15% de participación de capital extranjero.
1 = empresas con más de 50% del activo propiedad de extranjeros.
2 = empresas con 1-49% del activo propiedad de extranjeros.
EPE = empresas con más de 50% del activo propiedad del sector público.
ENG = empresas nacionales grandes (con más de 250 trabajadores).
EM = empresas nacionales medianas (entre 199 y 249 trabajadores).
EP = empresas nacionales pequeñas (menos de 100 trabajadores).
FUENTE: Casar *et al.* (1990).

y electrónico, maquinaria agrícola, computadoras, radios, televisores, neumáticos, discos y algunos bienes de consumo modernos y tradicionales (bebidas, café instantáneo, goma de mascar, cigarros, jabón, detergentes).

La participación de la inversión extranjera en el sector manufacturero puede subdividirse además entre las empresas donde representa más de 50% del capital propio y las empresas donde representa entre 15 y 49%. Este último caso es importante porque ayuda a identificar la medida en que el capital nacional y el extranjero se asocian en el mismo sector y, por extensión, la medida en que inversionistas nacionales pueden tener las mismas preferencias políticas que los extranjeros. Los sectores donde el capital extranjero posee menos de 50% (lo que no implica necesariamente que no tenga el control) y por lo tanto está estrechamente asociado con propietarios mexicanos son bebidas (11.9%), productos químicos (19.7%), derivados del carbón y del petróleo (17.3%), maquinaria no eléctrica (25.1%) y manufacturas misceláneas (39.8%).

II.2.1.3. *Región*

En México gran parte de la producción industrial se caracteriza por una alta concentración geográfica. Según datos del gobierno mexicano,[15] alrededor de 55% del valor total de los bienes producidos en el país entre 1970 y 1980 corresponde a la ciudad de México y los estados de México, Nuevo León, Jalisco y Veracruz, así como cerca de 70% de toda la producción industrial. La capital y el estado de México producen solos casi 50% del total de la producción industrial. Su competidor más cercano, el estado de Nuevo León, genera alrededor de 10% de los bienes manufacturados, mientras que Jalisco y Veracruz producen cada uno entre 5 y 7%. Estas cinco regiones son las principales productoras en casi todos los sectores industriales de importancia. Sólo en las industrias basadas en recursos naturales, como el acero, la madera y los minerales no metálicos, la producción se encuentra menos concentrada geográficamente.

[15] Véase *Sistema de cuentas nacionales* elaboradas por el INEGI.

II.2.1.4. *Resumen*

La relación entre el tamaño de las empresas y los sectores industriales en México durante las décadas de 1970 y 1980 puede resumirse así: las empresas pequeñas y medianas predominaron en la producción de bienes de consumo no duraderos y participaron significativamente en la producción de bienes intermedios. Las empresas grandes, nacionales y extranjeras, predominaron en los sectores modernos, las industrias de bienes de capital y las de productos intermedios básicos. Las empresas de propiedad gubernamental produjeron principalmente productos intermedios básicos y bienes de capital. La superposición más uniforme de actividades y tamaño de empresas se da en los sectores intermedios y en algunas industrias de bienes de capital. Aproximadamente 80% de las industrias manufactureras sirvieron a mercados con un grado de concentración industrial superior a 50%, originando más de 75% del valor agregado manufacturero.[16] Esto significa que el sector industrial de México está sumamente segmentado entre empresas grandes y pequeñas, especializándose las primeras en la producción de artículos más elaborados.

II.2.2. *Exportadores e importadores*

Una forma de identificar a los exportadores y a los importadores consiste en explorar la orientación comercial relativa de un sector, midiendo la participación del comercio exterior en su producción total, la participación de las exportaciones en su producción, sus exportaciones netas y la participación de las importaciones en la oferta interna. Casar (1989) realizó estos cálculos, registrados en el cuadro II.7, y encontró que, durante el periodo 1978-1987, 30 de 49 sectores manufactureros mexicanos realizaron comercio exterior, ya que esa actividad (exportaciones más importaciones) representa por lo menos 5% de su producción.[17] De esos 30, 5 eran exportadores netos, 16 eran importadores netos y 9 estaban activos en el comercio

[16] Véase Casar *et al.* (1991).

[17] Antes de 1978 las características del sector manufacturero no son significativamente diferentes, salvo probablemente por el mayor volumen del comercio dentro de la industria. Para detalles sobre la estructura del comercio de ese periodo, véase Banco de México, *Indicadores económicos*, y *Estadísticas históricas de México*; Ros y Vásquez (1980); Banco Nacional de Comercio Exterior (1987).

CUADRO II.7. *México. Estructura industrial de acuerdo al tipo de comercio exterior, 1978-1983 (porcentajes)*

	Número de sectores	*Participación en la producción manufacturera*	*Participación en el comercio exterior*	*Participación promedio en la exportación*	*Participación promedio en la importación*
Sectores con comercio intraindustrial	9	18.9	27.6	43	21.1
Sectores con comercio intraindustrial e importadores netos	16	29.1	56.4	21.8	71
Sectores con comercio intraindustrial y exportadores netos	5	6	8.5	26.7	0.8
Sectores con bajo nivel de comercio exterior	19	46	7.5	8.5	7.1
TOTAL	49	100	100	100	100

FUENTE: Casar (1990).

intraindustrial. En conjunto esos 30 sectores representaron en promedio 54% del total de la producción industrial y más de 90% del comercio exterior de México en manufacturas. Por lo tanto, las industrias con poca o ninguna actividad de comercio internacional eran responsables de 46% de la producción industrial, 8.5% de las exportaciones y 7.1% de las importaciones.[18] A continuación se describen esos sectores con más detalle.

II.2.2.1. *Exportadores del sector privado*

Las principales características de los sectores industriales exportadores de México entre las décadas de los sesenta y los ochenta, tanto los exportadores netos como los dedicados al comercio intraindustrial, fueron su gran participación en la producción a pesar de su reducido número, su empleo de técnicas de producción con uso intensivo de capital (salvo por algunos productos tradicionales), su gran escala, su tendencia a especializarse en bienes de capital e intermedios y sus estrechos vínculos con las inversiones extranjeras. Los exportadores netos representaron 6% de la producción industrial nacional, 8.5% del comercio industrial, 26.7% de las exportaciones y 0.8% de las importaciones. Los comerciantes intraindustriales exportaron casi el doble —43% del total—, produjeron 18.9% de todas las manufacturas, representaron 27.6% del comercio industrial y 21% de las importaciones. Por lo tanto, la producción de los exportadores netos y los comerciantes intraindustriales llegó en conjunto a alrededor de 25% del sector manufacturero y casi 50% de sus exportaciones industriales.

La intensidad de capital de las exportaciones mexicanas, que choca con la predicción común de que México debería exportar bienes con uso intensivo de mano de obra,[19] se ha observado desde co-

[18] Los lectores interesados en otras clasificaciones de este periodo pueden consultar Unger (1986) y Lustig (1990). En lo esencial, esos estudios no difieren sustancialmente de la clasificación utilizada aquí.

[19] Por lo menos dos factores parecen explicar este comportamiento del comercio mexicano, que tiene una consecuencia para la identidad de los exportadores e importadores mexicanos: la estrategia de la ISI y los lazos internacionales de las industrias mexicanas. Como ya se ha dicho, la ISI privilegió el establecimiento de plantas manufactureras pequeñas con altos costos por unidad, que debido a los elevados subsidios para las importaciones de capital tendieron a preferir procesos de producción con uso intensivo de capital. Esa distorsión de los precios del trabajo y el capital hizo que los productores nacionales tendieran a ignorar las ventajas

mienzos de la década de 1970. Hufbauer (1970) señaló que en 1965 las exportaciones mexicanas eran más intensivas en capital que sus importaciones. Boatler (1974) observó que la participación de las exportaciones intensivas en capital en el total de las exportaciones mexicanas estaba aumentando, y presentó argumentos indicando la creciente importancia del comercio industrial especializado en el país. Clavijo y Valdivieso (1978) cuestionaron algunas de las conclusiones anteriores y señalaron que las exportaciones mexicanas eran intensivas en mano de obra antes de 1978, y sólo pasaron a ser intensivas en capital después de esa fecha. Clavijo, Sáez y Scheuer (1978) observaron que las industrias con el coeficiente de exportaciones más elevado en relación con la producción total no eran aquéllas en que México gozaba de una ventaja comparativa (presumiblemente los sectores con uso intensivo de mano de obra). Levy (1981) encontró que las exportaciones mexicanas eran más intensivas en capital que sus importaciones. Pérez Motta cuestionó esos resultados, argumentando que habían sido obtenidos con metodología deficiente, y halló que las exportaciones mexicanas podrían ser más intensivas en mano de obra de lo que hasta ahí se pensaba.

Los sectores activos en el comercio intraindustrial produjeron principalmente bienes de consumo duraderos, bienes de capital e insumos básicos: automóviles, piezas para automóviles, equipos para oficina, computadoras, metales no ferrosos, minerales no metálicos, hule y productos farmacéuticos y químicos. También produjeron algunos bienes de consumo no duraderos, como bebidas, textiles y material impreso. La mayoría de estas manufacturas requerían grandes inversiones de capital y tecnología especializada, por eso estaban en manos de empresas grandes, nacionales y extranjeras. Esto —entre otras razones— explica por qué entre los principales actores del comercio intraindustrial figuran en forma

de las técnicas con uso intensivo de mano de obra. Sólo los sectores que por la tecnología empleada necesitaban realizar grandes inversiones de capital —industrias de bienes de capital, insumos básicos, bienes de consumo durables— lograron alcanzar las economías de escala necesarias para producir con una estructura de costos competitiva. Los lazos internacionales ayudaron a las empresas multinacionales, a las empresas nacionales grandes y a las empresas estatales grandes a establecer canales de distribución y contactos para colocar su producción en mercados extranjeros. El comercio intraindustrial y transfronterizo de las multinacionales fue útil en ese proceso, así como la asociación de éstas con empresas nacionales grandes. Esas vinculaciones les ayudaron también a adoptar tecnologías eficientes en función del costo, a través del apoyo de bancos internacionales.

prominente las multinacionales y las empresas nacionales medianas y grandes. Las primeras representaban en promedio 53.3% del valor agregado en esas industrias, y las segundas 83.5%. El examen del tamaño de las empresas muestra además que en 1975 los sectores participantes en el comercio intraindustrial tenían escalas mínimas de eficiencia mayores que las empresas de otros tipos, y que su concentración industrial era superior al 50 por ciento.[20]

La mayoría de las actividades exportadoras netas se localizaron sobre todo en sectores intensivos en recursos naturales, como frutas y verduras, café, pescado y mariscos, algodón, tabaco y fibras duras. Otros sectores exportadores produjeron bienes relativamente más elaborados, destacando entre ellos los de las industrias automovilística, química, petroquímica y siderúrgica, patrón que se mantuvo durante toda la década de 1980. Unger (1986) encontró que 51 productos acumularon 73.4% de las exportaciones de manufacturas entre 1983 y 1985, y entre ellos apenas diez representaban 42% del total de exportaciones: motores de automóvil (13.3%), cuatro derivados del petróleo (12.2%), camarón congelado (4.6%), plata (4.1%), piezas para automóviles (3.1%), vidrio (2.4%) y ácidos policarboxílicos (2.3 por ciento).

Esta composición de las exportaciones se refleja en la presencia abrumadora de las multinacionales y las empresas nacionales grandes entre los exportadores mexicanos de manufacturas (por ejemplo, los productores de automóviles son multinacionales, y el principal productor de vidrio es una empresa nacional grande), observada desde los años setenta.

Fajnzylber y Rodríguez Tarragó (1976) encontraron que las empresas multinacionales produjeron 50% de las exportaciones manufacturadas de México en 1970; Ramírez de la O (1981) observó que en 1977 las empresas multinacionales generaron 21% del total de exportaciones de México y 46% de las exportaciones manufacturadas; y Dehesa Dávila (1983) observó que las empresas de este tipo generaron 52.8% de las exportaciones del sector privado en 1980. Fajnzylber y Rodríguez Tarragó (1976) encontraron además que las empresas multinacionales generaron más de 75% de las expor-

20 Véase Casar (1989), anexo IIB, p. 34. Por ejemplo, la tasa de concentración de la producción en las cuatro empresas más grandes en la industria automotriz en 1980 era de 76.2%; en la de piezas para automóviles de 54.7%; en equipos de oficina, 73.7%; en metales no ferrosos, 52.4%; y en el hule, 63%. Sólo los minerales no metálicos y los productos farmacéuticos y químicos mostraron ffcr inferiores a 30 por ciento.

taciones de productos procesados del petróleo, equipos de transporte, productos químicos, maquinaria, hule y equipo eléctrico. Ramírez de la O (1981) descubrió que en 1977 las exportaciones de las empresas multinacionales estaban fuertemente orientadas hacia el sector manufacturero, donde se concentraba 71% de sus exportaciones, y que a medida que aumentaba el tamaño de las empresas, crecía también la orientación exportadora (en parte debido a la especialización). También observó que las multinacionales exportaban más de 63% de los productos editoriales, 75.2% la maquinaria y los equipos de transporte —todos sectores con una tasa de concentración de más de 40 por ciento.

Dehesa (1983) señaló que en 1980 las empresas nacionales grandes generaron 77% de las exportaciones de alimentos, bebidas y tabaco, 98% en las de productos de madera, 70% en las de productos químicos, 73.7% en los productos minerales no metálicos, 64% en papel y productos editoriales y 53.6% en productos de acero. Unger (1986) encontró que en 1978 las empresas multinacionales que producían bienes de capital e intermedios tenían tasas de exportación mayores que las empresas nacionales grandes en las mismas industrias y que las multinacionales que producían bienes de consumo. Unger y Saldaña (1989) observaron que las empresas multinacionales exportan una gran parte de las manufacturas "modernas" de México (piezas para automóviles, productos químicos, computadoras) mientras que las empresas mexicanas, públicas y privadas, se concentran en industrias más tradicionales (hierro, acero, algunos réditos químicos y alimentos). Estudios de *Expansión* también muestran que la mayoría de los 200 exportadores más importantes de México son empresas multinacionales, empresas nacionales grandes, empresas con capital mixto extranjero y nacional y empresas de propiedad estatal.[21]

[21] Véase, por ejemplo, el número de octubre de 1981. Las pequeñas empresas no están bien representadas. Entre los nombres prominentes se encuentran los de productores de automóviles y piezas (General Motors, Chrysler, Volkswagen, Ford, Nissan), de productos químicos (Union Carbide, Química Flúor, Química Simex), gigantes de la minería (Peñoles, Grupo Industrial Minera de México, Mexicana de Cobre, Compañía Occidental Mexicana, Industrias Nacobre) y grandes grupos industriales manufactureros de muchos tipos de bienes diferentes (Alfa, Visa, Vitro, Cydsa, Imsa, Ramípez, Cemex, Desc, Moctezuma).

II.2.2.2. *Importadores del sector privado y empresas que compiten con las importaciones*

Los importadores netos se distinguían de los exportadores y de los comerciantes intraindustriales (que desde luego también representan una parte considerable de las importaciones) por su dualidad: en nueve industrias, las empresas pequeñas y medianas (con menos de 250 trabajadores) generaron más de 50% de la producción total; en las otras siete predominaron las empresas grandes. Las empresas pequeñas —muchas de dimensiones inferiores a las óptimas, con estructuras de costos elevadas y, en consecuencia, más proteccionistas— se especializaban en la producción de bienes de consumo tradicionales y algunos bienes de capital, y las empresas grandes en bienes intermedios y de capital. Entre 1979 y 1983 la producción de esos sectores alcanzó 29.1% del total, y generaron 21.8% de las exportaciones y 71% de las importaciones. Sumado a las importaciones generadas por el comercio intraindustrial, la parte de estos sectores en las importaciones alcanzó a alrededor de 40 por ciento.

En los sectores importadores netos la producción se concentró en material de transporte, maquinaria eléctrica, maquinaria electrónica, equipo eléctrico, equipo electrónico, estructuras metálicas, metales básicos, plásticos, hule, fertilizantes y petroquímica. Las empresas multinacionales produjeron más de 50% de la producción total de hule, equipo eléctrico y electrónico; los demás sectores tuvieron una participación limitada de capital extranjero. La gran presencia de empresas multinacionales en algunos de esos sectores subraya la importancia que han tenido las empresas extranjeras para la balanza comercial de México: por lo menos hasta la década de los setenta el saldo comercial de las multinacionales era negativo.[22] Además de los importadores netos hay sectores en los que un bajo nivel de comercio ha indicado la presencia de protección de la competencia extranjera, antes que aislamiento de ella. Entre esos sectores están los de piel y calzado, vestido, otros productos textiles y aparatos electrodomésticos, en su mayoría producidos en establecimientos pequeños y medianos.

[22] Véase, por ejemplo, los estudios de Fajnzylber y Martínez Tarragó (1976) y Tello (1978).

II.2.2.3. *Sector público*

La exportación más importante del gobierno desde la segunda mitad de la década de 1970 es la del petróleo y sus derivados, a través de Pemex. De hecho las exportaciones de petróleo fueron la mayor fuente de ingresos del extranjero de México entre 1980 y 1986, representando alrededor de 70% del total de exportaciones. Sin embargo, si se excluye el petróleo y sus derivados es evidente que las empresas de propiedad estatal tendieron a exportar cantidades limitadas de bienes manufacturados. En 1981, 35% de sus ingresos por exportaciones se generaron en el sector de alimentos, principalmente pescado y mariscos; 30.8% correspondió al sector químico, principalmente ácidos producidos por Fertimex (empresa de propiedad estatal que produce fertilizantes y productos químicos); 9.1% fueron fibras duras producidas por Cordemex, y 7.6% fueron piezas para automóviles.[23]

Las importaciones del gobierno se concentraron en bienes de capital e intermedios necesarios para desarrollar infraestructura básica e industrias intermedias básicas, así como alimentos básicos necesarios para responder a la demanda interna. Entre los ejemplos notables para 1980 están equipos y maquinaria, que representaron alrededor de 70% del déficit comercial del sector público, y alimentos, que representaron 20 por ciento.

II.2.2.4. *Resumen: exportadores, importadores y tamaño de las empresas*

El cuadro II.8 reúne los datos sobre el sector industrial, el tamaño de las empresas y su orientación comercial para esbozar un cuadro general de los exportadores e importadores mexicanos. En los intereses exportadores del sector privado tienden a predominar las empresas multinacionales, las empresas nacionales grandes y un número limitado de empresas medianas. Producen algunos bienes de consumo, intermedios y de capital basados en recursos naturales: alimentos, fibras duras, textiles, automóviles y piezas, resinas sintéticas, productos químicos básicos, metales no ferrosos básicos, derivados del petróleo, productos farmacéuticos y electrónicos. En los intereses que compiten con las importaciones predominan las empresas peque-

[23] Véase Dehesa (1983).

ñas y medianas, aunque hay algunas empresas grandes que enfrentan la competencia de importaciones. Esos sectores producen bienes intermedios y de capital: maquinaria y equipos eléctricos y electrónicos, material de transporte, productos petroquímicos básicos, plásticos, hule, papel y cartón. En los sectores de comercio intraindustrial predominan las empresas multinacionales y las empresas nacionales grandes, que producen principalmente derivados del petróleo, productos químicos y farmacéuticos, automóviles y piezas, productos electrónicos y metales no ferrosos básicos. El sector público produjo en empresas grandes y exportaba petróleo, abono y fertilizantes, fibras duras y algunos bienes basados en recursos naturales.

II.2.3. *Preferencias de política comercial y representación de intereses industriales*

Es impreciso caracterizar a los grupos de interés mexicanos simplemente como "proteccionistas" o "partidarios del libre comercio". Esto se debe a su estructura de representación, altamente agregada y, por lo tanto, tendiente a agrupar intereses en conflicto. Por ejemplo, las empresas grandes —la mayoría de los exportadores y comercializadores intraindustriales— comparten la misma cámara con empresas medianas y pequeñas, quienes constituyen a la mayoría de los intereses que compiten con las importaciones.[24] Del mismo modo, las

[24] En principio, la presencia en un mercado de empresas de distintos tamaños puede indicar simplemente el tipo de estructura productiva que un mercado requiere para satisfacer la demanda existente, pero algunas empresas marginales y de altos costos existen debido a la protección comercial, y esto explica por qué dentro de la misma industria algunos tipos de empresa pueden ser más proteccionistas que otros. Puede parecer que esta distinción entre empresas de distintos tipos choca con la distinción teórica hecha en el capítulo I, en la que se suponía que las industrias compiten entre sí, pero no es así: sólo afina más nuestras expectativas acerca de la intensidad de las preferencias políticas de cada sector. Si tenemos una estructura de costos relativamente alta asociada con empresas de pequeño tamaño en mercados donde la escala mínima de eficiencia debería ser mayor, es posible que los sectores con un alto porcentaje de empresas pequeñas tengan dificultad para enfrentar la competencia extranjera. Así, el tamaño de las empresas puede revelar que la estructura de costos de un sector es demasiado elevada para que éste sea internacionalmente competitivo. La especialización comercial tiende a diferenciar en la misma industria entre las empresas que producen para el mercado interno e internacional y las que sólo producen para el mercado interno. Las primeras pueden competir con empresas extranjeras, las segundas tal vez no, y por lo tanto es posible que sus intereses sobre la política comercial sean diferentes.

Teniendo presente esto, podemos describir ahora la representación de intereses industriales y de negocios.

CUADRO II.8. *México. Características de los sectores manufactureros, por orientación comercial (porcentajes)*

Sectores manufactureros y su orientación comercial	*Promedios (1978-1987)* Comercio como porcentaje del producto	Exportación como porcentaje del producto	Importación como porcentaje del producto	*Participación en exportación total*
Exportadores netos				
12. Frutas y verduras procesadas	24.3	22	2.7	2.9
15. Productos del café	42.9	42.8	0	10.8
19. Alimentos misceláneos	21.5	20	1.8	10.1
25. Productos de fibras duras	13.8	11.7	2.3	0.9
43. Vidrio y productos de vidrio	14.2	10.8	3.6	1.7
Comercio intraindustrial				
20. Bebidas alcohólicas	8.2	5.7	2.6	1.1
32. Imprentas y editoriales	7.7	2.7	4.8	1.2
33. Petróleo y derivados	42.9	26.8	19.6	11.5
35. Productos químicos básicos	47.2	18	28.9	4.7
37. Resinas sintéticas	11.2	3.8	7.1	1.3
38. Productos farmacéuticos	10.7	2.9	7.4	1
47. Metales no ferrosos básicos	45.7	28.1	19	6.5
56. Automóviles	12.8	6.1	6.4	3.8
57. Motores y piezas para automóviles	59.9	28	30.9	11.4
Importadores netos				
16. Azúcar	12.8	3.5	7.7	0.7
31. Papel y cartón	15.9	1.8	12.6	0
34. Petroquímica básica	78.1	14	42.5	2.5
36. Abonos y fertilizantes	27.5	4.7	19.1	0.4
40. Otros productos químicos	22	4.6	15.4	2.1
41. Productos de hule	9.7	2.2	7	0.6
42. Productos de plástico	5.6	1.4	4.5	0.4
43. Metales ferrosos básicos	14.2	10.8	3.6	6.5
49. Formas estructurales	8.3	1.6	6.3	0.2
50. Otros, con excepción de maquinaria	12.9	2.6	9.5	1.3
51. Maquinaria no eléctrica	113.5	6.9	52.8	3.3
52. Maquinaria eléctrica	39.5	4.2	26.7	0.9
54. Equipo electrónico	47.2	5.2	29.9	1.2

Participación en importación total	Concentración industrial en 1980	Participación en la producción: Empresas multinacionales en 1980	Participación en la producción: Las tres zonas industriales más grandes[1]	Participación en el empleo de empresas chicas (< 250 empleados)
0.1	45.5	30.7	41.5	38.9
0	43.5	14.2	28.5	87
0.4	45.6	32.7	34.6	68.4
0.1	68.1	3.9	14.5	72.5
0.3	73.2	16.3	81.6	24.1
0.2	70.6	45.4	54.4	49.1
0.9	19.6	9.7	75.5	73.5
3.8	63.6	55.6	24.6	9.7
3.5	33.2	38.8	53.2	3.5
1.3	58.1	59.2	44.7	45.1
1.1	16.9	74	85	41.2
2	52.4	19.9	69	34.7
2.4	76.2	80.8	48.6	0.4
6.8	54.7	65.9	46.7	25.7
1	20.9	0.2	0.03	3.5
0.8	45	23.1	60.8	49.2
5.3	0.	0.	7.4	3.5
0.9	94.1	0	0.9	11.5
3.9	46.7	35.5	70.9	67.8
0.1	63	66.6	57	83.8
0.6	0.	19	69.8	68.9
2	61.3	11.2	50.4	22.7
0.4	19.3	13.4	50	89.1
2.3	53.5	24.9	69	62.2
23.9	44.9	48	56	96
3.5	38	45.1	71.8	53.3
5.2	52.1	68.9	54.2	17.1

[1] Ciudad de México, Estado de México, Nuevo León. Datos de 1988.

CUADRO II.8. *México (continuación)*

Sectores manufactureros y su orientación comercial	Promedios (1978-1987) Comercio como porcentaje del producto	Exportación como porcentaje del producto	Importación como porcentaje del producto	Participación en exportación total
55. Equipo eléctrico	48.1	9.7	29.7	1.4
58. Equipo y material de transporte	80.4	9.5	43.3	1.2
59. Otros productos manufacturados	26.2	3.5	18.8	1.2
Bajo nivel de comercio				
11. Productos de carne y leche	3.5	0.3	3.2	0.5
13. Productos de molino (trigo)	0.7	0.3	0.4	0.1
14. Productos de nixtamal	0	0	0	0
17. Aceites animales y vegetales	5.4	0	5	0
18. Alimentos para animales	2.3	0.2	2	0
21. Cerveza y malta	4.3	4	0.2	0.9
22. Bebidas no alcohólicas	0.1	0.1	0	0
23. Productos de tabaco	1.8	1.7	0.1	0.3
24. Productos de fibras blandas	3.7	2.9	0.8	1.6
26. Otros textiles	5.1	1.5	3.5	0.3
27. Ropa	3.1	1.1	2	0.8
28. Piel y calzado	5.8	1.9	3.8	0.9
29. Productos de aserradero	4	0.6	3.2	0.1
30. Otros productos de madera	4.7	4.3	0.4	1.5
39. Jabones, detergentes y cosméticos	1.4	0.4	1	0.1
44. Cemento	6.9	5.9	1	0.9
45. Otros productos minerales no metálicos	4.6	2.4	2.3	1.3
48. Muebles metálicos	4.1	1.9	2.1	0.1
53. Aparatos electrodomésticos	3.4	1.4	2	0.1

Fuente: Comercio, concentración industrial, y empresas multinacionales obtenidos de Casar (1990).

Concentración geográfica y empleo en empresas pequeñas calculados con datos de INEGI (1985).

Participación en importación total	Concentración industrial en 1980	*Participación en la producción* Empresas multinacionales en 1980	Las tres zonas industriales más grandes[1]	Participación en el empleo de empresas chicas (< 250 empleados)
2.6	59.4	71.3	75.8	29.1
4.4	68.7	2.3	31.7	37.7
3.7	52.1	43	64	60.2
2.8	15.9	8.2	41	58.
0.1	32.7	4.5	55	77
0	7.8	2	32.2	97
0.8	28.2	11.1	45	36.4
0.2	24.2	12.8	35.5	62
0	93.5	30.4	49.6	6.1
0	19.3	21.1	35.7	21.5
0	99.1	78.3	64.4	13.9
0.2	19.5	9.6	53	43.7
0.3	42.9	18	64.5	58.9
0.6	16.8	7.3	63.3	69.6
0.9	16.2	5.7	23.3	67.9
0.4	12.7	6.6	8.9	72.6
0.1	19.2	7.9	498.3	89.8
0.1	66.7	71.1	88.5	38
0.1	42.6	8.5	27	5.1
0.5	34.7	12	52	73.4
1	19.2	0	60	67.6
0.1	29.2	15.7	63.4	19.8

[1] Ciudad de México, Estado de México, Nuevo León. Datos de 1988.

multinacionales y las empresas de propiedad nacional comparten representación en las mismas cámaras, mientras empresas de la misma industria, pero situadas en regiones diferentes, pueden pertenecer a diferentes cámaras. Esta diversidad de membresía complica la definición de preferencias de política comercial en muchos grupos de interés, y en consecuencia dificulta la lectura de sus preferencias en materia de política comercial.

Esta estructura de representación relativamente compleja es consecuencia del proceso de formación de instituciones impulsado por el gobierno mexicano a fines de los años treinta. Al buscar la consolidación política del país y la reducción de los conflictos entre los intereses rivales surgidos de la Revolución, los dirigentes mexicanos crearon grupos de interés que hablaran por los propietarios de factores y por los tipos generales de actividad económica, en lugar de asociaciones que hablaran por los intereses específicos de una industria.[25] Esta estructura propició rivalidades entre participantes de diferentes actividades económicas y fortaleció la capacidad del gobierno para poner en práctica sus políticas públicas. Además, dio origen a la llamada estructura "corporativista" del gobierno mexicano, bajo la cual grandes grupos representantes de los trabajadores, los hombres de negocios, los industriales o los comerciantes en su conjunto tenían más acceso a las decisiones gubernamentales que pequeños intereses particularistas. Sin embargo, con el tiempo esos organismos de representación compuestos por tantos elementos resultaron ineficientes para defender los intereses de algunos sectores económicos y se formó una serie de asociaciones independientes para expresar los intereses de industrias específicas.

El resto de esta sección describe la evolución y la base de las principales cámaras industriales, comerciales, financieras e internacionales del país, así como los principales sindicatos.[26]

[25] Sobre la creación de grupos de interés en ese periodo *cf.*, por ejemplo, Mosk (1950), Story (1986), Arriola (1988), Camp (1989), Maxfield (1990) y Hernández Rodríguez (1991).

[26] No examino las cámaras agrícolas porque no están en el centro de los debates sobre la política comercial examinados en este estudio; en general han sido más competitivas o han gozado de protección contra la competencia extranjera. Del mismo modo que la mayoría de las naciones, México tradicionalmente ha protegido su agricultura.

II.2.3.1. *Intereses industriales*

Cuatro tipos de grupos representan los intereses manufactureros mexicanos: grupos de interés representantes de los industriales en su conjunto, grupos de interés representantes de los industriales de una región, grupos de interés representantes de empresas multinacionales y grupos de interés representantes de actividades específicas.

La mayor y más antigua de las cámaras industriales pertenece al primer tipo de grupo de interés. Se trata de la Confederación Nacional de Cámaras Industriales (Concamin), fundada en 1918, poco después del término de la Revolución mexicana, para representar los intereses de todos los industriales, cualquiera que fuese su actividad económica. En la época de su fundación, la Concamin velaba fundamentalmente por los grandes intereses industriales que predominaban en México durante las primeras décadas del siglo XX. Entre esos intereses figuraban los de las industrias minera, textil y petrolera, aunque también se incluía a algunas industrias pequeñas. Al mismo tiempo que la Concamin se fundó la Confederación Nacional de Cámaras de Comercio (Concanaco), especializada en la representación de comerciantes y otros proveedores de servicios. Estas dos cámaras representaron la mayor parte del sector de negocios mexicano.

En 1936 la Ley de Cámaras de 1908, bajo la cual habían surgido Concamin y Concanaco, fue sustituida por otra nueva, que ordenó a todas las cámaras industriales y comerciales a unirse en la Confederación Nacional de Cámaras de Comercio e Industria. La Concanaco vivió poco porque los industriales estaban particularmente descontentos con la fusión de intereses industriales y comerciales en la misma cámara, y su presión condujo al restablecimiento de la separación entre cámaras industriales y comerciales con la Ley de Cámaras de 1941. Como su predecesora de 1936, la ley de 1941 establecía que todos los manufactureros debían estar afiliados a una cámara industrial, la cual a su vez debía ser miembro de la Concamin. Eventualmente las cámaras industriales formadas en cualquier industria o región llegaron a ser miembros de la Concamin, convirtiéndola en la principal cámara industrial mexicana.

El número de miembros de la Concamin aumentó significativamente en las décadas siguientes a su creación. En 1923 eran 86 cámaras de todo tipo —regionales, específicas de una industria y mixtas (de comercio e industria). En 1925 su número aumentó a 97.

En 1946, después de la separación de Concanaco y Concamin, el número de cámaras afiliadas a la Concamin bajó a 36, pero en 1976 subió a 64 cámaras industriales y 14 asociaciones. En la década de 1980 el número de miembros de Concamin llegó a 75 cámaras industriales y 25 asociaciones e institutos. Incluía tanto cámaras representantes de empresas de pequeña, mediana y gran escala como exportadores e industriales que competían con importaciones, asociaciones regionales y grupos de interés de un sector específico, y todos tenían voz acerca de las posiciones apoyadas por Concamin. La mayor representación, por número de cámaras, estaba concentrada en cuatro sectores: alimentos, bebidas y tabaco, textiles, productos químicos y bienes de capital.[27] Como la mayoría de esos sectores están dominados por empresas grandes, generalmente se da por sentado que la Concamin tiende a hablar por los intereses de los grandes industriales, aunque eso no es necesariamente cierto.

El aumento del número y la diversificación de los miembros de la Concamin reflejó tanto el crecimiento de la industria mexicana como los problemas de organización antes mencionados. A medida que se establecían nuevas industrias, se creaban nuevas cámaras para representarlas, las cuales por ley debían ser miembros de la Concamin. Del mismo modo, a medida que la composición de la cámara se modificaba, por ejemplo porque una parte de sus miembros se especializaba más en la producción de determinado tipo de bienes o porque su concentración regional disminuía, algunos propietarios sentían la necesidad de crear nuevas cámaras o asociaciones que representaran sus intereses particulares. Ejemplo de cámaras creadas por esas necesidades son la Asociación Nacional de la Industria Farmacéutica (ANIF) y la Asociación Nacional de la Industria Química (ANIQ). Sin embargo, es preciso señalar que, a diferencia de la Concamin, las asociaciones de industrias no son oficiales —la afiliación a ellas es voluntaria— y, por lo tanto, no gozan del mismo reconocimiento gubernamental que la Concamin. Con todo, practican el cabildeo en las oficinas del gobierno y comunican sus demandas a los funcionarios gubernamentales.

Debido a la cantidad y variedad de sus miembros, la posición de la Concamin con respecto a la política comercial no siempre ha sido clara. Es cierto que ha abogado por políticas de promoción industrial consistentes en créditos preferenciales, incentivos fiscales y

[27] Véase Concamin (1992) y sus diversos directorios (sus "páginas amarillas") de cámaras y asociaciones.

protección comercial selectiva, pero también ha criticado el crecimiento indiscriminado de la protección. A comienzos de los sesenta, por ejemplo, declaró que "las restricciones a las importaciones no deben ser utilizadas para beneficiar a unas pocas empresas y perjudicar a otras más firmemente establecidas y más importantes. Las medidas proteccionistas dificultarán la industrialización en vez de facilitarla si se pasan por alto estas consideraciones".[28] Esta demanda deriva en parte de la mayor influencia que han tenido en esa cámara las industrias grandes, pero la posición de la Concamin se entiende mejor como de defensa de los intereses industriales en general. Por eso se ha opuesto al crecimiento del aparato estatal, la nacionalización de varias industrias y la aplicación de políticas económicas que tiendan a agregar incertidumbre a las actividades industriales.[29]

La segunda cámara industrial más importante es la Cámara Nacional de la Industria de la Transformación (Canacintra), fundada en 1941, poco después de la división de Concanacomin y la aplicación de la nueva ley de cámaras. Los fundadores de Canacintra fueron muchos de los propietarios de las pequeñas fábricas que iniciaron sus operaciones en México en los años de entreguerra y durante la segunda Guerra Mundial. La escasez de importaciones manufacturadas y bienes de consumo durante esos años y la oportunidad de ofrecerlos a la economía estadunidense durante la segunda Guerra Mundial alentaron la fundación de esas pequeñas empresas, dedicadas principalmente a actividades de sustitución de importaciones, especialmente de bienes de consumo tradicionales (alimentos, bebidas, vestido). Muchos de los industriales dirigentes de estas industrias vivían en la ciudad de México y tenían pocos vínculos con los capitalistas de la generación anterior, de base regional y asociados, como ya se dijo, con la minería, la agricultura, el comercio, la banca y los grandes intereses industriales, que eran relativamente pocos.

Los nuevos pequeños industriales pronto desarrollaron lazos estrechos con el gobierno porque su supervivencia dependía en gran medida de la protección y los subsidios gubernamentales. Durante la segunda Guerra Mundial esto no tenía mucha importancia por-

28 Véase Izquierdo (1964).

29 Para más información sobre la historia y las características de la Concamin, véase las referencias de la núm. 20. Véase también el documento publicado por Concamin (1992).

que esos pequeños industriales se beneficiaban de un mercado cautivo sin necesidad de intervención gubernamental, pero cuando la guerra terminó y surgió la perspectiva de un aumento de las exportaciones de bienes manufacturados de los países desarrollados, iniciaron un intenso cabildeo por la erección de barreras comerciales y otras políticas que favorecieran el desarrollo de una industria nacional.[30] Esas demandas tendían a ser compatibles con el nuevo énfasis en la industrialización que el gobierno estaba impulsando, que dio origen a la estrategia de sustitución de importaciones y a la serie de mecanismos de protección del comercio descritos antes.

Al ver la oportunidad de crear una organización de negocios para contrarrestar el poder de los viejos dueños del capital organizados en Concamin, Concanaco y Coparmex (véase *infra*), los presidentes Lázaro Cárdenas (1934-1940) y Manuel Ávila Camacho (1940-1946) los alentaron a formar un grupo de interés separado. El resultado fue la creación en 1941 de la Canacintra, cámara destinada a representar los intereses de quienes llegaron a conocerse como el "Nuevo Grupo". La afiliación a Canacintra también fue obligatoria, a menos que el propietario de la empresa ya perteneciera a otra cámara. La asociación entre Canacintra y el gobierno resultó útil para ambas partes, ya que el gobierno encontró un mecanismo para dividir al sector privado y los miembros de Canacintra obtuvieron la protección que pedían.

Tanto el número de miembros como la dispersión geográfica de Canacintra aumentaron rápidamente, convirtiéndola en la mayor de las cámaras industriales. En 1942, Canacintra tenía 1 648 miembros; en 1944 llegó a 5 000; en 1970 eran 18 000 y para 1980 cerca de 30 000. En 1970 más de 50% de los miembros estaban en la ciudad de México y el resto en estados distintos de Nuevo León y Jalisco.[31] El crecimiento de Canacintra fue acompañado por la diversificación de las actividades económicas y los tipos de empresas de sus miembros. Las empresas de Canacintra producen en prácticamente todos los sectores industriales, y aun cuando entre sus miembros tienden a predominar las empresas pequeñas y medianas, también han figurado entre ellos empresas grandes como Ford, Pepsico o Vitro.

Durante las décadas de 1950 y 1960 Canacintra utilizó su influencia para cabildear por políticas comerciales que la separaron de Concamin, Concanaco, Coparmex y los inversionistas extranje-

[30] Véase Mosk (1950).
[31] Véase Alcázar (1970).

ros. En general, tomó una posición más nacionalista y se pronunció en favor de un régimen comercial proteccionista. Primero, su presión ayudó al gobierno a justificar la abolición en 1951 del acuerdo de Libre Comercio que México y los Estados Unidos habían firmado en 1943. Segundo, después de un intenso cabildeo, Canacintra consiguió que el gobierno estableciera requisitos sumamente estrictos para compras gubernamentales. En 1953 sus dirigentes estimaron "de vital importancia que el gobierno estuviera obligado por ley a adquirir productos nacionales siempre que fuera posible, y que ese requisito se aplicara en forma estricta".[32] Para 1959 muchos de esos requisitos fueron administrados por organismos enfatizando la política de compras de productos mexicanos. Sin embargo, ese enfoque se convirtió eventualmente en un brazo negociador del gobierno: en ocasiones los beneficios que ofrecía se limitaban a productores incapaces de vender a los precios internacionales.

En tercer lugar, Canacintra se opuso al crecimiento irrestricto de las inversiones extranjeras: "Se ha observado que muchas empresas industriales extranjeras son renuentes a utilizar productos o materiales nacionales en sus procesos manufactureros. Esa actitud no estimula la expansión del mercado interno ni la formación de capital nacional".[33] Estas demandas contribuyeron a la aplicación de políticas orientadas a aumentar la integración vertical a través de la exigencia de cierto contenido nacional, especialmente en las industrias automovilística y electrónica.

Otras asociaciones y cámaras industriales importantes tienen una base regional. Entre éstas las más importantes son la Cámara Nacional de la Industria de la Transformación de Nuevo León (Caintra) y la Cámara Regional de la Industria de la Transformación de Jalisco (Careintra). Caintra y Careintra son los equivalentes de Canacintra para esas regiones industriales y representan los intereses de manufactureros que producen alrededor de 18% del total nacional. Ambas se formaron en los años cuarenta como respuesta al nacionalismo agresivo que informaba muchas de las propuestas políticas de la Canacintra, a las que se oponían Caintra y Careintra. Caintra, en particular, era menos proteccionista que Careintra y Canacintra. Por eso los industriales de Nuevo León y Jalisco optaron por crear sus propias cámaras antes que unirse a Canacintra.[34]

32 Véase Izquierdo (1964).

33 *Ibid.*

34 Sobre la historia de Caintra, véase Mendrichaga (1989). El autor observa que

Otro tipo de cámara es la representante de inversionistas extranjeros. Sin duda la más importante es la Cámara Americana de Comercio (Camco), creada en 1917 para representar los intereses de empresas multinacionales estadunidenses que operaban en México. La importancia de Camco deriva de la considerable inversión estadunidense en México. Desde la segunda Guerra Mundial, las empresas estadunidenses han realizado más de 60% del total de inversiones extranjeras en el país[35] y controlan más de 80% de las plantas maquiladoras. En los ochenta, Camco llegó a contar con más de 3 000 empresas afiliadas. La importancia de Camco se debe también a su elevada participación en la producción mexicana —estimada en alrededor de 25% del PIB de México en 1970—,[36] su lugar prominente entre los principales exportadores mexicanos (especialmente en tabaco, hule, productos químicos y farmacéuticos, derivados del petróleo, maquinaria, equipo de transporte y automóviles), su contribución a la industrialización de sectores económicos considerados como estratégicos por el gobierno mexicano (automóviles, electrónica, productos farmacéuticos) y su influencia en lo relacionado con negociaciones entre México y los Estados Unidos sobre comercio e inversiones.

Camco ha participado en disputas sobre política comercial, regulación de inversiones extranjeras y otros tipos de leyes tendientes a impedir la participación de empresas extranjeras en México. Las disputas entre los Estados Unidos y México sobre la regulación del comercio con frecuencia se han originado en las quejas de alguna empresa estadunidense activa en México, representada por Camco. Por ejemplo, a fines de los años cincuenta, el gobierno mexicano decidió adoptar la política de "comprar productos mexicanos" y discriminó explícitamente en contra de las multinacionales; esa exclusión del mercado generó la oposición de inversionistas extranjeros y fue causa de una protesta del gobierno de los Estados Unidos contra la política de procura gubernamental mexicana. Del mismo

en 1974 Caintra estaba formada por 1 894 empresas, que empleaban a 92 000 trabajadores en 20 actividades industriales diferentes y eran dirigidas por muchos empresarios de Monterrey.

[35] Esta información proviene del Banco de México. Los lectores interesados en series temporales referentes a la inversión estadunidense en México pueden consultar las publicaciones del Banco de México, que reúnen la mayor cantidad de información sobre el tema, o las de USDOC. Sin embargo, hay que señalar que existen fuertes disparidades entre los datos de estas dos fuentes.

[36] Véase Story (1986). Incluyendo las multinacionales de otros países, el porcentaje de la producción controlado por empresas multinacionales ascendía a 40 por ciento.

modo, a comienzos de los sesenta, cuando se inició la segunda fase del programa de sustitución de importaciones con objeto de sustituir bienes intermedios y de capital, el gobierno mexicano impuso requisitos de contenido nacional más elevados, acción que afectaba a las empresas multinacionales, ya que se veían obligadas a adquirir insumos nacionales que a menudo no tenían la calidad preferida por las multinacionales. También esa política dio origen a quejas del gobierno de los Estados Unidos, porque impedía a productores estadunidenses vender a empresas multinacionales y también mexicanas.

El problema que llevó a las empresas estadunidenses a un lugar más prominente en la agenda nacional fue la política de mexicanización de comienzos de los años setenta. Con la promulgación tanto de la Ley de Promoción de la Inversión Mexicana y su Reglamento de la Inversión Extranjera de 1973 como de la Ley de Invenciones y Patentes de 1976, las empresas multinacionales se enfrentaron al mandato de poseer un máximo de 49% de activos nacionales y la realidad de que algunas de sus patentes no serían protegidas como en los Estados Unidos. Puesto que tales requerimientos afectaron fundamentalmente a las empresas estadunidenses, quienes controlaban cerca de 70% de la inversión extranjera, los dirigentes de Camco alentaron a los empresarios mexicanos a formar una organización que articulara mejor las preferencias de política económica del sector privado y se enfrentara al gobierno. La organización surgida de este esfuerzo fue el Consejo Coordinador Empresarial, descrita en detalle más adelante.

La Camco compartió las preocupaciones de la Concamin por el crecimiento del sector público en la economía y por la medida en que reformas legales ampliaron el alcance de la discrecionalidad del gobierno. También expresó sus dudas acerca del apoyo que presidentes mexicanos han dado a regímenes izquierdistas, como el de Fidel Castro en Cuba y el de Salvador Allende en Chile.

Por último, hay otras asociaciones voluntarias. Algunas representan una actividad específica (como por ejemplo la Cámara Nacional de la Manufactura Textil), otras una actividad específica en una región (por ejemplo la Cámara Textil del Norte) o toda la industria de un estado (por ejemplo la Asociación de Industriales del Estado de México). Como se ha mencionado, muchas de esas asociaciones se formaron para complementar o afinar la representación que ya ejercían Concamin o Canacintra. Sus preferencias en materia de política comercial varían de acuerdo con sus actividades y la presencia de multinacionales o empresas nacionales grandes, según los intereses comerciales internacionales descritos anteriormente.

II.2.3.2. *Intereses comerciales*

En el sector comercial la representación tiene una estructura similar a la del sector industrial, pero se basa más en áreas regionales. El mayor grupo de interés, Concanaco, representa a los comerciantes en su conjunto. Por ley, las cámaras comerciales, tanto las regionales como las específicas, deben afiliarse a la Concanaco. Las más importantes de ellas se encuentran en la ciudad de México (Canaco ciudad de México), Monterrey (Canaco Nuevo León) y Guadalajara (Canaco Jalisco).

La Concanaco se opuso tradicionalmente a cualquier política que apuntara a lo que llamaba "totalitarismo económico",[37] es decir, el uso extensivo del control de precios, el aumento de las restricciones a la importación (que evidentemente impedía a sus afiliados vender artículos importados) y la creación de empresas de propiedad estatal, como la Compañía Importadora y Exportadora, que competía directamente con comerciantes minoristas del sector privado en el ramo de alimentos.[38] Como Concanaco representa a muchos proveedores de servicios y productores de bienes no comerciables, no es extraño que tendiese a apoyar menos las políticas proteccionistas, ya se basaran en mecanismos comerciales o cambiarios. Lo mismo se aplica para las cámaras regionales.[39]

II.2.3.3. *Intereses financieros*

Los principales representantes de la comunidad financiera son la Asociación Mexicana de Banqueros (AMB), la Asociación Mexicana de Instituciones de Seguros (AMIS) y la Asociación Mexicana de Casas de Bolsa (AMCB). La AMB fue fundada en 1928, la AMIS en 1946 y la

[37] Para una compilación de estas opiniones, véase Vernon (1964).

[38] Funcionarios gubernamentales estimaron que esa empresa de propiedad estatal ayudaría a mantener bajos los precios de los alimentos vendiéndolos al costo o a precios subsidiados, obligando a las empresas privadas a rebajar sus precios.

[39] Más información sobre la estructura de la Concanaco puede encontrarse en Concanaco (1992).

AMCB en 1980. Son importantes desde el punto de vista de la política comercial porque muchas de las principales empresas financieras de México también tienen intereses en el sector industrial, especialmente en empresas grandes. Por lo general las grandes empresas nacionales pertenecen a compañías tenedoras de acciones, o "grupos", constituidos por empresas industriales, comerciales, agroindustriales, financieras y de otros tipos. Es probable que el presidente, propietario o principal accionista de uno de los mayores bancos o empresas de inversión sea también accionista importante o presidente de una de las mayores siderúrgicas, presidente de grandes empresas de transporte, etcétera. Cuando un miembro de la AMB habla, generalmente es además la voz de uno de los grupos y familias más prominentes de México. Un ejemplo de las interconexiones entre la banca y las empresas industriales puede verse en el cuadro II.9.[40]

La AMB y la AMIS se han concentrado en la defensa de intereses financieros privados más que en el problema de la política comercial, pero también han participado en debates comerciales. Durante todo el periodo de la ISI los conflictos entre los banqueros y el Estado se centraron en la asignación de créditos. Las imperfecciones del mercado de capitales llevaron a los banqueros a restringir los créditos para el desarrollo industrial, puesto que la especulación y los créditos a las grandes empresas eran más rentables que el financiamiento de proyectos de desarrollo, que presumiblemente tenían un mayor valor de bienestar social. El gobierno consideró que esa asignación de los créditos dificultaba el potencial crecimiento de otros sectores y, en consecuencia, intentó regular directamente las políticas de préstamo de los bancos a través de requisitos de reserva legal y reglas sobre la composición de la cartera crediticia, o bien a través de la creación de instituciones de crédito públicas, con el propósito de hacer más accesible el financiamiento para el desarrollo.[41] Esos intentos resultaron infructuosos por muchos años, pero cuando el crédito internacional se expandió a comienzos de los setenta, el gobierno encontró una solución alternativa que le permitía dejar de lado los bancos privados, reduciendo efectivamente su control de los recursos financieros y quedando con mayor libertad para llevar a la práctica sus programas sociales. Esa situación, uni-

40 Información adicional sobre los vínculos entre intereses banqueros e industriales puede hallarse en Jacobs (1981) y Camp (1989).

41 Por un análisis de la política financiera de México durante este periodo, véase Brothers y Solís (1966) y Maxfield (1990).

CUADRO II.9. *México. Algunos bancos privados y su participación en empresas mexicanas, 1970*

Banco	*Participación en el total de depósitos (%)*	*Número de empresas donde los bancos poseen activos*				*Grupos industriales asociados con los bancos*
		Financiero	*Industrial*	*Entre las 100 mayores*	*Total*	
Bancomer	26.6	30	49	9	79	Bancomer
Banamex	23.8	15	96	25	111	Banamex
Serfin	11.3	27	59	14	86	Visa
Comermex	7.4	37	46	13	83	Chihuahua
Atlántico	2.6	n.a.	26	3	26	ICA

FUENTE: preparado con datos de Gutiérrez (1992) y Camp (1989).

da a las políticas monetarias expansionistas aplicadas después de 1971, distanciaron más a los banqueros del gobierno, al tiempo que su influencia en las decisiones gubernamentales disminuía.

II.2.3.4. *Intereses empresariales*

El último tipo de grupo de interés no defiende exclusivamente a los industriales sino a los empresarios en general. Los más importantes son la Confederación Patronal de la República Mexicana (Coparmex), el Consejo Mexicano de Hombres de Negocios (CMHN) y el Consejo Coordinador Empresarial (CCE). Comprensiblemente, la creación de esos grupos fue impulsada por las familias y corporaciones empresariales más importantes de México, que tienen intereses en prácticamente todos los sectores económicos y, por lo tanto, están sumamente preocupadas por el ambiente de los negocios en su conjunto.

La Coparmex fue fundada en 1929 para defender los intereses de poderosos industriales de Monterrey contra las políticas radicales de los primeros gobiernos posrevolucionarios. Dos años más tarde fue reconocida oficialmente como sindicato de empleadores bajo la Ley del Trabajo de 1931. Los industriales regiomontanos figuraban entre los empresarios más conservadores y más combativos, siempre desafiando las políticas que aumentaban la participación del gobierno en la economía o tolerantes hacia lo que para ellos constituían políticas socialistas. Esto ocurrió principalmente durante las presidencias de Lázaro Cárdenas (1934-1940), Adolfo López Mateos (1958-1964), Luis Echeverría Álvarez (1970-1976) y José López Portillo (1976-1982), cuando el gobierno desempeñó un papel relativamente más activo en la economía mexicana. Esto distanció a la Coparmex de otras cámaras, más apoyadas por el favor gubernamental para satisfacer sus necesidades. Sin embargo, la Coparmex ha compartido con la Concamin y la Concanaco la tarea de combatir la intervención gubernamental. Los miembros de Coparmex se encuentran en todo el país e incluyen empresarios de todos los tipos de actividad económica y de todos los estados. En 1970 tenía alrededor de 13 000 miembros.

Las preferencias de la Coparmex en cuanto a la política económica a comienzos de la década de los setenta incluían elementos que la oponían a la Canacintra y otros intereses proteccionistas: *1)* privatización de las industrias paraestatales, *2)* fin de los subsidios preferenciales a las empresas paraestatales y aumento de la eficiencia del sector público; *3)* promoción de las exportaciones; *4)* estímulo a la inversión extranjera directa; *5)* nuevo énfasis en el turismo como polo de crecimiento; *6)* mayor asistencia estatal a la industria, especialmente a las empresas multinacionales (capaces de hacer aumentar las exportaciones); *7)* fin de los programas de reforma agraria; *8)* fin del control de precios, y *9)* mayor participación del gobierno en la construcción de infraestructura.[42]

El CMNH fue fundado en 1964 por treinta de los hombres de negocios más importantes del país —posiblemente los treinta más ricos— en reacción contra algunas políticas aplicadas por el presidente López Mateos (1958-1964) que para el sector privado parecían tener cierto contenido socialista, en particular el renovado énfasis en la distribución de tierras (el mayor después de la segunda Guerra Mundial), la nacionalización de la industria eléctrica, la limitación de la inversión extranjera y el apoyo al régimen de Fidel Castro. Los fundadores del CMNH, viejos capitalistas y dueños de grandes conglomerados de negocios, apoyaban un programa económico de baja intervención gubernamental en la economía. La creación del CMNH permitió a la comunidad empresarial de México "adquirir cohesión, una base ideológica, apoyo internacional, mecanismos políticos, acción coordinada, reclutamiento social y el desarrollo de cuadros".[43] Sin embargo, desde su creación el CMNH ha ejercido su influencia principalmente en reuniones privadas con funcionarios gubernamentales.

El CCE es la organización empresarial cúpula de México. Fue creado en 1975, en un periodo en el que las relaciones entre el gobierno y los empresarios pasaban por uno de sus puntos más bajos desde los años treinta. En esa época el gobierno se planteó un programa económico sumamente activista, consistente en el crecimiento del sector paraestatal, la redistribución del ingreso, la intervención en el mercado y políticas fiscales y monetarias expansionistas. Enfrentados a lo que consideraban un ambiente de "desconfianza" e "incertidumbre",[44] los empresarios reaccionaron a esas políticas reestructurando sus organismos de acción colectiva para combatir con más eficacia la orientación estatista. El resultado de esa rees-

[42] Sobre esas demandas, véase Cypher (1990) y Labastida y Del Campo (1970).

[43] Véase Carrillo Arronte (1986).

[44] Arriola (1976) establece que esas fueron las palabras utilizadas con más frecuencia por los empresarios mexicanos durante ese periodo.

tructuración fue el CCE, cuya principal misión era unificar y formular las posiciones políticas del sector privado.

La formación del CCE fue fuertemente impulsada por la Coparmex, el CMHN y la Camco, es decir las asociaciones empresariales más conservadoras. La AMB, la AMIS, la Concanaco y la Concamin fueron invitadas a unirse a la fundación; en cambio, la Canacintra y la Camco quedaron fuera. La Camco no podía participar porque el CCE sería la suprema cámara de empresarios mexicanos. Canacintra no fue miembro del CCE en sus orígenes porque tendía a oponerse a la Concamin, la Concanaco y la Coparmex.[45]

Considerando sus orígenes y sus miembros, es natural que el programa económico del CCE reflejara los intereses de los grupos empresariales conservadores, especialmente los defendidos por Coparmex, CMHN y AMB. Arriola (1976) y Hernández Rodríguez (1984) han descubierto un antecedente de la ideología del CCE en la importante Carta Económica Mexicana de los años sesenta, en la que el sector privado empezó a establecer con más firmeza los que en su opinión eran los límites de la participación del Estado en la economía.[46] Esos documentos fueron patrocinados por Concamin, CMHN y Coparmex. El programa del CMHN de 1975 proponía actuar en cinco áreas: reforma agraria, política industrial y comercial, intervención gubernamental en la economía, inversiones extranjeras y deuda externa.

Con respecto a la reforma agraria, el CCE pedía una definición clara del ejido mexicano, incluyendo sus derechos y obligaciones, para hacerlo sujeto de crédito privado. Además, proponía la formación de empresas agrícolas modernas, ya fuera a través del ejido, tierras de propiedad privada o propiedades mixtas, a fin de aumentar la producción y la productividad. Esa propuesta para el curso de la reforma agraria reflejaba en gran medida los intereses de terratenientes asociados con los fundadores del CCE, puesto que el proceso de reforma agraria del gobierno mexicano impedía la creación de un gran sector agroindustrial de costos bajos, y al mismo tiempo amenazaba los derechos de propiedad de esos grupos.[47]

Las propuestas para la política industrial y comercial recomen-

[45] La historia de la fundación del CCE y las razones de la exclusión de Canacintra pueden encontrarse en Arriola (1976) y Hernández Rodríguez (1991).

[46] La carta fue redactada por Juan Sánchez Navarro, miembro del CMHN, ideólogo del sector privado y dirigente de Concamin y Concanaco.

[47] Como decía el programa del CCE, la reforma agraria "no se puede reducir a la división de los latifundios, ni seguir por el callejón sin salida del minifundio".

daban continuar la política de sustitución de importaciones en las industrias de bienes de capital, especialmente en los sectores en que México gozaba de ventajas comparativas (sin identificarlos); promover las exportaciones por medio de subsidios y exenciones fiscales; y reducir gradualmente la protección comercial, poniendo énfasis en la aplicación de aranceles diferentes según el grado de elaboración del producto, con objeto de reducir costos y aumentar la competitividad.[48]

Para reducir la intervención gubernamental en la economía, el CCE proponía privatizar compañías paraestatales, descentralizar los incentivos industriales, cerrar las tiendas de propiedad estatal que compitieran "deslealmente" a las tiendas de propiedad privada y permitir la expansión de la inversión extranjera directa.

De nuevo, no es difícil identificar un interés económico directo en estas propuestas. Los fundadores del CCE poseían el capital o las relaciones internacionales necesarios para comprar industrias al gobierno. Los incentivos industriales, aunque deseables, también sustraerían subsidios a los industriales de la ciudad de México —muchos de ellos miembros de la Canacintra— para desviarlos hacia conglomerados industriales regionales, como los de las ciudades de Monterrey y Puebla. La defensa de la inversión extranjera parece originarse en la influencia de Camco, aunque muchos propietarios de industrias en gran escala tenían vínculos comerciales estrechos con empresas extranjeras. Esto permite comprender por qué el CCE consideraba favorable el control extranjero en sectores donde el capital mexicano era insuficiente, donde no había otra posibilidad de obtener nueva tecnología y donde era necesario producir bienes básicos primarios e intermedios.

[48] Obsérvese que la pura eficiencia económica no era el único objetivo detrás de la presentación de estas propuestas. Los principales exportadores manufactureros de México eran los industriales en gran escala, nacionales y extranjeros. El mantenimiento y la ampliación de los subsidios a la exportación y nuevas exenciones fiscales para los exportadores traerían beneficios directos para ellos, ya que eran los principales productores nacionales para mercados extranjeros. También la continuación de los programas de sustitución de importaciones en ciertas industrias de bienes de capital los beneficiaría, puesto que controlaban una parte importante del capital en esos sectores. Con esos programas obtenían aranceles elevados para proteger sus productos y, si las reformas tarifarias tenían éxito, aranceles bajos para comprar los insumos extranjeros que necesitaban. La mayoría de las inversiones realizadas para sustituir bienes intermedios y de capital fueron hechas por empresas extranjeras y grupos nacionales; es decir, las compañías que podían obtener los créditos necesarios para instalar plantas para la producción de maquinaria, automóviles, productos químicos y farmacéuticos.

La otra propuesta central presentada por el CCE se refería al uso del crédito externo. Se tenía la impresión de que el gobierno, además de utilizar los préstamos del exterior para sostener la expansión del sector paraestatal o promover las exportaciones, estaba usando esos fondos para mantener el peso sobrevaluado, para financiar un creciente déficit fiscal y también, probablemente, para beneficiar a la burocracia (es decir, la corrupción). Una interpretación es que, como los miembros del CCE no tenían mayor control sobre la asignación de esos recursos, proponían que los créditos extranjeros se usaran para proyectos productivos viables. Si apoyar proyectos productivos significaba ampliar la infraestructura u obtener economías de escala en la planta industrial existente, los costos de producción disminuirían, se crearían efectos externos más elevados y las grandes empresas consolidarían su posición dominante.[49]

Durante la década de 1980 el CCE enfrentó fuertes desafíos a su representación de los intereses empresariales. Aun cuando CMHN, AMCB, AMIS y Coparmex representan menos de 4% de los casi 900 000 afiliados indirectos del CCE, cada uno tiene el mismo peso en las deliberaciones del CCE que por ejemplo la Concamin, que representa 13.8% de los afiliados, o la Concanaco, con 55.2%.[50] Esto crea un sesgo en favor de las empresas grandes. Pero quizá más importante en este sentido es el hecho de que, a pesar de su gran número, los pequeños industriales tienen una influencia limitada en las posiciones del CCE, porque sus opiniones son filtradas por la Concamin. Por ejemplo, Canacintra, que participa a través de la Concamin y que es invitada por separado a las deliberaciones en consideración a su tamaño, no tiene voto en el CCE, y ha criticado repetidamente las posiciones del CCE en materia de política comercial por ser demasiado cercanas a los intereses de las empresas multinacionales y las empresas nacionales grandes. Así, en más de un sentido, aun cuando formalmente las posiciones políticas del CCE corresponden a la totalidad del sector empresarial de México, en la práctica es evidente que hay fuertes divisiones entre algunos de sus miembros.[51]

[49] Es interesante señalar que el proyecto del CCE no obtuvo el pleno apoyo de la Iglesia ni de los partidos políticos de derecha. La principal razón no fue que hubiera desacuerdo sobre la política económica preferida, sino que la declaración de principios del CCE se oponía a algunas doctrinas fundamentales de la Iglesia. Por ejemplo, el CCE afirmaba que la propiedad privada y las empresas son la unidad básica de la sociedad.

[50] Véase Luna y Tirado (1992).

[51] Para una descripción de los problemas de representación del sector privado,

II.2.3.5. *Empresas influyentes*

Muchos grupos grandes complementan la acción de las cámaras de comercio utilizando su propia influencia para afectar las decisiones gubernamentales que puedan repercutir en sus actividades. Los más importantes de ellos se encuentran en la Ciudad de México, el Estado de México y Monterrey. Todos tienen alguna relación con AMB, AMIS, CMHN, CCE, Concamin, Concanaco y Coparmex, aunque los vínculos más estrechos corresponden a CMHN, Coparmex y AMB. Los más grandes y famosos de esos grupos están posiblemente en Monterrey. Son conglomerados empresariales con intereses en prácticamente todas las actividades económicas. Entre los nombres más conocidos están Alfa (cuyos principales intereses están en el acero, la industria petroquímica y los alimentos), Visa (cerveza, alimentos), Cydsa (plásticos, productos químicos), Vitro (vidrio), Imsa (acero, maquinaria), Protexa (petroquímica, construcción) y Cemex (cemento). Alfa y Visa figuraron entre las empresas mexicanas de propiedad privada incluidas en la lista internacional de Fortune 500 durante las décadas de los setenta y los ochenta. En 1979, Alfa y Visa estuvieron entre los mayores empleadores del sector privado, empleando 32 865 y 33 508 trabajadores, respectivamente.[52] Junto con Vitro y Cydsa forman el núcleo de lo que se conoce como "Grupo Monterrey".[53] Entre los grupos basados en la ciudad de México y el Estado de México están, por ejemplo, Desc (productos químicos, maquinaria), Hermes (transportes, piezas para automóviles, maquinaria), ICA (construcción, siderúrgica), Condumex (maquinaria eléctrica) y la mayoría de las multinacionales. En 1978, Desc e ICA empleaban a 16 324 y 54 000 trabajadores, respectivamente.

véase Hernández Rodríguez (1991), Luna y Tirado (1992) y Puga (1992). La Canacintra también ha tenido sus problemas de representación, como lo demuestra la creación de nuevas cámaras industriales en los ochenta, como la Asociación Nacional de la Industria de la Transformación (ANIT) y la Confederación Mexicana de Industriales (Comin), formadas por miembros de Canacintra que la abandonaron debido a la ineficacia de su oposición a la liberalización comercial.

[52] Véase *Expansión* (20 de agosto de 1980).

[53] En los años ochenta el concepto del "Grupo Monterrey" se amplió para incluir a otros conglomerados empresariales de la región, que en conjunto empleaban a más de 100 000 trabajadores y producían alrededor de 3% del PIB (*El Financiero*, 12 de octubre de 1984).

II.2.3.6. *Representantes de intereses comerciales y de inversionistas*

Varias asociaciones se especializan en la representación de empresarios con intereses comerciales internacionales. Todas han apoyado las políticas de libre comercio. Las más importantes son el Comité Empresarial México-Estados Unidos (CEMEU), el Consejo Empresarial Mexicano para Asuntos Internacionales (CEMAI), la Asociación Nacional de Importadores y Exportadores de la República Mexicana (ANIERM) y el Consejo Nacional de Comercio Exterior (Conacex). Entre los cuatro hay una estrecha relación, puesto que sus actividades tienden a coincidir y en sus filas suelen agruparse los mismos intereses. ANIERM y Conacex también son miembros de la Concanaco.

El CEMEU es particularmente importante. Fue creado en 1950 por Concamin, Concanaco, AMB, Camco y el Consejo de Comercio Exterior de los Estados Unidos en respuesta a la tendencia proteccionista de la política industrial mexicana durante la década de los cuarenta. Formalmente su objeto era promover el intercambio de opiniones entre empresarios mexicanos y estadunidenses sobre asuntos relacionados con el comercio y las inversiones entre los Estados Unidos y México. El CEMEU apoyó en 1957 la creación del Secretariado Mexicano de Relaciones Exteriores y el Comité Coordinador de Actividades Internacionales del Sector Privado, que en 1971 se convirtió en CEMAI (v. *infra*). Generalmente entre los miembros del CEMEU figuran destacados empresarios tanto de los Estados Unidos como de México, en su mayoría con intereses en empresas grandes. En los ochenta, por ejemplo, el CEMEU contaba entre sus miembros mexicanos a los siguientes propietarios y presidentes de grupos: Bernardo Garza Sada (Alfa), Eugenio Garza Lagüera (Visa), Andrés Marcelo Sada (Cydsa), Alejandro Garza Lagüera (La Moderna), Agustín F. Legorreta (Banamex, Inverlat), Enrique Madero Bracho (Corporación Industrial San Luis), Antonio Ruiz Galindo (Desc), Eloy Vallina (Grupo Chihuahua), Miguel Alemán Velasco (Almexa y Televisa), Alberto Bailleres (Peñoles), Eugenio Clariond Reyes (Imsa) y Gilberto Borja (ICA), y todas esas empresas figuraban entre los 200 mayores exportadores de México en los setenta y los ochenta.[54] Entre los miembros estadunidenses de CEMEU estaban Rodman C. Rockefeller (Arbor Acres Farm), George A. Schaefer (Caterpillar), Robert A. Hanson (Deere and Company), Edwin L. Artz (Procter and

[54] Véase *Expansión*, varios números.

Gamble), Barry McTaggart (Pfizer International), Robert Reiser (Xerox), Louis R. Ross (Ford), Stephen B. Friedman (American Express), William Carlsen (Westinghouse) y Richard Eckert (E. I. Dupont de Nemours and Co.).[55]

La representación del CEMAI es más amplia que la del CEMEU, si se considera que entre sus miembros se cuentan las principales cámaras de comercio de México: Concamin, Concanaco, Canacintra, Canaco, Coparmex, AMIS, AMB y ANIERM. El CEMAI se convirtió en el equivalente mexicano del U. S. Council for the Americas y el patrocinador mexicano del CEMEU. En 1976 CEMAI se afilió al CCE. Sus posiciones generalmente están asociadas con intereses empresariales conservadores. Al igual que el CCE, el CEMAI ha sido desafiado por miembros como Canacintra, que ha cuestionado su capacidad de representar sus intereses.

II.2.3.7. *Intereses laborales*

La representación de los trabajadores mexicanos toma tres estructuras alternativas: sindicatos, federaciones y confederaciones. Los sindicatos generalmente representan a trabajadores de una misma compañía, industria o región. Las federaciones agrupan a varios sindicatos, y un grupo de federaciones asociadas forma una confederación. La mayoría de estas organizaciones, de los tres tipos, pertenece a dos esferas principales de organización del trabajo: los sindicatos afiliados al Congreso del Trabajo (CT) y los sindicatos independientes del CT. La división entre esas dos esferas depende de su afiliación política hasta mediados de los noventa: el CT está incorporado al PRI; casi todos los demás sindicatos —la minoría— no lo están.

La falta de datos impide establecer con precisión el porcentaje de trabajadores mexicanos afiliados a algún sindicato. Zazueta y de la Peña (1984) estiman que alrededor de 30% de la fuerza de trabajo está afiliada a algún sindicato. Trejo (1990) calcula que en los años ochenta sólo 4 millones de los 24 que constituían el total de la fuerza de trabajo del país —es decir, alrededor de 16%— estaban sindicalizados. Las estimaciones varían según la disponibilidad de datos y los métodos de agregación, pero la mayoría coincide en la conclusión de que los sindicatos mexicanos sólo representan una porción

[55] Véase U.S. Mexico Business Council (1987).

limitada de la fuerza de trabajo del país. De acuerdo con esas estimaciones es probable que las posiciones de los sindicatos no necesariamente representen las de la mayoría de los trabajadores, y teniendo en cuenta la gran variedad de intereses existente dentro del CT, es difícil determinar preferencias claras en materia de política comercial.

El CT es una organización sindical cúpula que agrupa a los mayores organismos sindicales (federaciones, confederaciones) del país. Fue formado en la década de los sesenta por los principales sindicatos de México y, por lo tanto, representa a la mayoría de los trabajadores sindicalizados. Zazueta y de la Peña (1984) han establecido que, en 1978, 73.5% de los sindicatos del país, que representaban 83.9% de los trabajadores sindicalizados, pertenecían al CT. Los afiliados a los sindicatos que forman el CT trabajan en diversos sectores económicos y en la burocracia federal. Dentro del CT, la representación de los trabajadores del sector manufacturero se concentra principalmente en la Confederación de Trabajadores de México (CTM), en federaciones o sindicatos independientes de la CTM, como CROC o CROM, y en sindicatos autónomos específicos de una industria, como el sindicato de los trabajadores petroleros, el de los mineros o el de los siderúrgicos. Sin embargo, estos últimos son controlados indirectamente por la CTM.[56] La representación de los burócratas corresponde a la FSTSE (Federación de Sindicatos de Trabajadores al Servicio del Estado). En conjunto, la FSTSE y la CTM representan 98.6% de los trabajadores afiliados al Congreso del Trabajo.

La CTM, fundada en 1936, es la mayor organización de trabajadores no pertenecientes a la burocracia federal y sus sindicatos se encuentran prácticamente en todas las actividades manufactureras. En algunos sectores la presencia de la CTM es especialmente fuerte. Según estimaciones de 1978, la representación de la CTM en el CT alcanzaba a 100% de los trabajadores sindicalizados en las industrias del vidrio y el tabaco, más de 90% en las industrias del azúcar y el cemento, alrededor de 77% en las industrias hulera y automovilística, casi 70% en las industrias química y de alimentos y 60% en la industria de metales básicos. Es decir, la CTM tiene una fuerte representación en los sectores donde tienden a predominar las empresas grandes. Además tiene una vinculación de influencia con el partido gobernante de México, el PRI, a través del secretario de Acción

[56] Entrevistas con dirigentes sindicales (ciudad de México, 1994).

Obrera del partido, que generalmente es miembro de la CTM. También tiende a controlar al CT, salvo en los casos en que la dirección rota entre otros sindicatos. Teniendo en cuenta que la mayoría de los sindicatos están estrechamente aliados a la CTM, su influencia en el PRI es prácticamente indiscutida.

Tradicionalmente, la CTM ha abogado por políticas nacionalistas, incluyendo el proteccionismo y la participación del Estado en la economía. A fines de los setenta la CTM apoyó un programa económico dirigido a aumentar la participación de los trabajadores en los ingresos de México, en favor de la nacionalización de la banca y la mexicanización de las industrias química, farmacéutica y textil, y orientado hacia una mayor participación del gobierno en el sector "social".[57] Se trataba de un programa moderadamente congruente con la expansión del sector paraestatal.

CROC y CROM, como otras confederaciones independientes de la CTM, representan a la mayoría de los trabajadores sindicalizados en casi todos los demás sectores manufactureros, especialmente en las industrias textil, petroquímica, de la madera y de las bebidas. La CROC, creada en los años cincuenta por un grupo en desacuerdo con la política de la CTM, es la segunda confederación en importancia dentro del CT y tiene su representación más fuerte en los sectores donde actúan empresas pequeñas y medianas.[58] La CROM es el tercer organismo en importancia dentro del CT y la más antigua de las asociaciones sindicales mexicanas. Su influencia está concentrada en la ciudad de México y en Puebla.

La mayoría de los sindicatos fuera del CT están afiliados a la UOI (Unión Obrera Independiente) o bien a partidos de izquierda. Sus afiliados trabajan principalmente en multinacionales y en algunas industrias paraestatales. Otro grupo importante de sindicatos fuera del CT es el de los sindicatos independientes y autónomos de Nuevo León, cuya doble característica es su tendencia a apoyar políticas económicas compatibles con las preferidas por sus patrones y su abierto rechazo al marxismo-leninismo. Sin embargo, esto no significa que sean fáciles de manejar o que acepten cualquier contrato de trabajo que sus patrones propongan. La más importante de esas organizaciones es la Federación Nacional de Sindicatos Independientes de Nuevo León (FNSINL), fundada al mismo tiempo que la CTM. En Nuevo León tiene más afiliados que la CTM.

57 Véase *Business Mexico*, agosto de 1985.
58 Entrevista, ciudad de México, 1994.

Las organizaciones sindicales mexicanas enfrentan dificultades para generar un frente común y unificado en apoyo de algunas políticas. Por ejemplo, el CT es sede de disputas entre sindicatos desde su formación. Los mayores sindicatos de trabajadores de la manufactura, la CTM y la CROC, han reafirmado sus diferencias desde que se unieron en el CT. Los petroleros no pretenden encontrar coincidencias con los mineros o los siderúrgicos, ni los empleados de banco con los ferrocarrileros.[59]

Con respecto a la política comercial, los sindicatos se han inclinado generalmente hacia el proteccionismo sobre la base de que en su ausencia la soberanía de México se vería menoscabada y el desempleo en el país aumentaría; esos son los argumentos que la CTM y el CT han empleado con más frecuencia en contra de las propuestas de liberalización comercial. La CROC y la CROM se distanciaron de la CTM en los ochenta al apoyar reformas comerciales, argumentando que contribuirían a elevar la productividad, la eficiencia y los salarios. Sin embargo, a pesar de esas diferencias, estos organismos han apoyado casi cualquier decisión gubernamental sobre la política comercial, aun cuando fuera contraria a sus posiciones originales.

II.2.3.8. *Resumen*

Pese a la dificultad para identificar las preferencias específicas de muchos grupos de interés mexicanos en materia de política comercial, con base en todo lo dicho es posible establecer algunos patrones generales. En el cuadro II.10 se resumen las posiciones de todos los sectores en un espectro que va del libre comercio al proteccionismo. Los intereses proteccionistas han sido representados por la Canacintra, por la mayoría de las organizaciones sindicales —especialmente la CTM, sus aliados en el CT y los sindicatos asociados con partidos de izquierda—, por una serie de organizaciones regionales donde operan empresas pequeñas y a veces —sobre todo antes de 1970— por la Concamin.

Los intereses partidarios del libre comercio han estado más presentes, y adquirieron mayor representación durante la década de los setenta, en CMHN, Coparmex, CCE, Concanaco, Concamin, Camco, CEMEU, CEMAI y ANIERM. CMHN, Camco y CEMEU agrupan a empresas

[59] Sobre este punto, véase Trejo (1990).

CUADRO II.10. *México. Grupos de interés y su orientación al comercio exterior*

Libre comercio I	II	III	IV	*Proteccionismo* V
ANIERM	CCE	Concamin	CROC	Canacintra
CEMAI	Coparmex			CT
Conacex	Concanaco			Careintra
MUSBC	Caintra			CTM
AMB				
AMIS				
AMCB				

grandes, nacionales y extranjeras, por lo regular exportadores exitosos cuyos intereses se inclinan hacia el libre comercio. Los sindicatos han tenido pocos defensores del libre comercio, principalmente porque los dirigentes sindicales tienden a aceptar la opinión de que el libre comercio conduce a la pérdida de empleos. Sin embargo, la CROC y la CROM apoyaron en los ochenta un programa de libre comercio.

II.3. LA OFERTA: LAS INSTITUCIONES Y SUS RELACIONES CON LOS GRUPOS DE INTERÉS

Desde la Revolución mexicana, el Ejecutivo maneja la política industrial y comercial de México a través de la Secretaría de Hacienda y Crédito Público (SHCP) y de la Secretaría de Comercio y Fomento Industrial (Secofi).[60] La primera se ocupó esencialmente del manejo de los aranceles y de la política cambiaria (mediante su control del Banco Central hasta 1993), y la segunda del diseño y del manejo tanto de aranceles como de barreras no arancelarias. Las dos trabajan en la constitución de la Tarifa del Impuesto General de Importación (TIGI) y la Tarifa del Impuesto General de Exportación (TIGE) de México, las leyes y los documentos que contienen los niveles tarifarios asignados a cada industria. Por supuesto, la SHCP también afecta la actividad industrial al determinar las políticas fiscal y de gasto del gobierno, y Secofi tiene una influencia derivada de su manejo del control de precios y regulaciones industriales.

[60] La Secretaría de Comercio ha cambiado de nombres en el tiempo. Este es el más reciente.

No es fácil definir las preferencias de la SHCP y la Secofi en política comercial, tan sólo porque sus posiciones se modifican de acuerdo con las circunstancias políticas, la orientación del secretario en turno, las inclinaciones del presidente y otros factores.[61] En ocasiones funcionarios de ambas secretarías han cuestionado alguna política porque amenaza su control de determinada área política o en defensa de los intereses de sus aliados del sector privado. Esto resultó evidente para mí en las entrevistas que realicé con funcionarios mexicanos, donde encontré funcionarios cercanos al sector financiero criticando a Secofi por su proteccionismo exagerado, mientras los más cercanos a la industria criticaban a la SHCP por su falta de información sobre los problemas particulares de diferentes industrias. En realidad, como Maxfield (1990) observa, un lazo histórico parece unir a la SHCP con empresas financieras mexicanas, lo cual sugiere una mayor coincidencia en visiones de política económica.

La toma de decisiones de política comercial en el Ejecutivo también deriva de las deliberaciones del gabinete económico o del gabinete de Comercio Exterior. El presidente de México preside las reuniones de esos gabinetes, a las que generalmente asisten los secretarios encargados de la política económica (SHCP, Secofi), de la política interna (Gobernación, Trabajo) y de Agricultura, Energía y Relaciones Exteriores. Sin embargo, la composición puede variar de acuerdo con el presidente, o de modificaciones a la ley. Otros participantes en el gabinete económico, aunque no necesariamente con voto, son los directores del Banco Central, de bancos de desarrollo o de compañías paraestatales. Normalmente el gabinete económico se reúne para evaluar el desarrollo de la economía, o cuando el presidente lo convoca para discutir grandes decisiones y estrategias económicas, como la aplicación y observación de un programa de ajuste o la selección de una estrategia de desarrollo (por ejemplo, la liberalización comercial). Su importancia depende del estilo del presidente como creador de política: algunos presidentes confían en él más que otros para tomar una decisión. Un presidente puede requerir el voto de los secretarios, otro puede emplear métodos alternativos de toma de decisiones colectiva, otro escucha la discusión entre los miembros del gabinete para informarse y llegar a su propia decisión. La sustancia de las deliberaciones del gabinete

[61] Estas circunstancias y factores se aclararán en los capítulos siguientes.

económico es generalmente secreta, y el público sólo la conoce en forma de políticas observadas o de filtraciones deliberadas.

Otras secretarías participan en decisiones importantes de política económica a través del gabinete económico, o ayudando a determinar el nivel y el alcance de las barreras no arancelarias en distintos sectores. Por ejemplo, la opinión del secretario de Agricultura pesa sobre las políticas relacionadas con el sector agrícola, y por lo tanto coordina la protección agrícola con la Secofi. Del mismo modo, el encargado de la Secretaría de Energía y Minas participa en las decisiones que afecten a la industria petrolera, a la industria eléctrica y, antes de las privatizaciones de la década de los ochenta, también a las industrias del acero, la maquinaria y las piezas para automóviles.

Algunos organismos descentralizados complementan las actividades de política comercial de la SHCP y la Secofi, sobre todo el Banco Nacional de Comercio Exterior (Bancomext), el Fondo Nacional para el Fomento de las Exportaciones (Fomex) y otros fondos creados para apoyar las actividades industriales. Bancomext y Fomex ofrecen asistencia a los exportadores y a todo el que comercia con el exterior fundamentalmente a través de asesoramiento y créditos preferenciales, y a los sectores que compiten con las importaciones o que participan en programas de sustitución de importaciones ofreciendo financiamiento para la adquisición de maquinaria y equipo.[62] Otros, como el Fondo de Equipamiento Industrial (Fonei), proporcionan créditos preferenciales para la compra de maquinaria o servicios nacionales o extranjeros.

Otro organismo que desempeñó un papel importante, aunque tuvo corta vida, fue el Instituto Mexicano de Comercio Exterior (IMCE), creado en 1971 para contribuir al programa de expansión de las exportaciones de la administración del presidente Echeverría proporcionando información y servicios de comercialización y *networking* a los exportadores mexicanos. El IMCE dejó de existir durante las reformas comerciales de los ochenta, y en consecuencia Bancomext absorbió la mayoría de sus funciones.

[62] Bancomext fue creado en 1937 y Fomex en 1962. Una historia de Bancomext y Fomex, sus operaciones y procedimientos, puede encontrarse en el volumen publicado por el Banco Nacional de Comercio Exterior (1987).

II.3.1. *El Congreso*

La Cámara de Diputados y el Senado influyen muy poco en el diseño y la discusión de la política comercial, no porque la Constitución les prohíba participar en asuntos comerciales[63] sino debido a particularidades del sistema político mexicano. Como el PRI ha controlado la Presidencia y las dos cámaras durante toda la historia posrevolucionaria de México, y como los diputados y senadores mexicanos guardan una relación particular con el presidente y su partido (el presidente desempeña un papel de gran influencia en la designación de la mayoría de los candidatos del PRI a la legislatura, las gubernaturas y los municipios), el Legislativo rara vez ha llevado a cabo un debate que realmente amenace con bloquear alguna decisión del Ejecutivo. Por consiguiente, la legislación comercial mexicana se genera en el Ejecutivo, donde se discute, diseña y redacta. Después debe ser aprobada por el Congreso, de acuerdo con la Constitución, para ser promulgada como ley. Los tratados y acuerdos comerciales internacionales son aprobados por el Senado. No sé de ningún caso en el que el Congreso o el Senado rechazaran o amenazaran con rechazar *creíblemente* una propuesta de política comercial enviada por el Ejecutivo, ni tampoco de ninguno en el que introdujeran cambios significativos en esa legislación. Se puede decir sin exageración que, por lo menos en el periodo contemplado en este estudio, en México la política comercial es la enviada por el Ejecutivo a los legisladores.[64]

II.3.2. *Interacciones entre el gobierno y el sector privado*

Lo anterior no significa que el Ejecutivo simplemente impone sus preferencias en materia de política comercial; sólo indica que en México el canal para presionar por modificaciones de la política co-

[63] Véase la Sección II (arts. 71 y 72), la Sección III (arts. 73 y 74) y el art. 131 de la Constitución mexicana. La Sección II establece que la legislación puede ser iniciada por el Congreso de la Unión, el Ejecutivo y los congresos locales. El art. 73 autoriza al Congreso a proponer legislación sobre política comercial. El art. 131 establece que el Congreso puede conceder al Ejecutivo el privilegio de manejar controles comerciales (aranceles, barreras no arancelarias, etc.). En caso de que el Congreso no apruebe el manejo de la política comercial por el Ejecutivo, puede retirarle ese privilegio.

[64] Carpizo (1980) observa que desde 1951, cuando se agregó a la Constitución el art. 131, el Congreso nunca ha quitado al presidente la autoridad sobre los controles comerciales.

mercial no es el Congreso sino el Ejecutivo mismo. Antes de 1964, cuando se creó la Comisión de Aranceles,[65] los empresarios o quienes cabildeaban por la industria solían discutir directamente con funcionarios gubernamentales problemas relacionados con el nivel de protección en su sector. Representantes de Concamin, Canacintra o una industria específica se reunían con funcionarios de la SHCP o de la Secofi para determinar el nivel de los aranceles o las barreras no arancelarias. Aparentemente ese tipo de contacto entre representantes industriales y funcionarios gubernamentales, unido a la preferencia por los productores mexicanos sobre los extranjeros determinada por la ISI, generalmente llevó a los funcionarios gubernamentales a adoptar el nivel arancelario sugerido por los empresarios.[66] Además, condujo a una situación en la que en cuanto un empresario mexicano anunciaba su interés por invertir en un sector determinado, el gobierno le proporcionaba protección.[67]

Después de la creación de la Comisión de Aranceles, los funcionarios públicos empezaron a decidir los niveles de tarifas más aislados de las presiones de los grupos de interés. La comisión, integrada por funcionarios de varias secretarías —SHCP, Secofi, Agricultura, Energía y otras— se reunía cuando era necesario o después de discutir con empresarios temas relacionados con la protección arancelaria o con objeto de aplicar determinada política que formaba parte de una estrategia económica mayor. Presumiblemente, ese aislamiento de la Comisión de Aranceles permitió a sus miembros decidir más objetivamente el nivel adecuado de aranceles y de protección comercial; sin embargo, es posible que el constante cabildeo que tiene lugar en la SHCP y en la Secofi influyera también en las decisiones de la comisión. Después de todo, sus miembros conversaban con representantes de los grupos de productores antes de reunirse para resolver qué nivel de protección concederían.

¿Qué ocurre si el Ejecutivo acuerda y aplica una política comercial impopular a través de sus diferentes organismos? ¿Qué hace el gobierno frente a las protestas de los empresarios y los cabildeos de las industrias (si éstos suceden) que han sido afectados negativamente? Ciertamente, una vez que una ley comercial es aprobada, el

[65] El nombre de esta comisión ha variado a lo largo de los años, pero sus funciones han permanecido más o menos iguales.

[66] Para más información sobre este proceso, véase Ten Kate *et al.* (1979) y Bueno (1974).

[67] Véase la entrevista con Luis Bravo en *Expansión*, 5 de marzo de 1975.

gobierno puede utilizar su brazo legal para hacerla respetar. Pero también puede recurrir a otros dos métodos, no de manera necesaria mutuamente excluyentes. Uno consiste en considerar las protestas de los empresarios, y, si se reconoce algún "error", conceder revisiones de los aranceles o barreras no arancelarias, después incorporadas a la nueva ley. Esta es la vía a través de la cual el cabildeo tiene más éxito. El otro método consiste en apoyarse en el poder de las secretarías encargadas de la política interna —la Secretaría de Gobernación y la Secretaría del Trabajo— y en el PRI para ignorar, reprimir o desarmar a la oposición política. La Secretaría del Trabajo ha servido para controlar las protestas de los trabajadores, en general negándose a reconocer a la dirigencia de un sindicato que cuestiona una política fundamental para el programa económico del presidente.[68] El PRI ha logrado invocar con éxito la "disciplina partidaria" para asegurar la aprobación de una ley.

En ocasiones estos métodos son señalados como muestra de la autonomía del Ejecutivo mexicano. Cuando el presidente nacionalizó la banca en 1982, por ejemplo, lo hizo sin consultar a nadie del sector privado (que obviamente se habría opuesto a la medida). Su decisión demuestra el inmenso poder gozado por el presidente de México durante esos años, pero los acontecimientos de los años subsiguientes revelan también la fuerza política de los grupos de interés. Negándose a invertir en México a menos que se adoptaran reglas económicas claras y firmes, cabildeando continuamente, utilizando los medios de comunicación para presionar al presidente, el sector privado mexicano ha logrado influir en las decisiones del Ejecutivo. De hecho, los bancos mexicanos fueron privatizados de nuevo apenas ocho años después de su nacionalización, en parte por la negativa de los inversionistas a arriesgar sus fondos en un país donde los derechos de propiedad de empresas financieras estaban en duda.

Además del cabildeo en las oficinas del gobierno existen mecanismos formales para consultas sobre la política comercial entre el gobierno y el sector privado. El nombre de esos mecanismos ha variado a lo largo de los años (durante la década de los ochenta era el

[68] En 1947 una ley confirió al Ejecutivo el derecho a reconocer o no a la dirigencia de un sindicato. El reconocimiento se ha negado a dirigentes sindicales que se habían mostrado poco amistosos con el gobierno, celebrando otras elecciones para sustituirlos. Esto no ha sido necesariamente la regla, pero ha ocurrido con suficiente frecuencia para afectar el cálculo político de muchos dirigentes sindicales. (Entrevista, ciudad de México, 1994.)

Comité para la Promoción de Exportaciones, Compex), pero todos han servido a los mismos propósitos: informar tanto a los funcionarios gubernamentales como a los empresarios sobre el estado de las actividades comerciales o industriales, discutir ajustes de la política, analizar la evolución de algún sector y crear comités asesores para negociaciones comerciales internacionales. En general se trata de reuniones a puerta cerrada, donde participan principalmente representantes de industrias provenientes de cámaras nacionales, regionales o especializadas.

II.4. Observaciones finales

Este capítulo presentó un panorama de la economía mexicana, sus intereses industriales y el ambiente político bajo el cual operan. Espero que sirva al lector como texto de referencia en la lectura de los siguientes capítulos, en especial los de la tercera parte.

Los grupos identificados anteriormente son los principales actores del análisis y la narración de la política comercial mexicana expuestos aquí. Como lo mencioné antes, las preferencias de política comercial de los grupos de interés no siempre son claras, aunque es posible dibujar sus contornos generales. Entre los sectores proteccionistas se cuentan empresas pequeñas y medianas con altos costos que compiten con las importaciones, especializadas en la producción de bienes de consumo básicos, productos estandarizados y bienes intermedios, en su mayoría representadas por Canacintra y Concamin. Entre los partidarios del libre comercio están las empresas nacionales grandes y las multinacionales, que además de bienes de consumo producen bienes intermedios y de capital. En general son representadas por ANIERM, Conacex, CEMAI y CEMEU, aunque Coparmex, CCE, Concanaco y Concamin también cabildean por ellas, principalmente debido a la influencia de las empresas grandes en esos grupos.

En los capítulos siguientes muestro cómo estos grupos interactuaron con las instituciones gubernamentales antes descritas para determinar el curso de la política comercial mexicana entre 1970 y 1994.

Tercera Parte

DETERMINANTES DE LA ESTRUCTURA DE PROTECCIÓN MEXICANA

III. DETERMINANTES DE LA ESTRUCTURA DE PROTECCIÓN EN EL SECTOR MANUFACTURERO DE MÉXICO

¿POR QUÉ se protegió más a algunas industrias mexicanas que a otras al término del periodo de reforma comercial de 1983-1988? La respuesta más común es que los tecnócratas mexicanos, aislados de presiones políticas, decidieron qué industrias proteger de acuerdo con las prescripciones de la teoría económica: si la estructura arancelaria no es uniforme, las industrias productoras de bienes finales deben protegerse relativamente más que las industrias productoras de bienes intermedios. La idea es que una estructura arancelaria de ese tipo contribuye a una asignación de recursos más eficiente. Por consiguiente, los encargados de la política comercial mexicana fijaron los aranceles finales de 1988 en 15 y 20% para la protección de bienes de capital y de consumo, y 0.5 y 10% para los bienes intermedios.[1]

Basta un rápido examen de la estructura arancelaria de México en 1988 para confirmar esto. Como lo muestra el cuadro III.1, en 1988 el arancel promedio para prendas de vestir (20%), bienes de consumo final, fue más elevado que para los productos de fibras blandas (13.8%), bienes intermedios; el arancel para los automóviles (17.2%) fue más alto que para las piezas para automóviles (13.2%); el arancel para estructuras metálicas (16.1%) fue superior al de los metales básicos; el arancel para los plásticos (17.8%) fue mayor que el de los productos petroquímicos básicos (1.7%), y así sucesivamente.

Sin embargo, la argumentación desarrollada en el capítulo I me hace sospechar que esta respuesta, aun siendo correcta, no contiene toda la historia. Me pregunto si los grupos de presión mexicanos influyeron directa o indirectamente en la determinación de la estruc-

[1] El análisis de este episodio de la reforma comercial se halla en el capítulo VII. Por el momento basta con decir que esa reforma intentaba agilizar el aparato proteccionista a fin de reorientar la industria mexicana hacia mercados de exportación. Componentes fundamentales de ese esfuerzo por reformar el comercio fueron las políticas de racionalización de la protección, así como la eliminación de NTB y el manejo de la tasa de cambio.

CUADRO III.1. *México. Tarifas ponderadas por producción en el sector manufacturero, 1988. Ordenadas (porcentajes)*

Sector (número y nombre)	*Tarifa*
15. Productos del café	20
23. Productos del tabaco	20
27. Ropa	20
20. Bebidas alcohólicas	19.9
53. Aparatos electrodomésticos	19.8
22. Bebidas sin alcohol	19.7
14. Productos de nixtamal	19.5
21. Cerveza y malta	19.4
30. Otros productos de madera	19.2
12. Frutas y verduras procesadas	19.1
39. Jabones, detergentes y cosméticos	18.7
13. Productos de molino (trigo)	18.3
26. Otros textiles	18.3
48. Muebles de metal	17.9
42. Productos de plástico	17.8
59. Otros productos manufacturados	17.6
54. Equipo electrónico	17.5
56. Automóviles	17.2
52. Maquinaria eléctrica	16.9
28. Piel y calzado	16.8
38. Productos farmacéuticos	16.4
19. Alimentos misceláneos	16.2
41. Productos de hule	16.2
45. Otros productos minerales no metálicos	16.1
49. Formas estructurales	16.1
55. Equipo eléctrico	15.6
51. Maquinaria no eléctrica	15
50. Otros, salvo maquinaria	14.4
24. Productos de fibras blandas	13.8
43. Vidrio y productos de vidrio	13.8
29. Productos de aserradero	13.5
57. Chasís, motores y piezas para automóviles	13.2
37. Resinas sintéticas	12.1
40. Otros productos químicos	12.1
25. Productos de fibras duras	11.7
47. Metales no ferrosos básicos	10.9
44. Cemento	10
18. Alimentos para animales	9.9

CUADRO III.1. *(continuación)*

Sector (número y nombre)	*Tarifa*
35. Productos químicos básicos	8.9
46. Metales ferrosos básicos	7.2
58. Equipos y materiales de transporte	6.3
11. Productos de carne y leche	5.8
31. Papel y cartón	5.3
17. Aceites animales y vegetales	4.8
32. Productos de imprentas y editoriales	3.9
36. Abonos y fertilizantes	3.3
34. Productos petroquímicos básicos	1.7
33. Petróleo y derivados	1.1
16. Azúcar	0.7

FUENTE: Secofi.

tura arancelaria del país en 1988, o si las preferencias del gobierno se limitaron solamente a racionalizar la protección comercial. También contribuye a esta duda la presencia de lo que podrían considerarse inconsistencias menores en la estructura arancelaria,[2] y también la investigación contenida en los capítulos V a VIII de este libro, donde muestro que algunos productores mexicanos pidieron políticas de racionalización de la protección con cierta constancia desde 1970. Es posible, por lo tanto, que este objetivo de política responda también a demandas del sector privado (esta cuestión se examina en detalle en otra parte de este libro).

El propósito de este capítulo es reinsertar a los grupos de interés en la explicación de la estructura de protección mexicana. Permítaseme destacar que *no* es mi intención negar la influencia de las autoridades económicas en el diseño de la estructura arancelaria de

[2] Por ejemplo, tanto los productos de imprentas y editoriales como los de la leche y la carne no son considerados productos finales, pero la refinación de petróleo sí. Sin embargo, también es cierto que los productos impresos son intermediarios en la producción de educación y embalajes; la carne es intermediario en la producción de hamburguesas; la leche es intermedio en la producción de licuados o de productos de panadería. La refinación del petróleo es otra historia: la industria petrolera de México es estatal, y hasta la década de los noventa muy pocos eran autorizados a competir dentro de México en cualquier proceso productivo asociado con ese sector.

1988, que sin duda fue muy fuerte. Más bien intento sugerir que, con la incorporación de las presiones de los grupos de interés en nuestra explicación de la estructura de protección de México, podemos mejorar nuestra comprensión del proceso bajo el cual se genera su política comercial.

En la sección III.1 reformulo la argumentación teórica adelantada en el capítulo I para explicar la estructura de protección. En la sección III.2 detallo la estrategia que utilizo para evaluar empíricamente mi argumentación y presento estimaciones de mínimos cuadrados ordinarios de mis hipótesis. La sección III.3 presenta las conclusiones.

III.1. La teoría

Esta sección presenta dos modelos alternativos para explicar la estructura de protección comercial de México. Un modelo se concentra en la competencia de grupos de presión, mientras que el otro deja espacio para la interacción entre grupos de presión y las preferencias del gobierno. Presento dos modelos por una razón empírica: comparándolos podemos evaluar mejor la influencia de los grupos de presión sobre la política comercial. Si la inclusión de éstos tiene algún valor explicativo real, debería notarse en un aumento de la capacidad de las explicaciones existentes para comprender la estructura de protección de México.

III.1.1. *Un modelo de la estructura de protección con grupos de presión domésticos*

De acuerdo con el modelo del capítulo I, la protección relativa de una industria aumenta con su poder relativo. Éste a su vez aumenta con la cantidad de recursos que dedique a influir en el proceso de creación de política, ya sea mediante el cabildeo o el voto. Cuanto más cabildee y cuantos más votos controle, más influencia política tiene y más probabilidades existen de que el proceso de creación de política refleje sus preferencias en materia de política comercial.

Mi definición de la influencia política de una industria se relaciona directamente con los cambios que experimenta en sus precios relativos y con su grado de vulnerabilidad a la competencia extranjera en el mercado *interno*. Una caída del precio relativo de una industria reduce las rentas de sus factores específicos, motivándolos a cabildear por la imposición de alguna política protectora alternativa a fin de elevar el precio relativo de su producto. Una industria en la que predominan los productores con altos costos está más amenazada por el aumento de la competitividad vía precios de los proveedores extranjeros, porque sus precios son menos flexibles hacia abajo y, en consecuencia, tiende a cabildear más por la elevación de las barreras comerciales. Por lo tanto, la caída o la amenaza de caída de los ingresos, en industrias con costos altos, desencadena esfuerzos por influir en el proceso de creación de política.

En este marco, todas las industrias que enfrentan cualquiera de estas circunstancias, o ambas, dedicarán más trabajo y capital a influir en las decisiones de política comercial, pero no todas serán igualmente efectivas: los costos de la acción colectiva son más bajos para las industrias concentradas que para las industrias dispersas. En otras palabras, la mayor concentración da a las industrias una ventaja política. Del mismo modo, las industrias votan en contra de un gobierno que no protege sus intereses, pero las que controlan mayor cantidad de votos atraen la atención de los creadores de política.

La expresión utilizada en el capítulo I para resumir estas proposiciones es:

$$T_i/T_j = T(\underset{+}{S_i}, \underset{-}{S_j}, \underset{-}{q_i/q_j}, \underset{+}{C_i}, \underset{-}{C_j}, \underset{+}{N_i}, \underset{-}{N_j}), \tag{3.1}$$

donde:

T_i y T_j representan el nivel de protección de las industrias *i* y *j*, respectivamente;

S_i y S_j representan la capacidad de las industrias *i* y *j* para competir con precios bajos;

q_i / q_j es el precio relativo de los bienes que vende la industria *i* (la inversa es el precio relativo para la industria *j*);

C_i y C_j representan el grado de concentración de cada industria;

N_i y N_j representan el número de votos controlados por las industrias *i* y *j*;

y los signos (+) y (–) resumen la relación entre la variable independiente y la dependiente.

Esta expresión subraya el mensaje de este estudio de que, para *cualquier* industria, el nivel relativo de protección aumenta con su vulnerabilidad a la competencia extranjera, su concentración y su fuerza electoral, y disminuye cuando crece su precio relativo. Suponiendo que tanto el nivel de protección como el comportamiento de la industria *j* sean constantes,[3] la forma más simple de escribir la ecuación para estimar el nivel de protección de cualquier industria es la siguiente:

$$T_i = \alpha 0 + \alpha 1(S_i) + \alpha 2(q_i/q_j) + \alpha 3(C_i) + \alpha 4\,(N_i), \qquad (3.2)$$

donde el signo esperado de $\alpha 1$, $\alpha 3$ y $\alpha 4$ es positivo, y el de $\alpha 2$ es negativo.

Como estos conceptos teóricos no tienen un equivalente empírico exacto, es necesario elaborar aproximaciones sustitutas para el análisis. En la sección III.2 se explican las medidas con que aproximo a esos conceptos empíricos, pero antes debemos examinar una expansión de ese modelo para incluir las preferencias gubernamentales.

III.1.2. *Un modelo de estructura de protección impulsado por grupos de presión y preferencias gubernamentales*

El análisis anterior suprime cualquier tipo de influencia del lado de la oferta en la estructura de protección. La razón de esto deriva de la cautela: a menos que contemos con un modelo claro para explicar cómo las autoridades económicas agregan sus propias preferencias, cualquier análisis que incorpore algún tipo de preferencia gubernamental corre el riesgo de resultar *ad hoc*.

Aparte de mi modelo de grupos de presión y el análisis histórico de los capítulos V a VIII, no dispongo de ningún método específico para incluir las preferencias de los creadores de política. Sin embargo, como lo mencioné en la introducción, es ampliamente reconocido que el aislamiento de los tecnócratas mexicanos de presiones políticas les permitió diseñar una estructura de protección que, entre otras prioridades, privilegiaba la racionalidad económica por encima de cualquier otro objetivo. Si ese fue el caso, y a riesgo de

[3] Esta suposición no contradice en modo alguno el marco analítico que acabo de describir. Si supongo que esas variables son constantes para la industria *j*, cualquier cambio en las variables para la industria *i* representará un cambio relativo, que es lo que mi marco teórico destaca.

internarme en territorio *ad hoc*, vale la pena evaluar si alguno de los criterios utilizados para definir las prioridades nacionales, más allá del motivo de racionalidad examinado en la introducción, contribuye a explicar la estructura de protección de México.

Uno de esos criterios, esbozado en el Programa Nacional de Fomento Industrial y Comercio Exterior (Pronafice) de 1984[4] y en otros documentos gubernamentales, era la promoción de industrias "con capacidad de aportación neta de divisas, englobando aquellas principalmente exportadoras y con importaciones mínimas... [y también]... sectores ligeramente deficitarios respecto al exterior".[5] La elección de ese objetivo fue determinada en buena medida por la necesidad del país de generar exportaciones netas para el servicio de su deuda externa después de la crisis de 1982, y también por la intención de cambiar el modelo de desarrollo de México de uno orientado hacia el interior a otro orientado hacia afuera, en el que el principal motor del crecimiento fueran los sectores exportadores.

Esto significa que deberíamos esperar que, además de los bienes de consumo final y de capital, las industrias que generan exportaciones netas positivas estuvieran más protegidas que otras, lo que sugiere una ampliación del modelo de la ecuación (3.2) para incluir como componentes separados tanto el objetivo gubernamental de racionalización de la protección como su preferencia por las industrias que generan exportaciones netas:

$$\begin{aligned} T_i = {} & \alpha 0 + \alpha 1(S_i) + \alpha 2(q_i/q_j) + \alpha 3(C_i) + \alpha 4\,(N_i) \\ & + \alpha 5\,(\text{Bien final}_i) \\ & + \alpha 6\,(\text{Exportaciones netas}_i), \end{aligned} \tag{3.3}$$

donde los signos esperados para $\alpha 0$, $\alpha 1$, $\alpha 2$, $\alpha 3$ y $\alpha 4$ son los mismos, y para $\alpha 5$ y $\alpha 6$ son positivos.

Obsérvese el énfasis en esta ampliación: propone que *tanto* los grupos de presión *como* los planes del gobierno influyen en la determinación de la estructura de protección de México. Pero si mi proposición de que los grupos de presión cuentan es correcta, las variables de los grupos de presión deberían seguir siendo significativas cuando controlamos para aislar las preferencias del gobierno (de acuerdo con su registro en los propios documentos gubernamentales mexicanos), y el modelo debería explicar un porcentaje mayor

[4] Para una descripción de ese programa, véase el capítulo VII.

[5] Véase Secofi (1988), p. 53.

de la variación de los niveles arancelarios. En la sección siguiente detallo cómo evalúo esta hipótesis.

III.2. El análisis de regresión

III.2.1. *Medición de los conceptos*

La estimación de las ecuaciones (3.2) y (3.3) requiere medir el nivel de protección de una industria, su vulnerabilidad a la competencia extranjera, precios relativos, concentración, fuerza electoral y exportaciones netas.

¿Cuál es la medida adecuada para el nivel de protección de una industria? En presencia de barreras no arancelarias, muchos analistas sostienen que las tarifas a la importación (TRF) son aproximaciones de escasa utilidad y que en cambio deberíamos usar tasas de protección efectiva (TPE) o tasas de protección implícita (TPI). Pero no está claro si las industrias presionan por aranceles más elevados, protección efectiva o protección implícita. Cheh (1975), por ejemplo, sostiene que en la década de los sesenta los aranceles eran más observables y más significativos para los Estados Unidos, mientras que Caves (1976) analiza la situación de Canadá basándose en la protección efectiva. Otros autores utilizan distintas medidas.[6]

En este análisis pongo a prueba mis hipótesis usando los aranceles, las TPE y las TPI, pero cuatro razones me hacen esperar mejores resultados de las estimaciones de regresión para los aranceles mexicanos que para las otras dos medidas. Primero, después de eliminar las licencias de importación y los precios de referencia oficiales, los funcionarios públicos mexicanos se concentraron en la racionalización de la estructura de protección *arancelaria,* no necesariamente la de TPE o TPI.[7] Segundo, el efecto de un arancel sobre los ingresos de un factor específico (y sobre la asignación de recursos) es más observable y predecible que el de las TPE o TPI. Tercero, las TPE tienden a cambiar con frecuencia en periodos de inflación rampante como

[6] Para un panorama de estudios sobre la estructura de protección, véase Baldwin (1984) y Rodrik (en prensa).

[7] Por supuesto, una vez eliminadas otras barreras no arancelarias, la racionalización de las tarifas conduce a una racionalización de la protección efectiva, aunque esta relación no es directa. Este objetivo de racionalización de aranceles lo confirmó en entrevistas, donde sin embargo se reconoció que una estructura racional de tasas efectivas es un objetivo ideal.

el que vivió México en la década de 1980, que es el periodo cubierto en este capítulo. Como los precios aumentan a ritmos diferentes, la posición de una industria en la estructura de protección cambia constantemente. En México algunos de esos cambios se daban incluso de un trimestre a otro, de manera que, por ejemplo, la estructura de TPE del invierno de 1988, si bien similar, es distinta de la del otoño del mismo año. Una solución para este problema es usar promedios móviles, que suavizan la tendencia en la serie. Este es el enfoque que empleo, pero todavía encuentro que esos promedios son sensibles a la circunstancia económica.

En cuarto lugar, la diferencia entre los precios nacionales y los internacionales, que se emplea para calcular tanto la TPE como la TPI, no es consecuencia sólo de las políticas comerciales del país sino también de condiciones de mercado que afectan los movimientos de los precios, movimientos que no necesariamente guardan relación con los controles comerciales. Ten Kate y De Mateo (1989b) indagaron si las TPI de México se comportaron de acuerdo con el tipo de intervención comercial efectuada por el gobierno[8] y encontraron que al término de 1985 sólo 32% de 449 tasas implícitas se comportaron de acuerdo con las predicciones teóricas, y que esa falta de correspondencia se mantuvo durante 1987. Como observan estos autores, el origen del problema puede estar en factores que afectan la transmisión de señales de precios internacionales y por lo tanto limitan el funcionamiento de los mecanismos de arbitraje: diferencias de calidad entre productos nacionales e internacionales; la selección de precios internacionales utilizada para calcular la tasa de protección; el funcionamiento de mecanismos de evaluación aduanera, que retardan la transmisión de señales de precios internacionales; el contrabando; la subdocumentación de las importaciones y de los precios de las importaciones; el control de la tasa de cambio; los requisitos de contenido nacional; y las políticas de procura del gobierno. Por lo menos los primeros cuatro son elementos que no tienen relación con la intervención gubernamental y que afectan tanto el cálculo de las TPI como nuestra interpretación de esas tasas.

La medida que utilizo para captar la vulnerabilidad de una industria a la competencia extranjera en el mercado interno represen-

[8] Por ejemplo, si un producto está protegido por un arancel y una licencia de importación, se supone que debe tener un precio interno más elevado que el de un producto protegido solamente por un arancel. La tasa de protección implícita del primer producto debería ser mayor que la tasa de protección implícita del segundo.

ta la proporción de empresas pequeñas y medianas en un sector industrial: el porcentaje de la fuerza de trabajo total empleada en establecimientos con menos de 250 trabajadores (EEP) en 1988.[9] Las empresas pequeñas y medianas tienden a tener mayores costos por unidad, más dificultades para conseguir financiamiento y menor capacidad de acceso a mercados extranjeros debido a sus limitadas vinculaciones internacionales. Como se dice en un informe del gobierno mexicano sobre su política de promoción industrial y comercial para el periodo 1983-1988, las empresas pequeñas mexicanas se caracterizaban por "un inestable y oneroso abastecimiento de insumos; su limitada capacidad para obtener financiamiento; su precaria infraestructura para desahogar la excesiva limitación y reglamentación; y sus dificultades para acceder a mercados".[10] Del mismo modo, en una evaluación de la política económica de México antes de la década de 1980, Gil Díaz (1984) criticó el aparato proteccionista del país por favorecer la instalación de muchas industrias medianas con altos costos por unidad, incapaces de competir en los mercados mundiales.[11] Por lo tanto, es razonable suponer que los sectores con LSF elevado deben tener más incentivos para buscar la elevación de barreras comerciales que los sectores con LSF bajo, y eso debería reflejarse en la estructura de protección.

No es fácil medir los precios relativos de una industria. Sería preciso calcular índices de precios para cada sector, ponderarlos de acuerdo con alguna fórmula y expresarlos como proporción del índice de precios de cada una de las demás industrias. Además, los datos publicados para cada sector son incompletos. Por eso empleo en cambio un enfoque indirecto para captar los cambios adversos de los precios relativos: mido el grado en que ha aumentado la penetración de importaciones en cada industria. Si la proporción de las importaciones en la oferta interna (MOIC) aumenta, lo considero como una indicación de que ha aumentado la competencia de precios con las industrias nacionales, lo que motiva a estas últimas a presionar por la elevación de las barreras comerciales. Esta medida MOIC es la diferencia entre las importaciones como parte de la oferta interna en 1987 y la misma tasa en 1984.

[9] Adopto la definición de la Secofi, que considera pequeñas a las empresas que operan con menos de 250 trabajadores. Helleiner (1977) emplea una medida similar en su análisis de la estructura de protección del Canadá.

[10] Véase Secofi (1988), p. 66.

[11] *Ibid.*, p. 319.

El grado de concentración geográfica de la industria (CG) es una medida de la facilidad que tiene para la acción colectiva. Cuanto mayor sea la proporción de su producción que una industria genera en un área geográfica determinada, probablemente menores serán sus costos organizacionales, puesto que los grupos de interés industriales tendrán que dedicar menos recursos y tiempo a lograr que los productores contribuyan a los esfuerzos de cabildeo. Este sustituto, CG, es el valor agregado generado en las tres mayores regiones industriales de México —la ciudad de México y los estados de México y Nuevo León— como parte del total del valor agregado industrial en 1985.

La medida de la fuerza electoral es el empleo en una industria como parte del total del empleo en la manufactura en 1988 (FE). Cuanto mayor sea la participación de la industria en el total de la fuerza de trabajo, mayor será su fuerza electoral.

Las exportaciones netas, desde luego, son las exportaciones de una industria menos sus importaciones, pero para hacer consistente este análisis las comparo con el total del comercio (exportaciones más importaciones). Por consiguiente, el siguiente sustituto de las exportaciones netas (NXCOM) equivale a las exportaciones de la industria menos las importaciones como parte de su comercio total, promediado para el periodo 1984-1987.

Para expresar el objetivo de racionalización de la protección construí un *dummy* (FINAL) que toma el valor 1 cuando la industria produce bienes de consumo finales o de capital, y el valor 0 cuando produce bienes intermedios. Para dar más significación al experimento de control adopté la clasificación de esas industrias del propio gobierno: las que tienen un arancel promedio de entre 15 y 20% tienen un valor FINAL de 1, y las que tienen aranceles entre 0 y 10 tienen un valor FINAL de 0.[12]

El cuadro III.2 presenta un sumario de estas fórmulas aproxi-

[12] En defensa de este enfoque analítico, es preciso considerar lo siguiente: primero, si efectivamente los creadores de política diseñaron la estructura de protección en situación de aislamiento, como reza el argumento tradicional, lo que vemos no es otra cosa que la revelación de sus preferencias. Esto funciona como una variable de control ideal. Segundo, asignar un valor de 1 a las industrias con aranceles de entre 10 y 20% no modifica las conclusiones del análisis que sigue, como lo he confirmado mediante cálculos alternativos. Tercero, la corrección de las pequeñas inconsistencias antes mencionadas (reclasificar los productos de la leche y la carne, así como los de imprentas y editoriales, como productos finales, y la refinación del petróleo y otros minerales no metálicos como intermedios) tampoco modifica las principales conclusiones.

CUADRO III.2. *Variables utilizadas en el análisis de regresión*

Variables dependientes	*Símbolo*	*Definición*
Tarifa	TRF	Tarifa ponderada por producción, 1988
Tasa de protección efectiva	TPE	Valor agregado doméstico/valor agregado externo menos 1 (promedio 1988-1990).
Tasa de protección implícita	TPI	Precio doméstico/Precio externo menos 1 (promedio 1988-1990).
Variables independientes		
Presencia de empresas pequeñas	EEP	Porcentaje de empleados en empresas pequeñas. EEP = (empleo en empresas pequeñas/empleo total de la industria)*100
Penetración de importaciones	MOIC	Cambio en el porcentaje de importaciones en la oferta interna entre 1987 y 1984. La oferta interna *(OI)* se define como producción bruta doméstica más importaciones *(M)* menos exportaciones *(X)*, es decir, $OI = Y + M - X$.
Concentración geográfica	CG	Porcentaje del valor agregado producido en las tres zonas industriales más grandes (ciudad de México, Estado de México y Nuevo León) en 1985.
Fuerza electoral	FE	Porcentaje del empleo en cada industria en 1988.
Generación de exportaciones netas	NXCOM	Exportaciones netas como porcentaje del comercio exterior de la industria (promedio 1984-1987). $NXCOMI = [(X-M)/(X+M)] * 100$
Racionalización de la protección	FINAL	*Dummy* que toma el valor de 1 para bienes finales de capital y consumo y valor de cero para bienes intermedios.

FUENTES: medidas de protección tomadas de Ten Kate y De Mateo (1989). Medidas comerciales calculadas con datos tomados de Casar (1988).

Todas las demás tomadas del *Sistema de cuentas nacionales* y del Censo Industrial de 1988.

matorias, las cuales calculé con datos de Secofi, del Banco de México y del INEGI.

Sustituyendo los conceptos teóricos por estas medidas, la ecuación (3.2) se transforma en:

$$T_i = \alpha 0 + \alpha 1(\text{EEP}_i) + \alpha 2(\text{MOIC}_i) + \alpha 3\,(\text{CG}_i) + \alpha 4\,(\text{FE}_i), \tag{3.4}$$

y la ecuación (3.3) se convierte en:

$$T_i = \alpha 0 + \alpha 1(\text{EEP}_i) + \alpha 2(\text{MOIC}_i) + \alpha 3\,(\text{CG}_i) + \alpha 4\,(\text{FE}_i) + \alpha 5\,(\text{FINAL}_i) + \alpha 6\,(\text{NXCOM}), \tag{3.5}$$

donde los signos esperados de $\alpha 1$, $\alpha 2$, $\alpha 3$, $\alpha 4$, $\alpha 5$ y $\alpha 6$ son todos positivos.

Para los lectores que deseen observar las estimaciones del modelo sin la variable *dummy* FINAL incluyo también esa especificación:

$$T_i = \alpha 0 + \alpha 1(\text{EEP}_i) + \alpha 2(\text{MOIC}_i) + \alpha 3\,(\text{CG}_i) + \alpha 4\,(\text{FE}_i) + \alpha 5\,(\text{NXCOM}_i). \tag{3.6}$$

III.2.2. *Resultados de la regresión*

Los resultados del análisis de regresión de mínimos cuadrados ordinarios de las ecuaciones (3.4), (3.5) y (3.6), que incluyen a 48 de 49 sectores manufactureros en 1988,[13] se muestran en los cuadros III.3, III.4 y III.5. Como se puede apreciar en el cuadro III.3, el modelo de grupos de presión permite explicar 25% de la variación en los niveles arancelarios de la industria (3.4), mientras que el modelo ampliado de grupos de presión y preferencias gubernamentales alcanza a explicar 77% (3.5). Esta tabla muestra además que cinco de las seis variables independientes —EEP, MOIC, NXCOM y FINAL— tienen grados de significación de más de 95% en las tres ecuaciones, con excepción de MOIC, que es significativa a nivel de 90% en la ecuación (3.4). Sólo FE es insignificante, cualesquiera que sean las especificaciones.

Por lo tanto, es mucho lo que se gana introduciendo estos dos tipos de variables —los grupos de presión y las preferencias guber-

[13] La significación del análisis podría mejorar con más observaciones, pero los datos disponibles al tiempo de este análisis se limitaban a esas 49 industrias.

CUADRO III.3. *Determinantes de la estructura de la protección comercial en México. Resultados de la regresión*

Variable dependiente: Tarifa ponderada por producción, 1988 (%)

		Modelo		
Variables independientes	*Símbolo*	*Grupo de presión, ecuación (3.4)*	*Grupo de presión y preferencias del gobierno, ecuación (3.5)*	*Grupo de presión y preferencias del gobierno, ecuación (3.6)*
Constante		6.857	6.098	6.139
		(2.9)	(4.694)	(3.107)
Presencia de empresas pequeñas	EEP	**0.057**	**0.042**[a]	**0.065**[a]
		(2.05)	(2.602)	(2.685)
Penetración de importaciones	MOIC	0.217[a]	**0.279**[a]	**0.239**
		(1.871)	(4.379)	(2.474)
Concentración geográfica	CG	**0.082**	**0.042**	**0.09**[a]
		(2.256)	(1.997)	(2.951)
Fuerza electoral	FE	–0.078	–0.337	–0.196
		(–0.134)	(–1.054)	(–0.403)
Generación de exportaciones netas	NXTRDE		**0.029**[a]	**0.044**[a]
			(4.36)	(4.475)
Racionalización de la protección	FINAL		**6.658**[a]	
			(7.495)	
R cuadrada ajustada		0.253	0.776	0.482
Valor *F*		5.064	28.155	9.746
Número de observaciones		49	48[b]	48[b]

Valores *t* entre paréntesis. Las negritas indican significación por encima de 95%.
[a] Indica significación a nivel del 99%.
[b] Excluye la industria del nixtamal (masa de maíz).

CUADRO III.4. *Determinantes de la estructura de la protección comercial en México. Resultados de la regresión*

Variable dependiente: Tasa de protección efectiva (promedio 1988-1990, %)

		Modelo		
Variables independientes	*Símbolo*	*Grupo de presión, ecuación (3.4)*	*Grupo de presión y preferencias del gobierno, ecuación (3.5)*	*Grupo de presión y preferencias del gobierno, ecuación (3.6)*
Constante		16.159	15.309	15.158
		(0.48)	(0.45)	(0.445)
Presencia de empresas pequeñas	EEP	–0.233	–0.015	–0.097
		(–0.566)	(–0.35)	(–0.235)
Penetración de importaciones	MOIC	1.246	1.08	1.226
		(0.755)	(0.647)	(0.736)
Concentración geográfica	CG	*–0.112*	–0.024	–0.199
		(–0.216)	(–0.044)	(–0.738)
Fuerza electoral	FE	0.251	1.313	0.798
		(0.03)	(0.157)	(0.095)
Generación de exportaciones netas	NXTRDE		0.063	0.01
			(0.358)	(0.06)
			–24.217	
Racionalización de la protección	FINAL		(–1.041)	
		0	0	0
R cuadrada ajustada				
Valor *F*		0.2	0.292	0.133
Número de observaciones		49	48[a]	48[a]

Valores *t* entre paréntesis.

[a] Excluye industria del nixtamal.

CUADRO III.5. *Determinantes de la estructura de la protección comercial en México. Resultados de la regresión*

Variable dependiente: Tasa de protección implícita (promedio 1988-1990, %)

		Modelo		
Variables independientes	*Símbolo*	*Grupo de presión, ecuación (3.4)*	*Grupo de presión y preferencias del gobierno, ecuación (3.5)*	*Grupo de presión y preferencias del gobierno, ecuación (3.6)*
Constante		6.632	8.082	8.025
		(–0.457)	(–0.588)	(–0.584)
Presencia de empresas pequeñas	EEP	–0.173	–0.091	–0.122
		(–1.019)	(–0.531)	(–0.728)
Penetración de importaciones	MOIC	1.166	1.038	1.094
		(–1.637)	(–1.537)	(–1.626)
Concentración geográfica	CG	–0.094	–0.101	–0.167
		(–0.419)	(–0.45)	(–0.786)
Fuerza electoral	FE	1.166	0.245	0.049
		(–1.637)	(–0.072)	(–0.015)
Generación de exportaciones netas	NXTRDE		–0.095	–0.185
			(–1.328)	(–1.683)
			–9.225	
Racionalización de la protección	FINAL		(–0.981)	
		0	–0.021	0.022
R cuadrada ajustada				
Valor *F*		0.925	1.171	1.214
Número de observaciones		49	48[a]	48[a]

Valores *t* entre paréntesis.

[a] Excluye industria del nixtamal.

namentales— en el análisis de la estructura de protección arancelaria. El aspecto importante aquí es que aun controlando las variables de grupos de presión para aislar las preferencias del gobierno, éstas siguen siendo significativas y aumentan el valor predictivo de un modelo basado exclusivamente en las preferencias gubernamentales,[14] lo que sugiere que los grupos de presión son capaces de afectar la estructura de protección arancelaria.

Según la ecuación (3.5) del cuadro III.3, un aumento de un punto porcentual en la proporción de trabajadores ocupados en establecimientos pequeños en una industria hace aumentar el arancel 0.042 puntos porcentuales; un aumento de un punto porcentual en la penetración de importaciones en cualquier sector se asocia con un aumento de 0.279 puntos porcentuales en su nivel arancelario; un aumento de un punto porcentual en la concentración geográfica (en la cantidad de producción generada en la ciudad de México y los estados de México y Nuevo León) provoca un aumento de 0.042 puntos porcentuales en el arancel de esa industria, y un aumento de un punto porcentual en la generación promedio de exportaciones netas como parte del total de comercio eleva el arancel 0.029 puntos porcentuales. La estimación de la variable *dummy* FINAL indica que cuando una industria produce bienes de consumo finales o bienes de capital, el arancel promedio es 6.6 puntos porcentuales mayor.

Estos resultados también pueden interpretarse de otra manera. Las empresas pequeñas están fuertemente representadas en los principales grupos de interés manufactureros mexicanos, como Canacintra y Concamin en la ciudad de México, y Caintra en Nuevo León. Como ya se dijo en el capítulo II, los representantes de Canacintra tienden a cabildear constantemente por protección para los pequeños productores. Los estudios de caso incluidos en este libro también lo confirman, y los resultados de la regresión son consistentes con esa historia.

La significación de la variable CG destaca la influencia que han tenido la ciudad de México y los estados de México y Nuevo León en la creación de la política industrial. Las tres regiones, que tienen grupos de cabildeo muy activos y están bien representadas en la ciudad de México, concentran la mayoría de las 500 empresas industriales más grandes del país, nacionales y multinacionales; son

[14] En realidad, realizar una regresión con NXTRDE como única variable independiente confirma que se trata de un regresor significativo, pero por sí solo explica apenas 13% de la variación.

no sólo los mayores estados industriales sino las mayores fuentes de empleo, e históricamente han sido el centro de la producción manufacturera de México.

La significación de la penetración de las importaciones confirma la idea de que los productores no se acercan con tanta frecuencia a los creadores de política cuando las cosas van bien para ellos como cuando van mal. La historia relatada en los capítulos VI y VII, de los episodios de reforma comercial de los periodos 1977-1980 y 1983-1988, presenta una serie de ejemplos de dirigentes de industrias tratando de bloquear las reducciones de los aranceles o de aumentar las barreras no arancelarias a medida que aumentaba la competencia extranjera. Ciertamente la importancia de esta variable también puede deberse al objetivo gubernamental de generar exportaciones netas, lo que se facilita bloqueando la penetración de importaciones.

En vista de la ausencia de competencia electoral en México durante la década de 1980 tal vez no deba sorprender que la participación de un sector en la fuerza de trabajo no desempeñe ningún papel en la explicación de su nivel de protección. Es posible que esto cambie en el futuro próximo, con procesos electorales de transparencia asegurada.

La influencia de las variables NXCOM y FINAL probablemente confirma el aislamiento de los tecnócratas, ya que en general se supone que sus preferencias políticas coinciden con las lecciones de la teoría económica. Sin embargo, esa influencia no necesariamente zanja la cuestión, pues, como ya se ha dicho en diversos sectores industriales, había productores —por ejemplo grandes empresas orientadas hacia la exportación— que deseaban el mismo tipo de políticas. Más aún, una gran parte de las exportaciones netas manufacureras mexicanas fue generada por industrias grandes, lo cual sugiere que la concentración industrial en efecto contribuye a obtener mayores tarifas. Como se verá en capítulos posteriores, estas empresas exportadoras además influyeron sustancialmente en la definición de la nueva política comercial, incluyendo la estructura de la protección.

III.2.3. *Comparaciones*

El lector puede preguntarse cómo se compara este análisis con otras explicaciones de la estructura de protección de México en 1988. A esta altura mi respuesta a esa pregunta es evidente: cualquier comparación de este análisis con otros modelos es limitada porque, que yo sepa, no hay ninguna alternativa empíricamente probada y, además, como se dijo en la introducción, la mayoría de las explicaciones (correctas) de la estructura de protección de México en 1988 afirman que fue diseñada explícitamente para racionalizar la lista de aranceles. Esas explicaciones, que equivalen a correr una regresión de niveles arancelarios con FINAL como única variable dependiente, explican 54% de la variación de los niveles arancelarios,[15] lo que en realidad es un porcentaje considerable, pero no tanto como 77% de la ecuación (3.5), que incluye la perspectiva de los grupos de presión y el objetivo de las exportaciones netas positivas.

Es posible que el 23% restante de la variación de los niveles arancelarios, que no se explica en este capítulo, responda a otros objetivos específicos esbozados por funcionarios gubernamentales en otra parte. Por ejemplo, para controlar presiones inflacionarias en industrias de bienes de consumo básicos como las de la leche y la carne, o la del vestido, a comienzos de 1988 —año de elecciones presidenciales— se redujeron los aranceles correspondientes.[16] Esa medida formó parte del esfuerzo concertado de estabilización contenido en el Pacto de Solidaridad Económica (PSE), que se explica en el capítulo VII. Además, algunos sectores estaban más protegidos por ser de propiedad estatal —como la industria petrolera— o debido a algún programa de manufactura diseñado por funcionarios gubernamentales en conjunción con productores extranjeros o nacionales para impulsar determinada industria, como la de automóviles y piezas para automóviles.

III.3. CONCLUSIÓN

Este capítulo empezó proponiendo que la estructura de protección comercial en México podría no derivar exclusivamente de las preferencias tecnocráticas, sino también de presiones de grupos de interés. Después de esbozar un modelo teórico y empírico para la evaluación de esa proposición, los resultados del análisis de regresión realizado aquí indican que es válida: podemos explicar alrededor de un quinto

[15] La ecuación es $T = a + a$ (FINAL). FINAL es significativa al nivel de 99% (el valor t es 7.674%), y la razón F es 58.894.

[16] Sobre este punto, véase Ten Kate y De Mateo (1989a, 1989b) y Ten Kate (1990).

de la variación en los niveles arancelarios de México con variables distintas de las identificadas con las preferencias gubernamentales. En particular, industrias dominadas por pequeños productores, ubicadas en la ciudad de México y los estados de México y Nuevo León y afectadas por la penetración de importaciones, obtuvieron niveles arancelarios más altos. La interpretación de esos resultados lleva a una conclusión: la política del lado de la demanda también tiene importancia para la explicación de la estructura de protección de México.

Vistos desde otra perspectiva, los datos presentados en este capítulo parecen indicar que las determinantes de la estructura de protección en un país en desarrollo son similares a las que operan en los países desarrollados. Pincus (1975) encontró una relación positiva entre los aranceles y la concentración geográfica de la industria en los Estados Unidos, y Caves halló lo mismo para Canadá. Trefler (1993) observó una correlación positiva entre el aumento de la penetración de importaciones y la protección en los Estados Unidos. Helleiner (1977) observó que en Canadá las empresas pequeñas obtienen más protección, aunque sus resultados no son concluyentes. Cheh (1974) obtuvo mejores resultados para las estimaciones de aranceles nominales que para las tasas de protección efectiva. Las conclusiones de esos estudios no son estrictamente comparables, porque emplean metodologías diferentes, pero su similitud con los resultados de este capítulo indica que la teoría político-económica de la política comercial es aplicable también a los países menos desarrollados.

CUARTA PARTE

DETERMINANTES DEL NIVEL DE PROTECCIÓN DE LA ECONOMÍA MEXICANA

IV. DETERMINANTES DEL NIVEL DE PROTECCIÓN DE LA ECONOMÍA MEXICANA: PRIMERA APROXIMACIÓN

A PARTIR de este capítulo el foco del libro se desplaza de la comprensión de la estructura de protección de México a la comprensión de los movimientos de su nivel *general* de protección. Este punto es de particular interés. Explicarlo nos permite responder por qué y cómo México pasó del proteccionismo al libre comercio. También nos ayuda a entender por qué en las condiciones económicas favorables de los años setenta México se volvió más proteccionista, y en cambio bajó sus barreras comerciales en las condiciones adversas de los ochenta.

En este capítulo presento un análisis a grandes rasgos de los factores que influyeron en el cambio en las barreras comerciales de México en el periodo comprendido entre 1960 y 1992. Este análisis tiene el propósito de proporcionar una base más firme para los estudios de caso detallados de los capítulos V, VI, VII y VIII, donde examino episodios concretos de reforma comercial.

La argumentación y los datos presentados en este capítulo asocian a los cambios en la orientación comercial del país, que implican a su vez cambios en la actividad política de grupos de presión, con cambios en el nivel de las barreras comerciales durante el mismo periodo. Cabe señalar que este hallazgo no niega los resultados de otros estudios enfocados en la influencia del FMI o de los tecnócratas mexicanos en el proteccionismo de México.

La sección IV.1 reformula brevemente la argumentación desarrollada en el capítulo I para explicar el cambio en el nivel de protección de la economía mexicana. La sección IV.2 examina la estrategia para la evaluación de esa argumentación y explora las implicaciones de los principales hallazgos. La sección IV.3 contiene las conclusiones finales.

IV.1. La teoría

Esta sección presenta dos modelos —uno impulsado por la demanda y otro donde demanda y oferta interactúan— para explicar los cambios en las barreras comerciales de México. Los dos son extensiones directas de la argumentación esbozada en el capítulo I.

IV.1.1. *Un modelo del nivel de protección con grupos de presión*

En el capítulo I propongo que algunas industrias prefieren para el país barreras comerciales elevadas, mientras que otras las prefieren bajas. Mi hipótesis sugiere que la orientación comercial de diferentes sectores económicos determina esas preferencias. Los sectores orientados hacia el mercado interno obtienen más ganancias si lo mantienen cerrado que los sectores orientados hacia la exportación: los primeros no corren el riesgo de ver su reducida competitividad en el extranjero e incluso sufrir represalias comerciales, como los segundos.

Un sector económico puede modificar a su favor la política comercial cuando su poder relativo aumenta. Si el poder de las industrias orientadas hacia la exportación aumenta en relación con el de las orientadas hacia el mercado interno, el nivel de protección de la economía baja. Por el contrario, si el poder relativo de las industrias orientadas hacia el interior aumenta, la economía nacional será más proteccionista.

La expresión propuesta en el capítulo I para resumir esta afirmación es:

$$Z = Z(\underset{+}{q_X/q_M}, \underset{-}{O_E}, \underset{-}{G_E}, \underset{+}{C_M}, \underset{-}{C_X}, \underset{+}{N_M}, \underset{-}{N_X}), \tag{4.1}$$

donde:

Z representa el nivel promedio de protección del *país*;

q_x/q_m es el precio relativo de las exportaciones a importaciones;

O_E representa la orientación del país hacia la exportación;

G_E es el nivel de subsidios a los productores en la economía;

C_X y C_M representan el nivel de concentración de los sectores orientados hacia la exportación y hacia el mercado interno, respectivamente;

N_X y N_M son el número de votos controlados por los sectores orientados hacia la exportación y hacia el mercado interno, respectivamente;

y los signos (+) y (–) expresan la relación entre la variable independiente y la dependiente.

En forma lineal, la ecuación para estimar el nivel de protección del país es:

$$Z = \beta 0 + \beta 1(q_{X/}q_M) + \beta 2(O_E) + \beta 3(G_E) + \beta 4(C_M) + \beta 5(C_X) + \beta 6(N_M) + \beta 7(N_X). \quad (4.2)$$

Esta expresión contiene mis expectativas sobre el comportamiento del nivel de protección de México. Si mi argumentación es correcta, un análisis de cuadrados mínimos ordinarios de las barreras comerciales mexicanas a lo largo del tiempo debería arrojar estimaciones positivas para los coeficientes $\beta 1, \beta 3, \beta 4, \beta 6$, y negativas para los coeficientes $\beta 2, \beta 5$ y $\beta 7$. Los detalles de este an·lisis empírico se exponen en la sección IV.2.

IV.1.2. *Un modelo del nivel de protección incluyendo grupos de presión nacionales, condicionalidad extranjera y preferencias gubernamentales*

El modelo anterior explica el nivel de protección de un país utilizando únicamente agentes del sector privado nacional. Sin embargo, muchos analistas de la política comercial mexicana señalan que tanto los acreedores extranjeros como los creadores de política mexicanos han tenido mucha influencia sobre las variaciones de la protección comercial del país. ¿Cómo incluirlos en el modelo?

Mi enfoque consiste en aliar a los acreedores extranjeros con los sectores nacionales orientados hacia la exportación, pues comparten las mismas preferencias en materia de política comercial. Los acreedores prefieren barreras comerciales más bajas porque eso beneficia a los sectores orientados hacia la exportación y aumenta las probabilidades de pagar la deuda externa. Por lo tanto, la presión de los grupos nacionales orientados hacia la exportación es más efectiva cuando los acreedores extranjeros son capaces de condicionar el acceso a préstamos a la aplicación de políticas de liberalización del comercio.

En la medida que los tecnócratas posean cierta inclinación ideológica hacia el libre comercio, el gobierno tendería a mostrar un sesgo favorable a los sectores orientados hacia la exportación cuando los tecnócratas dominan puestos de decisión económica. Esto, además, debería aumentar la eficacia de estos productores en la búsqueda de barreras comerciales bajas.

Al incluir la influencia de los acreedores extranjeros y los tecnócratas nacionales, el modelo, se expande a:

$$Z = Z\,(\underset{+}{q_X/q_M},\ \underset{-}{O_E},\ \underset{+}{G_E},\ \underset{-}{C_X},\ \underset{+}{C_M},\ \underset{-}{N_X},\ \underset{+}{N_M},\ \underset{-}{\text{IMF}},\ \underset{-}{\text{Tecnócratas}}). \qquad (4.3)$$

Y como antes, asumiendo linealidad, la ecuación que se deberá estimar es

$$\begin{aligned} Z = {} & \beta 0 + \beta 1(q_{X/}\, q_M) + \beta 2(O_E) + \beta 3(G_E) + \beta 4(C_M) \\ & + \beta 5(C_X) + \beta 6(N_M) + \beta 7(N_X) + \beta 8(\text{IMF}) \\ & + \beta 9(\text{Tecnócratas}). \end{aligned} \qquad (4.4)$$

Esta expansión sirve un doble propósito. Uno es evaluar el poder predictivo de la sabiduría convencional, con su énfasis en la influencia del FMI y los tecnócratas. El otro es evaluar la firmeza de las variables referentes a los grupos de presión. Como lo dije en el capítulo anterior, si las variables de los grupos de presión se mantienen significativas conservando constante la influencia tecnocrática y del FMI, la plausibilidad de mi argumento debería aumentar.

IV.2. EL ANÁLISIS DE REGRESIÓN

IV.2.1. *Medición de conceptos*

Para efectuar un análisis de regresión con los modelos precedentes es necesario desarrollar aproximaciones de los siguientes conceptos: el nivel de protección de la economía, la orientación hacia la exportación, el precio de las exportaciones en relación con las importaciones, el nivel de subsidios, la concentración, la fuerza electoral, la influencia del FMI y la de los tecnócratas.

La elección de la medida del nivel de protección de la economía está limitada por los datos disponibles. Como se mencionó en el capítulo anterior, en presencia de barreras no arancelarias, especialmente durante la década de 1970 y comienzos de la de 1980, las tasas de protección efectiva (TPE) ofrecen una medida mejor de las barreras comerciales del país que los aranceles. Sin embargo, los datos disponibles para las TPE de México presentan grandes lagunas,[1] y las estimaciones de los ochenta no son compatibles con las de los setenta debido al cambio de técnicas de medición y de muestras. Por consiguiente, en lugar de utilizar las TPE o los aranceles, mi medida del nivel de protección del país es la proporción de las importaciones cubiertas por licencias (LIC), puesto que Secofi cuenta con una serie temporal más larga.

Para eliminar problemas de autocorrelación, la variable dependiente empleada en el análisis de regresión real es el *cambio* en la proporción de importaciones cubierta por licencias (LICCH): comparar $t + 1$ con t (el año siguiente con el actual), o $\text{LIC}_{t+1} - \text{LIC}_t$ (LICCH1). Lo expresado por LICCH1 es la *magnitud* del cambio en el nivel de protección, así como el momento en que se produjo. En general, estas medidas deben ser relativamente menores cuanto más fuertes son las presiones de los sectores que compiten con las exportaciones. LICCH1 es negativa si se produce una liberalización del comercio, y positiva cuando la protección comercial aumenta.

Esta redefinición de la variable dependiente no afecta la interpretación teórica de los resultados, pero requiere ulteriores explicaciones. Si LICCH es negativa, ocurre una liberalización comercial, pero si sólo es pequeña ocurre una *tendencia* proteccionista menor, porque la magnitud del aumento de las barreras comerciales es pequeña. En cambio, si LICCH es alta indica una tendencia proteccionista clara, porque la magnitud del aumento de las barreras comerciales es grande.

La aproximación para los cambios de los precios relativos es el concepto de penetración de importaciones utilizado en el capítulo precedente: las importaciones como porcentaje de la oferta interna (MDS). Si este número aumenta, significa que la competencia extranjera en el mercado interno está aumentando, empujando hacia abajo el precio de los importables en relación con el de los exportables y motivando con ello a las empresas orientadas hacia el mercado interno a presionar por barreras más altas. Suponiendo todo lo demás

[1] Véase la obra de Bueno (1974), Ten Kate *et al.* (1979), Ten Kate y De Mateo (1989a, 1989b), y Zabludovsky (1989).

constante, LICCH debería aumentar cuando la penetración de importaciones aumenta.

La orientación hacia la exportación es la participación de las exportaciones en el PIB del país (XY). Cuanto mayor es esta cifra, más afectados se verán los intereses de los productores nacionales por el riesgo de represalias extranjeras y la reducción de su competitividad en mercados extranjeros, y más baja debería ser LICCH.

Como aproximación al nivel de subsidios a productores en la economía utilizo el déficit fiscal como parte del PIB (FISDEF). Con esta medida, sin duda imperfecta, intento registrar la transferencia neta de recursos del gobierno al sector privado. Cuanto mayor es el déficit fiscal, mayores serán esas transferencias y más protegidos estarán los productores mexicanos contra los efectos de la competencia extranjera.[2] Esto reduce el estímulo de los sectores orientados hacia la exportación para bajar el nivel de protección, y LICCH debe por lo tanto aumentar.

La influencia del FMI en este modelo se registra mediante una variable *dummy* (IMFDUM), que toma el valor 1 cuando el acceso a los préstamos extranjeros es relativamente libre y 0 cuando está relativamente restringido (cuando la condicionalidad de los préstamos es elevada). México enfrentó un acceso restringido a préstamos externos durante los periodos 1977-1979 y 1983-1987, cuando aplicó programas de ajuste patrocinados por el FMI, de manera que la variable *dummy* del FMI toma el valor 0 para esos periodos.

Las preferencias tecnocráticas entran en la estimación con otra variable *dummy* que registra la percepción popular de la llegada de tecnócratas a los puestos cruciales de toma de decisiones del gobierno mexicano (TDUM). Esta variable toma el valor 1 para los años anteriores a 1982 (sin tecnócratas) y el valor 0 de ahí en adelante (tecnócratas).

Desafortunadamente no disponemos de datos suficientes para construir una serie temporal de la misma longitud para la concentración y la fuerza electoral de los sectores orientados hacia la ex-

[2] Al emplear este medida me abstraigo de cualquier efecto del déficit fiscal sobre las tasas de interés, así como de la calidad y el tipo del gasto gubernamental. Ciertamente, el déficit fiscal, al elevar las tasas de interés domésticas, eleva el costo de financiamiento y, por lo tanto, no está claro que signifique una transferencia neta de recursos. De igual modo, el gasto gubernamental puede ser un mal sustituto del privado, en cuyo caso la transferencia de recursos puede ser baja o negativa. Por simplicidad, mantengo a estos efectos fuera del análisis, aunque puede incluírseles considerando al efecto del déficit fiscal como ambiguo.

portación y la importación, por ello no se incluyen en el análisis de regresión final. Cabe preguntar si esto genera un sesgo de especificación en la estimación, y la respuesta es que probablemente sí, pero en el capítulo III encontramos que la fuerza electoral era insignificante, lo que no sorprende en un sistema electoral tan poco competitivo como era el mexicano en ese periodo. Además, la tendencia a la concentración geográfica de la producción exportada y la que compite con las importaciones no parece haber variado mucho en el periodo 1960-1994. Comúnmente, las actividades exportadoras se llevan a cabo en los estados del norte o en las zonas ricas en recursos naturales, y las actividades de competencia con las importaciones se dan prácticamente en todas partes: esa constancia debería aparecer en la regresión como una relación insignificante. En esta situación, la exclusión de esas variables no debería afectar la significación del análisis.

El cuadro IV.1 presenta un sumario de las expresiones sustitutivas, todas construidas con datos de la Secofi y el Sistema Nacional de Cuentas del INEGI para el periodo 1960-1992. Extendí el periodo hacia atrás por una razón estadística: una muestra más grande da mayor confiabilidad a los resultados de la regresión, especialmente si se incluyen periodos cuando las circunstancias especiales de la década de los ochenta no operaban, como la condicionalidad del FMI o la dirigencia tecnocrática.

Sustituyendo estas expresiones en las ecuaciones (4.2) y (4.4) obtenemos las tres ecuaciones siguientes:

$$Z = \beta0 + \beta1(\text{MDS}) + \beta2(\text{XY}) + \beta3(\text{FISDEF}) \qquad (4.5),$$

$$Z = \beta0 + \beta1(\text{MDS}) + \beta2(\text{XY}) + \beta3(\text{FISDEF}) + \beta4(\text{IMFDUM}) \qquad (4.6),$$

y

$$Z = \beta0 + \beta1(\text{MDS}) + \beta2\,(\text{XY}) + \beta3(\text{FISDEF}) + \beta4(\text{IMFDUM}) + \beta5(\text{TDUM}), \qquad (4.7)$$

donde los signos esperados para $\beta1$ y $\beta3$ son positivos, y los esperados para $\beta2$, $\beta4$ y $\beta5$ son negativos. Para enfatizar, el propósito de estas tres especificaciones es, primero, determinar qué parte de la variación puede explicarse por medio de las variables de grupos de presión, y segundo, evaluar cuán robustas son esas variables ante modificaciones de la especificación del modelo.

CUADRO IV.1. *Variables utilizadas en el análisis de regresión*

Variable dependiente	*Símbolo*	*Definición*
Cambio en la proporción de las importaciones cubiertas por licencias	LICCH1	Proporción de las importaciones cubiertas por licencias en t+1 menos el mismo porcentaje en t.
Variables independientes		
Importaciones en la oferta interna	MOI	Importaciones como porcentaje de la oferta interna.
Orientación exportadora	XY	Exportaciones como porcentaje del PIB.
Déficit fiscal	FISDEF	Déficit fiscal como porcentaje del PIB.
Dummy para acceso no condicionado a mercados de capitales	IMFDUM	Ausencia de condiciones sobre política económica a cambio de apoyo financiero. Valor de 0 para los periodos 1977-1979 y 1983-1987. Valor de 1 para los periodos restantes.
Dummy para presencia de tecnócratas a cargo de política económica	TDUM	Gobiernos de las administraciones De la Madrid y Salinas de Gortari. Valor de 0 para el periodo 1983-1991. Valor de 1 para el periodo 1960-1982.

FUENTES: Cambios en la protección por licencias calculados con información de Secofi. Cifras de comercio calculadas con datos del *Sistema de cuentas nacionales*. Cifras del déficit fiscal provenientes del Banco de México.

IV.2.2. *Resultados*

El cuadro IV.2 muestra los resultados de regresión para los modelos presentados anteriormente. La observación de las variables *t* en las especificaciones del cuadro IV.2 revela que MDS, XY e IMFDUM son regresores firmes para el cambio en el nivel de protección de México: los tres tienen el signo esperado y son significativos por encima de 95% en las tres especificaciones. La mayor parte de la variación en la proporción de las importaciones cubierta por licencias (40% para LICCH1 y 66% para LICCH2) es captada por las variables MDS y XY, resultado que sugiere una fuerte influencia de algunos factores nacionales, como las presiones de grupos de interés, en la magnitud de las variaciones de la protección por medio de licencias a la importación.

La ausencia de significación de TDUM indica que la presencia de tecnócratas no es suficiente para explicar la *magnitud* de los cambios en la protección mediante licencias. Es cierto que, como la opinión popular lo sugiere, la reducción de las barreras comerciales de México después de 1985 *coincidió* con la llegada de un tipo particular de tecnócratas al gobierno en 1983, pero a juzgar por estos resultados de la regresión, parece difícil sostener que ellos solos hayan determinado la magnitud de la reducción de las barreras comerciales de acuerdo con sus preferencias. Probablemente en la década de 1980 esa generación de tecnócratas quería liberalizar un porcentaje menor de las importaciones, pero los incentivos cambiantes de los productores nacionales y la presión del FMI los llevaron a hacer otra cosa. De hecho, la información presentada en el capítulo VII indica algo muy similar a esto: a comienzos de 1985 las autoridades económicas mexicanas querían liberalizar alrededor de 40% de las importaciones controladas, pero al final de ese mismo año, enfrentándose a crecientes presiones tanto de los acreedores externos como de los sectores domésticos orientados hacia la exportación, liberalizaron alrededor de 60% del valor de las importaciones controladas.

La interpretación de los coeficientes de regresión se realiza como sigue. Tomemos las estimaciones del cuadro IV.2. En la ecuación (4.6), donde se incluye a las variables de los grupos de presión y el FMI, si la parte de las importaciones en la oferta interna aumenta un punto porcentual, la magnitud prevista del aumento en el nivel de las importaciones cubiertas por licencias es de 4.47 puntos porcentuales. Si aumenta la orientación hacia la exportación, la reducción

CUADRO IV.2. *Determinantes del cambio en el nivel de protección mexicano, 1960-1991. Resultados de la regresión*

Variable dependiente: cambio en la proporción de importaciones cubiertas por licencias (1960-1991, %)

		Modelo		
Variables independientes	*Símbolo*	*Grupo de presión de presión, ecuación (4.5)*	*Grupo de presión y FMI ecuación (4.6)*	*Grupo de presión, FMI y Estado, ecuación (4.7)*
Constante		–27.125	–23.507	–27.957
		(–2.036)	(–1.921)	(–2.027)
Importaciones en la oferta interna	MOI	**5.475**[a]	**4.472**	**4.872**
		(2.799)	(2.448)	(2.532)
Orientación exportadora	XY	**–2.479**[a]	**–1.631**	**–2.018**
		(–4.204)	(–2.559)	(–2.413)
Déficit fiscal	FISDEF	0.242	0.518	0.785
		(0.516)	(1.173)	(1.357)
Dummy para acceso no condicionado a mercados de capitales	IMFDUM		**–12.582**	**–12.215**
			(–2.577)	(–2.466)
Dummy para presencia de tecnócratas a cargo de política económica	TDUM			–3.797
				(–0.724)
R cuadrada ajustada		0.399	0.45	0.44
Valor *F*		6.293	7.3	5.865
Estadístico Durbin–Watson		2.447	32	2.867
Número de observaciones				

Los valores *t* aparecen entre paréntesis. Las negritas indican significación por encima de 95%.
[a] Indica significación de 99%.

prevista en el cambio en la protección mediante licencias es de 1.63 puntos porcentuales. Si se está aplicando un programa del FMI, el cambio en el nivel de protección es en promedio 12.58 puntos porcentuales menor.

Lo importante es que si la orientación hacia la exportación aumenta mientras todo lo demás se mantiene igual, LICCH es negativa o de una magnitud positiva muy pequeña, que es lo que el modelo predice. Por consiguiente, un aumento suficientemente grande en la orientación hacia la exportación, unido a una declinación en la penetración de importaciones, dará como resultado una LICCH negativa. Y como se muestra en los capítulos VI y VII, los acontecimientos de los periodos 1977-1979 y 1983-1988 concuerdan con esta historia. Por ejemplo, al comienzo de ambos periodos la penetración de importaciones bajó, la orientación hacia la exportación subió y se aplicó un programa del FMI. Después las barreras comerciales cayeron.

Estas estimaciones ayudan a responder la pregunta de por qué México liberalizó su economía en las circunstancias económicas adversas de los años ochenta. De acuerdo con este modelo, *incluso* en ausencia de condicionalidad del FMI o de tecnócratas las barreras comerciales de México habrían disminuido eventualmente, simplemente porque la orientación del país hacia la exportación aumentó al mismo tiempo que disminuía la penetración de importaciones (y los subsidios gubernamentales).

En resumen, los hallazgos derivados de este análisis de regresión indican que en el periodo 1960-1992 la protección mediante licencias tendió a disminuir cuando aumentaba la orientación hacia la exportación y cuando se aplicaba un programa de ajuste patrocinado por el FMI, y tendió a aumentar cuando aumentaba la penetración de importaciones.

IV.2.3. *Comparación con otras explicaciones*

Las tres especificaciones examinadas anteriormente nos proporcionan un punto de referencia para la comparación de diferentes explicaciones del movimiento del nivel de protección de México en las últimas tres décadas. Como se dijo antes, la mayor parte de la variación del nivel de protección del país puede explicarse por movimientos en los niveles de penetración de importaciones y de orientación hacia la exportación. La introducción de la influencia del FMI y de los tecnócratas agrega menos.

De acuerdo con la interpretación del modelo antes expuesto, esto sugiere que los grupos de presión pueden afectar el cambio en el nivel de protección del país. Pero esto sólo es válido si se acepta la vinculación que establezco entre las modificaciones de la orientación comercial del país y la presión de grupos de interés. Es posible que detrás de las evaluaciones tecnocráticas para modificar las políticas comerciales estén esas modificaciones, pero de este análisis no surge con claridad que se trate únicamente de un problema del lado de la oferta.

IV.3. Conclusión

El objeto de este capítulo es explicar los cambios en el nivel de protección de México en el periodo 1960-1992 empleando el marco teórico del capítulo I. Este marco sugiere que las barreras comerciales de un país tienden a elevarse cuando sus productores enfrentan niveles más altos de penetración de importaciones, y a decrecer cuando aumenta la orientación hacia la exportación. Los datos presentados aquí apuntan en dirección favorable a este razonamiento, al menos al revisar la experiencia de México. Es más, contribuyen a explicar la caída de las barreras comerciales del país en momentos de profunda crisis económica, debido al cambio de la orientación comercial de sus sectores económicos. La penetración de importaciones y la orientación hacia la exportación explican en parte la variación en el cambio del nivel de protección mediante licencias de México (mayor) que la explicada por la presión del FMI o la influencia de los tecnócratas.

Estos resultados llevan un doble mensaje: los ajustes de la política comercial en México responden más a cambios en su orientación comercial que a cambios en las presiones externas, y esos cambios se procesan en el campo político a través de la competencia entre grupos de presión. En otras palabras, si la dependencia del país de las exportaciones no aumenta, lo que implica que tampoco aumenta la presión de los productores orientados hacia la exportación, la presión del FMI o las preferencias gubernamentales probablemente pueden generar una reducción en las barreras comerciales, pero esa reducción será de magnitud mucho menor que la originada por la influencia de las presiones económicas y políticas internas.

En los cuatro capítulos siguientes exploro los detalles de estos resultados con mayor cuidado, analizando cuatro episodios de reforma comercial: las dos reformas comerciales frustradas de los años setenta, la liberalización de los ochenta y la institucionalización del libre comercio a comienzos de los noventa. Esos capítulos presentan datos y análisis históricos que refuerzan las conclusiones antes expresadas, y al hacerlo contribuyen a la comprensión de otro aspecto importante de la política comercial mexicana: la estructuración de sus relaciones bilaterales y multilaterales.

V. REFORMA COMERCIAL FRUSTRADA I, 1971-1976

LA PRIMERA revisión importante de la estrategia de industrialización vía sustitución de importaciones emprendida por las autoridades mexicanas se produjo durante la administración de Luis Echeverría Álvarez (1970-1976). La revisión consistió principalmente en el diseño de dos políticas con el propósito de revertir la tendencia a la declinación de las exportaciones observada durante la década de los sesenta: racionalización de la protección y promoción a las exportaciones. La primera intentó refinar la estructura de protección con miras a reducir su dispersión y asegurar mayor protección relativa para los productos más elaborados. La segunda parte pretendió ofrecer mayores subsidios específicos a los exportadores. Estas políticas se aplicaron entre 1971 y agosto de 1976, después de lo cual fueron abandonadas y desembocaron, contrariamente a su objetivo general, en la imposición de controles de las importaciones más elevados que los iniciales de 1970.

Este capítulo se propone identificar, primero, los orígenes político-económicos de las reformas comerciales del gobierno de Echeverría y, segundo, explicar por qué fueron abandonados. Comparto la convicción general de que los ajustes de la política comercial en ese periodo fueron resultado de las limitaciones de la ISI —su incapacidad de generar ingresos externos y suficientes nuevos empleos—, pero me parece que podemos aprender más sobre el asunto prestando atención a la posible influencia de intereses económicos internos en el lanzamiento de estas reformas. En este capítulo sugiero que contamos con elementos para construir una explicación plausible que incluya también los intereses privados internos, utilizando el marco teórico presentado en el capítulo I.

La sección V.1 explica las bases de mi argumento con más detalle, así como la estrategia para su evaluación empírica. La sección V.2 identifica las fuentes de las reformas comerciales del lado de la demanda y del de la oferta, vinculándolos con acontecimientos cambiantes tanto internos como externos. La sección V.3 describe la estrategia comercial surgida de la interacción entre demandantes y proveedores de políticas comerciales. La sección V.4 explica por qué esa reforma comercial fue abandonada, subrayando el papel desempeñado por políticas macroeconómicas expansionistas en cuanto a presionar la balanza de pagos y reducir el impulso a rebajar las barreras comerciales. La sección V.5 resume los principales hallazgos y las conclusiones.

V.1. El argumento

El marco teórico de los capítulos I y IV sugiere que para explicar la declinación y el eventual aumento de la protección comercial mexicana en el periodo 1970-1976 debemos *1)* buscar factores capaces de generar cambios en la influencia política relativa de los sectores productivos, y *2)* observar si estos cambios causan ajustes en la política comercial. Por ejemplo, una baja en las barreras comerciales del país, como la observada entre 1971 y 1975, debería ser precedida o acompañada por una mayor participación de empresas orientadas hacia la exportación en la economía interna, o por un aumento de la competencia enfrentada en los mercados extranjeros por estas mismas empresas, o por una mayor frecuencia de sanciones comerciales contra sus exportaciones. Como consecuencia de estos acontecimientos los exportadores emplearán relativamente más recursos en el margen para demandar barreras comerciales más bajas y ajustes de la estructura de protección, alterando a su favor la influencia política *relativa* y atrayendo la atención de los creadores de políticas económicas. Como la influencia política relativa cambia cuando ocurren estos ajustes en la actividad de diversos grupos de productores, y como el gobierno es sensible (aunque no perfectamente) a ese cambio, el nivel absoluto de protección también variará.

La predicción teórica es, entonces, que si un *shock* o un acontecimiento cualquiera afecta más a las industrias orientadas hacia la exportación que a las que compiten con las importaciones, las industrias orientadas hacia la exportación deberían dedicar relativamente más recursos a actividades políticas, aumentando así su propia influencia política, provocando en consecuencia una baja en el nivel de las barreras comerciales. Por el contrario, una elevación del nivel de las barreras comerciales debería ser precedida ya sea por una declinación de la competencia que las empresas orientadas hacia la exportación enfrentan en los mercados extranjeros, o por una declinación en la incidencia de las sanciones comerciales externas, una mayor penetración de importaciones o mayores transferencias del gobierno al sector privado. Las dos primeras posibilidades reducen los incentivos de los sectores orientados hacia la exportación para rebajar la protección absoluta, pero no necesariamente para alterar la protección relativa. La tercera provoca respuestas proteccionistas tanto de los interéses orientados hacia la exportación como de aquellos en competencia con las importaciones si ésta es causada por una apreciación real del tipo de cambio. La cuarta representa una forma alternativa de afectar los precios relativos sin modificar los aranceles directamente. Si los factores específicos de los sectores orientados hacia la exportación reciben mayores subsidios, entonces sus ingresos aumentan, el valor marginal de las rentas a ganar con la protección disminuye, y el incentivo para reducir las barreras comerciales —incluso frente a mayor competencia o mayores represalias internacionales— también disminuye.

El estudio de caso que sigue examina el grado de congruencia de estas expectativas con el comportamiento observado de la política comercial mexicana en el periodo 1970-1976. El reto aquí consiste en operacionalizar los conceptos examinados antes y mostrar, a través de una cuidadosa reconstrucción histórica, cómo se relacionan con decisiones efectivas de política comercial.

Para identificar los sectores orientados hacia la exportación y los que compiten con las importaciones, aplico el enfoque de los capítulos I y II. Esto implica correlacionar la orientación hacia la exportación de cada sector con la proporción exportación-producto y la penetración de importaciones con la proporción de importaciones en la oferta interna. Después ligo esas características con grupos de interés específicos, intentando descubrir una correspondencia entre su orientación comercial y sus demandas en materia de política comercial, la cual documento principalmente a través de la cobertura periodística, otros estudios y entrevistas. La influencia política relativa de los grupos de productores la deduzco, basado en mi marco teórico, de la observación de los cambios efectivos o potenciales en los precios relativos y/o su tasa de concentración industrial. Cuanto más adverso es el cambio (potencial o real) en los precios relativos de un sector, espero más actividad de cabildeo de ese sector. Cuanto más elevada la concentración de la industria afectada por una caída del precio relativo, más probabilidades tiene de obtener la política comercial compensatoria que desea.

Por lo tanto, si observamos que las industrias mexicanas orientadas hacia la exportación reclaman ajustes de la estructura de protección cuando la competencia en los mercados manufactureros internacionales aumenta (empujando hacia abajo los precios relativos de los sectores orientados hacia la exportación), y que el gobierno mexicano responde reduciendo el nivel de las barreras comerciales de la economía en el sector manufacturero, significa que mi argumento es *plausible*. Lo mismo vale si observamos una correspondencia entre aumentos en la orientación hacia la exportación del país, o aumentos en la concentración industrial del sector exportador, y reducciones del nivel de protección comercial.

Sin embargo, si los exportadores no experimentaran una disminución de sus ingresos después de una caída del precio relativo, porque el gobierno los está subsidiando, el incentivo para la reducción de las barreras comerciales disminuiría y no observaríamos una caída de las barreras comerciales. De esta manera el aumento de la competencia en los mercados extranjeros y de los subsidios internos es incompatible con la liberalización interna, pero la elevación de las sanciones comerciales exteriores y la disminución de los subsidios comerciales internos son compatibles con ella.

V.2. Las fuentes de la reforma comercial

V.2.1. *La oferta*

El primer aspecto que debe destacarse de la reforma comercial mexicana de comienzos de los años setenta —fundamentalmente un esfuerzo de promoción de las exportaciones— es que su origen fue *interno*. Ninguna nación extranjera ni organismo internacional obligó al gobierno mexicano a emprender una revisión de su política comercial. En 1970 el principal socio comercial de México, los Estados Unidos, dedicaba sus esfuerzos a la aplicación de los acuerdos de la Ronda Kennedy y a la negociación de un acuerdo textil multilateral con el cual regular y limitar la entrada de ese tipo de productos a su economía.[1] Japón, otro socio comercial importante de México, estaba concentrado en la negociación de ese acuerdo textil y en discutir pro-

[1] Numerosos estudios cubren el estado de la relación comercial internacional en este periodo, por lo que es imposible citarlos todos. Para referencias generales sobre el tema y la economía política internacional en general, véase, por ejemplo, Gilpin (1987), Spero (1990) y Destler (1992).

blemas con los Estados Unidos relacionados con restricciones voluntarias a la exportación (RVE) en los sectores del acero, los automóviles y otros. La Comunidad Europea vivía un proceso similar al de los Estados Unidos, y sus interéses en México eran tan pequeños en relación con otros países que su presión por la apertura del mercado mexicano era poco significativa. México no enfrentaba ninguna crisis de la balanza de pagos que requiriera ayuda internacional condicionada a reformas comerciales. Esas reformas fueron promovidas más bien por funcionarios mexicanos y grupos de interés industriales mexicanos. ¿Por qué? ¿Qué fue lo que impulsó a esos actores a buscar modificar las reglas comerciales del país?

La respuesta está en una serie de procesos que tuvieron lugar en las décadas precedentes y que redujeron la eficiencia de las reglas comerciales adoptadas por México en los años cuarenta para satisfacer los objetivos para los cuales se diseñaron. El gobierno mexicano lanzó el programa de ISI con la pretensión de reducir la vulnerabilidad de la economía mexicana a fluctuaciones de los precios mundiales de productos primarios, reducir los desequilibrios de las cuentas externas del país y promover el crecimiento; pero a fines de los años sesenta se hizo evidente que con la política comercial en turno esos objetivos seguirían siendo inalcanzables. Entre 1960 y 1970 el déficit en cuenta corriente de México aumentó a una tasa anual de 19%, en contraste con 14% en los veinte años anteriores. Esta elevación de la tasa de crecimiento del déficit en cuenta corriente se debió en gran parte a la incapacidad de las exportaciones de bienes y servicios de financiar las crecientes necesidades de importaciones del país. Durante la década de 1960 el total de exportaciones creció a una tasa anual de 6.1%, inferior al 8.1% anual de crecimiento de las importaciones.[2] Así, el déficit de la balanza comercial aumentó de 260 millones de dólares en 1959 a 950 millones de dólares en 1970, mientras que el déficit en cuenta corriente aumentó de 150 millones de dólares, o 2.2% del PIB, a 1 170 millones de dólares, o 3.3 del PIB.[3]

El crecimiento y las oportunidades de empleo ofrecidas por la ISI también empezaron a ser menos prometedores. El crecimiento de la producción alcanzó una tasa promedio de 7.2% durante los años se-

[2] Véase Villarreal (1988), que también presenta un análisis detallado de la evolución de las cuentas externas de México durante el periodo de la ISI. La serie a largo plazo de este indicador está en el capítulo anterior, cuadro III.3.

[3] Datos del Banco de México, *Indicadores económicos*.

senta, pero en los setenta empezó a desacelerarse, amenazando con crecer a un ritmo insuficiente para satisfacer las necesidades de una población que crecía a un promedio de 3.3% anual. La producción industrial, en particular, creció a un promedio de 8.3% durante los sesenta, pero declinó a 6.1% después de 1970.[4] Para un gobierno con el reto de crear un millón de nuevos empleos cada año, y con la necesidad de mantener un nivel de apoyo político suficiente para mantener el poder, una posible reducción del ritmo de crecimiento no era una buena noticia.

A estos problemas se sumó el de la administración ineficiente del régimen de ISI. En 1975 un funcionario comercial mexicano encargado de algunas de esas reformas lo expresó en forma elocuente:

> [Antes de 1970] bastaba que un industrial se acercara [a las autoridades del comercio exterior] para decir[les] que había empezado a producir determinado artículo para que la Secretaría de Hacienda le concediera un arancel *ad valorem* de 35%... Pasaba el tiempo y nadie pedía una revisión de ese arancel, aun cuando ese bien ya no se produjera en México, como con frecuencia ocurría con productos farmacéuticos, insecticidas, etc. Esa forma de manejar la protección comercial no sólo perjudicaba a la economía del país sino que hizo que la Tarifa General aumentara a un ritmo que entre 1964 y 1970 llegó a la cifra astronómica de 1 000 fracciones arancelarias por año.[5]

Estas prácticas evolucionaron en un sistema que, como señala Villarreal (1976), llegó a ser excesivo, indiscriminado y permanente. Las estimaciones de la estructura de protección confirman esta evaluación. En una situación ideal, las tasas de protección efectivas deberían ser más elevadas cuanto más elaborado es el proceso de producción de un bien. Eso habría conducido a un patrón de protección en cascada, con mayor protección para los bienes finales, protección moderada para los intermedios y baja protección para las materias primas. Pero la estructura de protección de México

[4] Véase *supra*, cap. III, sección 1.3.

[5] *Expansión*, 5 de marzo de 1975, p. 20. Un problema similar surgió con el uso de permisos de importación. Como se observa en un estudio de la política comercial mexicana de Balassa (1970), por lo menos hasta 1966 el principal criterio utilizado por el gobierno mexicano para conceder restricciones cuantitativas era si el bien se producía en México o tenía algún sustituto cercano. Si un productor necesitaba un bien intermedio no producido en México, podía obtener un permiso de importación casi de inmediato; de lo contrario, tenía que comprar a un productor mexicano. Para otras inconsistencias del manejo burocrático de la política comercial, véase Bueno (1972) y Ten Kate *et al.* (1979).

mostraba algunas desviaciones notables de ese patrón. Estudios realizados en los años setenta[6] revelaron tasas de protección efectiva en 1960 y 1970 (más tarde, en 1975) para algunos bienes menos elaborados superiores a las de algunos bienes más elaborados. Por ejemplo, como puede verse en el cuadro V.1, en 1970 los cosméticos tenían una tasa de protección efectiva de 92.9%, mientras que el equipo de transporte, (incluyendo automóviles), la maquinaria eléctrica y la maquinaria no eléctrica —todos sectores que producen bienes más elaborados— tenían tasas de protección efectivas de 90%, 87.5% y 66.8%, respectivamente.[7]

Lo excesivo y permanente del proteccionismo puede apreciarse también en el cuadro V.2, que muestra la proporción de las importaciones mexicanas cubierta por restricciones cuantitativas desde 1956. Como puede verse, en 1956 esa proporción era de 17.7%; catorce años después, en 1970, llegaba a 68.3%. En consecuencia, la participación del comercio en la producción manufacturera cayó de alrededor de 20% en 1950 a 14% en 1970. El rápido aumento de las restricciones cuantitativas en los años sesenta respondía al objetivo de sustituir las importaciones en más industrias —bienes intermedios y de capital—, aunque también era resultado de la apreciación de la tasa de cambio mexicana, fijada en 12.5 pesos por dólar desde 1954 y sobrevaluada desde fines de los sesenta.[8] A medida que el proteccionismo aumentaba, las industrias mexicanas tenían cada vez menos incentivos para volverse competitivas y quedaba cada vez menos espacio para establecer nuevas industrias. Por eso, en 1971, el subsecretario de comercio exterior de México observó que se hacía cada vez más difícil sustituir las importaciones y al mismo tiempo mantener la competitividad de la industria mexicana.[9]

Por lo tanto, para mantener el crecimiento económico y el equilibrio de las cuentas externas era necesario diseñar una nueva estrategia a fin de aumentar la eficiencia económica, hacer más rentables los sectores exportadores y crear nuevas oportunidades para aumentar el empleo. El presidente Luis Echeverría había reconocido

[6] Véase Bueno (1974), Cavazos Lerma (1975) y Ten Kate *et al.* (1979).

[7] Los cosméticos son evidentemente bienes finales (a menos que se consideren intermedios en la producción de "belleza"), pero también los automóviles lo son, y tenían menos protección. Es dudoso que esto sea una excepción "racional".

[8] Bueno (1974) señala el deterioro del tipo de cambio real durante los años sesenta, que, en su opinión, no condujo a una devaluación porque los ingresos derivados del turismo compensaban los perdidos en otras áreas.

[9] Eliseo Mendoza Berrueto, *Expansión*, 10 de marzo de 1971.

el problema de eficiencia y de distribución de la política comercial durante su campaña de 1970:

> La actividad gubernamental se dirigirá invariablemente a alcanzar nuestros objetivos de desarrollo. Las medidas proteccionistas deberán fortalecer las actividades industriales, pero no subsidiar la ineficiencia ni promover una distribución injusta del ingreso [...] Sabemos que la diferencia, en muchos casos, entre los precios internacionales y los precios internos no es sólo resultado de limitaciones del mercado que obstaculizan la especialización y hacen aumentar los costos. Muchas empresas marginales cuyos métodos de producción no satisfacen requisitos mínimos de eficiencia subsisten porque no enfrentan ninguna competencia real. El apoyo que se les ha dado no ha producido mejores salarios para los trabajadores, ni mayores ingresos para el gobierno, ni ha estimulado el progreso tecnológico: sólo ha producido ganancias exorbitantes para algunos, con el apoyo del sistema proteccionista [...] La protección debe ser eliminada para las empresas que no muestran la capacidad de satisfacer los objetivos para los cuales fue concedida.[10]

Durante su discurso inaugural, el 1 de diciembre de 1970, anunció que su administración trataría de reformar la política comercial y promover las exportaciones.[11] Casi un año después, en su primer informe anual del 1 de septiembre de 1971, reiteró esa posición y subrayó que la promoción de las exportaciones debería concentrarse en los productos con mayor valor agregado.[12] Al parecer, el gobierno mexicano tenía un fuerte interés en revisar la política comercial del país, puesto que al hacerlo contribuiría a aumentar las exportaciones y promover la creación de empleos. Con más ingresos por exportaciones se reduciría la dependencia de la inversión extranjera, y con más creación de empleos la popularidad del gobierno se mantendría.

V.2.2. *La demanda*

Una evaluación similar del régimen comercial del país prevalecía en el sector privado mexicano. Si bien la mayoría de los industriales

[10] Véase Echeverría (1970), p. 164. La cita proviene de un discurso de campaña pronunciado por Echeverría en una de las zonas industriales más importantes del país: Naucalpan.

[11] Véase el discurso inaugural del presidente en *Excélsior*, 2 de diciembre de 1970.

[12] Por el texto de este discurso, véase *Excélsior*, 2 de septiembre de 1971.

CUADRO V.1. *México. Tasas de protección efectiva, 1960, 1970, 1975 (porcentajes)*

Industria	*1960*[1]	*Industria*	*1970*[2]	*Industria*	*1975*[3]
34. Automóviles y autopartes	254.7	23. Abono, fertilizantes	1026.5	8. Productos de carne y leche	278.8
8. Productos de carne y leche	195.7	22. Fibras sintéticas, resinas, plásticos	252.3	32. Equipo eléctrico	221.5
17. Papel y cartón	95.4	25. Productos farmacéuticos	229.1	11. Bebidas	186.7
27. Otros productos químicos	72.1	34. Automóviles y autopartes	111.4	26. Cosméticos	169.5
29. Metales básicos	71.7	27. Otros productos químicos	97.4	13. Fibras blandas	157.1
35. Otras manufacturas	70.8	26. Cosméticos	92.9	21. Productos químicos	128.3
26. Cosméticos	65	33. Equipo de transporte	90	33. Equipo de transporte	110.5
12. Tabaco	58.4	32. Equipo eléctrico	87.5	29. Metales básicos	90.1
20. Hule	52.9	31. Maquinaria	66.8	31. Maquinaria	86.2
14. Otros textiles	50.2	21. Productos químicos	61.3	3. Productos forestales	61.3
30. Productos metálicos	49.5	35. Otras manufacturas	57.3	22. Fibras sintéticas, resinas, plásticos	58
33. Equipo de transporte	49.1	30. Productos metálicos	45.6	18. Imprentas y editoriales	43.5
21. Productos químicos	48.5	13. Fibras blandas	44.4	25. Productos farmacéuticos	43.5
32. Equipo eléctrico	48.4	9. Molienda de trigo y maíz	43.7	28. Minerales no metálicos	41
11. Bebidas	45.4	15. Ropa y calzado	39.6	27. Otros productos químicos	38.9
31. Maquinaria	44.7	24. Jabón y detergentes	38.1	15. Ropa y calzado	37.9
15. Ropa y calzado	38.6	8. Productos de carne y leche	27.2	30. Productos metálicos	35.1
16. Madera	35	10. Otros alimentos	25.2	5. Minerales metálicos	33.6
13. Fibras blandas	32.8	19. Piel	23.9	9. Molienda de trigo y maíz	32.5
19. Piel	28	29. Metales básicos	22.9	17. Papel y cartón	29.5
9. Molienda de trigo y maíz	23.2	17. Papel y cartón	21.3	7. Petróleo	27.2
22. Fibras sintéticas, resinas y plásticos	17.2	20. Hule	14.5	20. Hule	26.3
10. Otros alimentos	16.7	16. Madera	12.2	1. Agricultura	17
23. Abono, fertilizantes	10.9	18. Imprentas y editoriales	12.2	10. Otros alimentos	15.1
25. Productos farmacéuticos	10	28. Minerales no metálicos	5.5	19. Piel	12.5
18. Imprentas y editoriales	8.6	7. Petróleo	5.3	34. Automóviles y autopartes	7.4
2. Ganado en pie	6.2	11. Bebidas	1.6	24. Jabón y detergentes	3.7

28. Minerales no metálicos	3.3	1. Agricultura	0.7	35. Otras manufacturas	3.6
3. Productos forestales	2.5	3. Productos forestales	0.4	16. Madera	3.4
1. Agricultura	1.7	14. Otros textiles	–2.1	6. Minerales no ferrosos	–17.8
6. Metales no ferrosos	1	12. Tabaco	–3.7	12. Tabaco	–21.3
24. Jabón y detergentes	0.6	2. Ganado en pie	–4.3	14. Otros textiles	–26.7
5. Minerales metálicos	–0.9	6. Minerales no ferrosos	–10.7	23. Abono y fertilizantes	–32.1
7. Petróleo	–7.9	5. Minerales metálicos	–13.2	4. Productos pesqueros	–47.6
4. Productos pesqueros	–10.4	4. Productos pesqueros	–23.1	2. Ganado en pie	–74.8

[1] Protección efectiva con tipo de cambio ajustado y calculada sobre el valor total neto.

[2] Protección efectiva sin tipo de cambio ajustado y calculada con el valor bruto agregado. Medida Z (Balassa).

[3] Promedios ponderados de valor agregado.

FUENTE: Bueno (1972), Cavazos (1976), y Ten Kate *et al.* (1979).

CUADRO V.2. *México. Licencias a la importación, 1956-1992*

Año	*Valor total importado* *A*	*Valor de importación controlado* *B*	*Porcentaje* *B/A*
1956	189.7	1071.6	17.7
1957	405.5	1155.2	35.1
1958	479.1	1128.6	42.5
1959	434.8	1006.6	43.2
1960	448.4	1186.4	37.8
1961	612.5	1138.6	53.8
1962	600.0	1143.0	52.5
1963	787.2	1239.7	63.5
1964	977.8	1492.9	65.5
1965	935.7	1559.6	60.0
1966	993.2	1602.7	62.0
1967	1132.3	1736.8	65.2
1968	1234.7	1917.3	64.4
1969	1294.7	1988.8	65.1
1970	1590.2	2328.3	68.3
1971	1526.9	2255.5	67.7
1972	1831.2	2762.1	66.3
1973	2709.1	3892.4	69.6
1974	5041.8	6148.6	82.0
1975	4582.3	6699.4	68.4
1976	5695.1	6299.9	90.4
1977	5134.4	5704.5	90.0
1978	6041.1	7917.5	76.3
1979	8385.8	11979.7	70.0
1980	11337.9	18896.6	60.0
1981	20475.7	23948.2	85.5
1982	14437.0	14437.0	100.0
1983	9005.9	9005.9	100.0
1984	9397.3	11254.3	83.5
1985	4954.6	13212.2	37.5
1986	3532.6	11432.4	30.9
1987	3361.3	12222.9	27.5
1988	3699.1	18777.0	19.7
1989	3464.8	18252.7	19.0
1990	2926.4	22283.7	13.1
1991	2823.1	30957.6	9.1
1992	4248.2	39877.2	10.7

Excluye maquiladoras.
FUENTE: SECOFI.

mexicanos dieron la bienvenida a la era proteccionista inaugurada en los años cuarenta, la cual les proporcionó un mercado cautivo y grandes ganancias, algunos dirigentes industriales también comenzaron a expresar preocupación por los excesos que acompañaron el proceso de sustitución de importaciones. Como se citó en el capítulo II, la dirigencia de la máxima cámara industrial del país, Concamin, criticó el manejo de la política comercial en los años sesenta argumentando que "las restricciones a las importaciones no deberían ser utilizadas para beneficiar a unas pocas empresas y perjudicar a otras más firmemente establecidas y más importantes. Si no se toman en cuenta estas consideraciones, las medidas proteccionistas dificultarán la industrialización en lugar de facilitarla". Pocos años más tarde, en marzo de 1971, cuatro meses después de la inauguración del gobierno de Echeverría, el presidente de la Comisión de Comercio Exterior de la Concamin señaló, en un seminario sobre promoción industrial al que asistían funcionarios gubernamentales, que si bien las políticas proteccionistas de México contribuyeron al proceso de industrialización, también fueron indiscriminadas y facilitaron el establecimiento de industrias marginales que a la larga tendrían que desaparecer.[13] Por lo tanto, en nombre de los industriales miembros de Concamin pidió a los funcionarios mexicanos que aplicaran cinco medidas:

1) Racionalización de la tarifa general de impuestos a la importación del país (la TIGI).

2) Eliminación de los aranceles específicos, dejando sólo los *ad valorem*.[14]

3) Reducción del número de fracciones arancelarias (en ese momento eran 12 500).

4) Designación de un método de evaluación alternativo a los precios oficiales de referencia (puesto que éstos funcionaban como un impuesto "invisible").[15]

[13] Véase *Expansión*, 10 de marzo de 1971.

[14] Las importaciones mexicanas tenían un recargo de 10% además del arancel *ad valorem*.

[15] Los precios oficiales de referencia eran los precios de base para el arancel, el equivalente de los "precios de venta estadunidenses" (American Selling Prices). El gobierno los usaba para combatir el subregistro de importaciones, pero eventualmente se hicieron más proteccionistas, ya que muchos se fijaban por encima de los precios internacionales.

5) Mejoras en la coordinación entre organismos gubernamentales en la aplicación de las distintas políticas comerciales.[16]

Ese mismo año la Coparmex, cámara con fuerte influencia de los grandes conglomerados industriales de Monterrey, exportadores exitosos y asociados con capitales extranjeros, pidió mayores incentivos a la exportación tanto para las empresas nacionales como para las multinacionales, así como más apoyo a la inversión extranjera.[17] Cuatro años más tarde, en 1975, la máxima cámara de comercio, formada por los grupos de interés más conservadores de México y asociada con interéses concentrados, el CCE, insistió en las demandas de Concamin y Coparmex recomendando a la vez la continuación de las políticas de sustitución de importaciones en las industrias de bienes de capital, especialmente en los sectores en que México disfrutaba de ventajas comparativas. Además, pidió la promoción de las exportaciones por medio de subsidios y exenciones fiscales y la gradual reducción de la protección comercial, y el establecimiento de aranceles de acuerdo con el grado de elaboración de los productos, con el fin de reducir los costos y aumentar la competitividad.[18]

Desde mi punto de vista, no es casual que estas demandas de un plan para la promoción de las exportaciones se presentaran en ese momento. Además de la variación de las condiciones internacionales, que se verá en detalle más adelante, había aumentado la presencia de industrias con mayor orientación hacia la exportación (medida por el aumento de la proporción exportaciones-producción), que producían bienes relativamente más elaborados (por ejemplo, maquinaria eléctrica y no eléctrica, automóviles, piezas para automóviles, materiales de transporte, productos metálicos) y con crecientes vinculaciones con los mercados internacionales, todas ellas bien representadas en la Coparmex y el CCE. Ese aumento tenía que afectar la influencia relativa de los diferentes sectores, puesto que más exportadores significaba más votos potenciales de sus industrias y más recursos empleados en proteger sus intereses.

[16] Como complemento de esas propuestas, el presidente de la principal cámara de productores textiles, Canatextil, publicó una declaración que pedía la reducción de los requisitos de contenido nacional y una revisión del sistema de subsidios al comercio exterior. Véase *Expansión*, 10 de marzo de 1971. La naturaleza de los subsidios comerciales existentes se describe más adelante.

[17] Véase el capítulo 3 de este trabajo y Cypher (1990).

[18] Esa declaración formaba parte de las propuestas políticas presentadas por el CCE en el momento de su fundación. Véase el capítulo 3 de este libro, Arriola (1973) y *Excélsior*, 2 de septiembre de 1975.

El cuadro V.3 muestra que en el bienio 1950-1952 esas industrias sólo exportaron en conjunto 0.5% de su producción total, pero para 1969-1971 estaban exportando 4.1%. El aumento más visible fue el registrado en la industria de maquinaria eléctrica y no eléctrica y en la de aparatos electrodomésticos, donde la proporción de las exportaciones en la producción total pasó de 0.5 a 5.7% y de 0.9 a 7.4%, respectivamente, de 1950 a 1970.[19] Al mismo tiempo las industrias productoras de bienes intermedios aumentaron su orientación hacia la exportación de 3.1 a 4.1%, mientras que las industrias de bienes tradicionales se mantuvieron sin cambios significativos en 3.6 y 3.7 por ciento.

Por lo tanto, los intereses internacionales de las grandes industrias de bienes de capital, aunque pequeños, aumentaron, y también su interés en la política de exportación y la política comercial en general. Para competir en los mercados internacionales necesitaban materias primas y bienes intermedios de alta calidad a precio bajo. Requerían una estructura de protección racional que minimizara las distorsiones de sus listas de costos. En realidad no es extraño que los fabricantes de maquinaria eléctrica, consumidores de productos intermedios, estuvieran entre los primeros que solicitaron y participaron en la revisión de las tablas arancelarias relativas a su industria.[20]

Además del desarrollo de industrias con mayores coeficientes de exportación-producción, ocurrió un cambio en la composición de las exportaciones manufactureras que acrecentó la influencia de los sectores modernos y en gran escala. En 1950 los sectores manufactureros mexicanos representaban alrededor de 10% del total de exportaciones; para 1970 esa participación aumentó a 25%. En 1950, 86% de las exportaciones industriales mexicanas se generó en industrias de bienes de consumo tradicionales, como las de alimentos (51%), textiles (18.9%), madera (9.8%), bebidas (2%), ropa y calzado (1.9%) o artículos de piel (1.6%). El 14% restante consistía en 12.4% de bienes intermedios, como productos químicos (8.6%) y metales básicos (3.1%), y 1% de un pequeño número de industrias de bienes de capital, como transportes, productos de metal y maquinaria.[21]

[19] Para los equipos de transporte (incluyendo automóviles) y productos metálicos el aumento fue de 0.2 a 2.6% y de 0.8 a 3.6%, respectivamente.

[20] Véase Bravo Aguilera (1975) para una confirmación del fuerte interés de esta industria en el ajuste de su estructura arancelaria.

[21] Porcentajes calculados a partir de los datos en Ros y Vázquez (1980).

CUADRO V.3. *México. Coeficientes de importación y exportación, 1950-1976 (porcentajes)*

	Importaciones como proporción de la demanda interna				*Exportaciones como proporción de la producción bruta*			
	1950-1952	*1959-1961*	*1969-1971*	*1974-1976*	*1950-1952*	*1959-1961*	*1969-1971*	*1974-1976*
Sectores nuevos	55.3	43.5	27.3	29.8	0.5	1.6	4.1	8.8
Transportes	51.2	42.2	23.7	26.6	0.2	1.2	2.6	5.6
Productos metálicos	41.1	21.6	22.6	26.2	0.8	2.1	3.6	7.1
Maquinaria eléctrica	32.6	22.6	17.1	15.5	0.5	0.3	5.7	14.5
Maquinaria no eléctrica	82.8	78.2	52.3	57.9	0.9	5	7.4	14.1
Sectores intermedios	24.5	18.3	12.6	14.4	3.1	3.9	4.1	4
Productos químicos	28.3	25.9	17.2	17.8	4.4	6	5.6	6.2
Metales básicos	27.8	11.5	8.9	14.8	6.3	3.8	4.8	1.9
Minerales no metálicos	8.8	5.8	2.4	2.6	0.7	3.1	2.8	4.6
Papel	23.1	14.7	13.7	14.9	0	0.1	0.2	0.2
Hule	27.3	21.8	11.7	11.8	0	0.3	0.8	1.2
Sectores maduros	2	1.7	1.7	1.5	3.6	3.3	2.7	3.7
Alimentos	1	0.8	0.6	0.4	3.7	4	3.7	4.7
Textiles	4.6	3.3	2	1.1	7.4	6	2.7	3.8
Ropa y calzado	1.1	0.9	2.1	1.4	0.9	0.6	0.7	1.9
Bebidas	3.1	1.1	1.2	2.1	0.1	0.2	0.5	2
Madera y corcho	4.8	7.2	5.7	5.4	7.2	3	3	3.9
Piel	1.4	6.1	9.9	9.5	1.9	1	2.2	2.3
Imprentas y editoriales	3.7	3.8	5.9	6.2	1.8	2.3	4.5	3.9
Tabaco	0.2	0.5	0	0	0	0	0.2	0.1
TOTAL manufacturas	16.9	14.2	10.6	12.4	3.2	3.2	3.4	4.8

FUENTE: Ros y Vásquez (1980).

En 1971 esa estructura cambió significativamente. La participación de los bienes tradicionales disminuyó alrededor de la mitad, o 41.8%; la de bienes intermedios se triplicó, llegando a 36.8%; y la de los bienes de capital aumentó en forma notable, de 0.6 a 21.3%. Los alimentos, productos textiles, productos químicos, metales básicos, equipos de transporte y maquinaria electrica pasaron a figurar entre las principales exportaciones industriales de México.[22]

Los mismos cambios pueden observarse también en las tasas de crecimiento de las exportaciones manufactureras del país. Entre 1950 y 1960 las exportaciones industriales de México crecieron a una tasa promedio de 6.3%, pero entre 1960 y 1970 esa tasa aumentó a 9.1% (a pesar de una apreciación continua de la tasa de cambio). Así, aun cuando el crecimiento del total de las exportaciones mexicanas bajó, el crecimiento de las exportaciones manufactureras subió. A fines de los años sesenta la maquinaria eléctrica y no eléctrica y el equipo de transporte (incluyendo la industria automovilística) estaban entre los sectores exportadores más dinámicos.

A medida que las exportaciones aumentaban cada vez más rápido, el interés de los industriales manufactureros mexicanos en los mercados internacionales aumentaba y su necesidad de acceso seguro a ellos se hacía más evidente. Esas nuevas industrias exportadoras estaban formadas por grandes empresas que generalmente tenían vinculaciones internacionales —a través de coinversiones con multinacionales o debido al dominio de multinacionales— más fuertes que las de los sectores dedicados a la producción de productos tradicionales. Por ejemplo, en el equipo de transporte, la maquinaria eléctrica y la industria química básica, la participación de las multinacionales en la producción total era superior a 40%. Y tanto en los nuevos sectores exportadores (maquinaria eléctrica y no eléctrica y equipo de transporte) como en los más antiguos sectores exportadores no tradicionales (industria química, metales básicos) la estructura de producción estaba altamente concentrada. Todos esos sectores presentaban tasas de concentración por cuatro empresas de más de 40%. Además, las nuevas industrias exportadoras

22 Es preciso destacar que las exportaciones de manufacturas elaboradas todavía eran pequeñas en relación con las de productos agrícolas, minerales y de manufactura básica. En realidad la balanza comercial manufacturera de México era negativa. Lo importante aquí es que los que producían esos bienes manufacturados ya estaban obteniendo una porción mayor de sus ingresos de las ventas en mercados extranjeros, y que por lo tanto sus intereses en materia de política comercial también empezaron a cambiar.

pertenecían al sector que entonces crecía más rápido: en los años cincuenta las industrias de bienes intermedios crecieron en promedio a una tasa de 12.2%, superando a las industrias de bienes de capital y de bienes de consumo, cuyas tasas de crecimiento promedio eran de 7.2 y 3.7%; en los sesenta la industria de bienes de capital creció a un promedio de 11.8%, mientras que las de bienes intermedios y de consumo crecieron al 10.5 y 6.5%, respectivamente.

La mayor orientación hacia la exportación, más fuertes vinculaciones internacionales y tasas de crecimiento relativamente más altas ayudaron a desarrollar un grupo de industrias con menores preferencias proteccionistas, presumiblemente más cohesivas, que reclamaban ajustes de la política comercial. Al menos esto es lo que puede deducirse de las demandas de la Concamin, la Coparmex y el CCE, donde los grandes industriales con base regional tenían su representación más fuerte.

V.2.3. *Influencias internacionales en la política comercial interna*

Otros dos factores que contribuyeron al cambio de la presión relativa sobre la protección comercial a comienzos de los años setenta se derivaron de procesos internacionales, pero no de presiones internacionales para reformar el régimen comercial mexicano. El primero de esos procesos fue el aumento de la competencia comercial internacional, fomentado por el éxito exportador de los países de industrialización reciente y de la Comunidad Europea. A comienzos de la década de 1950 los Estados Unidos dominaban el comercio internacional, con alrededor de 30% del total del comercio mundial, seguidos por los países europeos con 50% y Japón con 4%. A comienzos de los setenta la proporción de los Estados Unidos descendió a 13.4%, la de Europa aumentó a 54% y la de Japón a 10%.[23] Con más proveedores en el mercado mundial de manufacturas, las presiones proteccionistas internacionales aumentaron. Si pretendían competir con eficacia, los industriales mexicanos necesitaban un régimen comercial que les permitiera aprovechar mejor las ventajas comparativas del país. Si el régimen comercial no ayudaba a reducir los costos de producción de sus principales exportadores, éstos no podrían enfrentar la mayor competencia internacional en las industrias textil, siderúrgica, de

[23] Véase Baldwin (1993).

maquinaria y automovilística, algunas de las principales exportaciones de manufacturas de México, y ciertamente ejemplos del éxito exportador de otros países. Esto indicaba que sin ajustes a la política comercial, ni los exportadores mexicanos ni el gobierno lograrían su objetivo de aumentar las exportaciones para financiar las necesidades de importación del país.

El segundo proceso internacional importante fue el inicio del desmoronamiento del sistema de Bretton Woods en agosto de 1971, que se sumó a la decisión del gobierno estadunidense de imponer un recargo de 10% a todas las importaciones de los Estados Unidos. Ese recargo en sí no influyó en las reformas mexicanas ni en la demanda de ajustes de la política comercial por parte de actores internos, pero afectó el curso de la estrategia de negociación comercial del gobierno mexicano. Si bien el gobierno de Echeverría adoptó el objetivo de aumentar las exportaciones mexicanas en sus primeros nueve meses de existencia, obteniendo acceso a más mercados extranjeros (ver más adelante), el súbito aumento de las barreras comerciales del principal socio comercial de México reforzó la convicción de que era preciso diversificar las exportaciones reduciendo la proporción orientada a los Estados Unidos, que en ese momento concentraba más de 60% del comercio exterior mexicano.[24] De lo contrario, las exportaciones mexicanas continuarían sujetas a las variaciones de la política comercial estadunidense y sería difícil alcanzar la meta de aumentar la tasa de crecimiento de las exportaciones.[25]

La expansión y diversificación de las importaciones requería una participación más activa en las negociaciones comerciales, tanto bilaterales como multilaterales. Esa idea, unida a los preparativos de los países desarrollados para una nueva ronda de negociaciones comerciales multilaterales, motivó al gobierno mexicano a empezar a reconsiderar su posición frente al GATT, tema que se examinará con mayor detalle más adelante.

24 Véanse las estadísticas de comercio internacional de México publicadas por el Banco de México y el INEGI.

25 Esto no quiere decir que los Estados Unidos hubieran cerrado sus fronteras al comercio con México, lejos de ello. Quiere decir que la vulnerabilidad de los exportadores mexicanos a variaciones de la política comercial estadunidense había aumentado, y que en razón de la agenda preparada para la Ronda de Tokio, con su énfasis en los códigos de conducta, los exportadores mexicanos podían verse enfrentados a la perspectiva de un menor acceso al mercado estadunidense. El énfasis en los códigos de conducta ya apuntaba a la tentativa de limitar el alcance de la asistencia gubernamental a los exportadores.

V.2.4. *Algunas consideraciones teóricas*

Los factores recién descritos ofrecen elementos para apoyar la expectativa antes mencionada de que las presiones para modificar la estructura de incentivos comerciales en favor de los exportadores aumentarían cuando los productores con más intereses en los mercados extranjeros enfrentaran mayor competencia internacional y la amenaza de represalias comerciales por parte de otros países. Primero, del lado de la demanda, México contaba ahora con más exportadores que producían más manufacturas elaboradas que en 1940. Estos exportadores eran generalmente grandes empresas que dominaban sectores concentrados. Su mayor peso en el comercio exterior mexicano, unido a su reducido número, que debe haber facilitado la resolución de problemas de acción colectiva, probablemente contribuyó a que la presión de los sectores exportadores aumentara en relación con la de los que competían con las importaciones. Los exportadores empezaron a preocuparse más por la eficiencia de la política comercial debido al aumento de la competencia internacional que enfrentaban y al aumento de sus interéses en los mercados internacionales, y expresaron claramente, como lo indican los ejemplos presentados de declaraciones de la Concamin, la Coparmex y el CCE, su interés por un ajuste de la protección absoluta y relativa del país (modificación de la protección relativa y reducción de la absoluta).

Segundo, como la conjunción del cabildeo y una aplicación irreflexiva de políticas proteccionistas habían creado un aparato burocrático que complicaba la iniciación de actividades industriales en lugar de facilitarla, agregando costos de producción implícitos; grupos de interés con beneficios en mercados extranjeros también reclamaban un ajuste de la política comercial. La burocracia, el aumento de las licencias de importación, los aranceles irracionales y los precios oficiales *ad hoc* crearon una estructura de protección dispareja, limitando la capacidad competitiva tanto de los exportadores como de las empresas que competían con las importaciones. Industriales de diversos sectores concordaron en que una salida de esta situación era reformar la política comercial del país de manera que una nueva estructura de costos y de incentivos mejorara sus posibilidades de enfrentar a la competencia extranjera. Podría sugerirse que los industriales mexicanos llegaron a un punto en donde los beneficios de cabildear por mayor protección disminuyeron en relación con los de cabildear por nuevas reglas comerciales. Esto contribuye a explicar que la máxima cámara industrial (Concamin) pidiera menos protección para las industrias de bienes intermedios y primarios, una nueva estructura de protección y más coordinación entre los organismos gubernamentales.

En tercer lugar, del lado de la oferta, el gobierno mexicano requería fuentes de ingresos externos distintas del crédito y de la inversión extranjera directa, por lo menos si quería financiar o reducir el creciente déficit en cuenta corriente. Si no las hallaba se vería obligado a aumentar la dependencia del país del capital extranjero, o a reducir la demanda general con políticas monetarias y fiscales más estrictas, o ambas cosas. Las tres alternativas tarde o temprano habrían conducido a rebajar el nivel de consumo de los mexicanos en conjunto[26] y, probablemente, también habrían afectado negativamente la base de apoyo político del gobierno. Además, el gobierno mexicano necesitaba una forma de aumentar la creación de empleos, condición que la ISI parecía cada vez menos capaz de satisfacer. Más desempleo tendía a complicar la capacidad del gobierno de obtener apoyo político. En consecuencia, para facilitar la supervivencia política de los grupos en el poder, encabezados por la coalición priísta, el desempeño económico del país tenía que mejorar a traves de mecanismos que descansaran lo menos posible en decisiones duras, como reducir el consumo o la tasa de creación de empleos, apoyándose en cambio en mecanismos como la promoción de las exportaciones, que podía ayudar a reducir el déficit en cuenta corriente sin necesidad de medidas impopulares. Faltaba ver si esto era posible.

V.3. UN RESUMEN DE LA ESTRATEGIA COMERCIAL DE 1971-1975

Hacia 1971 tanto los demandantes como los proveedores de protección comercial concordaron en el imperativo de reformar el régimen comercial mexicano. Sin embargo, ni el gobierno ni el sector privado propusieron abandonar de inmediato la ISI. En el gobierno, un presidente preocupado por la dependencia no estaba dispuesto a reducir

26 A menos que los prestamos extranjeros y las inversiones llevaran a un moderado aumento de la base monetaria, a modo de controlar las presiones inflacionarias; o a menos que expandieran la capacidad productiva más que la demanda general, de manera que las futuras cargas fiscales no redujeran el consumo.

rápida y significativamente los aranceles y las licencias sin contar con la reprocidad de los miembros del sistema económico internacional. La búsqueda de un nuevo sistema económico internacional se convirtió entonces en la tarea que absorbió buena parte de su política exterior.[27] Además, entre los tecnócratas recien llegados a puestos de gobierno eran pocos los que creían que la forma de proceder fuera una reforma "de choque".[28] En el sector privado había todavía muchos industriales incapaces de competir con éxito con los productores extranjeros, y los subsidios a las actividades industriales estaban empezando a aumentar —como se explicará más adelante. Según mi argumentación, los subsidios más elevados deberían haber compensado los efectos adversos sobre los precios de la mayor competencia en los mercados internacionales, reduciendo así los incentivos de los industriales para tratar de aumentar sus ingresos a través de la manipulación de la protección relativa. Si en este periodo los subsidios gubernamentales dirigidos a los exportadores hubieran declinado (si no se hubiesen introducido los Cedi y otros planes de promoción de las exportaciones descritos más adelante), el descenso de los precios internacionales habría conducido a presiones aún mayores de los sectores orientados hacia la exportación por un ajuste de los precios relativos a través de la liberalización de otros sectores. Sin embargo, las circunstancias del momento hicieron menos urgente ese enfoque para los productores mexicanos.

Por consiguiente, tanto en el gobierno como en el sector privado se desarrolló un consenso en el sentido de que las reformas comerciales se aplicarían *gradualmente* a fin de permitir a los productores mexicanos adquirir las tecnologías o hacer los ajustes necesarios para enfrentar la mayor competencia extranjera. Además, ese enfoque los ayudaría a aprovechar plenamente las oportunidades de subsidio existentes en ese periodo. La velocidad, el ritmo y el nivel

[27] El presidente Luis Echeverría siguió una política exterior activista con el objetivo de establecer un Nuevo Orden Económico Internacional. Su activismo colocó a México en primera fila en los esfuerzos de los países en desarrollo por obtener mayor acceso a mercados y capitales internacionales sin tener que hacer las mismas concesiones a cambio. Los orígenes y la naturaleza de esos reclamos están sintetizados en su Carta de Derechos y Obligaciones de las Naciones, adoptada por las Naciones Unidas.

[28] Durante la administración de Echeverría, una nueva generación de tecnócratas llegó a controlar dependencias gubernamentales importantes. Sin llegar necesariamente a ser secretarios de Estado, su influencia como subsecretarios o asesores aumentó considerablemente. Al parecer, ninguno de ellos buscó activamente una abrupta reducción de la protección comercial.

de la reorganización de los aranceles y la eliminación de las licencias se determinarían mediante consultas entre funcionarios gubernamentales y representantes de la industria, en particular de las mayores cámaras industriales, Concamin y Canacintra.[29] Las consultas con el sector privado demostraron la importancia de los demandantes de protección comercial para el diseño de la política comercial, y constituyeron una aceptación implícita de la presión que ejercían para ser incluidos en el proceso de toma de decisiones. En este sentido la política comercial del periodo 1971-1975 fue resultado tanto de las presiones de grupos de interés como de la planeación del gobierno.

En términos generales, la estrategia comercial del gobierno de Echeverría consistió en una combinación de programas de promoción de las exportaciones y políticas de racionalización de la protección, tendiente a reducir el sesgo antiexportador del régimen comercial mexicano. Con excepción del manejo de la tasa de cambio, detallado en otra sección, el lector puede confirmar la congruencia de esta estrategia con las demandas antes mencionadas de los exportadores, del sector industrial en general y de las cámaras empresariales. No ocurrieron liberalizaciones sorpresivas. Como la nueva política comercial derivó de la interacción entre demandantes y proveedores de protección en el escenario nacional, y como existía un amplio acuerdo sobre las características deseables de esta nueva política comercial, la oposición política a las reformas fue relativamente escasa.[30] Parece razonable afirmar que el sector privado mexicano, a través de la creciente influencia relativa de los grupos orientados hacia la exportación, desempeñó un papel importante en la realización de esas reformas.

V.3.1. *La promoción de las exportaciones*

Los programas de promoción a las exportaciones fueron los primeros en aplicarse. En febrero de 1971 el gobierno de México creó el Instituto Mexicano del Comercio Exterior (IMCE) como organismo públi-

[29] Véase Bravo Aguilera (1975).

[30] En este trabajo se ofrece una breve descripción de esas políticas. Para descripciones detalladas de esa estrategia y de la política comercial antes de 1970, vease Bueno (1974), Cavazos (1975), Villarreal (1976). Aspra (1977), Ten Kate *et al.* (1979) y Balassa (1983). Por descripciones menos detalladas, véase también Ten Kate y De Mateo (1989) y De Mateo (1989).

co encargado de hallar y abrir mercados extranjeros para bienes mexicanos, ayudar a los exportadores a manejar sus procedimientos burocráticos, supervisar el nivel de calidad de los productos, organizar misiones y convenciones comerciales y, en general, facilitar las actividades exportadoras. Al mes siguiente las autoridades comerciales lanzaron un nuevo programa de promoción de las exportaciones consistente en dos políticas principales: facilitar el acceso a los permisos de importación de maquinaria, bienes intermedios o materias primas utilizados en la producción de bienes exportables, y devolver impuestos a los exportadores.

Las rebajas fiscales fueron conocidas como Certificados de Devolución de Impuestos, o Cedi, y sustituyeron al "triple subsidio" con que el gobierno mexicano impulsó a las exportaciones hasta entonces.[31] Bajo el plan anterior los exportadores mexicanos obtenían rebajas sobre los impuestos indirectos, ganancias de capital y aranceles de importación a condición de que sus productos tuvieran 80% de contenido nacional. Con el nuevo plan los exportadores de bienes industriales recibían rebajas de 10% por cinco años sobre los impuestos indirectos y los aranceles de importación si el contenido nacional de sus productos superaba el 50%.[32] Así, la reducción del contenido nacional requerido —una apertura selectiva a las importaciones realizadas por los exportadores— permitía aumentar la base de subsidio del gobierno. Los Cedi no estaban sujetos al impuesto a la renta, de manera que para muchos de sus beneficiarios la rebaja funcionaba en realidad como un aumento de 19% en el precio de venta.

Los Cedi se convirtieron rápidamente en el principal incentivo a la exportación de México. Entre 1971 y 1975 el promedio mensual de Cedi concedido por la Secretaría de Hacienda aumentó de 370 a 1 425, el número de empresas que obtenían Cedi pasó de 400 a 3 300 y los ingresos fiscales perdidos debido a ese instrumento alcanzaron en total 189.12 millones de dólares. La mayor parte de los beneficios derivados de los Cedi se concentraron en el sector manufac-

[31] Los lectores interesados en una descripción de las políticas de promoción de las exportaciones de México durante la década de 1960 pueden ver el artículo de Calderón Martínez (1970).

[32] Para productos con contenido nacional de entre 50 y 60% la rebaja era de 5%. Esas rebajas aumentaron a 11% y 50% dos años después, cuando las autoridades aumentaron los impuestos indirectos. Los productores cuyas exportaciones contenían por lo menos 40% de componentes nacionales también eran elegibles para importar insumos libres de impuestos. Véase Banco Mundial (1979).

turero, que recibió alrededor de 80% del total de subsidios.[33] El total de ingresos fiscales perdido por el apoyo al comercio exterior puede verse en el cuadro V.4.

En conjunto con la creación del IMCE y la introducción de los Cedi, el gobierno amplió la cantidad de créditos preferenciales que concedía a los exportadores. Esos créditos eran proporcionados generalmente por Nacional Financiera (Nafinsa) y el Fondo para la Promoción de Productos Manufacturados (Fomex).[34] Antes de 1970 los exportadores mexicanos que contaban con el apoyo de Fomex —que requería que los exportadores utilizaran por lo menos 50% de componentes nacionales— eran apenas 20%; para 1975 eran casi el 35%.[35] El total de créditos concedidos por Fomex entre 1971 y 1976 alcanzó aproximadamente a 1 500 millones de dólares, casi 70% de los cuales se destinaron a exportadores. Cerca de un tercio de las exportaciones manufacturadas mexicanas en ese periodo disfrutaron del apoyo de Fomex.[36]

V.3.2. *Negociaciones comerciales internacionales*

Después de la fractura del sistema de Bretton Woods, la necesidad de México de una mayor participación en las negociaciones comerciales internacionales aumentó. La principal razón era la fuerte concentración de las exportaciones mexicanas en el mercado estadunidense. Las autoridades mexicanas estimaron que el recargo de 10% a las importaciones estadunidenses afectaría por lo menos a 55.6% de las exportaciones mexicanas, significando una pérdida de 50 millones de dólares en el momento en que los ingresos generados por las exportaciones debían empezar a aumentar.[37] Como era de esperar, el recargo provocó críticas de los grupos de interés mexicanos más afectados, especialmente los que representaban a grandes exportadores y multinacionales, como ANIERM, Camco y Concamin, que de inme-

[33] Si se agregan las transacciones fronterizas, que incluyen la producción de las plantas maquiladoras, la parte de los Cedi que beneficiaba al sector manufacturero aumenta a alrededor de 95 por ciento.

[34] Creado en 1962 bajo la supervisión del Banco Central. Véase Banco Nacional de Comercio Exterior (1987) por una historia de las actividades del fondo y otros mecanismos de promoción de la exportación.

[35] Véase Ten Kate *et al.* (1979).

[36] Véase Banco Nacional de Comercio Exterior (1987).

[37] Véase *Expansión*, 22 de septiembre de 1971.

CUADRO V.4. *México. Incentivos fiscales al comercio exterior, 1970-1976 (porcentajes)*

	1970	*1971*	*1972*	*1973*	*1974*	*1975*	*1976*
Valor total (millones de dólares)	225.7	211.3	287.3	292.8	451.7	451.8	406.0
Total	100.0	100.0	100.0	100.0	100.0	100.0	100.0
Impuestos al comercio exterior	100.0	95.7	87.6	70.0	69.3	67.6	55.2
Apoyo al comercio exterior	0.0	4.3	12.4	29.7	30.7	32.4	44.8
Otros	0.0	0.0	0.0	0.3	0.0	0.0	0.0

FUENTE: SHCP.

diato solicitaron al gobierno mexicano que hallara una solución rápida para el problema. Igual que todos los gobiernos afectados por ese recargo, el de México buscó sin éxito una exención y después, en vista de la situación, emprendió negociaciones comerciales multilaterales (MTN) para ampliar su acceso a otros mercados.[38]

El énfasis en el comercio multilateral fue desencadenado también por el anuncio hecho a comienzos de 1972 por los Estados Unidos, Europa y Japón, sobre el inicio de otra ronda de negociaciones multilaterales. Los Estados Unidos querían incorporar al sistema comercial mundial nuevas reglas para el uso y la aplicación de barreras no arancelarias (BNA), cuyo uso aumentó notablemente después de las exitosas negociaciones multilaterales que siguieron al fin de la segunda Guerra Mundial y lograron su objetivo de reducir sustancialmente el nivel promedio de los aranceles internacionales. Detrás de ese objetivo subyacía la creencia de que al reducir las BNA en el extranjero sería posible ampliar el acceso a las exportaciones estadunidenses en mercados extranjeros, y en consecuencia los ingresos estadunidenses por exportaciones aumentarían, facilitando el manejo del déficit comercial de los Estados Unidos.

En la Secretaría de Hacienda de México, entonces encargada de las negociaciones comerciales internacionales, se estimó que ese anuncio podía indicar el inicio de un cambio en las reglas comerciales internacionales que en última instancia afectaría el desempeño de las exportaciones mexicanas. Por lo tanto, algunos funcionarios de

[38] Véase *Expansión*, 7 de septiembre de 1971, y *Excélsior*, 17-30 de agosto de 1973.

la Secretaría de Hacienda sugirieron la participación de México en esas negociaciones comerciales multilaterales para evitar la posibilidad de ver reducido su acceso a los mercados extranjeros.[39] La posición de los funcionarios comerciales mexicanos frente al GATT puede resumirse en la declaración de un funcionario del IMCE: "El *modus operandi* del GATT está cambiando, y al parecer los países en desarrollo podrían perder mucho y ganar poco si deciden mantenerse fuera de las negociaciones multilaterales".[40] Esto era particularmente evidente ahora que México intentaba aumentar sus exportaciones manufacturadas.

Pero el problema era cómo encarar las negociaciones comerciales multilaterales (NCM) si México no era una de las partes contratantes del GATT. Desde la firma de la Carta de La Habana en 1947, los funcionarios mexicanos se habían negado a ingresar al GATT porque las políticas de apoyo a la ISI chocaban con las reglas comerciales mundiales. En particular, el GATT impedía el uso de precios oficiales (artículo VII) y licencias de importación (artículo IX) y contemplaba restricciones sobre las operaciones de las empresas comerciales de propiedad estatal (artículo XVII): todos mecanismos que el gobierno mexicano empleó a partir de los cuarenta para impulsar la ISI.[41] Además, hasta la década de 1960 el GATT no había tomado en cuenta el reclamo de reglas diferentes para el comercio entre los países desarrollados y los países en desarrollo, que eventualmente llegó a ser la Parte IV del acuerdo. Por lo tanto, desde la firma del GATT, las negociaciones comerciales internacionales de México se concentraron en acuerdos bilaterales, la promoción de la Asociación Latinoamericana de Libre Comercio y la participación en foros multilaterales, naturalmente fuera del GATT.

Frente a esa situación, las autoridades comerciales mexicanas buscaron en el foro de la UNCTAD una forma de inducir a países menos desarrollados que no formaban parte del GATT a que participaran en la nueva ronda de negociaciones y de que se les permitiera participar negociando sobre una base de no reciprocidad. Esa no reciprocidad implicaba conducir las conversaciones en un espíritu similar al de la Parte IV del GATT y el Sistema Generalizado de Pre-

[39] Entrevista (ciudad de México, 1994). La propuesta se originó en la Dirección de Estudios Hacendarios de la Secretaría de Hacienda, encabezada entonces por un futuro secretario de Comercio: Héctor Hernández.

[40] Véase *Expansión*, 22 de enero de 1975, p. 27.

[41] Véase De Mateo (1986).

ferencias (GSP): los países menos desarrollados podrían obtener mayor acceso a los mercados de economías desarrolladas sin tener que conceder los mismos beneficios, lo que les permitiría seguir con sus políticas de industrialización basadas en la protección comercial. La propuesta de México fue aceptada como Resolución 82 en 1972 en Chile, en la UNCTAD III, y aprobada por los miembros del GATT, lo que permitió que México y otros 24 países menos desarrollados participaran en las nuevas NCM.[42]

Esta forma de relacionarse con el GATT prácticamente no provocó discusión en los círculos industriales y empresariales del país, precisamente porque estaba pensada en términos de obtener algunos de los beneficios del GATT sin tener que modificar abruptamente el régimen comercial de México. Por lo tanto, no estaba en juego la defensa de la soberanía nacional, siempre tan proclamada por los intereses proteccionistas y por el gobierno, y proveedores y demandantes de políticas comerciales pudieron integrar sin mayor demora ni discusión los organismos necesarios para ayudar en el proceso de negociación. Del lado de la oferta, el gobierno creó la Comisión Interministerial para la Negociación de Acuerdos Multinacionales, presidida por el secretario de Hacienda y formada por los titulares de las secretarías de Industria y Comercio, Relaciones Exteriores y Agricultura, más los del Banco Central, el Banco Nacional de Comercio Exterior y el IMCE. La comisión estaba encargada de preparar estudios sectoriales y la lista de los productos que México negociaría. La preparación de los estudios sectoriales a su vez sería apoyada por el comité consultivo del GATT, creado por la ANIERM, que incluía a representantes de diversos sectores comerciales e industriales afiliados a Concamin, Canacintra, Concanaco y otras cámaras.[43]

Con esa posición hacia las NCM, al iniciarse la Ronda de Tokio en septiembre de 1973, el secretario de Hacienda de México, José López Portillo, pidió a los representantes de los países desarrollados que otorgaran mayores concesiones arancelarias a las exportaciones de productos elaborados y semielaborados generadas por países menos desarrollados, que extendieran los beneficios del GSP y que redujeran las BNA.[44] También destacó la "firme convicción del

[42] Véase descripción del acercamiento de México al GATT en este periodo por Peñaloza Web (1985), De Mateo (1986) y Lamadrid (1988).

[43] Véase *Expansión*, 22 de enero de 1975.

[44] Véase el discurso del secretario de Hacienda de México en *Excélsior*, 13 de septiembre de 1973, p. 20.

gobierno mexicano de que sólo a través de la aceptación de los principios de no reciprocidad indiscriminada y tratamiento diferencial o preferencial en favor de los países menos desarrollados" podrían mejorar las condiciones económicas en esos países.

Tres años después los negociadores mexicanos obtuvieron mayor acceso a los mercados en forma de 248 concesiones arancelarias de miembros del GATT a cambio de liberalizar apenas 8.5% del valor total de las importaciones de 1976, principalmente en bienes que México no producía. La negociación fue favorable, puesto que el valor de las importaciones mexicanas liberalizadas ascendió a 503 millones de dólares, mientras que el valor de los bienes liberalizados por miembros del GATT alcanzó en total 612 millones de dólares.

V.3.3. *Racionalización de la protección*

Las políticas de racionalización de la protección siguieron un periodo de gestación más prolongado que el de las políticas de promoción de la exportación, principalmente porque el gobierno y el sector privado de México acordaron estudiar conjuntamente y negociar los términos en que se modificarían los instrumentos proteccionistas para alrededor de 12 500 fracciones arancelarias. Además, los intereses en juego en este caso eran más fuertes, puesto que lo que se discutía no eran los efectos de los subsidios directos a los exportadores, que los beneficiaban exclusivamente a ellos, sino la posibilidad de ajustes en la estructura arancelaria que afectarían a casi todos.

Las consultas con la Concamin y la Canacintra iniciaron en 1971 y terminaron en marzo de 1975, y en ellas ambas partes acordaron ajustar el sistema de protección comercial en tres etapas. En la primera etapa se racionalizaría la estructura arancelaria y se reduciría la dispersión de los aranceles. En la segunda se empezarían a eliminar gradualmente las restricciones cuantitativas, elevando los aranceles en los sectores en que éstas desaparecieran. En la tercera etapa se reduciría, también gradualmente, el nivel de los aranceles en un periodo de cinco años.[45] Se esperaba que para 1980 el nivel de protección concedida al sector industrial de México habría disminuido significativamente.

Los funcionarios de la administración Echeverría se concentraron en la instrumentación de las dos primeras etapas. En marzo de

[45] Véase Bravo Aguilera (1975) para una descripción detallada de esa estrategia.

1975 presentaron la nueva Tarifa General del Impuesto a la Importación (TIGI) y la Tarifa General del Impuesto a la Exportación (TIGE). Las reformas de la TIGI incluyeron la reducción de las líneas arancelarias de 12 500 a 7 281, la eliminación de algunos aranceles específicos, el uso exclusivo de aranceles *ad valorem* y el establecimiento de cuatro niveles arancelarios de acuerdo con el grado de elaboración del producto: 5, 10 y 15% para materias primas; 15, 20 y 25% para productos intermedios; 35% para bienes finales; 50, 60 y 70% para bienes "suntuarios"; y 100% para automóviles.[46] Cargos similares se introdujeron para crear una nueva Tarifa del Impuesto General a la Exportación (TIGE).[47] La nueva estructura de aranceles puede verse en el cuadro IV.5.[48]

Al tiempo que se ajustó el nivel de los aranceles empezó a disminuir la cantidad de restricciones cuantitativas. Entre 1974 y 1975 la proporción de las importaciones cubierta por licencias cayó de 82 a 68.4% del valor total de las importaciones. La eliminación de las licencias se compensó con aumentos de los aranceles en 2 517 fracciones arancelarias, dejando 2 180 productos con el mismo arancel y 2 576 con aranceles más bajos. La mayoría de las eliminaciones de licencias se concentró en bienes no producidos en México, que antes de 1970 era el criterio utilizado para conceder permisos de importación automáticos.[49] Además, para 1975 el nivel de los precios oficiales nacionales era determinado por los precios internacionales. Esta medida contribuía a reducir el proteccionismo y la corrupción porque los precios de referencia oficiales ya no eran establecidos por un procedimiento arbitrario, aunque no faltaban las interpretaciones discrepantes sobre cuál era el precio internacional "real".

En conjunción con esas reformas de la TIGI desaparecieron dos

[46] El arancel de 100% para automóviles derivaba del programa manufacturero vigente, diseñado para el establecimiento de una industria automovilística mexicana.

[47] Esas modificaciones eran una continuación de las reformas del código arancelario iniciadas en 1964, cuando México adoptó el código de clasificación arancelaria de Bruselas. En esa época la Tarifa de Importaciones de México tenía 7 687 líneas arancelarias. Con las modificaciones introducidas con objeto de hacer la clasificación mexicana compatible con la Clasificación Uniforme del Comercio Internacional de la ONU, para 1970 el número de aranceles había aumentado a 12 887. Las reformas de 1971-1975 partieron de ese punto para racionalizar la Tarifa General de Importación.

[48] Con el paso del tiempo se ha hecho difícil hallar información que relacione esos ajustes arancelarios con presiones de la industria. Por esa razón sólo podemos decir que esos ajustes fueron resultado de un proceso de consultas y no causaron sorpresa.

[49] Véase la nota 2 *supra*.

importantes incentivos fiscales: la Regla XIV de la TIGI y la Ley de Industrias Nuevas y Necesarias. La Regla XIV aseguraba un subsidio de 65% a las importaciones de maquinaria y equipo al cancelar parte de sus impuestos. La Ley de Industrias Nuevas y Necesarias, promulgada cuando se inició el impulso de industrialización en 1941 y uno de los instrumentos centrales de la estrategia de la ISI, determinaba el marco que utilizaba el gobierno mexicano para coordinar y canalizar los incentivos fiscales hacia algunas industrias escogidas. Esa ley concedía exenciones de impuestos por un periodo de 5 a 7 años a industrias consideradas "fundamentales" o de "importancia económica",[50] pero la introducción de los Cedi y las políticas de racionalización de la protección la hicieron redundante e innecesaria.

Un argumento importante utilizado para fundamentar la cancelación de la Regla XIV fue que el subsidio que ofrecía a menudo hacía que el precio de la maquinaria fuese más bajo en México que en su país de origen,[51] lo que introducía un sesgo en favor de las industrias intensivas en capital y reducía la rentabilidad de la producción de bienes de capital. La mayor parte de las autorizaciones concedidas bajo la Regla XIV beneficiaban a la industria textil (48% del total), pero su eliminación no afectó a los productores textiles porque podían deducir sus importaciones de maquinaria del impuesto a la renta, como venían solicitando desde 1971.[52]

V.3.4. *Fondos de desarrollo*

El gobierno de Echeverría aprovechó su acceso a financiación extranjera para crear nuevos fondos para el desarrollo industrial. En 1971 creó el Fondo de Equipamiento Industrial (Fonei) para conceder créditos preferenciales para la adquisición de maquinaria y equipos. Como muchas de esas adquisiciones eran importaciones, el Fonei otorgaba beneficios específicos a quienes se dedicaban a actividades de sustitución de importaciones. En 1972 se creó el Fondo Nacional de Promoción Industrial (Fomin) para apoyar a empresas pequeñas y medianas: apoyaba a las empresas que querían crecer invirtiendo hasta 33% del capital necesario. Una vez que la empresa alcanzaba

[50] Véase Villarreal (1976).
[51] Véase Cavazos (1975).
[52] Véase *Expansión*, 10 de marzo de 1971.

CUADRO V.5. *México. Estructura arancelaria, 1975 (porcentajes)*

Industria	*Arancel Ago-75*	*Industria*	*Arancel Sep-75*
4. Pesquera	72.3	12. Tabaco	100
11. Bebidas	65.5	11. Bebidas	86.6
15. Ropa y calzado	59.9	15. Ropa y calzado	73.4
18. Imprentas y editoriales	59.6	10. Otros alimentos	62.8
10. Otros alimentos	59.2	4. Pesquera	42.3
35. Otras manufacturas	57.9	26. Cosméticos	40.6
19. Piel	45.9	24. Jabón y detergentes	38.5
16. Madera	43.3	9. Molienda trigo y maíz	37.9
9. Molienda trigo y maíz	40.4	8. Productos de carne y leche	37.2
30. Productos metálicos	40.2	16. Madera	37
12. Tabaco	38.6	19. Piel	36.2
14. Otros textiles	37.4	18. Imprentas y editoriales	35.2
13. Fibras blandas	33.4	13. Fibras blandas	33.2
28. Minerales no metálicos	32.6	1. Agricultura	32.71
1. Agricultura	31.4	34. Automóviles y piezas	32.4
20. Hule	31.2	28. Minerales no metálicos	32.2
8. Productos de carne y leche	30.8	31. Maquinaria	30.6
3. Forestal	30.5	32. Equipo eléctrico	30.6
5. Minerales metálicos	29.3	14. Otros textiles	30.5
17. Papel y cartón	28.3	35. Otras manufacturas	29.7
29. Metales básicos	26.4	20. Hule	28.3
24. Jabón y detergentes	26.3	29. Metales básicos	28
2. Ganado en pie	26.2	30. Productos metálicos	27.8
22. Fibras sintéticas, resinas, plásticos	25.5	2. Ganado en pie	27.4
32. Equipo eléctrico	24.3	21. Productos químicos	27.3
34. Automóviles y piezas	22.6	22. Fibras sintéticas, resinas plásticos	26.7
6. Minerales no ferrosos	19.8	25. Productos farmacéuticos	26.5
21. Productos químicos	17.9	17. Papel y cartón	25.7
7. Petróleo	15.3	3. Forestal	22.9
23. Equipo de transporte	15.3	27. Otros químicos	21.6
25. Productos farmacéuticos	15.1	6. Minerales no ferrosos	19.8
27. Otros químicos	11.5	5. Minerales metálicos	13.7
31. Maquinaria	9.9	7. Petróleo	11.5
26. Cosméticos	9.1	23. Equipo de transporte	11
23. Abono y fertilizantes	2.0	23. Abono y fertilizantes	5

FUENTE: Preparada con información de Cavazos (1975).

Industria	Promedio 1975	Industria	Cambio 1975
11. Bebidas	107.0	12. Tabaco	61.4
9. Molienda trigo y maíz	72.6	26. Cosméticos	31.5
4. Pesquera	66.9	11. Bebidas	21.1
15. Ropa y calzado	64.8	31. Maquinaria	20.7
10. Otros alimentos	60.5	15. Ropa y calzado	13.5
12. Tabaco	55.8	24. Jabón y detergentes	12.2
18. Imprentas y editoriales	51.3	25. Productos farmacéuticos	11.4
35. Otras manufacturas	47.0	27. Otros químicos	10.1
16. Madera	42.2	34. Automóviles y piezas	9.8
19. Piel	42.2	21. Productos químicos	9.4
20. Hule	39.3	8. Productos de carne y leche	6.4
30. Productos metálicos	36.1	32. Equipo eléctrico	6.3
14. Otros textiles	35.0	10. Otros alimentos	3.6
13. Fibras blandas	33.4	23. Abono y fertilizantes	3.0
8. Productos de carne y leche	33.0	29. Metales básicos	1.6
28. Minerales no metálicos	32.5	1. Agricultura	1.4
1. Agricultura	31.7	22. Fibras sintéticas, resinas, plásticos	1.2
21. Productos químicos	30.5	2. Ganado en pie	1.2
5. Minerales metálicos	29.9	6. Minerales no ferrosos	–0.0
24. Jabón y detergentes	29.4	13. Fibras blandas	–0.2
3. Forestal	28.1	28. Minerales no metálicos	–0.4
17. Papel y cartón	27.5	9. Molienda trigo y maíz	–2.5
32. Equipo eléctrico	26.8	17. Papel y cartón	–2.6
29. Metales básicos	26.4	20. Hule	–2.9
34. Automóviles y piezas	26.3	7. Petróleo	–3.8
22. Fibras sintéticas, resinas y plásticos	25.9	23. Equipo de transporte	–4.3
2. Ganado en pie	25.0	16. Madera	–6.3
6. Minerales no ferrosos	19.9	14. Otros textiles	–6.9
26. Cosméticos	19.3	3. Forestal	–7.6
25. Productos farmacéuticos	18.3	19. Piel	–9.7
31. Maquinaria	18.1	30. Productos metálicos	–12.4
27. Otros químicos	14.8	5. Minerales metálicos	–15.6
7. Petróleo	13.7	18. Imprentas y editoriales	–24.4
23. Equipo de transporte	13.3	35. Otras manufacturas	–28.2
23. Abono y fertilizantes	2.6	4. Pesquera	–30.0

una posición financiera satisfactoria, la participación del Fomin en el capital se ofrecía a los accionistas o al público. A finales de 1976 las inversiones del Fomin alcanzaban un total de 29 millones de dólares, beneficiando a 142 empresas, 74 de ellas nuevas. Alrededor de 25% de esas empresas invertían en proyectos de exportación.[53]

V.3.5. *Programas sectoriales*

Para impulsar el desarrollo de sectores considerados "estratégicos", como automóviles, productos farmacéuticos y electrónica, el gobierno mexicano había diseñado, en conjunción con el sector privado, una serie de programas manufactureros. A condición de que llenaran ciertos requisitos de contenido nacional —mecanismos proteccionistas en sí mismos—, el gobierno aseguraba a los sectores escogidos exenciones fiscales, créditos preferenciales y un mercado cautivo. La Regla VIII de la TIGI, por ejemplo, permitía a los productores importar insumos a una tasa arancelaria de 5%. Esos programas empezaron a adquirir importancia cuando México comenzó a sustituir bienes intermedios y de capital a principios de los años sesenta. En 1975 fueron complementados por Acuerdos de Validez Anual que ofrecían alivio de corto plazo para las fluctuaciones cíclicas de la actividad comercial, concediendo exenciones de los impuestos a la importación a algunas industrias, especialmente del sector de bienes de capital. Los beneficios de tales acuerdos se concentraron mayormente en grandes empresas fuertemente comprometidas en proyectos referentes a la sustitución de bienes de capital.[54]

V.4. El final de la estrategia comercial de 1971-1975

En agosto de 1975 la administración Echeverría canceló algunos elementos de las reformas comerciales recién descritas, truncándolas e iniciando un proceso inverso, hacia una mayor protección. El gobierno impuso cuotas a las importaciones de bienes no esenciales antes liberalizados, negó permisos para traer esos productos a México, anunció sanciones contra quienes adquirieran en el extranjero impor-

[53] Por descripciones del funcionamiento de esos fondos, véase Balassa (1982), Ten Kate *et al.* (1979) y Banco Mundial (1979).

[54] Véase el informe del Banco Mundial (1979).

taciones no autorizadas y privilegió las importaciones de países que adquirían bienes mexicanos. Al mismo tiempo los funcionarios comerciales mexicanos aumentaron los subsidios a las actividades exportadoras: eximieron a los exportadores del pago de 75% de los aranceles para las importaciones de maquinarias y equipos a condición de que 60% de su producción se destinara a los mercados internacionales; los eximieron de pagar impuestos a las rentas de capital y al transporte; redujeron los requisitos de contenido nacional a los beneficiarios de Cedi; y permitieron a los exportadores de productos no manufacturados beneficiarse de Cedi.[55]

Esas medidas fueron en parte favorables tanto para los sectores orientados al mercado interno como para las industrias orientadas hacia la exportación, puesto que los primeros evitaban más competencia extranjera y las segundas recibían mayores subsidios, pero detrás de su adopción no había necesariamente presión de grupos de interés. Es difícil que la hubiera, considerando que los grupos de interés industriales apoyaron el programa comercial original de Echeverría. ¿Qué ocurrió? ¿Por qué el gobierno decidió truncar un proceso de reforma comercial a los cinco meses de iniciado?

Los principales factores que explican esa acción son dos: la aplicación de una estrategia económica general inconsistente, que complicaba el manejo de un creciente déficit en cuenta corriente, y la realidad de que las modificaciones introducidas en la política comercial mexicana en marzo de 1975 no contemplaban terminar con el uso de restricciones cuantitativas en caso de que las cuentas externas empeoraran. En realidad, muy pocos en el sector privado habían pedido otra cosa. Solicitaron, sí, reformas comerciales que mejoraran el régimen comercial existente, la promoción de la exportación y la desaparición *gradual* de la ISI. Pero a corto plazo no se excluía el uso de restricciones cuantitativas y otras medidas proteccionistas porque había pequeños costos asociados con su uso (escasa frecuencia de las sanciones comerciales extranjeras, transferencias gubernamentales superiores, por ejemplo), y porque la orientación de los productores mexicanos hacia los mercados internacionales, aunque había aumentado, todavía era pequeña en relación con el total de la industria del país. Además, un mercado interno en expansión reducía la necesidad de penetrar en mercados extranjeros. Entre 1971 y 1975 el régimen comercial mexicano no había cambiado:

[55] Véase *Expansión*, 6 de agosto de 1975.

sólo se había ajustado con subsidios a la exportación para hacer más atractivas que antes las exportaciones de manufacturas. En ese sentido era un ajuste que respondía al reclamo de mayor apoyo de los sectores orientados hacia la exportación a comienzos de la década de 1970, reclamo derivado del cambio en las condiciones internacionales, que hizo más atractiva la movilización de recursos en la escena política para eliminar el sesgo antiexportador de la política comercial.

Así, el acceso a mercados financieros extranjeros durante ese periodo permitió combinar el proteccionismo para las empresas que competían con las importaciones con el aumento de los subsidios para las empresas exportadoras. Esos subsidios aumentaron los ingresos de los propietarios de factores de producción, creando los "buenos tiempos" parcialmente responsables del menor incentivo para el cabildeo por el ajuste de la política comercial. La mayor competencia en los mercados internacionales fomentó la movilización de recursos en favor del ajuste de la estructura de protección, pero los niveles más elevados de subsidios internos y el crecimiento económico restaron importancia a la reducción del nivel absoluto de protección de la economía.

La inconsistencia temporal prevaleciente en la estrategia económica general del gobierno mexicano provocó la derrota del esfuerzo de reforma comercial.[56] Los cuadros V.6, V.7 y V.8 muestran la evolución de los principales indicadores macroeconómicos de México de 1970 a 1976. Como puede verse en el cuadro V.7, el déficit fiscal como porcentaje del PIB, cualquiera que sea la medida adoptada, se cuadruplicó entre 1971 y 1975; en el proceso, los subsidios industriales aumentaron. Parte de ese aumento se financió con la creación de moneda. El crecimiento *M*1 en términos nominales saltó de 8.4% en 1971 a 21.2% en 1973, y llegó a 30% en 1976, mientras que la participación del mayor agregado monetario, *M*4, en el PIB aumentó de 33.9% en 1970 a 35.8% en 1972.[57] Los efectos de esa política en el PIB

[56] Por inconsistentes entiendo políticas que no tenían por objetivo el logro del equilibrio interno y externo. El equilibrio interno requiere que el mercado interno se vacíe en el periodo. El equilibrio externo requiere satisfacer las limitaciones intertemporales de la economía; es decir, que flujos de capital sostenibles financien la cuenta corriente en el periodo presente y en el futuro. Los orígenes políticos de las políticas macroeconómicas inconsistentes de México se han hallado en la mala distribución del ingreso, la falta de legitimidad política, los límites al crecimiento del empleo y otros factores. Véase, por ejemplo, Newell y Rubio (1984), Cypher (1990) y Bazdrech y Levy (191).

[57] Su tasa de crecimiento en términos nominales pasó de 14% en 1971 a cerca de 27% en 1975. Datos del Banco de México.

y la inflación no tardaron en hacerse sentir. La tasa de crecimiento del PIB se duplicó a corto plazo, de 4.2% en 1971 a 8.4% en 1972 y 1973, mientras que la inflación aumentó, con cierto retraso, de 5.3% en 1972 a 12% en 1973. Sin embargo, para 1974 la compensación entre la inflación y el empleo había llegado a su límite: la inflación saltó a 23.8% y el crecimiento de la producción empezó a declinar a 6%, relativamente alto, pero el más bajo en 18 años. A medida que la inflación aumentaba y el tipo de cambio nominal seguía fija en 12.50 pesos por dólar, la sobrevaluación del tipo de cambio real aumentaba. La combinación de un tipo de cambio sobrevaluado con una mayor demanda agregada y los problemas estructurales de la propia economía mexicana condujeron a un aumento del déficit en cuenta corriente, de 2.1% en 1971 a 4% en 1975.

Esta política era inconsistente con la promoción de las exportaciones y con la reducción de las barreras comerciales porque una mayor demanda agregada, aparte de presionar las cuentas externas, absorbía producción que podría haberse destinado a la exportación. Además, un tipo de cambio sobrevaluado tendería a anular los beneficios de la estrategia de promoción de la exportación y a estimular la importación. Por otra parte, al reducir los precios de los bienes comerciables en relación con los de los no comerciables, esta política estimulaba a los sectores mexicanos afectados por el comercio internacional a buscar maneras de bloquear la competencia extranjera. Al hacerlo reducía el entusiasmo por un comercio más libre y aportaba elementos en apoyo de la opinión de que el sector industrial mexicano no estaba preparado para enfrentar la competencia extranjera.

Para evitar ulteriores aumentos del déficit en cuenta corriente, en agosto de 1975 el gobierno mexicano resolvió aplicar un programa de ajuste menor que incluía el control más estricto de las importaciones descrito anteriormente. Estas medidas servían como instrumento para dirigir el gasto hacia otros productos, evitando así la devaluación que para entonces el presidente Echeverría estimó desfavorable.[58] Era el modo como el gobierno había combatido el cre-

58 La devaluación no era del agrado del presidente Echeverría. A comienzos de su administración dijo a los empresarios que descartaba el uso de una devaluación durante su mandato: "Este será un régimen de garantías, sin mentalidad expropiatoria, sin restricciones a la libre convertibilidad del peso, sin modificaciones de la tasa de cambio". Véase *Excélsior*, 4 de diciembre de 1970. Años más tarde, reflexionando sobre los acontecimientos de 1976, explicaría que desde su campaña le habían aconsejado que devaluara, pero que por razones políticas había preferido

CUADRO V.6. *México. Principales indicadores macroeconómicos, 1970-1976*

	1970	*1971*	*1972*	*1973*	*1974*	*1975*	*1976*
Producción							
PIB (en miles de millones de dólares de 1980)	102.08	105.92	114.64	123.65	130.79	138.31	144.42
PIB/per cápita (en miles de dólares de 1980)	2.01	2.02	2.11	2.20	2.25	2.30	2.33
Crecimiento del PIB (%)	6.91	4.19	8.47	8.43	6.10	5.63	4.23
Crecimiento del PIB/per cápita (%)	3.5	0.28	4.60	4.23	2.21	2.18	1.33
Inflación							
Inflación (CPI. %)	6.95	5.26	5	12.04	23.75	11.2	27.1
Empleo (miles)							
Trabajadores inscritos en el IMSS	3121	3233	3581	3901	4020	4306	4338
Salarios							
Salario mínimo nominal (W. fin del periodo)	27.9	27.9	33.2	39.2	55.2	55.2	82.7
Salario anual promedio (dólares de 1980)	4543.2	4403.3	4646.9	4539.4	4546.9	4694.0	5080.0
Tasas de interés (porcentajes)							
Costo promedio de los fondos (CPP)	8	8	8	12.9	12.4	12.0	12.1
Tasas de cambio (promedios anuales)							
Libre	12.5	12.5	12.5	12.5	12.5	12.5	15.4
Real (1970 = 100)	100	100.8	104.5	106.4	96.9	94.3	103.3
Términos de intercambio (1971 = 100)							
No ajustados	100.0	103.4	106.7	118.7	113.5	100.8	116.5

Ajustados para las tasas de interés internacionales	100.0	99.9	101.6	120.7	81.4	73.5	119.6
Balanza de pagos (en millones de dólares)							
Cuenta corriente	–1188	–929	–1006	–1529	–3226	–4443	–3683
Balanza comercial	–955	–788	–941	–1581	–2921	–3305	–2279
Exportaciones	1373	1468	1821	2311	3228	3394	4021
Importaciones	2328	2256	2762	3892	6149	6699	6300
Cuenta de capital	849	896	433	2051	3823	5459	5070
Errores y omisiones	396	194	799	–400	–560	851	–2391
Cambio en reservas	147	240	304	122	37	165	–1004
Cuentas nacionales (porcentajes del PIB)							
Consumo privado	68.5	69.2	68.0	67.0	66.4	66.5	66.6
Consumo público	8.2	8.7	9.1	9.2	9.2	10.0	10.2
Inversión	22.0	20.1	20.5	21.8	24.1	23.9	22.4
Cuenta corriente	–3.0	–2.1	–2.0	–2.6	–4.0	–4.6	–3.8
Exportaciones	3.6	3.5	3.7	3.9	4.2	3.6	4.3
Importaciones	6.1	5.3	5.7	6.5	8	7.1	6.8
Comercio exterior	9.7	8.8	9.4	10.4	12.2	10.7	11.1
Balanza comercial	–2.5	–1.8	–2	–2.6	–3.8	–3.5	–2.5
Población (millones)	50.69	52.45	54.27	56.16	58.12	60.15	61.98

FUENTE: Banco de México, salvo datos de salarios, preparados con información del INEGI.

CUADRO V.7. *México. Balanza de pagos, 1970-1976 (millones de dólares)*

	1970	*1971*	*1972*	*1973*	*1974*	*1975*	*1976*
Cuenta corriente	–1188	–929	–1006	–1529	–3226	–4443	–3683
Balanza comercial	–955	–788	–941	–1581	–2921	–3305	–2279
Exportaciones	1373	1468	1821	2311	3228	3394	4021
Importaciones	2328	2256	2762	3892	6149	6699	6300
Servicios	–232	–141	–65	53	–306	–1138	–1405
Ingresos	1882	2064	2459	3095	3610	3740	4256
Egresos	2114	2205	2524	3042	3916	4878	5661
Cuenta de capital	849	896	433	2051	3823	5459	5070
A largo plazo	561	708	842	1866	2793	4373	4702
Pasivos	567	689	856	1900	2839	4370	4802
Activos	–6	19	–14	–34	–46	3	–101
A corto plazo	288	188	–409	185	1029	1086	368
Pasivos	330	157	--95	636	1510	1282	1122
Activos	–43	31	–314	–450	–480	–195	–754
Errores y omisiones	396	194	799	–400	–560	851	–2391
Variación en reservas[1]	147	240	304	122	37	165	–1004

La suma de las cifras puede no ser igual a los saldos debido al redondeo.

[1] Incluye 45, 40, 39, 70, 74 y 70 millones de dólares de SDR, respectivamente, en los años correspondientes a 1970, 1971 y 1972.

FUENTE: Banco de México.

CUADRO V.8. *México. Indicadores fiscales y monetarios, 1970-1976 (porcentajes del PIB)*

	1970	*1971*	*1972*	*1973*	*1974*	*1975*	*1976*
Balances fiscales							
Económico	–3.4	–2.1	–4.2	–5.6	–5.9	–8.6	–8.1
Financiero[1]	–3.4	–2.3	–4.4	–6.3	–6.7	–9.3	–9.1
Primario[2]	–1.3	–0.4	–2.2	–3.5	–3.7	–6.0	–4.6
Gasto e inversión pública							
Gasto del sector público	24.6	24.8	26.4	29.5	30.7	36.3	37.9
Inversión del sector público	6.6	4.6	5.9	7.2	7.2	8.7	7.9
Sector paraestatal							
Gasto del sector paraestatal	12.7	13.4	12.7	14.7	15.6	18.2	17.9
Ingreso del sector paraestatal	12.8	13.4	12.7	14.9	15.6	18.2	17.6
Balance del sector paraestatal	0.1	0.0	0.1	0.1	–0.0	0.0	–0.3
Indicadores monetarios							
Impuesto inflacionario	1.2	2.3	2.4	2.6	3.1	3.9	3.7
M4[3]	34.0	36.0	35.9	33.5	30.3	31.5	28.8
Crecimiento nominal de *M*1 (m1)	10.6	8.4	21.1	24.3	22.0	21.3	30.9
*m*1–ipc [4]	9.4	6.1	18.7	21.7	18.9	17.4	27.2
Tasas de interés pasivas [5]	8.0	8.0	8.0	12.9	12.4	12.0	12.1
Tipo de cambio nominal	12.5	12.5	12.5	12.5	12.5	12.5	15.4
Inflación. IPC (%)	7.0	5.3	5.0	12.0	23.8	11.2	27.1

[1] El signo contrario indica requerimiento de endeudamiento del sector público.

[2] No incluye pagos de intereses sobre deuda interna y externa.

[3] Corresponde a la definición más amplia de moneda.

[4] Calculado con datos del Banco de México.

[5] Los datos anteriores a 1973 son para tasas de interés sobre bonos hipotecarios. Después de 1973, los datos corresponden al costo promedio porcentual de los fondos.

FUENTE: Banco de México y cálculos propios.

cimiento de las importaciones durante las décadas de 1950 y 1960. Además era el complemento de políticas para reducir la absorción, como la reducción del gasto, necesarias para reducir las compras en el extranjero.

Sin embargo, en el curso del año siguiente esos ajustes macroeconómicos menores se consideraron insuficientes para mejorar la situación económica del país. Una posible falta de convicción (y credibilidad) de las autoridades mexicanas para seguir un camino más ortodoxo en un año de elecciones presidenciales[59] sirvió para mantener el déficit fiscal prácticamente sin cambios de 1975 a 1976, alrededor de 9% del PIB. El crecimiento de la producción decreció aún más, a 4.2%, y a fin de año la inflación llegó a 27.1%. Debido a la ausencia de fuentes internas significativas para el financiamiento, la deuda externa alcanzó en conjunto a 22 millones de dólares, marcando un récord desde el fin de la segunda Guerra Mundial, siendo 70% contratado con bancos privados y el resto con instituciones financieras internacionales. A medida que el déficit en cuenta corriente continuaba aumentando, se incrementó también la especulación contra el peso, así como las fugas de capitales (3 mil millones de dólares entre marzo y septiembre),[60] minando la capacidad del gobierno para mantener fijo el tipo de cambio, lo que a su vez fomentó la especulación.[61]

Para fines de agosto de 1976 la economía mexicana se encontraba al borde de una crisis de la balanza de pagos. En consecuencia, las autoridades financieras mexicanas se vieron por fin obligadas a devaluar 60% el peso el 1 de septiembre —la primera devaluación desde 1954— y a aplicar medidas concretas para controlar el déficit fiscal.[62] Suspendieron los Cedi, introdujeron mayores impuestos a la exportación y las ganancias del capital, aumentaron los precios

no hacerlo. En 1976 en particular no quería devaluar porque se acercaban las elecciones presidenciales del verano de ese año. Véase *El Día*, 8 de octubre de 1976, citado por Villarreal (1984).

59 Las elecciones debían celebrarse en el verano de 1976. Estaba produciéndose algo similar a un ciclo de negocios político. Por referencias teóricas sobre esos ciclos, véase Person y Tabellini (1994).

60 Datos de *Excélsior*, 8 de septiembre de 1976.

61 Para un análisis en profundidad de las determinantes fiscales y monetarias de esa crisis, véase Gómez Oliver (1981). Para otros detalles de los acontecimientos económicos de este periodo, véase Tello (1978), Balassa (1983), Zedillo (1986) y Baldrech y Levy (1991). Véase también Gil Díaz (1988) por una evaluación de los errores políticos que acompañaron esa estrategia.

62 El 27 de octubre ocurrió una nueva devaluación de 40%, ubicando la paridad en 26.5 pesos por dólar.

de bienes y servicios suministrados por el sector público y aprobaron tasas de interés más elevadas.

Esas medidas anularon casi por completo la reforma comercial de 1971-1975, considerando que la política comercial mexicana volvió al mismo punto en que se encontraba en 1970, si no es que peor. En 1970 la proporción de las importaciones controlada por permisos era de 68.3%, para 1976 había *aumentado* a 90%, resultado totalmente contrario a los propósitos originales de las reformas comerciales de 1971-1975. El programa de promoción de la exportación diseñado en 1971 se suspendió, junto con los créditos para la promoción industrial. Los únicos elementos de las reformas que parecen haber sobrevivido a la crisis fueron el IMCE, la reducción del número de líneas arancelarias, la reducción de la dispersión de los aranceles, los nuevos fondos de desarrollo y la opinión de que, igual que en 1971, México tenía que reformar su política comercial.

V.4.1. *Epílogo*

Los últimos dos meses del gobierno de Echeverría fueron acompañados no sólo por una crisis económica sino por una gran agitación política. Su administración sufrió enfrentamientos entre los dirigentes empresariales y el presidente,[63] y terminó con violentos ataques al gobierno por su responsabilidad en la crisis. Empezaron a circular rumores sobre la posibilidad de un golpe de Estado —como eco de la experiencia chilena de 1973— y de una nacionalización de los bancos. En noviembre, el último mes de gobierno de Echeverría, la situación política se complicó aún más cuando millares de campesinos del estado de Sonora invadieron tierras de propiedad privada en el valle del río Yaqui, apoderándose de alrededor de 100 000 hectáreas pertenecientes a 800 terratenientes. Haciendo a un lado los pleitos judiciales ya iniciados, el presidente Echeverría declaró legales las ocupaciones y entregó las tierras a los campesinos para su explotación comunitaria. Como es de suponer, esa medida ocasionó una intensa respuesta del sector privado, que organizó movilizaciones para protestar contra la decisión del presidente. Representantes empresariales bloquearon caminos en el estado de Sonora, iniciaron una campaña condenando al presidente Echeverría y exigieron que se

[63] Para una narración de esos enfrentamientos, véase Arriola (1979).

especificaran los términos en que se compensaría a los terratenientes despojados. Esa actividad política aumentó el sentimiento de incertidumbre económica y política imperante durante todo el último año de la administración y generó más desconfianza hacia el gobierno mexicano. Al término del gobierno de Echeverría se había desencadenado una aguda crisis política, una "crisis de confianza". Tocaría a su sucesor, Jose López Portillo, buscar un camino para salir de ella. El siguiente capítulo se ocupa de este asunto.

V.5. CONCLUSIÓN

En este capítulo se propuso exponer sumariamente los orígenes económicos y políticos de las políticas comerciales del periodo 1971-1975, cuando se intentó la primera revisión de la ISI. Las fuentes de la tentativa de México de reducir sus barreras comerciales, de acuerdo con la interpretación aquí presentada, derivan no sólo de propuestas gubernamentales, sino de las mayores demandas de ajuste de la protección relativa y absoluta del país procedentes de industrias orientadas hacia la exportación, como consecuencia de una mayor competencia en los mercados internacionales y/o de la incidencia de mayores sanciones comerciales.

El examen del breve episodio de reforma comercial de 1971-1975 encuentra datos en apoyo de esta tesis y sugiere que el impulso para la *iniciación* de una reforma comercial que contempla la promoción de la exportación y la liberalización no reside, ni tiene por qué buscarse, exclusivamente en presiones internacionales o iniciativas gubernamentales. Durante ese periodo las presiones internacionales para la apertura de la economía mexicana no fueron suficientemente fuertes para forzar un cambio de la política comercial: no hubo sanciones comerciales específicas a México ni préstamos condicionados. Más bien fueron los intereses nacionales tanto del sector privado como del gobierno (que, dicho sea de paso, no estaba encabezado por un tecnócrata) los que expresaron su interés por una nueva política comercial. Esas expresiones coincidieron con la creciente presencia en los mercados internacionales de los países recientemente industrializados, que se esperaba que condujera a mayores demandas de ajuste de la protección absoluta y relativa por parte de las industrias orientadas hacia la exportación.

La creciente influencia de los sectores exportadores se mide en términos de su mayor participación en las exportaciones manufacturadas, el aumento de su orientación hacia la exportación (relación exportaciones-producción), su concentración industrial relativamente más elevada y las mayores tasas de participación y crecimiento de la producción. La mayor dependencia de los mercados extranjeros aumentó el interés por la reducción del proteccionismo; la mayor concentración industrial puede haber servido para reducir los problemas de la acción colectiva.

Los cambios en la política comercial observados fueron los mecanismos de promoción de las exportaciones y la racionalización de la estructura de protección, ambos consistentes con demandas de grupos de interés. Si bien ambos instrumentos dejaron de funcionar a comienzos de la crisis de 1976, toda la información disponible es consistente con la perspectiva teórica de este estudio.

La experiencia examinada más arriba también aporta evidencia que sugiere que los alcances de las demandas proteccionistas están asociados a los efectos adversos de la ineficiencia burocrática. A medida que aumentron los requisitos para importar o exportar, reduciendo la eficacia de los mecanismos del mercado y la operación cotidiana de las actividades industriales, los manufactureros empezaron a pedir ajustes del aparato administrativo detrás de la política comercial. Un exceso de regulación, al parecer, estaba obstruyendo la persecución de muchas actividades económicas al reducir su eficiencia en relación con el costo.

Por último, el caso examinado indica que la presión internacional podría ser necesaria para concluir o acelerar la liberalización comercial, mas no suficiente. El argumento es que en ausencia de una mayor orientación hacia el mercado internacional, o de represalias o alguna forma de condiciones impuestas desde fuera, los sectores orientados hacia la exportación pueden cabildear simplemente para aumentar su propia protección en relación con la de otros sectores, con mecanismos como mayores subsidios a la exportación o una nueva estructura arancelaria. De esa manera mantienen o aumentan su propia protección en el mercado interno a la vez que reducen la protección a otros, reorientando ingresos en beneficio propio. Por lo tanto, la reducción del nivel de los aranceles o de las barreras no arancelarias queda como un objetivo secundario o inexistente. En cambio, en presencia de represalias comerciales del extranjero, los exportadores no necesariamente pueden obtener ingresos adicionales consiguiendo mayor protección, puesto que ésta puede provocar mayores barreras comerciales para los productos que venden en el exterior. La alternativa, entonces, es reducir la protección otorgada a otros sectores, o a toda la economía. El caso examinado anteriormente parece apoyar esta argumentación, si se considera que los sectores exportadores, de los cuales se espera el impulso de una reforma comercial, cabildearon más por la racionalización de la protección y la promoción de la exportación que por la liberalización comercial.

Los cambios en la política parecerían derivar, entonces, de cambios en la demanda de política comercial, derivados a su vez de cambios en las características y la composición de las industrias y sus intereses. A medida que aumentaban los intereses de una industria en los mercados extranjeros, y la competencia que enfrentaba en el exterior, los grupos de interés asociados con los sectores exportadores —Camco, CCE, Coparmex, Concamin— demandaban políticas compatibles con una mayor competitividad y mejor acceso a los mercados internacionales. Esas demandas coincidían con el interés del gobierno en aumentar las exportaciones para evitar tomar medidas impopulares, como reducir la demanda general. El fracaso de las reformas comerciales no se debió a la oposición directa de grupos de interés, sino a que la política macroeconómica del gobierno era incompatible con una reducción sostenible de las barreras comerciales. Como no existía condicionalidad extranjera del acceso a prestamos o a mercados extranjeros que determinara una reacción aceptable a la crisis, el gobierno escogió un enfoque basado en el aumento de la protección. El papel indirecto que desempeñaron los grupos de interés en el fracaso de la reforma comercial consistió en no cabildear enérgicamente para que se disciplinara la política económica y se adoptara más rápido un nuevo régimen comercial, que al reducir el arsenal de medidas proteccionistas del gobierno probablemente habría servido para disciplinar su conducción de la política macroeconómica.

VI. REFORMA COMERCIAL FRUSTRADA II, 1977-1982

EN el periodo entre 1977 y 1980 México emprendió su segundo intento infructuoso para remplazar la estrategia de industrialización vía sustitución de importaciones por otra orientada a la exportación de manufacturas. Este intento, además de incluir medidas de liberalización comercial, se amplió con negociaciones para ingresar al GATT.

Un análisis somero del comportamiento de la economía mexicana en ese lapso llevaría a muchos a concluir que se trató de un momento favorable para la persecución de ambos objetivos. Después de un breve periodo de ajuste extendido hasta el final de 1977, la economía mexicana experimentó un auge, creciendo a tasas anuales de alrededor de 8%. El descubrimiento de vastos yacimientos de petróleo —responsable del auge— generó expectativas de crecimiento positivo hasta bien entrados los ochenta. La tasa de inflación fue elevada —la mayor parte del tiempo por encima de 20%— pero no necesariamente (o todavía) volátil. México no enfrentó crisis de la balanza de pagos que requirieran el uso de controles de la importación.

Lo peculiar de esta reforma comercial es que, a pesar de su favorable entorno económico, no sólo fue abandonada sino que, igual que su predecesora, terminó con un nivel de protección más elevado. Los controles a la importación aumentaron a 100% después de haber descendido a 60%. En lugar de ingresar al GATT después de negociar un Protocolo de Adhesión sumamente favorable, el gobierno mexicano optó por posponer su entrada. La pregunta que surge es: ¿por qué abandonar un programa de reforma comercial presumiblemente benéfico para el país bajo condiciones económicas, crediticias y comerciales favorables?

Las respuestas más comunes ubican la fuerza explicativa en la combinación de la autonomía del Estado y las oportunidades generadas por el auge petrolero. Para algunos observadores, los presidentes a cargo de un Estado autónomo con ingresos elevados poseen mayor liberad para instrumentar sus políticas preferidas. De ahí que el presidente López Portillo eligiera la salida del desarrollo industrial planificado (su preferencia revelada) apoyado por el financiamiento y el liderazgo de la industria petrolera. Posiciones más articuladas, como la de Gabriel Székely (1983), plantean que la riqueza petrolera y sus implicaciones de política económica llevó a la postergación de la liberalización comercial, acción que a su vez generó rezagos en la consecución de eficiencia económica. Dale Story (1984) y Sidney Weintraub (1986), enfocándose en el entorno político interno, observan que la movilización de los productores orientados al mercado interno ayudó a persuadir al presidente López Portillo a postergar la adhesión de México al GATT.[1]

En este capítulo extiendo las perspectivas anteriores explorando en mayor detalle la contribución de los grupos de interés nacionales en el avance y retroceso de la reforma comercial de este periodo. La tarea es similar a la del capítulo anterior. Esencialmente consiste en encontrar cambios en factores externos o internos que, de acuerdo con el marco teórico de este estudio, se asocien a un cambio en el poder relativo de los sectores productivos.

Los principales factores externos que en este caso registran cambios potencialmente ligados a la actividad de grupos de interés son: *1)* la condicionalidad de los créditos internacionales, *2)* el aumento en la protección de los Estados Unidos —el socio comercial más importante de México—; *3)* el incremento en los precios internacionales del petróleo. Los primeros dos factores son fuentes de presión para liberalizar la economía, el tercero para cerrarla.

Puesto que no lo expliqué en el capítulo I, es preciso detenerse un momento para entender cómo la condicionalidad de créditos externos afecta directa e indirectamente el nivel de protección. La condicionalidad de los créditos externos resulta en presiones internas para liberalizar la economía por dos vías. La primera parte de la presión al gobierno en el corto plazo para que implemente políticas que garanticen el pago de la deuda, particularmente políticas conducentes a la generación de superávit en la cuenta corriente. Esto requiere la aplicación de políticas macroeconómicas restrictivas, como la disminución del déficit fiscal o la contracción monetaria, combinadas con devaluación de la moneda. Menores subsidios implican menores rentas para los productores, derivadas de trans-

[1] Story (1986) explora las determinantes de la decisión sobre el GATT, pero partiendo de una premisa diferente de la mía. En su estudio, él toma como un hecho dado la orientación de los grupos de interés en materia de política comercial.

ferencias gubernamentales directas y, por lo tanto, mayores incentivos para que éstos busquen elevar sus rentas mediante cambios en la regulación de los mercados. Asumiendo que todos los sectores sufren reducciones de subsidios similares, pero que el sector exportador está más concentrado que el orientado hacia el mercado interno, el sector exportador podrá generar más presión en el margen para aumentar su protección relativa, ya sea reduciendo la protección de los otros sectores o aumentando la propia. Pero, siguiendo el razonamiento del capítulo I, para garantizar una reducción en la protección promedio es necesario que los exportadores se vean incapacitados para elevar su propia protección gracias a la amenaza de represalias en el exterior.

La segunda vía, relevante en el largo plazo, requiere de políticas que fomenten la generación de exportaciones y el crecimiento continuo, con el fin de lograr el endeudamiento sostenible. La eliminación del sesgo antiexportador consistente en la reducción de barreras arancelarias y no arancelarias, la racionalización de la protección, la implementación de subsidios a la exportación, y el seguimiento de una política cambiaria neutral (o, por lo menos, sin tendencias a la sobrevaluación), sirven a este propósito. Como estas políticas son benéficas para los exportadores, quienes generarán los ingresos con los cuales se pagará la deuda externa, los acreedores extranjeros se convierten en sus aliados naturales, aumentando así la presión relativa de los exportadores.

La importancia de los cambios en el precio del petróleo para el nivel de protección mexicano, en el periodo bajo estudio, también requiere de una corta explicación. Cuando los precios del petróleo son altos, la restricción presupuestaria del gobierno mexicano es menor, lo cual contribuye a aumentar la disponibilidad de subsidios y a implementar políticas macroeconómicas expansivas. Cuando el precio es bajo, los ingresos del gobierno disminuyen y, salvo la posibilidad de contratar créditos externos o deuda pública interna, la disponibilidad de subsidios disminuye, y la política macroeconómica consistente en el tiempo es contraccionaria (o no es expansiva). Mayores subsidios, por los motivos mencionados anteriormente, reducen los incentivos de los productores para alterar el sistema regulatorio (la política comercial); menores subsidios aumentan estos incentivos. Del mismo modo, políticas macroeconómicas expansivas, al hacer más atractivo el mercado interno, reducen los incentivos de los productores nacionales para penetrar en mercados externos y, por lo tanto, reducen el incentivo de eliminar el sistema de protección.

Una combinación de menores subsidios, políticas macroeconómicas contraccionistas y mayores barreras comerciales externas debe, por lo tanto, resultar en presiones por menores niveles de protección. Por el contrario, más subsidios, políticas macroeconómicas expansivas y menores barreras comerciales externas deben resultar en presiones por mayor protección.

Entre 1977 y 1980 el proteccionismo externo cambió un poco, pero el nivel de subsidios interno, y el ritmo de actividad de la economía, cambió significativamente. En consecuencia, durante el periodo de políticas macroeconómicas contraccionarias, de 1977 a 1978, las presiones para liberalizar aumentaron, mientras que en el periodo de políticas macroeconómicas expansivas, de 1979 a 1981, las presiones proteccionistas aumentaron. Los cambios en las barreras comerciales siguieron este patrón.

La sección VI.1 identifica las fuentes internas y externas de las reformas comerciales de 1977-1980. La sección VI.2 describe las principales características de esa reformas. La sección VI.3 analiza el ambiente económico que rodeó a las reformas comerciales, mostrando cómo fueron desfavorables para las industrias en competencia con las importaciones y favorables para las orientadas a la exportación. La sección VI.4 explora cómo estos acontecimientos económicos provocaron las medidas proteccionistas que terminaron con la decisión de posponer la entrada al GATT y revertir las reformas comerciales. El capítulo cierra con un sumario y conclusiones.

VI.1. Las fuentes de la reforma comercial

VI.1.1. *La demanda*

Las tres fuentes principales de la demanda por una política comercial menos proteccionista durante el periodo 1977-1980 son: *1)* la condicionalidad de los créditos extrernos, *2)* el proteccionismo estadunidense, y *3)* la presión heredada del sexenio anterior por una política de racionalización de la protección.

Una de las consecuencias más importantes del infortunado final económico de la administración del presidente Echeverría para el futuro de las reformas comerciales de México fue la inclusión en el panorama político nacional de las demandas de política económica de los acreedores extranjeros. Si en el periodo 1971-1975 la presión extranjera fue insignificante para iniciar la reforma comercial, en el periodo 1977-1980 esta influencia aumentó significativamente. La razón es que la crisis económica de septiembre de 1976 dejó al gobierno mexicano enfrentado a la necesidad de conseguir 2 500 millones de dólares prestados en el extranjero para cubrir sus obligaciones financieras inmediatas y sostener sus programas sociales, pero los acreedores extranjeros sólo concederían los préstamos si el gobierno mexicano accedía a aplicar un programa de ajuste económico y una serie de reformas estructurales que estimularan la entrada de flujos de capital hacia México, como la promoción de las exportaciones y el mayor acceso al capital extranjero —el cual también serviría para pagar los préstamos externos.

Las autoridades financieras mexicanas accedieron a tomar estas medidas el 20 de septiembre de 1976, cuando firmaron con el FMI una Carta de Intención en la que este último se comprometió a proporcionar a México 1 200 millones de dólares[2] de la *Facilidad Ampliada* mientras el gobierno mexicano aceptara aplicar las habituales políticas macroeconómicas de un programa de estabilización del FMI: reducir el gasto público, aumentar los impuestos, elevar el precio de los bienes y servicios suministrados por el sector público, controlar los aumentos de salarios nominales, devaluar (otra vez) la moneda y eliminar completamente las barreras comerciales y los subsidios a la exportación. El programa de ajuste y su conjunto de condiciones para la concesión de los préstamos intentaron reducir el déficit fiscal entre 1977 y 1979 de 9.1 a 2.5% del PIB; reducir el déficit en cuenta corriente de 2.3 a 0.5% del PIB; elevar gradualmente la tasa de crecimiento anual del PIB del 4 a 7%; y limitar las obligaciones adicionales de deuda externa a 3 000 millones de dólares.[3]

Algunas estrategias para la reducción de la protección comercial y el estímulo de las exportaciones se discutieron con más detalle con funcionarios del Banco Mundial, en una misión a destinada a

[2] Inicialmente el FMI desembolsó un total de 837 millones de SDR, o 965 millones de dólares. Bancos privados aportarían el resto una vez que entrara en operación el programa de ajuste del FMI. Para detalles sobre las negociaciones y los desembolsos acordados, véase Colmenares Páramo (1978). Véase también Whitehead (1981) y Villarreal (1988) para la descripción y el análisis tanto de ese acuerdo como de la política económica que siguió.

[3] Otros objetivos incluyeron aumentar el ahorro del sector público de 0.5 a 5.5% del PIB y elevar la inversión privada de 14.3 a 18% del PIB.

evaluar la política comercial e industrial de México en noviembre de 1976.[4] Entre las recomendaciones del Banco Mundial figuraban: mantener el tipo de cambio en su nivel de equilibrio o, por lo menos cerca de él; desmantelar o reducir considerablemente el sistema de las licencias de importación (empezando por las materias primas y los bienes intermedios), racionalizar la protección arancelaria, fijando el arancel promedio para las manufacturas entre 10 y 15%; eliminar exenciones del pago de aranceles al sector público; crear un sistema más efectivo de *drawbacks* para los exportadores y creando los Cedi más generosos. De acuerdo con las recomendaciones del Banco Mundial, estas políticas debían ser complementadas por una política macroeconómica sana, por límites a los aumentos salariales según el crecimiento de la productividad y por el remplazo del sistema de renegociación anual de los salarios entonces operante por otro en que se renegociaran cada dos o tres años.

Otro factor internacional que contribuyó a la presión en favor de la reforma de la política comercial de México, aunque con un impacto menos inmediato, fue el aumento en las presiones proteccionistas de los Estados Unidos. A esta presión contribuyeron el creciente déficit comercial de ese país y el aumento en los precios internacionales de hidrocarburos, justamente cuando México confirmaba la existencia de grandes yacimientos de petróleo en su territorio. El déficit externo dio motivos a los productores estadunidenses para demandar de sus representantes un aumento en las barreras comerciales.[5] El reconocimiento del nuevo potencial petrolero mexicano sirvió en algunos círculos políticos estadunidenses para dejar de señalar a México como un país en vías de desarrollo al cual debía dársele trato comercial especial, cuando el gobierno estadunidense buscaba oportunidades para bloquear la competencia de las importaciones en su propio territorio.[6]

Por lo tanto, México, junto con los países asiáticos de reciente industrialización, empezó a ser clasificado como un país para el cual los beneficios del sistema generalizado de preferencias (*generalized system of preferences*, GSP) debían declinar.[7] Además, puesto que el

[4] Las conclusiones de esa misión pueden encontrarse en World Bank (1979).

[5] Sobre la evolución del déficit comercial de los Estados Unidos y su relación con la política comercial estadunidense, véanse, por ejemplo, las reseñas de Gilpin (1987), Spero (1990), Bhagwati (1991), I. M. Destler (1992) y Baldwin (1982-1993).

[6] En 1987, el gobierno de los Estados Unidos estaba considerando la aplicación de un recargo de 10% a sus importaciones.

[7] En realidad las preferencias del GSP de México habían venido declinando. En-

objetivo del gobierno estadunidense era aumentar las exportaciones de su país, incluía abrir más los mercados extranjeros, puesto que México era uno de los principales socios comerciales de los Estados Unidos, y dada la expectativa de crecimiento en las exportaciones de petróleo mexicano hacia los Estados Unidos, la cual aumentaría el saldo de la cuenta corriente mexicana, muchos pensaron que México debía corresponder reduciendo su proteccionismo. El gobierno mexicano recibió entonces invitaciones más enfáticas del gobierno estadunidense para que abriera sus fronteras e ingresara formalmente al GATT, cuya Ronda de Tokio estaba por llegar a su conclusión a comienzos de 1979.[8]

La presión internacional amplió entonces la demanda por una nueva política comercial de México más allá de las demandas ya formuladas por los sectores mexicanos orientados hacia la exportación, tal como se configuraron y se describieron en el capítulo anterior. Esta presión externa resultó no sólo en la reducción de los subsidios a productores mexicanos (a través de la aplicación del programa de ajuste), en precios internacionales más bajos (a través de la competencia en mercados extranjeros) y en amenazas proteccionistas por parte de los Estados Unidos —factores asociados, según mi argumento, con una mayor presión interna en favor de la liberalización comercial—, sino también en demandas de los acreedores extranjeros y del gobierno estadunidense, de políticas económicas capaces de generar excedentes en la cuenta corriente, que servirían para pagar las obligaciones del país con el exterior.

tre 1974 y el final de 1978, 90 productos mexicanos fueron eliminados del GSP. Parte de esta baja derivó de la insistencia estadunidense para que México se "graduara" de su posición de LDC. Para un análisis del GSP y el comercio de México en este periodo, véase Del Castillo (1980). Para un análisis de estas y otras disputas bilaterales, véase Purcell (1982). Para las protestas del US-Mexico Business Committee, véase *Excélsior*, 1 de marzo de 1979.

8 Para más acerca del cambio en las expectativas sobre el futuro del comercio entre México y los Estados Unidos, véase Hufbauer, Hamel Smith y Vukmanic (1981). Los autores observan que cuatro fuerzas suscitaron interés en el futuro de las relaciones comerciales entre los dos países: *1)* el descubrimiento por México de vastas cantidades de petróleo; *2)* el anuncio por México de objetivos de crecimiento ambiciosos; *3)* la comprensión de que las exportaciones mexicanas pueden sustituir a la migración mexicana, y *4)* los muy diferentes enfoques de la política económica internacional adoptados por los dos países. Factores de este tipo llevaron a otros observadores, como Pellicer de Brody (1978), a señalar que para 1978 diplomáticos estadunidenses trataron de llegar a un acuerdo con México, cortejando el lema de "independencia", a fin de promover las prioridades de los Estados Unidos y conseguir un suministro constante de petróleo y gas.

Es preciso enfatizar que la influencia de las instituciones financieras internacionales, representadas fundamentalmente por el FMI y el Banco Mundial, aumentó durante este breve periodo debido a la condicionalidad de los préstamos que concederían al gobierno mexicano para el programa de estabilización económica.[9] La presión de los Estados Unidos no fue efectiva en tanto las autoridades de ese país no aumentaron sustancialmente las sanciones comerciales contra México en el periodo comprendido entre 1977 y 1979, pero pasó a ser significativa poco después.

A comienzos de la administración de López Portillo, la incorporación de la presión extranjera comenzó a inclinar la balanza de la influencia política relativa en favor de los sectores mexicanos orientados hacia la exportación. Por razones que serán evidentes más adelante, sin embargo, subsistía una diferencia importante entre los demandantes internos de política comercial y los externos, relacionada con la velocidad de la reforma: los agentes extranjeros querían un proceso rápido; los internos querían recomenzar un proceso gradual similar al diseñado en 1971-1975.

Por supuesto, muchos miembros del sector privado mexicano criticaron el acuerdo del gobierno con el FMI, sosteniendo que constituía una violación a la soberanía mexicana. En realidad redujo hasta cierto punto la capacidad de ellos de influir en las decisiones gubernamentales de política económica, pero eso se limitaba únicamente a los lineamientos principales. Los productores nacionales todavía contaban con un amplio espacio para discutir los términos y la secuencia de la liberalización comercial. De hecho, Concamin y Canacintra participaron, como lo hicieron en la administración anterior, en el diseño de la nueva estrategia para reformar la política comercial mexicana.[10] Por lo tanto, es innegable que los demandantes mexicanos de la política comercial desempeñaron un papel importante en el diseño de las reformas comerciales mexicanas.

[9] Esta fuerza derivaba también de uno de los criterios empleados por los banqueros extranjeros para conceder préstamos: el respalaldo del FMI o del Banco Mundial para el manejo de la política económica en el país receptor del préstamo.

[10] Véase ANIERM (1980) para una confirmación de la participación de esas cámaras.

VI.1.2. *La oferta*

Durante su discurso inaugural, el presidente López Portillo invitó a los mexicanos a ver la crisis económica sin fatalismos, proponiendo un cambio de estrategia para resolver los problemas económicos: "Entendamos que la estrategia económica seguida por México desde la segunda Guerra Mundial [fue] insuficiente [para estimular] la producción y la capacidad de inversión. Reclamo ahora el diseño de nuevas políticas..." Después de esbozar una serie de objetivos para la política fiscal, financiera, agrícola, productiva y otras, muchas de las cuales respetaron el acuerdo recién firmado por México con el FMI, expresó el enfoque que su administración se proponía adoptar para la política tanto cambiaria como comercial:

> El gobierno hará todo el esfuerzo necesario para combatir la idea de que el tipo de cambio es la razón y el patrón de nuestro desarrollo; le daremos el valor que tiene y no más... Para equilibrar la balanza de pagos orientaremos hacia la exportación esos bienes para los cuales existe capacidad excedente de producción, así como ciertos tipos de bienes, agrícolas e industriales, que requieren uso intensivo de mano de obra. Restringiremos las importaciones a través de un programa estricto para el sector público, de acuerdo con la disponibilidad de divisas, combinándolo con la sustitución para el sector privado de permisos específicos por un permiso global y un uso más flexible de los aranceles. Eso detendrá, también, las irregularidades.[11]

La perspectiva de reiniciar el proceso de reformas comerciales graduales disfrutó de amplio consenso en el sector público, pero las coincidencias fueron menores en torno a la definición de una reforma "gradual", o a la forma adecuada de responder a las invitaciones de los Estados Unidos para ingresar al GATT y abrir la economía mexicana, o sobre el papel que debía desempeñar el petróleo en el desarrollo industrial —y por extensión— en la política comercial. Después de la confirmación de amplios yacimientos petrolíferos en 1978, algunos grupos del gobierno estimaron que tal riqueza mejoró la posición negociadora de México frente a los Estados Unidos o el FMI, especialmente porque los precios del petróleo parecían continuar en subida durante 1979, condición que daba a las autoridades

[11] Véase Presidencia de la República (1988), pp. 24 y 30. El discurso puede verse también en *Excélsior*, 2 de diciembre de 1976.

mexicanas más libertad para aplicar sus políticas preferidas.[12] Otros estimaban que había llegado el momento de liberalizar y entrar al GATT, sobre todo ahora que México podía utilizar sus ingresos petroleros para responder a sus obligaciones financieras en el extranjero, resolver los desequilibrios en sus cuentas exteriores y promover la exportación de manufacturas.[13]

Las divisiones en el gobierno derivaron de otros dos factores importantes. El primero fue la reorganización del Ejecutivo que acompañó el inicio de la presidencia de López Portillo, el 1 de diciembre de 1976, dos meses después del comienzo de la crisis económica. En un intento de "reinventar" el gobierno para hacerlo más eficiente, el nuevo presidente dividió las dos secretarías económicas más importantes, Hacienda e Industria y Comercio, dividiendo también sus intereses y sus bases de apoyo. La rama planificadora de la Secretaría de Hacienda pasó a ser la Secretaría de Programación y Presupuesto, mientras que la rama de la Secretaría de Industria y Comercio dedicada al desarrollo industrial se integró a la Secretaría del Patrimonio Nacional para formar la Secretaría de Patrimonio y Fomento Industrial. Con esa división, la Secretaría de Hacienda quedaría encargada de recaudar ingresos, Planeación y Presupuesto de gastar esos ingresos, Comercio de regular las actividades mercantiles y negociar acuerdos comerciales internacionales, y Patrimonio y Fomento Industrial de manejar el sector paraestatal y las actividades industriales.

Esta reorganización de la burocracia dio al secretario de Patrimonio Nacional el poder de manejar tanto las paraestatales símbolo del nacionalismo mexicano —Pemex, CFE— como el curso de la política industrial. Con ello se integraban la creación de política para la industria privada y para la pública: el nacionalismo y la promoción industrial se vinculaban al mismo tiempo que la industria y el comercio se separaban. Los encargados de formular la política industrial tenían ahora menos vinculaciones con los encargados de negociar los acuerdos internacionales. Nacía así una supersecretaría nueva, que miraba primordialmente hacia adentro.[14] Con el nuevo

[12] Para una argumentación cuidadosamente elaborada sobre esta perspectiva, véase Villarreal y Villarreal (1980).

[13] Para un examen de las opiniones contrastantes de algunos funcionarios gubernamentales y otros observadores, véase *Comercio Exterior* (febrero de 1980) e IMCE (1982).

[14] Con excepción del control de Pemex y otras empresas paraestatales con operaciones internacionales.

gabinete se desarrolló una nueva configuración de intereses, puesto que las empresas paraestatales y las compañías privadas buscarían asistencia gubernamental en las mismas oficinas públicas.

Al mismo tiempo que la promoción industrial y el sector paraestatal pasaron a manos de la misma persona, la recaudación de impuestos y el gasto pasaron a separarse en manos de dos personas distintas. El secretario de Hacienda, encargado de recaudar los ingresos públicos, incluyendo aranceles e impuestos a la exportación, ya no tenía ni enfrentaba los mismos intereses porque ya no era el encargado de decidir dónde gastar esos ingresos. Al mismo tiempo, el nuevo secretario de Programación y Presupuesto podía gastar sin preocuparse por la impopularidad de elevar los impuestos. Las perspectivas y las bases de ambas secretarías cambiaron, sobreviniendo con ello una falta de coordinación. La Secretaría de Hacienda se ocuparía directamente de asuntos de política comercial (puesto que manejaba los aranceles), y Programación y Presupuesto tendría una vinculación indirecta con los asuntos comerciales a través de su poder adquisitivo, que podía ser usado para apoyar la actividad económica.[15]

El segundo factor que suscitó divisiones dentro del gobierno fue la decisión presidencial de designar para esas secretarías y como asesores individuales suyos a personas con ideologías y perspectivas económicas contrastantes. El presidente lo hizo deliberadamente, con objeto de oír puntos de vista diferentes antes de tomar una decisión sobre puntos importantes.[16] Así, nombró a un economista estrechamente vinculado con la "Escuela de Cambridge" y con simpatías por el pensamiento estructuralista para la Secretaría de Patrimonio y Fomento Industrial (José Andrés de Oteyza); a tres economistas moderados (Enrique Moctezuma Cid, David Ibarra y Jesús Silva Herzog) en Hacienda; a un economista de izquierda (Carlos Tello); un empresario conservador (Ricardo García Sáinz) y un abogado moderado con experiencia previa en Hacienda (Miguel de la Madrid) en Programación y Presupuesto; y a un académico (Fernando Solana) y un político (Jorge de la Vega) en Comercio. Todos esos cambios se produjeron entre 1976 y 1982. En

[15] Los lectores interesados en la reforma administrativa del gobierno mexicano en este periodo pueden consultar a Carrillo Castro (1978). Para una revisión histórica de estos cambios, véase Flores Caballero (1988).

[16] Este es un hecho bien conocido. El lector puede consultar Teichman (1988) para un examen del modo como se dividió el gabinete y las divergentes propuestas políticas de sus principales miembros.

general, con cada nuevo secretario llegó un nuevo equipo de asesores y una perspectiva diferente sobre la política pública. Ese cambiante y variado grupo de individuos enriqueció las discusiones del Gabinete Económico, pero también provocó cierta falta de cohesión y de congruencia entre sus miembros. En definitiva, esa falta de cohesión tuvo un impacto indeleble sobre el futuro de la política comercial, por razones que se explicarán en la sección VI.3.

En resumen, entre 1977 y 1979 el gobierno de México también expresó su interés por reformar la política comercial del país. Esto ocurrió al mismo tiempo que enfrentaba presiones internacionales para abrir su mercado y una demanda interna de reforma de la política comercial, lo cual parece consistente con la expectativa de que los funcionarios públicos se muestren sensibles a variaciones de las presiones relativas entre proteccionistas y partidarios del libre comercio. Sin embargo, la división existente entre los creadores de política sobre el manejo apropiado de la política comercial limitó la fuerza de la respuesta a la mayor demanda de una nueva estructura de protección y menores barreras comerciales. La falta de cohesión, como se explica más adelante, creó un sesgo en favor del *statu quo*, a pesar de que las presiones en favor de una nueva política comercial aumentaron. Eventualmente la riqueza petrolera contribuiría a dividir aún más a los miembros del gabinete y a complicar el manejo de la reforma comercial porque expandió sustancialmente las importaciones, generando a la vez la oposición de los grupos en competencia con las importaciones. Esos dos aspectos serán tema de las secciones siguientes.

VI.2. RESUMEN DE LAS REFORMAS COMERCIALES DE 1977-1980

Debido al acuerdo con el FMI firmado por el gobierno mexicano y al precedente de la estrategia diseñada durante la administración de Echeverría para reducir las barreras comerciales y promover las exportaciones, las medidas liberalizadoras de la administración López Portillo avanzaron a un ritmo más rápido que en el periodo 1971-1975. Siguiendo el ejemplo de la administración Echeverría, el nuevo gobierno introdujo primero incentivos fiscales para promover las exportaciones —enfoque conveniente porque la crisis de septiembre de 1976 hizo que a corto plazo las autoridades mexicanas se preocuparan más por apoyar las exportaciones que por reducir las barreras comerciales, y los industriales necesitaban tiempo para ajustarse al nuevo ambiente económico. A la introducción de incentivos fiscales siguieron políticas de racionalización de la protección. A continuación se incluye un sumario de ambas.

VI.2.1. *La promoción de las exportaciones*

La promoción a las exportaciones durante la administración López Portillo fue apoyada con subsidios fiscales, crediticios y energéticos, pero la política cambiaria, en contraste con el objetivo inicial del presidente, terminó obstaculizándola.

Los subsidios fiscales vinieron en dos formas. La primera fue una reformulación de los Cedi propuesta en abril de 1977. Los nuevos Cedi bajaron los requisitos de contenido nacional de 50 a 30% para una devolución de los impuestos a los exportadores industriales. Tales devoluciones iban de 25 a 100%, con tasas más elevadas concedidas a las empresas con mejor desempeño exportador o con mayor contenido nacional. Los beneficios de los Cedi se extendieron además a manufactureros que formaran sociedades anónimas con objeto de aumentar las exportaciones. Para 1978 alrededor de 87% de los artículos incluidos en la tarifa del impuesto general a la exportación de México fueron elegibles para los Cedi.[17]

Los Cedi fueron reintroducidos y rediseñados no sólo como consecuencia de las recomendaciones del Banco Mundial, sino en respuesta a la fuerte protesta generada por su suspensión el 8 de septiembre de 1976, después del estallido de la crisis. Durante septiembre y octubre de ese año los industriales se acercaron a diversos funcionarios del gobierno para persuadirlos de la necesidad que veían de mantener, e incluso aumentar, los incentivos a la exportación.[18] El 24 de octubre de 1976 el director de la Asociación Nacional de Importadores y Exportadores de la República Mexicana (ANIERM) dio un ejemplo del sentir de los exportadores, afirmando que en lugar de tratar de reducir el déficit fiscal aumentando los impuestos a la exportación, que limitaban la competitividad de los productos mexicanos, el gobierno debía aumentar el impuesto a la renta.

[17] Para estudios más amplios de los Cedi, véase Cavazos Lerma (1978), varios artículos en IMCE (1982), y Weintraub (1984).

[18] Esa petición se registra en Tello (1978).

Al día siguiente el gobierno aceptó eliminar el impuesto a la exportación de productos manufacturados,[19] y durante los meses siguientes trabajó en la creación de los nuevos Cedi.

El segundo subsidio fiscal introducido por la administración López Portillo fue el Certificado de Promoción Fiscal (Ceprofi). Este instrumento ofrecía cinco años de crédito en el pago de los impuestos federales a las empresas que invirtieran en las industrias consideradas "prioritarias" —principalmente agroindustrias, cemento, hierro y acero, bienes de capital y productos farmacéuticos—, o en zonas fuera de la ciudad de México y de otros centros urbanos. Estos créditos fiscales ascendieron a 5, 10, 15 o 20% de las inversiones en nuevas plantas o adquisiciones de maquinaria. Si bien no se les diseñó con el objetivo directo de promover las exportaciones, al subsidiar una buena parte de las inversiones industriales redujeron los costos de producción de las empresas grandes, permitiéndoles competir en mercados internacionales en términos más favorables.

Los Ceprofi fueron presentados en marzo de 1979 como parte del Plan Nacional de Desarrollo Industrial o PNDI,[20] el programa de desarrollo diseñado por la Sepafin para aprovechar la nueva riqueza petrolera de México. Como parte medular del PNDI, los Ceprofi significaron la expresión política y económica de un ambiente muy distinto del reinante en 1976, cuando el acuerdo con el FMI limitaba las opciones del gobierno mexicano. Con mayores ingresos petroleros en el horizonte, el gobierno podía volver a políticas de subsidios poco aconsejables bajo el programa de ajuste puesto en marcha en 1977.

Como se explica en la siguiente sección, la mayor parte de los Ceprofi fue capturada por empresas grandes, en parte porque estaban mejor orientadas a promover la sustitución de bienes de capital, considerada por los funcionarios gubernamentales con el

[19] Véase *Excélsior*, 25 de octubre de 1976. Nótese que las nuevas regulaciones de los Cedi debían ser compatibles con los acuerdos firmados con el FMI.

[20] El PNDI fue presentado el 12 de marzo de 1979, después de dos años de planeación del uso apropiado de las reservas de petróleo. Se desarrolló a partir del Plan de Gobierno (1976-1982) básico presentado en 1977. El PNDI tenía tres objetivos principales: expander la capacidad productiva de México en bienes de consumo, de capital, y en la petroquímica; descentralizar la actividad industrial, apartándola de la ciudad de México; y apoyar a las empresas pequeñas y medianas, que representaban 99% de las empresas industriales mexicanas. Como se menciona en el texto principal, sus mayores incentivos industriales eran los Ceprofi y los incentivos energéticos. Los lectores interesados en los detalles del plan pueden consultar el texto del programa en *Poder Ejecutivo* (1985), o los análisis de Székely (1983) y Story (1986).

mismo nivel de prioridad que el de la sustitución de bienes intermedios básicos. Los cuadros VI.1 y VI.2 confirman esta aseveración. En particular, el cuadro VI.2 ilustra la importancia de las industrias con uso intensivo de capital y otras industrias "prioritarias", las cuales captaron más de la mitad de los fondos de los Ceprofi, dejando a las empresas pequeñas con un nivel de apoyo muy inferior.

Los subsidios crediticios incluyeron menores tasas de interés y mayores volúmenes de préstamos. La mayor riqueza petrolera sirvió además para aumentar el monto de los créditos preferenciales para exportadores y productores participantes en programas de sustitución de importaciones. Entre 1971 y 1976 el monto de los préstamos concedidos por Fomex cada año ascendió en promedio a 263.4 millones de dólares, dólares de 1970 (de un promedio de 81 millones de dólares para los seis años anteriores), y entre 1977 y 1982 se triplicó, alcanzando a 758.5 millones de dólares. Alrededor de 60% de esos créditos se dirigieron a actividades preexportadoras y exportadoras (50% de ellos concentrados en las industrias química, siderúrgica, de maquinaria y de material de transporte), mientras que una proporción igual de los créditos de sustitución de importaciones se concentró en las industrias de bienes de capital.[21]

El tipo de cambio, ajustado y fijado alrededor de 22.5 pesos por dólar a fines de 1976, empezó a sobrevaluarse progresivamente después de 1978. Su nivel real pasó de una subvaluación de 5.76% en 1977 a una sobrevaluación de 23.35 % en 1981.[22] La sobrevaluación creciente dio origen a un sesgo contrario a las exportaciones, calculado en alrededor de 15% para las manufacturas tradicionales, 21% para bienes intermedios y 18% para productos modernos.

VI.2.2. *Racionalización de la protección*

Algunas restricciones a las importaciones disminuyeron gradualmente entre 1977 y 1980, a pesar de la sobrevaluación del tipo de cambio. De representar 90% del total del valor de las importaciones en 1977 cayeron a 60% en 1980, aproximadamente la misma proporción de 1962. A fin de no modificar la protección recibida por los productores nacionales, el gobierno elevó los aranceles de los ar-

[21] Cálculos míos, basados en datos del Banco Nacional de Comercio Exterior (1987), tablas 5.1 y 5.2, pp. 275 y 276.

[22] Véase Rocha (1987), p. 287.

CUADRO VI.1. *México. Incentivos fiscales al comercio exterior, 1977-1982* *(porcentajes)*

	1977	*1978*	*1979*	*1980*	*1981*	*1982*
Valor total (millones de dólares)	186.6	651.3	896.1	961.6	1552.6	933.7
Total	100	100	100	100	100	100
Ceprofi	n.a.	n.a.	0.5	17.3	34	40.3
Apoyo al comercio exterior	44.9	29.8	25.8	22.4	21.1	24.4

FUENTE: SHCP.

CUADRO VI.2. *México. Ingresos perdidos debido a los Ceprofi, 1979-1982* *(millones de dólares)*

	1979	*1980*	*1981*	*1982*[1]
Inversión y empleo	n.a.	143.8	358.0	233.7
Industrias prioritarias	n.a.	115.1	308.3	191.5
Maquinaria y equipo	n.a.	16.5	27.2	24.7
Industrias pequeñas	n.a.	8.0	13.5	10.7
Otras	n.a.	4.1	8.9	6.7
Minería y metalurgia	n.a.	n.a.	56.1	31.9
Vivienda	n.a.	n.a.	25.1	22.5
Productores lácteos primarios	n.a.	n.a.	n.a.	n.a.
Otros	n.a.	88.9	88.9	176.9
TOTAL	36.7	528.5	176.9	464.9
Participación porcentual de:				
Inversión y empleo	86.2	67.7	50.3	
Industrias prioritarias	69.1	58.3	41.2	
Maquinaria y equipo	9.9	5.1	50.3	
Industrias pequeñas	4.8	2.6	41.2	
Otras	2.5	1.7	5.3	
Minería y metalurgia	n.a.	10.7	2.3	
Vivienda	n.a.	4.7	1.4	
Productores lácteos primarios	0	0	6.9	
Otros	13.8	16.8	4.8	
TOTAL	100	100	100	100

n.a. = no aplicable.

[1] Tipo de cambio controlado.

FUENTE: SHCP, transformado en dólares.

tículos afectados. En las etapas iniciales buena parte de la eliminación de las licencias benefició, igual que antes, a las importaciones de insumos no disponibles en México, maquinaria y otros tipos de bienes de capital. Más tarde el gobierno empezó a aflojar las restricciones a las importaciones de artículos de consumo y otros bienes suntuarios, no necesariamente eliminando restricciones cuantitativas existentes sino acelerando el proceso y facilitando los requisitos.[23] Todas esas medidas se coordinaron bajo el Programa Nacional de Racionalización, cuyo objetivo final fue eliminar completamente las restricciones cuantitativas para 1982.

El éxito de las políticas de racionalización de la protección fue limitado. En general la estructura de protección siguió un patrón en cascada: en 1980 la tasa promedio efectiva para bienes de capital y de consumo durables fue de 128%, para los bienes intermedios de 43%, para la agricultura (incluyendo la ganadería y las industrias pesquera y forestal) de 18% y para la minería de 2%. La única excepción fueron los bienes de consumo no durables, con una protección efectiva de 9%.[24] Sin embargo, la adjudicación sesgada de los mayores subsidios fiscales, crediticios y energéticos, los controles de precios y el eventual aumento de las restricciones cuantitativas (por razones que se explican más adelante) trabajaron en contra de la racionalización. Los controles de precios afectaron a la mayoría de los pequeños productores de bienes de consumo no durables, mientras que los subsidios beneficiaron a las grandes empresas que producían bienes de capital e intermedios.

La ausencia de coordinación entre distintos organismos dio como resultado una secuencia ilógica de eliminación de controles de la importación (por ejemplo, los bienes finales antes que los intermedios).[25] En ese proceso, la dispersión y la irracionalidad de la protección aumentaron. Como se muestra en el cuadro VI.3, en 1979 el rango de los aranceles efectivos estaba entre –77% (petróleo, bebidas sin alcohol) y 612% (bebidas alcohólicas), pero para 1981 había

[23] Véase González Vela (1980) y Ten Kate (1992) para evidencias de esto.

[24] Tasas efectivas calculadas por la Secofi.

[25] Esto fue, en parte, consecuencia de los cambiantes centros de influencia dentro de la administración de López Portillo. La Secretaría de Patrimonio Nacional, que diseñó el PNDI y, por lo tanto, controlaba los mecanismos de promoción industrial, tenía ahora mayor poder sobre la selección de los permisos de importación. Este poder se ejercía a través de las listas de productos a liberalizar que entregaba a la Secretaría de Comercio. Muchos de estos productos fueron los bienes suntuarios cuya importación fue blanco de críticas. Entrevista (ciudad de México, 1994).

CUADRO VI.3. *México. Tasas de protección efectiva, por sector, 1979-1981*
(porcentajes)

	1979	*1980*	*1981*
1. Agricultura	–3	17	31
2. Ganado	0	23	52
3. Aves	–12	6	37
4. Pesca y caza	12	17	9
5. Carbón, grafito y derivados	–61	–58	–59
6. Petróleo crudo y gas natural	–77	–82	–84
7. Mineral de hierro	–23	–19	5
8. Metales no ferrosos	7	11	14
9. Canteras	5	6	21
10. Otros minerales no ferrosos	–1	9	7
11. Productos de leche y carne	98	94	–897
12. Frutas y verduras procesadas	34	7	34
13. Productos de molienda (trigo)	–35	–39	–51
14. Productos de nixtamal	–21	–25	–47
15. Productos del café	67	56	28
16. Azúcar	–51	–15	–6
17. Aceites animales y vegetales	1	107	32
18. Raciones para animales	–22	–9	12
19. Alimentos misceláneos	23	28	93
20. Bebidas alcohólicas	612	212	148
21. Cerveza y malta	–39	–3	–4
22. Bebidas sin alcohol	–77	–55	–41
23. Productos del tabaco	–27	–25	–34
24. Productos de fibra blanda	0	7	13
25. Productos de fibra dura	18	42	34
26. Otros textiles	–6	14	55
27. Ropa	63	119	678
28. Cuero y zapatos	8	30	124
29. Productos de aserradero	40	51	6
30. Otros productos de madera	–3	64	181
31. Papel y cartón	57	96	106
32. Imprentas y editoriales	–7	–9	4
33. Petróleo y derivados	43	32	22
34. Petroquímica básica	–65	–45	–64
35. Química básica	51	121	138
36. Abono y fertilizantes	–15	–48	–61
37. Resinas sintéticas	200	824	239
38. Productos farmacéuticos	13	30	32
39. Jabones, detergentes y cosméticos	11	17	13

CUADRO VI.3. *(Continuación)*

	1979	*1980*	*1981*
40. Otros productos químicos	33	82	209
41. Productos de hule	22	98	244
42. Productos plásticos	481	2091	2356
43. Vidrio y productos de vidrio	9	11	11
44. Cemento	21	76	13
45. Otros productos minerales no ferrosos	8	31	15
46. Metales ferrosos básicos	12	38	37
47. Metales no ferrosos básicos	78	34	62
48. Muebles de metal	37	129	420
49. Formas estructurales	–2	34	89
50. Otros, excepto maquinaria	13	57	97
51. Maquinaria no eléctrica	36	655	86
52. Maquinaria eléctrica	34	65	106
53. Aparatos electrodomésticos	94	134	166
54. Equipo electrónico	220	365	1737
55. Equipo eléctrico	66	111	121
56. Automóviles	192	–1503	–2074
57. Autopartes	35	23	35
58. Equipo y materiales de transporte	21	60	123
59. Otros productos manufacturados	52	89	123

FUENTE: Secofi.

pasado a estar entre –2 074 (automóviles) y 2 358 (plásticos). Además, los productos más elaborados no siempre tenían la mayor protección.

VI.2.3. *Programas sectoriales*

Las industrias con la suerte de ser clasificadas como "estratégicas" —automóviles, farmacéuticos, electrónica, petroquímica— continuaron recibiendo un tratamiento especial del gobierno. Además de los subsidios ya mencionados, los programas de validez anual permitieron a los empresarios de estos sectores deducir de sus declaraciones de impuestos las importaciones de materias primas, piezas y componentes.

Uno de los más prominentes programas sectoriales diseñados para el sector privado durante la administración de López Portillo fue el Decreto de la Industria Automotriz de junio de 1977, que estableció nuevas reglas de operación para todo el sector, sustituyendo a decretos similares dictados en 1972 y 1962.[26] Con objeto de generar economías de escala en la producción de piezas y modelos determinados, este decreto exigió a las compañías automotrices mantener un saldo positivo de exportaciones netas, especificó requisitos de contenido nacional más elevados, limitó la integración vertical a fin de estimular la producción nacional de piezas para automóviles y redujo el número de modelos.

Debido a su énfasis en objetivos fijados por el propio gobierno, el Decreto Automovilístico de 1977 provocó protestas de los fabricantes de autos, todos ellos empresas multinacionales. Eventualmente esas disputas figurarían entre las más relevantes entre los Estados Unidos y México, las cuales se discuten en el siguiente capítulo.[27]

VI.3. El cambiante ambiente económico de las reformas comerciales

Anteriormente señalé que la confirmación de la existencia de vastos yacimientos de petróleo bajo el territorio mexicano contribuyó a modificar la posición internacional de México hacia fines de 1977. Pero la nueva riqueza petrolera tuvo también otras tres consecuencias importantes. Primero, al generar expectativas sumamente optimistas acerca del futuro de los ingresos petroleros del país llevó a algunos grupos de la administración de López Portillo a creer que el gasto deficitario era permisible; es decir, que la restricción intertemporal del presupuesto gubernamental se había relajado. Dada la expectativa de un aumento significativo en los ingresos petroleros, se pensó que el gobierno podría incurrir en gastos deficitarios sin verse obligado a elevar los impuestos en el futuro. Segundo, una mayor riqueza petrolera contribuyó a alterar los compromisos de política comercial del gobierno mexicano. Dicho simplemente, la dependencia del capital extranjero, y por lo tanto la condicionalidad de los préstamos extranjeros, declinó.

[26] Hay un relato válido del proceso que condujo al diseño de este programa, incluyendo la decisión y negociaciones entre agentes mexicanos y extranjeros, en Bennet y Sharpe (1985). Bennet (1986) ofrece además detalles importantes sobre los programas automovilísticos de México.

[27] Véase el capítulo VII de este estudio.

La tercera consecuencia es comprensible a partir del argumento de este estudio. Los mayores ingresos petroleros relajaron las restricciones presupestarias y de divisas del país y redujeron la probabilidad de que su deuda externa no fuera pagada. Como consecuencia, la presión de los acreedores extranjeros y de los exportadores nacionales por una nueva política comercial disminuyó. Con el aumento de los subsidios a las grandes empresas exportadoras, su incentivo para abogar por un cambio en los precios relativos, como el que una liberalización comercial generaría, disminuyó. Los mayores subsidios podían servir para compensar por los efectos de un tipo de cambio sobrevaluado o por las ineficiencias de la estructura de la protección. Al mismo tiempo, la mayor penetración de importaciones elevó los incentivos de los proteccionistas para bloquear una reforma comercial. La presión relativa de los proteccionistas por consecuencia aumentó.

Para apreciar la importancia de estos efectos es útil explorar la evolución de la economía del país y su relación con la orientación comercial de varias industrias. Los cuadros VI.4, VI.5 y VI.6 muestran la evolución de los principales agregados macroeconómicos en el periodo 1976-1982.[28] Como se puede apreciar en el cuadro VI.6, el gasto público, el déficit fiscal y la creación de moneda empezaron a aumentar después del breve periodo comprendido entre 1977 y la primera mitad de 1978, cuando se aplicaron las políticas de ajuste económico. De representar alrededor de 30% del PIB en 1977, el gasto público aumentó a 34.4% en 1980. En el mismo periodo el déficit fiscal aumentó de 6.3% del PIB a 7.5%, mientras que el crecimiento de la emisión de monedas y billetes saltó de 26.4 a 33.1%, y la participación del agregado monetario más amplio en el PIB se elevó de 22 a 32.7%.

Buena parte del aumento del gasto público se dirigió a desarrollar la industria del petróleo y otros sectores controlados por el Estado (acero, fertilizantes), así como a subsidiar inversiones privadas según los lineamientos antes mencionados. Los funcionarios mexicanos diseñaron un programa de expansión para el gigante petrolero mexicano, la compañía estatal Pemex,[29] el PNDI, el Plan Global de

[28] Véase *infra*, así como Frieden (1991), quien analiza la distribución de los subsidios gubernamentales entre las industrias mexicanas durante este periodo. Este autor observa que una gran parte de estos subsidios fue capturada por empresas grandes, en general operando en mercados concentrados.

[29] El programa de expansión de Pemex contemplaba varios objetivos a alcanzar entre 1977 y 1982. Uno era aumentar la exploración en el territorio mexicano para

Desarrollo[30] y el Programa de Energía,[31] cada uno con su conjunto de mecanismos para promover el desarrollo económico.

Pronto se hicieron evidentes las consecuencias de ese impulso de la demanda agregada. La tasa de crecimiento de la producción aumentó de 3.4 a 8.3% entre 1977 y 1980, mientras que la inflación aumentó con retraso de 20 a 29.8% y el tipo de cambio real empezó a apreciarse. Estos factores a su vez estimularon la demanda interna de bienes comerciables, en cuanto se volvieron más baratos que los no comerciables, provocando que la balanza comercial y la cuenta corriente se deteriorasen progresivamente. Durante ese periodo el déficit comercial aumentó de menos de 1 a 1.3% del PIB, al tiempo que el déficit en cuenta corriente se elevó de 2.3 a 4.4% del PIB.

Esos acontecimientos económicos tuvieron duras consecuencias para el destino de las reformas comerciales de México, porque la política macroeconómica operó para complicar su aplicación exitosa. Un estudio[32] descompuso las fuentes del aumento de las importaciones mexicanas en el periodo 1977-1980 y encontró que por lo menos 70% de ese aumento podía atribuirse a factores *distintos* de

expander las reservas probadas a 30 mil millones de barriles. Otro era producir 2 250 millones de barriles diarios de petróleo crudo y 3 600 barriles de gas natural. Otro era aumentar la capacidad de refinación del país de 0.865 a 1.67 millones de barriles diarios mediante la construcción de dos nuevas refinerías, una en el noreste de México (Nuevo León) y otra en el suroeste (Oaxaca). El programa contemplaba además aumentar la producción de petroquímicos y la capacidad de transporte de la empresa. Existen numerosas referencias al programa de desarrollo petrolero de México, por ejemplo Székely (1983), Baker (1984) y Randall (1989).

[30] El Plan Global de Desarrollo complementó al PNDI en 1980. El PGD difería del PNDI en que se basaba en nuevas y más optimistas estimaciones de la capacidad de producir petróleo de México. El PNDI se basaba en la estimación de una producción de 2.25 millones de barriles diarios (mbd), mientras que el PGD la había elevado a 2.75 mbd. Además el PGD intentó reducir el énfasis puesto por el PNDI en el desarrollo industrial, contemplando medidas para el crecimiento de la producción agrícola y estableciendo un nivel más bajo de participación del sector público. Planeaba mantener el crecimiento de la economía mexicana a una tasa de 8% anual. Véase *Poder Ejecutivo* (1980).

[31] El Programa de Energía (PE) establecía metas para el crecimiento de la producción de petróleo y la composición de las exportaciones petroleras, así como para la tasa de crecimiento de la economía mexicana. Preveía aumentar la producción de petróleo y gas a 3.5 mbd y 4.300 millones de pies cúbicos diarios (mpcd), respectivamente, para 1985. Para 1990 se esperaba alcanzar un nivel de producción de petróleo de 4.1 mbd y 6.9 mpcd. El programa fijaba además límites a la exportación a un solo país en un máximo de 50% del total de las exportaciones de petróleo. Véase Sepafin (1980) y Baker (1984) para detalles del Programa de Energía, y Székely (1983) y Randall (1989) para la economía política del petróleo en México.

[32] Véase Schatan (1981), quien presenta la metodología y una larga serie de estimaciones.

la liberalización comercial, concretamente la expansión de la demanda agregada y factores estructurales. Dicho de otro modo, si la demanda agregada y los factores estructurales hubieran permanecido invariables, las importaciones sólo habrían aumentado 30% como consecuencia de la liberalización del comercio. Y aún más pronunciado fue el impacto en el sector manufacturero: tan sólo 14% del aumento de las importaciones de manufacturas derivaron de la eliminación de los controles de la importación, dejando el 86% restante a otras causas, incluyendo la expansión de la demanda agregada. Otro estudio[33] aportó más pruebas de ese efecto, señalando que en 1978 y 1979 las importaciones sujetas a la obtención de licencias aumentaron a ritmo *más rápido* que las importaciones liberalizadas. Esto significa que el gobierno eliminaba barreras comerciales al mismo tiempo que estimulaba las importaciones, preparando la escena para la aparición de protestas de los sectores en competencia con las importaciones cuya liberalización ya estaba programada.

Vale la pena examinar los efectos de esa política a un nivel menos agregado, ya que aportará elementos adicionales para la comprensión de los conflictos políticos que rodearon la política comercial en 1979 y comienzos de 1980. En las industrias de bienes de capital y de bienes de consumo duradero, típicamente controladas por grandes empresas y por empresas multinacionales, la liberalización explicó el 19% y el 31%, respectivamente, del aumento de las importaciones. Para los bienes intermedios, sectores controlados por empresas nacionales de tamaño mediano, empresas grandes y empresas estatales, ese porcentaje fue de 8%. Para los bienes de consumo no durables, en los que predominan las industrias de dimensiones medianas y pequeñas, esa parte fue de 11%. Estos datos parecen indicar que las industrias de bienes de capital y de bienes de consumo durables registraron el mayor aumento de importaciones como consecuencia de la liberalización (en realidad la eliminación de licencias se concentró en esos sectores y en bienes no

33 González Vela (1980), citado en Salas (1982). Salas además registra datos que indican que una expansión del gasto gubernamental condujo al aumento de las importaciones del gobierno. Sus estimaciones para la elasticidad de las importaciones de México en el periodo 1961-1979 revelan que cuando la inversión del sector público aumentó 1%, las importaciones de capital del sector público aumentaron más de 1%. Sin la liberalización comercial, más inversión del gobierno habría producido más importaciones. Sin embargo, las estimaciones para el sector privado indican una menor sensibilidad de éste y las importaciones intermedias a los aumentos de la inversión privada.

CUADRO VI.4. *México. Principales indicadores macroeconómicos, 1976-1982*

	1976	*1977*	*1978*	*1979*	*1980*	*1981*	*1982*
Producción							
PIB (miles de millones de dólares de 1980)	144.42	149.32	162.69	178.46	194.95	212.05	210.72
PIB/per cápita (miles de dólares de 1980)	2.33	2.34	2.48	2.64	2.81	2.98	2.88
Crecimiento del PIB (%)	4.23	3.45	8.25	9.16	8.33	7.95	–0.55
Crecimiento del PIB/per cápita (%)	1.33	0.43	5.89	6.68	6.29	5.93	–3.17
Inflación							
Inflación, CPI (%)	27.1	20.7	16.2	20	29.8	28.7	98.8
Empleo (millares)							
Trabajadores asegurados en el IMSS	4338	4554	5157	5500	6369	7112	7036
Salarios							
Salario mínimo nominal (fin del periodo)	82.74	91.2	103.49	119.78	140.69	183.05	318.28
Tasas de interés (porcentajes)							
Costo promedio de los fondos (CPP)	12.12	14.04	15.88	17.52	24.25	31.81	46.12
Tipos de cambio (promedios anuales)							
Libre	15.4	22.56	22.73	22.75	22.93	24.48	57.58
Controlado	n.a.	n.a.	n.a.	n.a.	n.a.	n.a.	46.56
Real (1970 = 100)	103.3	129.4	124	120.5	107.8	90.8	124.2

Términos de intercambio (1971 = 100)							
No ajustado	116.55	115.82	107.45	116.96	130.82	127.51	111.17
Ajustado por tasas de interés internacionales	119.58	123.48	113.79	94.21	112.69	126.67	86.01
Balanza de pagos (millones de dólares)							
Cuenta corriente	–3683	–1596	–2693	–4896	–10740	–16052	–6221
Balanza comercial	–2279	–709	–1402	–2524	–2613	–2870	7644
Exportaciones	4021	4995	6515	9456	16284	21078	22081
Importaciones	6300	5704	7917	11980	18897	23948	14437
Cuenta de capital	5070	2276	3254	4533	11443	26357	9753
Errores y omisiones	–2391	–23	–127	686	245	–9030	–6832
Cambio en reservas	–1004	657	434	419	1093	1082	–3185
Cuentas nacionales (porcentajes del PIB)							
Consumo privado	66.6	65.9	65.8	65.6	65.1	64.2	63.0
Consumo público	10.2	9.8	9.9	9.9	10.0	10.2	10.5
Inversión	22.4	21.7	22.4	24.1	27.2	28.7	21.8
Cuenta corriente	–3.8	–2.3	–3.1	–4.1	–4.4	–5.8	–3.7
Exportaciones	4.3	5.7	5.9	5.6	8.4	8.4	10.5
Importaciones	6.8	6.5	7.2	7.1	9.7	9.6	6.9
Comercio exterior	11.1	12.2	13.1	12.7	18.1	18	17.4
Balanza comercial	–2.5	–0.8	–1.3	–1.5	–1.3	–1.2	3.6
Población (millones)	61.98	63.81	65.66	67.52	69.39	71.25	73.12

FUENTE: Banco de México, salvo datos de salarios preparados con estadísticas del INEGI.

CUADRO VI.5. *México. Balanza de pagos, 1976–1982*[1] *(millones de dólares)*

	1976	*1977*	*1978*	*1979*	*1980*	*1981*	*1982*
Cuenta corriente	–3683	–1596	–2693	–4896	–10740	–16052	–6221
Balanza comercial	–2279	–709	–1402	–2524	–2613	–2870	7644
Exportaciones	4021	4995	6515	9456	16284	21078	22081
Importaciones	6300	5704	7917	11980	18897	23948	14437
Servicios	–1405	–887	–1291	–2371	–8126	–13182	–13865
Entradas	4256	4182	5138	6808	6123	6936	5922
Salidas	5661	5069	6429	9179	14249	20118	19787
Cuenta de capital	5070	2276	3254	4533	11443	26357	9753
Largo plazo	4702	4271	4689	4591	10399	18942	16640
Pasivos	4802	4367	4703	4624	10443	18906	16508
Activos	–101	–96	–14	–33	–45	36	132
Corto plazo	368	–1995	–1435	–58	1044	7415	–6887
Pasivos	1122	–1068	–960	1711	2244	11711	–5931
Activos	–754	–928	–475	–1769	–1200	–4296	–956
Errores y omisiones	–2391	–23	–127	686	245	–9030	–6832
Variación en reservas[2]	–1004	657	434	419	1093	1082	–3185

La suma de las cifras puede no ser exactamente igual al saldo, debido al redondeo.

[1] Debido a cambios metodológicos introducidos después de 1980 en las técnicas de medición del Banco de México, algunos elementos del cuadro no son comparables antes de 1980.

[2] Incluye 45, 40, 39, 70, 74 y 70 millones de dólares de SDR, respectivamente, en los años correspondientes a 1979, 1980 y 1981.

FUENTE: Banco de México.

CUADRO VI.6. *México. Indicadores fiscales y monetarios, 1976–1982. (Porcentajes del PIB)*

	1976	*1977*	*1978*	*1979*	*1980*	*1981*	*1982*
Balances fiscales							
Económico	–8.1	–5.2	–5.3	–6	–6.6	–13	–15.6
Financiero[1]	–9.1	–6.3	–6.2	–7.1	–7.5	–14.1	–16.9
Primario[2]	–4.6	–2.2	–2.2	–2.7	–3	–8	–2.5
Gasto e inversión pública							
Gasto del sector público	37.94	29.96	31.22	32.67	34.4	40.93	47.24
Inversión del sector público	7.9	7.6	8.7	9.8	9.6	12.9	10.2
Sector paraestatal							
Gasto del sector paraestatal	17.88	12.25	13.41	13.65	13.38	15.98	14.24
Ingreso del sector paraestatal	17.63	12.02	12.77	13.47	14.93	14.81	18.01
Balance del sector paraestatal	–0.25	–0.23	–0.64	–0.18	1.55	–1.17	3.77
Indicadores monetarios							
Impuesto inflacionario	3.68	3.9	3.58	4.31	4.88	5.51	10
*M*4[3]	28.84	22.04	24.86	26	32.72	35.34	38.75
Crecimiento nominal de *M*1 (*m*1)	30.85	26.42	33.01	33.12	33.4	32.78	61.9
*m*1–IPC[4]	27.17	22.52	29.43	28.81	28.52	27.27	51.9
Tasas de interés pasivas[5]	12.12	14.04	15.88	17.52	24.25	31.81	46.12
Tipo de cambio nominal	15.4	22.56	22.73	22.75	22.93	24.48	57.58
Inflación. IPC (%)	27.1	20.7	16.2	20	29.8	28.7	98.8

1 El signo contrario indica la necesidad de préstamos del sector público.
2 No incluye los pagos de intereses sobre la deuda interna y externa.
3 Corresponde a la definición más amplia de moneda.
4 Calculado con datos del Banco de México.
5 Los datos son para el costo promedio porcentual de los fondos.
FUENTE: Banco de México y cálculos propios.

producidos en México), pero las industrias que más sufrieron la penetración de importaciones como consecuencia de la política macroeconómica y factores estructurales fueron las de bienes intermedios y de consumo. Esto implica, utilizando la información del capítulo II acerca de los tipos de empresas y su orientación comercial, que la tasa de crecimiento de las importaciones entre 1977 y 1980 en los sectores aparentemente dominados por las industrias de tamaño pequeño y mediano[34] habría sido relativamente más lenta bajo una política macroeconómica menos expansionista.

La consecuencia de esa rápida expansión de las importaciones fue la inversión de la ISI. En 1977 la participación de las importaciones en la oferta nacional de bienes manufacturados fue de 18.9%, mientras que en 1980 aumentó a 26.5%. Desagregada por sector, esta proporción aumentó para los bienes de consumo de 5.2 a 10.8%; para los bienes intermedios de 17.2 a 23%; y para los bienes de capital de 41.5 a 48.5%. Por lo tanto, la penetración de importaciones aumentó a más del doble en las industrias de bienes de consumo, donde predominaban las empresas pequeñas.[35]

En este proceso también se modificó la composición de las exportaciones e importaciones mexicanas. Como se muestra en el cuadro VI.7, en 1976, 86% de las exportaciones de México se generaron fuera de la industria petrolera, y más de la mitad de esas exportaciones, cerca de 52% (42% si excluimos a las maquiladoras), correspondió al sector manufacturero. Para 1980 la participación de las exportaciones no petroleras en el total de las exportaciones de México cayó a 31.1%, mientras que la de las exportaciones manufactureras declinó a 18.6%. En consecuencia, declinó notablemente la potencia exportadora de los sectores manufactureros. Este fue un resultado completamente opuesto a los objetivos del PNDI, que afirmaba explícitamente que "México no debe conformarse con ser un exportador de petróleo crudo".[36]

Del lado de las importaciones, en 1976 los bienes intermedios y de capital representaron respectivamente 57 y 37% del total de las

[34] Véase el estudio de sectores y dimensiones de empresas en el capítulo III.

[35] Datos sobre la sustitución de importaciones tomados de Villarreal (1988).

[36] Véase *Poder Ejecutivo* (1985), p. 35. Obsérvese que ese proceso fue notado apenas se manifestó. Beltrán del Río (1980) observó que para fines de 1979 la economía mexicana presentaba los síntomas del "síndrome del petróleo": elevada participación del petróleo en el total de las exportaciones, elevada participación del petróleo en la producción nacional, crecimiento desequilibrado, aparición de cuellos de botella, alta inflación y una balance creciente en la cuenta de capital.

CUADRO VI.7. *México. Estructura de exportaciones e importaciones, 1976-1982 (porcentajes)*

	1976	*1977*	*1978*	*1979*	*1980*	*1981*	*1982*
Exportaciones	*100*	*100*	*100*	*100*	*100*	*100*	*100*
Petroleras	14	20.76	28.6	42.04	69.14	74.62	74.62
No petroleras	76.9	72.33	64.5	51.22	26.23	21.53	21.53
Agricultura	29.22	26.29	23.1	18.81	7.03	5.58	5.58
Minería	5.2	4.34	3.3	3.57	3.25	2.27	2.27
Manufacturas	4.48	41.7	38.1	28.83	15.95	13.67	13.67
Maquiladora	9.1	6.91	38.1	6.75	4.63	3.85	3.85
Importaciones	*100*	*100*	*100*	*100*	*100*	*100*	*100*
Bienes de consumo	6	5.5	5.6	8.3	11.3	10.3	8.9
Bienes intermedios	56.9	62.3	63.8	61.8	63.9	61.8	64.6
Bienes de capital	37.1	32.3	30.6	29.9	24.5	27.9	26.5

FUENTE: Banco de México.

importaciones, mientras que los bienes de consumo representaron 6%. Para 1980 la participación de los bienes de consumo en el total de las importaciones casi se duplicó, alcanzando 11.3%; la de bienes intermedios aumentó a 61.8% y la de bienes de capital disminuyó alrededor de un tercio, a 24.5%. Claramente, la penetración de importaciones aumentó durante este periodo.

El cambio del comportamiento comercial puede apreciarse también explorando las tasas de crecimiento de las exportaciones y las importaciones. En 1977 las exportaciones de petróleo crecieron a una tasa anual de 84%, mientras que los bienes manufacturados crecieron a 22%. Tres años después la tasa de crecimiento de las exportaciones petroleras se duplicó, llegando al 63%, al tiempo que la misma tasa para las manufacturas se redujo a la mitad, 11%. En el mismo periodo las importaciones de bienes de consumo aumentaron a una tasa de alrededor de 85% anual, por lo menos dos veces más rápido que las de bienes intermedios y de capital.

A medida que la demanda interna aumentaba, también declinaba la orientación hacia la exportación. En el periodo 1974-1976 la participación de las exportaciones industriales en el total de la producción manufacturera fue de 4.8%, mientras que en 1980 declinó a 3.6% y en 1981 a 2.9%.[37] En otras palabras, la orientación hacia la exportación del sector manufacturero de México en su conjunto volvió a niveles más cercanos a los de comienzos de la década de 1950, cuando era de 3.2% y la estrategia de ISI estaba en sus primeras etapas.[38] En 34 de 49 industrias manufactureras los coeficientes de exportación-importación declinaron entre 1978 y 1980, y en el mismo periodo los coeficientes de importación-oferta nacional aumentaron en 44 de esas 49. A un nivel menos agregado, como se muestra en el cuadro VI.8, en el mismo periodo la orientación hacia la exportación cayó en 8 de las 13 industrias con proporciones de exportación-producción mayores de 5%: frutas y verduras procesadas, productos del café, alimentos misceláneos (pescado y mariscos), productos de fibras duras, vidrio, cemento, metales no ferrosos básicos, piezas para automóviles y equipo de transporte. Con excepción del café, la caída fue de más de 40%. Las únicas industrias en que la proporción exportación-producción aumentó en el periodo 1978-1980 fueron las de equipo electrónico, abono y fertili-

[37] Véase Casar (1989).

[38] Esta comparación se basa en las proporciones calculadas por Ros y Vásquez (1980). Véase el capítulo IV.

zantes, petroquímica básica, derivados del petróleo, productos del tabaco, cerveza y malta y azúcar, todas ellas —con excepción de cerveza y malta y electrónica— pesadamente controladas por empresas de propiedad estatal, de manera que la proporción exportación-producción aumentó para el sector público mientras disminuía para el sector privado.

Con respecto a las vinculaciones internacionales a través de la inversión, la información de ese periodo indica que la presencia de empresas multinacionales en la producción manufacturera declinó ligeramente entre 1970 y 1980. En 1970 las multinacionales generaron 28.7% del total de la producción industrial de México, mientras que en 1980 esa partipación disminuyó a 27.2%.[39] En otras palabras, la multinacionalidad del sector industrial no aumentó en una forma capaz de compensar la disminución de las proporciones exportación-producción, conduciendo a una declinación general de las vinculaciones internacionales del sector manufacturero.[40]

Para el fin de la década de 1970, el sector comercial de México experimentó los efectos adversos de una política macroeconómica expansionista bajo un tipo de cambio fijo, mientras las barreras comerciales disminuían. A medida que se expandía la demanda agregada, se expandió también la deuda del país por las importaciones. A medida que el precio de los bienes comerciables declinó en relación con el de los bienes no comerciables, a los consumidores nacionales les resultaba más atractivo gastar en bienes extranjeros, mientras los productores de bienes comerciables descubrían que los sectores de bienes no comerciables se estaban haciendo más rentables. Cuando empezaron a aplicarse las medidas de liberalización comercial, se reforzaron los efectos adversos de un tipo de cambio sobrevaluado sobre el consumo y la producción. La orientación hacia la exportación declinó en la mayoría de los sectores manufactu-

[39] Véase la tabla 4.1 en Casar *et al.* (1990), donde comparan sus propios datos con los de Fajnzylber y Martínez Tarragó (1976). En gran medida esa declinación se debió a la creciente importancia de empresas paraestatales en los sectores del tabaco, el papel, los minerales no metálicos y los metales básicos. Ciertamente esta declinación no afectó a todas las industrias, porque la participación de las multinacionales en la producción aumentó notablemente en las industrias farmacéutica, de equipo de transporte, maquinaria eléctrica y no eléctrica, vestido y calzado.

[40] Este estancamiento de la producción multinacional podría tener su origen también en la Ley de Inversiones Extranjeras de 1973, en la que el gobierno mexicano estableció un límite de 49% para la propiedad extranjera de empresas nacionales. Lo que eso significó fue que si una empresa poseía más de 49%, debía vender activos a empresas mexicanas.

CUADRO VI.8. *México. Características del comercio exterior, por industria, 1979-1980 (porcentajes)*

	Promedios		
	Importación como porcentaje de la oferta (M/DS) 1979-1980	*Exportación como porcentaje del producto (X/Y) 1979-1980*	*Comercio como porcentaje del producto (X+M/Y) 1979-1980*
11. Productos de leche y carne	2.7	0.2	2.9
12. Frutas y verduras procesadas	2.8	17.9	20.3
13. Productos de molienda (trigo)	0.2	0.2	0.4
14. Productos de nixtamal	0.0	0.0	0.0
15. Productos del café	0.1	50.5	50.5
16. Azúcar	8.4	5.9	15.6
17. Aceites animales y vegetales	4.0	0.0	4.2
18. Raciones para animales	2.9	0.2	3.1
19. Alimentos misceláneos	2.6	20.0	22.1
20. Bebidas alcohólicas	5.3	4.3	9.6
21. Cerveza y malta	0.0	1.3	1.3
22. Bebidas sin alcohol	0.0	0.1	0.1
23. Productos del tabaco	0.1	0.7	0.8
24. Productos de fibra blanda	0.6	1.5	2.1
25. Productos de fibra dura	2.2	12.0	14.0
26. Otros textiles	4.0	0.7	4.9
27. Ropa	2.6	1.4	4.0
28. Cuero y zapatos	3.6	2.0	5.6
29. Productos de aserradero	3.9	0.1	4.2
30. Otros productos de madera	0.7	3.7	4.3
31. Papel y cartón	14.0	0.4	16.7
32. Imprentas y editoriales	6.2	3.9	10.2
33. Petróleo y derivados	10.5	9.3	19.9
34. Petroquímica básica	43.7	15.2	81.1
35. Química básica	33.3	18.1	59.0
36. Abono y fertilizantes	21.4	7.1	32.3
37. Resinas sintéticas	9.3	0.9	11.1
38. Productos farmacéuticos	7.4	3.1	10.9
39. Jabones, detergentes y cosméticos	1.8	0.1	2.0
40. Otros productos químicos	17.6	4.3	24.7
41. Productos de hule	8.0	1.8	10.3
42. Productos plásticos	5.5	1.1	6.8

Cambio		Cambio porcentual	
Importación como porcentaje de la oferta (M/DS) 1978–1980	*Exportación como porcentaje del producto (X/Y) 1978–1980*	*Importación como porcentaje de la oferta %(M/DS) 1978–1980*	*Exportación como porcentaje del producto %(X/Y) 1978–1980*
1.8	–0.9	112.9	–84.3
0.3	–11.0	9.6	–40.9
0.1	–0.0	125.3	–16.6
0.0	–0.0	0.0	–62.5
0.1	–3.8	355.6	–9.0
16.1	1.0	6448.4	60.7
0.4	0.0	9.0	0.0
1.3	0.0	71.2	23.7
0.6	0.9	37.8	5.7
2.8	–0.3	94.3	–5.8
0.0	0.2	0.0	18.9
0.0	–0.0	0.0	–8.9
0.1	1.4	0.0	4574.2
0.2	–1.1	29.2	–49.1
0.7	–9.7	38.4	–52.5
–0.4	–0.4	–9.1	–33.3
1.0	–0.1	54.4	–8.7
–0.6	–0.8	–17.7	–31.0
0.6	–0.6	15.1	–91.7
0.4	–3.4	102.1	–56.6
4.8	–0.0	46.3	–8.8
–0.8	–1.8	–12.3	–35.0
–0.8	12.9	–7.3	972.2
9.9	2.0	28.1	17.6
6.5	–0.2	23.4	–1.2
2.4	6.0	12.4	636.5
2.0	–0.8	26.9	–51.8
0.5	–0.5	7.0	–13.0
0.8	–0.1	56.6	–41.3
–1.2	–1.3	–6.8	–27.0
3.2	–2.5	57.9	–63.7
1.1	–0.1	24.7	–12.9

CUADRO VI.8. *(Continuación)*

	Promedios		
	Importación como porcentaje de la oferta (M/DS) 1979-1980	*Exportación como porcentaje del producto (X/Y) 1979-1980*	*Comercio como porcentaje del producto (X+M/Y) 1979-1980*
43. Vidrio y productos de vidrio	4.0	5.3	9.2
44. Cemento	1.7	2.0	3.7
45. Otros productos minerales no ferrosos	2.8	2.2	5.1
46. Metales ferrosos básicos	19.6	1.5	25.6
47. Metales no ferrosos básicos	18.1	10.8	30.7
48. Muebles de metal	1.9	1.2	3.2
49. Formas estructurales	7.1	1.5	9.0
50. Otros, excepto maquinaria	11.0	2.6	14.7
51. Maquinaria no eléctrica	54.0	4.8	116.7
52. Maquinaria eléctrica	27.8	4.5	41.3
53. Aparatos electrodomésticos	2.2	0.4	2.6
54. Equipo electrónico	24.0	4.4	34.9
55. Equipo eléctrico	29.8	7.7	47.0
56. Automóviles	11.5	3.0	15.6
57. Autopartes	36.8	11.8	63.1
58. Equipo y materiales de transporte	38.3	7.8	65.4
59. Otros productos manufacturados	21.0	3.4	29.1

FUENTE: Promedios de Casar (1989). Cambios calculados con esos datos.

reros, la penetración de importaciones aumentó, especialmente en los sectores dominados por empresas medianas y pequeñas, y la multinacionalidad declinó. En términos relativos, el sector industrial mexicano empezó a parecerse cada vez menos al que había motivado la iniciación de las reformas comerciales a comienzos de los años setenta.

Los factores mencionados pueden ser interpretados contra el fondo de las expectativas de ese estudio. La menor orientación hacia la exportación y la reducción de las vinculaciones con inversiones extranjeras trabajaron para modificar las preferencias en materia de política comercial de algunos sectores en el sentido de

Cambio		Cambio porcentual	
Importación como porcentaje de la oferta (M/DS) 1978–1980	*Exportación como porcentaje del producto (X/Y) 1978–1980*	*Importación como porcentaje de la oferta %(M/DS) 1978–1980*	*Exportación como porcentaje del producto %(X/Y) 1978–1980*
0.9	–3.6	28.1	–43.6
1.2	–5.2	173.0	–82.8
0.9	–1.9	46.9	–51.3
2.3	–2.6	12.0	–77.6
1.7	–10.4	9.7	–55.4
0.9	–0.6	68.1	–39.7
1.3	–0.8	24.3	–32.8
4.6	–1.2	62.2	–33.5
6.0	–1.6	12.2	–25.3
5.0	–0.7	20.7	–12.8
1.6	–0.0	151.0	–2.4
8.9	3.9	46.9	149.6
4.3	–0.2	16.8	–2.5
1.2	–0.2	12.1	–8.3
14.3	–8.4	62.7	–44.9
4.3	–9.5	11.9	–74.6
3.2	–1.1	17.3	–25.3

postergar la liberalización. Los subsidios más altos redujeron la urgencia de las empresas orientadas hacia la exportación por el ajuste de los aranceles correspondientes, aun en presencia de mayor competencia extranjera. Mayores ingresos derivados del petróleo ayudaron a pagar los préstamos y a evitar que los acreedores extranjeros reclamasen ajustes de política. La mayor penetración de importaciones estimuló mayores presiones proteccionistas de las empresas que competían con las importaciones. Estos factores se combinaron para reducir la presión relativa de los grupos favorables a la liberalización, modificando así el incentivo de los creadores de política para reducir las barreras comerciales. Como muestra la sección siguiente, hay un alto grado de congruencia entre esta perspectiva y los acontecimientos de 1979-1980.

Pero antes de explorar esa congruencia, es útil observar la evolución de la concentración industrial en los sectores dominados por empresas grandes, que empezaron a dedicar más recursos al mercado interno y, por consiguiente, a estar menos interesadas en la liberalización.

La mayor concentración industrial y la menor difusión de la propiedad de los activos, ambas consecuencias del *boom* petrolero, facilitaron la organización para la acción colectiva y a la vez pusieron de manifiesto el mayor compromiso de los grandes inversionistas mexicanos con el mercado nacional en las condiciones del momento. En ese periodo se extendió por el sector privado una ola de adquisiciones, impulsada principalmente por el acceso a créditos internacionales baratos y las expectativas positivas acerca del futuro de la economía mexicana. Las empresas mexicanas grandes se hicieron más grandes a través de la compra de pequeños competidores y empresas de propiedad extranjera, e invirtieron en la expansión de sus instalaciones productivas, sobre todo adquiriendo maquinaria y bienes intermedios en el extranjero.[41] Pero no necesariamente invirtieron en proyectos orientados hacia la exportación. Gigantes del sector privado, como Alfa, Visa, Vitro y Cydsa expandieron sus operaciones en las industrias petroquímica, química, de fibras sintéticas, alimentos, bebidas, maquinaria, vidrio, electrodomésticos y turismo.[42] Empresas asentadas en la ciudad de México, como DESC e ICA, hicieron nuevas inversiones en equipo eléctrico y maquinaria, productos químicos, construcción y turismo. Ese tipo de inversiones dio como resultado, como se muestra en el cuadro VI.9, un aumento de las ventas de las 100 mayores empresas como proporción del total de la producción industrial, de 23.7% en 1977 a 28.2% en 1979; y de las empresas privadas mexicanas en particular de 7.9 a 12.1% (las 23 empresas mayores aumentaron su participación en las 100 primeras de 41.1 a 43.2%).[43] En ese proceso, los

[41] La racional económica de esta expansión aún no ha sido explicada: ¿esas compras tuvieron el objetivo de economizar en los costos de transacción?, ¿fueron opciones estratégicas?, ¿fueron impulsadas por el hecho de que las tasas de interés habían declinado a tal punto que el flujo de dinero —en su mayoría en manos de unos pocos propietarios— estaba mejor invertido en empresas que en bancos o en bonos?

[42] Alfa se concentró más bien en la petroquímica; Visa en alimentos y bebidas; CYDSA en la industria química. Véase Trejo Reyes (1983).

[43] Las 100 empresas más grandes incluyen compañías estatales, multinacionales

sectores en que esas empresas se expandieron contrajeron alrededor de 60% de la deuda externa privada, y Alfa, Vitro y Cydsa contrajeron solas 20% del total de préstamos extranjeros del sector privado.[44]

En ese proceso, el apoyo gubernamental a actividades industriales se orientó principalmente hacia las empresas grandes y los mercados concentrados, lo que es otro indicio del poder de los grupos organizados.[45] Diez grupos comerciales recibieron casi 20% de los subsidios gubernamentales, las exenciones fiscales y los recursos de fideicomisos.[46] El subsidio implícito de Pemex a la economía mexicana, otorgado principalmente en forma de energía a bajo costo, favorecía las actividades con uso intensivo de capital, como en las industrias química, del hule, del plástico, de maquinaria y equipos o automotriz.[47] Entre 1979 y 1981, 70% de los beneficios de Ceprofi, que ascendieron a alrededor de 700 millones de dólares, o un tercio de los incentivos fiscales, fueron al sector manufacturero; 23 empresas obtuvieron 74% de esos beneficios, y 8 recibieron 50%. Dos sectores se quedaron con la mayor parte de los Ceprofi: cemento y metales básicos. Diez compañías de cemento recibieron 39% de esos beneficios, al tiempo que 6 productores de metales básicos se adueñaron de 25 por ciento.[48]

Como los grupos con más probabilidades de presionar por la reducción de las barreras comerciales —los controlados por grandes conglomerados industriales— recibieron gran parte de los nuevos subsidios, debería esperarse que su incentivo para presionar por la liberalización se redujera, y la fuerza de los grupos proteccionistas

y empresas mexicanas. Véase Jacobs (1981) y Jacobs y Pérez Núñez (1982) para una descripción de la expansión de esas empresas. Véase también Trejo Reyes (1983) para una lista de las adquisiciones de algunas de esas empresas.

44 Véase Maxfield (1990) para un análisis de la expansión y asignación del crédito durante ese periodo, así como para un estudio de la expansión de las compañías tenedoras mexicanas.

45 Véase Frieden (1991) para una argumentación en torno a la distribución de transferencias gubernamentales a intereses concentrados en Argentina, Brasil, Chile, México y Venezuela.

46 Véase Maxfield (1990).

47 Véanse las estimaciones de Rizzo (1985) y un examen de las políticas de subsidios por Randall (1989). Los subsidios petroleros en realidad fueron suficientemente grandes para reducir la participación de los incentivos fiscales en las transferencias totales al sector privado de 55% en 1975 a 18% en 1980. Véase World Bank (1986).

48 Véase el estudio básico de la política comercial e industrial de México por el Banco Mundial (1979). Tanto el cemento como los metales básicos eran sectores dominados por grandes empresas mexicanas, como Alfa y Cemex.

CUADRO VI.9. *México. Ventas de las 100 empresas más grandes, 1973-1981*

	1973	*1975*	*1977*	*1979*	*1981*
Ventas de las 100 empresas más grandes (% del PIB)	19.2	21.3	23.7	28.2	30
Ventas de los 23 grupos más grandes de capital privado nacional (% de las 100 más grandes)	32.8	34.2	41.1	43.2	48
Ventas de empresas multinacionales (% de las 100 más grandes)	35.4	35.6	30.9	29.2	25.3
Ventas de empresas paraestatales (% de las 100 más grandes)	15.5	14.9	15.2	15.4	16.8

FUENTE: Jacobs (1981).

aumentara. Así, la menor orientación hacia la exportación, la reducción de los vínculos con la inversión extranjera y los mayores subsidios provocaron una disminución del entusiasmo por el comercio más libre. La siguiente sección documenta la correspondencia entre esas expectativas y los acontecimientos de ese periodo.

VI.4. EL DEBATE SOBRE EL GATT DE 1979-1980 Y EL FINAL DE LA REFORMA COMERCIAL

Fue en el contexto de estos acontecimientos económicos nacionales que la Ronda de Tokio se acercó a su conclusión. El nuevo GATT surgido de esta ronda de negociaciones comerciales multilaterales incorporaría, además de concesiones arancelarias, los siete códigos de conducta que las partes contratantes del GATT negociaron para regular el uso de barreras no arancelarias: subsidios a la exportación y derechos compensatorios, políticas de compras gubernamentales, valoración aduanera, medidas *antidumping*, licencias y productos agropecuarios.[49] Después de la conclusión de las negociaciones se esperaba que el Congreso estadunidense votara las negociaciones del GATT e integrara sus acuerdos en la Ley de Comercio de los Estados Unidos de 1979.[50] Esto significaba que el gobierno estadunidense empezaría a tratar a sus socios comerciales de acuerdo con las reglas contenidas en los nuevos códigos de conducta.

Tomando nota de este cambio tanto en las reglas del comercio mundial como en la política comercial de los Estados Unidos, funcionarios comerciales mexicanos participantes en la Ronda de Tokio, encabezados por el subsecretario de comercio exterior Héctor Hernández, estimaron, llegado el momento, reconsiderar la posición de México hacia el GATT. Esto ocurría a fines de 1978. Si México quería ampliar el acceso a los mercados extranjeros para sus bienes manufacturados, así como diversificar su comercio apartándolo de los Estados Unidos, unirse al GATT parecía ser una opción conveniente. Si México quería obtener acceso seguro al mercado de su principal socio comercial, los Estados Unidos, también era necesaria alguna forma de acuerdo mutuo. Si México habría de eliminar la protección a través de licencias y otras restricciones cuantitativas para 1982, era conveniente que obtuviera mayor acceso al mercado a cambio de esas

[49] Véase Jackson (1989) para un examen y análisis de los componentes del GATT.
[50] El Congreso de los Estados Unidos la aprobó el 26 de julio de 1979.

medidas de liberalización unilaterales. Si la negociación del Protocolo de Adhesión garantizaba que México fuera tratado como un país en desarrollo, que se respetaran algunos postulados fundamentales de la Constitución mexicana (como la no negociabilidad del derecho exclusivo del pueblo mexicano a explotar sus recursos petroleros) y que el periodo acordado para la eliminación de las licencias fuese suficiente para garantizar una liberalización comercial gradual, los beneficios del ingreso compensarían los costos.[51]

El presidente López Portillo parecía apoyar este punto de vista desde hacía seis años, cuando siendo secretario de Hacienda encabezó la delegación mexicana a la inauguración de la Ronda de Tokio en septiembre de 1973.[52] Ahora que él estaba al mando, instruyó al secretario de Comercio de México, el 17 de enero de 1979, para que iniciara las negociaciones para la entrada al GATT.[53] Por lo tanto, ese nuevo acercamiento al GATT fue impulsado principalmente por el gobierno —el oferente de políticas comerciales.

Pero mientras los acontecimientos de la escena comercial internacional indicaban a los funcionarios mexicanos la aconsejable aproximación de México al GATT, los acontecimientos de la escena interna empezaron a empujarlos en dirección contraria. Primero, como se explicó en la sección anterior, la penetración de importaciones aumentaba sustancialmente, en particular en los sectores con importaciones controladas, contribuyendo a revertir la sustitución de importaciones. Esto modificó los precios relativos en contra de las empresas en competencia con las importaciones. Segundo, la orientación hacia la exportación en el sector manufacturero estaba declinando, como lo muestra la caída en la participación de las manufacturas en el total de exportaciones. Esto redujo la orientación y la dependencia de los productores mexicanos respecto hacia merca-

[51] Entrevista (ciudad de México, 1995).

[52] La propuesta fue hecha en aquel momento por el grupo dirigido por Héctor Hernández en el departamento de investigación de la SHCP. Entrevista (Los Ángeles, 1994; ciudad de México, 1994 y 1995).

[53] La información que he podido reunir sugiere que fue decisión originada exclusivamente en el gobierno mexicano. Ciertamente algunos intereses del sector privado aprobarían medidas comerciales para expander el acceso a mercados extranjeros y racionalizar la protección, pero no registré indicios de cabildeo a este respecto. Las invitaciones del gobierno estadunidense para que México se uniera al GATT no eran ninguna novedad: México las recibió desde 1947, en cada comienzo de las negociaciones comerciales multilaterales (Peñaloza Webb, 1985; De Mateo, 1986). Los funcionarios de la Secom de México estaban cumpliendo su tarea de hallar avenidas para asegurar el acceso de las exportaciones mexicanas al extranjero, y una de sus sugerencias fue incorporarse al GATT.

dos extranjeros. Tercero, la presencia de multinacionales mostraba signos de estancamiento. Cuarto, grandes empresas empezaron a expanderse en el mercado interno. Quinto, las secretarías de Patrimonio Nacional y de Hacienda estaban a punto de introducir el nuevo incentivo fiscal con que el gobierno intentaba aprovechar la expansión de los ingresos gubernamentales provocada por el *boom* petrolero —Ceprofi—, incentivo que iba en contra del código sobre subsidios y derechos compensatorios. Este incentivo fiscal fue al mismo tiempo una fuente de poder para las secretarías que lo manejaron y una atractiva (e indirecta) fuente de ingresos para los productores mexicanos, para quienes ahora ya no era tan importante la modificación de los precios relativos a través de la política comercial. Sexto, México parecía depender menos del respaldo del FMI para obtener fondos en el extranjero, de manera que las demandas de los acreedores extranjeros por una nueva política comercial perdieron fuerza. Y séptimo, el mercado mexicano empezó a crecer a un ritmo más rápido de lo esperado en 1977. En consecuencia, ingresar al GATT —aceptar la pérdida de soberanía en el manejo de la política comercial y admitir una mayor competencia de importaciones— empezó a resultar menos atractivo que en 1978.

Por un breve periodo después del comienzo de las negociaciones mexicanas de acceso al GATT, pocas voces se alzaron para criticar las acciones del gobierno. Los efectos ya mencionados del *boom* petrolero estaban empezando a producirse y la negociación estaba en sus primeras etapas. Como declaró el subsecretario de Comercio Exterior, Héctor Hernández, el gobierno mexicano todavía no había decidido unirse al GATT, sino solamente negociar un Protocolo de Adhesión mientras recogía los puntos de vista "de industriales, comerciantes, importadores y exportadores con el fin de examinar los riesgos que implica [ingresar al GATT], considerando el tratamiento [comercial] preferencial de que disfrutamos y el hecho de que la mayor parte de nuestros intercambios [internacionales] son con los Estados Unidos".[54]

Sin embargo, las cosas empezaron a cambiar en abril de 1979, cuando el Colegio Nacional de Economistas (CNE) lanzó la primera

[54] *Excélsior*, 2 de febrero de 1979, p. 8. La decisión dependería del resultado de las negociaciones comerciales multilaterales y la negociación de México con el GATT. El presidente mexicano también se refirió a la cuestión del GATT como una modalidad del comercio entre los Estados Unidos y México durante una visita del presidente Carter en febrero de 1979.

llamada significativa de atención en contra del ingreso al GATT. Algunos miembros del CNE trabajaban en el sector público, y otros eran profesores o consultores. Sus afiliaciones teóricas variaban según diferentes líneas, aunque por algún tiempo su dirección se había identificado con políticas menos inclinadas al librecambismo. También existen indicios de que tenía una estrecha asociación con José Andrés de Oteyza, presidente de Sepafin, y con el gobierno en general.[55]

El 6 de abril, en la clausura del tercer congreso anual del CNE, a la que asistió el presidente López Portillo, el presidente del CNE expresó las reservas de esa asociación a la eventual adhesión de México al GATT. En particular señaló que en sus últimas reuniones los miembros del CNE encontraron que el ingreso al GATT amenazaba el manejo soberano de las políticas comercial e industrial del país y podía provocar dislocaciones serias en la economía mexicana.[56] Por lo tanto, cualquier limitación impuesta desde afuera a la libertad del gobierno mexicano para decidir sobre política industrial y comercial era inaceptable. Fue una declaración prematura y algo sorprendente, considerando que parecía predominar el consenso acerca de la necesidad de reformar la política comercial y que nadie sabía cuál sería el resultado de las negociaciones del Protocolo ni a qué se comprometería el gobierno mexicano si se adhería al GATT.

Por lo tanto, el presidente López Portillo respondió señalando una contradicción en la argumentación del CNE:

> Hace algunos años se dirigió un largo y poderoso ejercicio intelectual a destruir el sistema mexicano de sobreproteccionismo, afirmando que el desarrollo estabilizador, con su esquema de sustitución de importaciones, ya no era la salida [de los problemas económicos de México]... Ahora que contamos la oportunidad de planear porque tenemos independencia económica, ¿qué vamos a hacer para sustituir el proteccionismo? ¿Discutir? ¿Hacer declaraciones? ¿Qué vamos a hacer para mejorar la competitividad de nuestros productos?[57]

Como lo descubrieron el presidente López Portillo y el resto de los mexicanos, los economistas que antes criticaban la ISI ahora censuraban la liberalización comercial. Pero el presidente se abstuvo de defender enérgicamente la liberalización y en cambio pidió propuestas concretas de una alternativa mejor que el ingreso al GATT.

[55] Entrevistas (ciudad de México 1994) y Story (1986).
[56] Véase *Excélsior*, 7 de abril de 1979, y Malpica Lamadrid (1988).
[57] *Comercio Exterior*, mayo de 1979.

La respuesta del CNE llegó en una carta publicada al mes siguiente, el 25 de mayo,[58] la que presentaba una serie de argumentos para convencer al presidente de postergar indefinidamente la entrada al GATT. El documento sostenía que los sectores agrícola e industrial de México no estaban preparados para enfrentar la competencia extranjera, que el ingreso al GATT no ayudaría para ese fin y que las metas de promoción industrial todavía podían alcanzarse con los mismos instrumentos de política económica que venían usándose desde hacía más de treinta años. Además afirmaba que el GATT no logró combatir el reciente aumento del proteccionismo en la economía mundial ni atendió efectivamente las necesidades especiales de los países en desarrollo, factores que hacían inoportuna la negociación del ingreso de México. En lugar de proseguir negociaciones comerciales multilaterales, el CNE proponía refinar el funcionamiento de los instrumentos de política comercial existentes a fin de reducir el sesgo contrario a las exportaciones, sin sugerir nada concreto. Además, proponía seguir el camino bilateral para resolver cualquier desacuerdo comercial, explotar las posibilidades del Sistema Generalizado de Preferencias y adoptar hacia el GATT una posición similar a la que México ya tenía hacia la OPEP; es decir, respetar los acuerdos del organismo sin ser miembro de él. De ese modo, señalaba el CNE, México podía obtener las ventajas que ofrecía el GATT sin pagar los costos del ingreso.

La publicación de la carta del CNE representó la virtual apertura de un debate nacional en torno al problema del ingreso al GATT. Durante los meses siguientes aparecieron en editoriales periódicos mexicanos[59] que expresaban rechazo, dudas, preocupación, apoyo y entusiasmo hacia la eventual entrada al GATT. Algunos se preocuparon de salvaguardar la soberanía nacional, otros sospecharon presión estadunidense para el ingreso, otros preguntaron si la entrada al GATT representaba la adopción de las políticas de libre comercio aplicadas en el Cono Sur. Buena parte de ese debate fue mera especulación, puesto que nadie conocía el Protocolo de Ingreso ni, por extensión, los compromisos de política comercial que el gobierno mexicano iba a hacer para unirse al GATT.

Sin embargo, es muy posible que esta especulación motivara al presidente López Portillo a inaugurar el 7 de noviembre un periodo

[58] *El Día*, 25 de mayo de 1979.

[59] Véase Malpica (1988), para una lista de algunos de los títulos publicados por las editoriales durante 1979.

de consultas nacionales con los principales grupos de interés industriales y comerciales a fin de conocer sus puntos de vista sobre la cuestión.[60] Fue una acción política sorprendente, tan sólo porque llegó dos días después que los funcionarios comerciales mexicanos concluyeron la negociación de un Protocolo de Adhesión desusadamente favorable —extraordinario, en opinión de muchos—[61] y un día después que los contratantes del GATT votaron en favor del ingreso de México de acuerdo con ese Protocolo. Si el presidente quería legitimar la decisión de unirse al GATT mostrándose dispuesto a escuchar las opiniones de otros grupos, podía haber pedido al Senado mexicano que hiciera esas consultas, ya que el Senado habría aprobado la negociación a su pedido. Pero al sacar las consultas del ámbito del gobierno y ponerlas en manos de grupos de interés, parecía estar buscando complicar el proceso de decisión.

El Protocolo de Adhesión[62] de México al GATT incluía cláusulas que permitían al gobierno mexicano continuar utilizando subsidios y controles de la exportación por algún tiempo, aplicar el PNDI tal como estaba planeado, proteger la agricultura, aplicar el Decreto de la Industria Automotriz de 1977 y dejar a la industria petrolera del país totalmente fuera del acuerdo. Además, los miembros contratantes del GATT aceptaron tratar a México como un país en desarrollo, permitiéndole aplicar barreas arancelarias mayores. El gobierno mexicano, de acuerdo con las negociaciones conducidas en la Ronda de Tokio, aceptó otorgar 328 concesiones arancelarias[63] a cambio de 248 concesiones de los miembros del GATT. Entre las industrias afectadas se contaban algunos productos agrícolas, productos lácteos, bebidas, productos químicos, metales básicos, electrodomésticos y equipos eléctricos. En 151 de las 328 concesiones se acordó establecer límites máximos para los aranceles a su nivel original o por encima de él. Las licencias siguieron siendo efectivas en productos agrícolas (semillas), productos lácteos y bebidas, y sólo se elimina-

[60] Algunos sostienen que el presidente fue persuadido por algunos de sus asesores de esperar o consultar en más detalle antes de tomar una decisión. Entrevista (ciudad de México, 1994).

[61] Por ejemplo, el propio presidente López Portillo (*Excélsior*, 19 de marzo de 1980); el dirigente de Canacintra (Canacintra, 1980); y un funcionario de la Tesorería estadunidense (Purcell, 1980).

[62] Un texto del Protocolo se publicó en los periódicos mexicanos el 5 de noviembre. También puede consultarse en Malpica (1988), quien da una lista de las concesiones comerciales. Esa lista está publicada también en Secofi (1980).

[63] Concesiones arancelarias son el límite superior al que un gobierno se compromete a mantener determinado nivel arancelario.

ron en 34 artículos. Estas medidas tendrían como resultado una liberalización de apenas 8.5% del valor de la producción mexicana en 1976. Aparte de estas medidas inmediatas de liberalización, México se comprometió a eliminar las barreras no arancelarias a la mayoría de los bienes en un periodo de 6 a 12 años (precios oficiales en 1985; licencias de importación en 1992) y a estudiar la adopción de los códigos de conducta del GATT.

Habría sido difícil mejorar ese Protocolo. Los negociadores mexicanos obtuvieron términos que en esencia permitieron al gobierno mantener los elementos esenciales de su estrategia de promoción industrial, que eran opuestos a los nuevos códigos de conducta del GATT. Los subsidios fiscales y financieros dirigidos a los exportadores, como los Cedi o los Ceprofi, quedaron intactos. Las políticas de procura del gobierno mantenían una preferencia de 15% para los productores nacionales. Sólo 21 productos experimentarían reducciones arancelarias, y sólo 2 de esas reducciones se aplicarían de inmediato. Los aranceles de los otros 19 productos se reducirían gradualmente en un periodo de entre 10 y 15 años. Medido en dólares de 1976, el valor de importación de los productos en que los aranceles se reducirían ascendía a 10 millones, de los cuales 2 millones correspondían a las liberalizaciones inmediatas. Términos igualmente favorables se aplicaban a las eliminaciones de licencias, que se resumen en el cuadro VI.10. A cambio de esas modificaciones las exportaciones mexicanas de 1 329 productos, por un monto total de 2.5 millones de dólares, enfrentarían aranceles más bajos.[64]

A pesar de lo favorable de los términos de la negociación, el tono de la reacción del sector privado durante el periodo de negociación del Protocolo no fue entusiasta, incluso en los sectores que apoyaban el ingreso. Esto no es extraño según mi argumentación, considerando que en el momento en que se publicó el Protocolo y el presidente López Portillo decidió celebrar las consultas, ya se hacían evidentes los efectos de la política económica expansionista de su administración sobre el comercio exterior y la concentración industrial. El mercado nacional estaba en expansión, absorbiendo parte de la oferta de exportables, al tiempo que las importaciones aumentaban, amenazando a los sectores en competencia con ellas. Con excepción de las declaraciones en contra del ingreso procedentes de la cámara industrial tradicionalmente proteccionista, Canacintra —con base en

[64] Véase De Mateo (1980) para un análisis detallado de las implicaciones del Protocolo.

CUADRO VI.10. *La negociación de México con el* GATT *en 1979. Permisos de importación negociados y su valor de importación*

Determinación	*Número de fracciones arancelarias*	*Valor (millones de dólares de importaciones de 1976)*
1. Permisos a la importación mantenidos indefinidamente	48	81 531
2. Permisos a la importación mantenidos indefinidamente y establecimiento de un cuota de importación	24	163 545
3. Eliminación o consolidación del permiso a la importación al término de un periodo de 10 a 12 años	76	79 851
4. Eliminación inmediata del permiso de importación	150	179 274
a. Nivel arancelario sin cambio	33	7 482
b. Nivel arancelario aumenta	88	156 262
c. Nivel arancelario disminuye gradualmente	28	15 068
d. Nivel arancelario disminuye de inmediaro	1	462
5. Eliminación inmediata del permiso de importación y establecimiento de un nivel arancelario más alto	2	119
TOTAL	300	504 320

FUENTE: Secofi.

que las empresas medianas y pequeñas desaparecerían como consecuencia de la reducción de las barreras comerciales—, y de la insistencia del CNE en que no era el momento adecuado para unirse al grupo,[65] prácticamente ningún otro grupo de interés declaró su resuelto apoyo al ingreso, como se muestra más adelante.

La falta de apoyo entusiasta al ingreso arraigaba también en una frase ambigua incluida en el Protocolo, en que el gobierno mexicano aceptaba aplicar su PNDI *sin afectar los derechos y beneficios de los miembros del GATT*.[66] Canacintra estimó esta formulación como peligrosa[67] y contó con el apoyo implícito de otros dirigentes empresariales, quienes insistieron en que el gobierno debería seguir aplicando el PNDI aun cuando México ingresara al GATT. Sumada a las fuentes de escepticismo antes mencionadas, esta parte del acuerdo operó para restar resolución al movimiento en favor del ingreso.

Considérense los siguientes ejemplos de declaraciones de *partidarios* del GATT, hechas durante las últimas dos semanas de febrero de 1980, tres meses después de que el presidente solicitara la opinión de los productores mexicanos: *1)* el dirigente de Concamin, la mayor cámara industrial, presidente de una exitosa empresa exportadora de cemento, asesor del gobierno en el proceso de negociación del GATT y entusiasta del propio acuerdo multilateral, afirmó que si bien estaba en favor del ingreso, el asunto requería una cuidadosa estimación de los costos y beneficios asociados, y que todavía eran necesarias consultas con los industriales (una semana más tarde el vicepresidente de la misma cámara afirmó que las consultas aún no habían concluido);[68] *2)* el presidente de la Coparmex, cámara empresarial mexicana que históricamente ha sido la mayor defensora de la libre empresa, declaró que unirse al GATT contribuiría a romper los "tabúes" que bloqueaban al sector agrícola mexicano impidién-

65 Véase *Excélsior*, 18 de febrero de 1980, para ejemplos de las continuas declaraciones de esos dos grupos de interés.

66 "*Sin afectar los derechos y beneficios que se deriven del acuerdo general para las partes contratantes*, las partes contratantes reconocen el propósito de México de aplicar su Plan Nacional de Desarrollo Industrial, así como el de establecer los instrumentos judiciales y las políticas industriales necesarias para el pleno logro de los objetivos y las metas del Plan." Este texto está reproducido en Malpica (1988), p. 239.

67 Véase Canacintra (1980), p. 177.

68 Véase la entrevista con Ernesto Rubio del Cueto, presidente de Concamin y director ejecutivo de Cementos Tolteca (*Excélsior*, 21 de febrero de 1980). Esta empresa figuró entre los 200 exportadores más importantes de México en ese periodo, según el estudio hecho por *Expansión* (1980, 1981). Véanse también las declaraciones del vicepresidente de Concamin Alfonso Pandal, *Excélsior*, 1 de marzo de 1980.

dole ser productivo (se trataba de un empresario agrícola de una de las regiones del país con más éxito en la agricultura de exportación), pero días después afirmó que las consultas con los miembros de Coparmex no habían terminado;[69] *3)* el líder de Concanaco, la principal cámara comercial de México, expresó primero su apoyo al ingreso con tal de que el tipo de cambio dejara de estar sobrevaluado,[70] pero más tarde declaró también que la cámara no había concluido las consultas entre sus miembros;[71] *4)* el dirigente de la Asociación de Industriales del Estado de México, donde se produce 17% de la producción industrial del país, afirmó que él apoyaba la entrada al GATT por "razones filosóficas, porque mejoraría la calidad de nuestros productos y nos haría más competitivos", pero que su asociación aún no había terminado las consultas;[72] *5)* el presidente de la principal cámara empresarial de México, el CCE, estimó que México debía ingresar al GATT, pero que eso requería también controlar la inflación, objetivo que sólo se podía alcanzar si el gobierno reducía la expansión monetaria, reducía el déficit fiscal, eliminaba el control de precios y ajustaba el tipo de cambio;[73] *6)* el presidente de Caintra, la cámara industrial de Monterrey, él mismo propietario de una gran empresa que obtenía beneficios de la construcción de plataformas perforadoras para Pemex, manifestó su apoyo al ingreso a condición de que no se modificara el PNDI y se aplicaran nuevos mecanismos de apoyo a la industria;[74] *7)* el dirigente de ANIERM, influyente grupo de interés de importadores y exportadores con evidente interés en el libre comercio, expresó el apoyo de los miembros de su asociación al ingreso, pero a condición de que el gobierno se asegurase de que los programas de desarrollo industrial y agrícola de México permanecieran intactos y de que se respetaran "las reglas del juego [del comercio exterior]".[75]

[69] Manuel Clouthier, presidente de Coparmex, nativo de Sinaloa, estado agrícola. *Excélsior*, 22 de febrero y 2 de marzo de 1980. Los "tabúes" a los que se refiere impedirían el logro de economías de escala en el sector agrícola mediante la política de bloquear asociaciones entre ejidatarios, pequeños agricultores y otras unidades agrícolas.

[70] Guillermo Zamacona, *Excélsior*, 16 de noviembre de 1979.

[71] Véase *Excélsior*, 19 de febrero de 1980.

[72] José Garibay, *Excélsior*, 21 de febrero de 1980, p. 18.

[73] Francisco Calderón, *Excélsior*, 1 de marzo de 1980.

[74] Humberto Lobo, presidente de Protexa, *Excélsior*, 2 de marzo de 1980. Véase también las declaraciones del director ejecutivo de Caintra, quien señaló que el GATT daría seguridad a los inversionistas mexicanos porque la política comercial ya no estaría sujeta a cambios drásticos; *Excélsior*, 21 de febrero de 1980.

[75] Ernesto Antman Obregón, *Excélsior*, 20 de febrero de 1980. Véase también

Esos dirigentes industriales parecían inclinarse en favor del ingreso *individualmente*; pocos expresaron su posición con claridad, y muchos se mostraron renuentes a perder el apoyo del gobierno. La mayoría no había logrado obtener consenso en favor del ingreso tres meses después de propuesto. Como ya he sostenido, esta falta de convicción en favor de la liberalización asociada con el GATT derivaba de su mayor compromiso con el mercado interno, reflejado en sus inversiones recientes, menor orientación hacia la exportación y menores vínculos con empresas multinacionales.

Las afirmaciones ambiguas y la aparente ineficacia en la acción colectiva de los partidarios del GATT difícilmente podía compensar la resuelta campaña ya iniciada por Canacintra junto con el CNE. El 14 de diciembre, dos meses *antes* de que sus competidores —Concanaco, Concamin y Coparmex— declararan que todavía estaban consultando a sus miembros para llegar a una posición común, Canacintra ya se había reunido con funcionarios gubernamentales y les había presentado un documento exponiendo claramente por qué se oponía al ingreso al nuevo GATT. Entre las principales preocupaciones de Canacintra figuraban: *1)* la medida en que los códigos de conducta limitarían la libertad del gobierno en el diseño de la política industrial; *2)* el grado en que el código de subsidios bloquearía los programas de sustitución de importaciones; *3)* si muchas empresas mexicanas pequeñas y medianas desaparecerían, como ocurrió en Argentina y Chile después que los gobiernos de esos países aplicaron abruptamente políticas de liberalización comercial; y *4)* si el gobierno permitiría que el tipo de cambio siguiera apreciándose en términos reales, pues según su estimación, al final de 1979 ya estaba sobrevaluado en 9%. Canacintra observó además que los productores mexicanos habían logrado penetrar en mercados extranjeros sin pertenecer al GATT y que no había razón para proceder de otro modo. Y concluyó afirmando que el ingreso al GATT debía posponerse 20 años por lo menos.[76]

Al mismo tiempo el CNE organizó foros de discusión con industriales y el 8 de marzo publicó otra carta planteando objeciones al ingreso. Esa carta observaba que a pesar de que México había nego-

ANIERM (1980), documento publicado en marzo en el que ANIERM presenta una exposición detallada de sus argumentos en favor del ingreso y las condiciones que estima que deben satisfacerse. Entre esas condiciones figura la aplicación de una ley *antidumping*, la concesión de un periodo de 12 años para la eliminación de las licencias de importación y la aplicación del PNDI.

[76] Véase Canacintra (1980).

ciado un Protocolo de Ingreso favorable, sus compromisos *implícitos* a largo plazo eran superiores a los establecidos en el acuerdo. En particular, señalaba el CNE, unirse al GATT limitaría la capacidad del gobierno de seguir conduciendo la política económica interna según las líneas de la planeación industrial y restringiría el uso de subsidios (incluyendo energía, créditos y Cedi). Además, las políticas de compras del gobierno y los requisitos de contenido nacional tendrían que transformarse si el gobierno planeaba hacer la política comercial de México eventualmente compatible con las reglas del GATT. El CNE insistía en que el acceso de México a mercados extranjeros —el estadunidense en particular— podía asegurarse mediante negociaciones bilaterales.[77]

La única respuesta a la altura de las resueltas afirmaciones del movimiento contra el GATT provendría de cámaras o asociaciones más pequeñas, presumiblemente más cohesivas, o de empresarios individuales con intereses más claros en mercados internacionales. El representante de alrededor de 800 industriales del distrito de Vallejo, en la ciudad de México, una de las zonas industriales más fuertes del país, donde operaban multinacionales como Ford, Anderson-Clayton y Phillips, y donde estaban basadas grandes empresas mexicanas, declaró que los miembros de su asociación estaban en favor del ingreso porque "[necesariamente] implicaría una revisión de nuestro sistema industrial, puesto que las empresas y los sectores más eficientes no se han desarrollado [situación que llevó a empresas nacionales a fijar] precios de fábrica [...] [de materias primas y bienes intermedios] 50% más elevados en México".[78] Conglomerados industriales como Alfa o el Grupo Saltillo, exportadores fuertes,[79] así como directores de empresas financieras como Banamex, también hicieron declaraciones en favor del ingreso.[80] El presidente del Comité de Negocios México-Japón, promotor de las inversiones y el comercio bilateral entre los dos países, adoptó la misma posición.[81]

En el sector obrero el proceso no suscitó mayores controversias.

77 Colegio Nacional de Economistas (1980).

78 Rafael Ávila Corona, *Excélsior*, 20 de febrero, p. 18.

79 Estos grupos figuraron entre los 200 mayores exportadores mexicanos durante ese periodo. Véase *Expansión*, 28 de septiembre de 1983.

80 Véase *Excélsior*, 1 de marzo de 1980, y Maxfield y Anzaldúa (1986). La unidad de investigación de Banamex, sin embargo, emitió una advertencia sobre el ingreso al GATT bajo la política económica del momento.

81 Julio Millán, *Excélsior*, 22 de febrero de 1980.

El sector obrero del PRI, el CT, había expresado el 7 de noviembre su apoyo a cualquier decisión del gobierno.[82] El apoyo del CT garantizaba la disciplina de las mayores entidades sindicales del país, la Confederación de Trabajadores de México (CTM), la Confederación Revolucionaria de Obreros y Campesinos (CROC) y la Confederación Revolucionaria de Obreros Mexicanos (CROM), todas afiliadas al CT. Al parecer, los sindicatos estaban dispuestos a dar prueba de disciplina partidaria.

Para marzo de 1980, el movimiento antiGATT del sector privado parecía bien organizado y más capaz de movilizarse que el movimiento proGATT, aun cuando este último parecía ser mayor, medido por el número de dirigentes de asociaciones que apoyaban el ingreso. Pero las empresas en competencia con las importaciones asociadas con Canacintra y los economistas del CNE ya estaban firmemente decididos a oponerse a la entrada al GATT, mientras que las mayores cámaras empresariales —Coparmex, Concamin, Concanaco y el CCE— estaban inseguras sobre sus preferencias. Como ya he mencionado, muy probablemente eso tenía relación con el aumento de sus beneficios entre 1979 y 1980, pero el patrón era evidente: la presión de los grupos en competencia con las importaciones había aumentado en relación con la de los grupos orientados hacia la exportación.

Por lo tanto, la mayoría de las posiciones de esos grupos de interés eran congruentes con lo que en teoría se debía esperar, considerando que parecía haber una correspondencia entre ellos y sus intereses productivos. El movimiento antiGATT consistía en una cámara dominada por empresas de tamaño pequeño y mediano, caracterizadas por estructuras de costos más elevadas y que producían bienes de consumo tradicionales y bienes intermedios —los sectores donde más drástica era la penetración de importaciones—, con el apoyo de administradores públicos interesados en la reducción de la capacidad de creación de política del Estado y de representantes que obtenían ingresos del gobierno. El tímido movimiento proGATT estaba formado por cámaras de comercio asociadas con empresas más grandes, relativamente más orientadas hacia los mercados de exportación y con asociaciones con el capital extranjero.

Enfrentado a esa perspectiva del debate del GATT, el presidente López Portillo optó por decidir con la ayuda de los ocho miembros

[82] *El Universal*, 8 de noviembre de 1979.

de su Gabinete Económico, compuesto en aquel momento por los secretarios de Hacienda, Programación y Presupuesto, Comercio, Patrimonio y Fomento Industrial, Relaciones Exteriores, Gobernación, Trabajo y Agricultura. Para llegar a la decisión final recurrió a un voto secreto, entregado por escrito. Pocos meses antes de esa votación existían indicios de división en el gabinete. Al parecer, Comercio, Programación y Presupuesto, Gobernación y probablemente Trabajo favorecían el ingreso al GATT, mientras que Relaciones Exteriores, Hacienda, Patrimonio Nacional y Promoción Industrial y Agricultura se oponían.[83] Esta división respondía en parte a los perfiles de las secretarías y sus aliados.[84] Patrimonio Nacional estaba a cargo por un simpatizante de la "Escuela de Cambridge", relativamente menos comprometido con el comercio multilateral o el internacionalismo y con interés en el control de la política industrial.[85] El encargado de Comercio, separado de la política industrial, favorecía las negociaciones comerciales multilaterales porque había negociado el Protocolo y la tarea de sus burócratas consistía en expander el acceso a los mercados extranjeros.

Quienes se oponían al GATT dentro del gobierno tenían también dudas sobre el futuro del PNDI una vez aceptada la adhesión al acuerdo. Además, el auge económico motivó a muchos a pensar que si el gobierno estaba tratando de dar el impulso definitivo al desarrollo industrial, no era el momento apropiado para limitar su discrecionalidad y dejar que fueran sólo las fuerzas del mercado, o extranjeros, quienes resolvieran sobre la asignación de recursos. Más bien se necesitaba una política gubernamental activa, justificada porque la nueva oportunidad de crecimiento era patrocinada por un "patrimonio nacional", la riqueza petrolera. ¿Por qué renunciar a manejar libremente esa riqueza para promover el crecimiento industrial? ¿Por qué aceptar imposiciones extranjeras, simbolizadas por los nuevos códigos de conducta del GATT, en materia de política industrial y comercial? Eso dejó a los opositores del GATT dentro del gobierno con la opinión de que no había ningún argumento claro

83 Entrevistas (ciudad de México, 1994 y 1995).

84 Separada de la industria, Comercio tenía ahora más espacio para seguir su programa internacionalista. Integrada con la industria, Patrimonio Nacional y Promoción Industrial ahora se interesaba más por los asuntos internos, puesto que le correspondía planificar el desarrollo industrial.

85 El secretario Oteyza era partidario del manejo bilateral del comercio entre México y los Estados Unidos, así como de una política petrolera nacionalista y, para algunos, por momentos arrogante.

que demostrara que era mejor para México estar dentro del GATT que fuera.[86]

Cuando el presidente López Portillo finalmente realizó la votación, en la segunda semana de marzo de 1980, los partidarios del GATT perdieron 5 a 3.[87] Como era de esperarse, los encargados de la administración de la riqueza petrolera y la distribución de subsidios energéticos, crediticios y fiscales —los secretarios de Patrimonio Nacional y de Hacienda— votaron en contra del ingreso. Lo mismo vale para los de Agricultura y Trabajo. El voto adverso de Relaciones Exteriores puede tener relación con la política exterior mexicana tradicional, que pone énfasis en la soberanía y la autodeterminación.

El 18 de marzo, pocos días después de esa votación, el presidente López Portillo anunció su decisión sobre la cuestión del GATT. Acompañado por dirigentes sindicales petroleros en la conmemoración de la expropiación de la industria petrolera, anunció, en un discurso emotivo, que postergaba indefinidamente el ingreso de México al GATT. Justificó esa decisión señalando que a pesar de la excelente negociación del Protocolo de Adhesión se habían expresado muchas opiniones diferentes y contradictorias sobre la cuestión de la entrada al GATT, y que él no encontraba apoyo claro para buscar el ingreso.[88] La elección tanto de la fecha como de la compañía tenía matices políticos: el presidente López Portillo estaba alimentando el sentimiento nacionalista al vincular la soberanía en la conducción de la política petrolera, que para entonces implicaba soberanía en la conducción de la política industrial, con su rechazo del ingreso al GATT. Además estableció el límite de 50% para la venta de petróleo a cualquier país extranjero, otro signo que apuntaba a la independencia de los Estados Unidos. Por último, expresaba su alianza con los sindicatos, que en diferentes ocasiones durante

[86] Entrevista, México, septiembre de 1995.

[87] La existencia de esa votación se reconoce en *Proceso* (2 de diciembre de 1985) y en las memorias del presidente López Portillo (1988). También lo confirmé en mis entrevistas en la ciudad de México (1994, 1995). Todos los votos fueron entregados por escrito. Por cierto, el voto reveló además que secretarías que rara vez se habían encontrado en oposición estaban ahora en bandos contrarios. Relaciones Exteriores, la encargada de la política internacional, votó en contra de Comercio y las secretarías encargadas de la política interna. La de Hacienda votó en contra de sus aliados tradicionales, el Banco Central y la comunidad bancaria. El secretario encargado de las relaciones entre patrones y trabajadores votó en contra del secretario encargado de la política interna.

[88] Véase *Excélsior*, 19 de marzo de 1980.

su mandato habían cuestionado su compromiso con la defensa de los intereses de los trabajadores.[89]

Los partidarios del ingreso al GATT no criticaron esa decisión ni se movilizaron en su contra. De todos modos, movilizarse no tenía sentido: concluido el debate, sólo quedaba continuar con las políticas industriales tal y como se les diseñó.

Este episodio muestra la medida en que procesos económicos pueden provocar la movilización de grupos de interés, que a su vez modifica la calidad de la información del gobierno y, por extensión, el curso de la política comercial. Una administración que propuso ingresar al GATT y negoció un Protocolo de Adhesión al GATT estuvo dispuesta a retroceder porque la perspectiva de un *boom* económico y la presión de los intereses en competencia con las importaciones derrotaron a la ineficaz coalición favorable al GATT. El movimiento antiGATT, aunque menos numeroso que el movimiento proGATT, resolvió su problema de acción colectiva, lo que el movimiento proGATT no consiguió hacer. Los partidarios del GATT tuvieron problemas de movilización porque muchos de ellos estaban gozando los beneficios de un mercado interno en expansión y su orientación hacia la exportación había declinado. Eso dio al movimiento antiGATT la fuerza necesaria para imponer su preferencia e influir en la decisión final del presidente.

VI.4.1. *La secuela: crisis económica y proteccionismo*

La decisión del presidente López Portillo de postergar la entrada al GATT alteró en forma dramática el curso de la economía mexicana por dos razones. Primero, marcó tanto el abandono del proceso de reforma comercial iniciado en 1977 como la decisión del gobierno de mantener políticas fiscales y monetarias expansionistas. Segundo, dejó a los exportadores mexicanos sin un mecanismo de defensa contra eventuales sanciones comerciales de los socios comerciales del país suscritos al nuevo código de subsidios del GATT, en particular los Estados Unidos. En las líneas que siguen me concentraré en las implicaciones de la primera razón, dejando el análisis de la segunda para el siguiente capítulo, donde es más relevante.

Vale la pena repetir la lógica de la postergación del ingreso al

[89] Véase Hernández Rodríguez (1988).

GATT, que operó como fondo de la presión de los grupos de interés: como no se esperaba que los precios del petróleo bajaran a corto o mediano plazo, los ingresos del gobierno seguirían aumentando, aliviando la presión sobre las cuentas externas y proporcionando los medios para aplicar una estrategia económica basada en la expansión del mercado interno, muy similar a la adoptada en la década de los cuarenta. En el marco del PNDI correrían los subsidios para estimular el establecimiento de más empresas en los nuevos sectores industriales, se volverían a instaurar las licencias de importación para impedir que empresas extranjeras compitieran en el mercado interno, el tipo de cambio permanecería fijo para promover la seguridad de los inversionistas y subsidiar las importaciones de maquinaria y los precios de los bienes básicos serían controlados en beneficio de los consumidores urbanos. Los dirigentes industriales tenían razón: ingresar al GATT habría requerido seguir el camino económico opuesto, ortodoxo —una estrategia ciertamente apoyada por el FMI y el Banco Mundial. Pero rico en petróleo, libre de la condicionalidad del programa de estabilización del FMI —concluso en 1979—, apoyado por la mayor cámara industrial, y sin oír ninguna voz fuerte del sector privado en favor de la liberalización, el gobierno no vio la necesidad de seguir la ortodoxia económica. Así, el curso de la política comercial mexicana dio un viraje hacia los días anteriores a la promoción de la reforma de 1970-1971.

Como consecuencia, el porcentaje de valor importado sujeto a control se elevó de 60% en 1980 a 85.5% en 1981 y a 100% en 1982, el nivel más alto desde la posguerra. Nótese, sin embargo, que el drástico aumento del control de las importaciones respondió tanto a los requisitos de la estrategia económica finalmente adoptada como a la inundación de importaciones que acompañó la apreciación del peso (el déficit comercial de México saltó de 1.3 a 3.6% del PIB entre 1980 y 1982). Además, se trató de una medida desesperada para combatir la seria crisis de la balanza de pagos de 1982, una crisis causada tanto por mala suerte como por la persecución del mismo tipo de políticas económicas inconsistentes que desencadenaron la crisis de septiembre de 1976.

La mala suerte llegó en julio de 1981, cuando los precios del petróleo cayeron 10% de su nivel pico de 32 dólares por barril.[90] La estrategia económica de México se planeó con base en la proyección,

90 En realidad el gobierno mexicano fue el primero en bajar los precios.

compartida por muchos, de que los precios del petróleo continuarían aumentando hasta alcanzar cerca de 50 dólares por barril en 1985.[91] Al mismo tiempo se diseñó sobre la premisa de que los mercados financieros internacionales seguirían prestando a tasas de interés estables. Pero el tipo de interés preferencial de los Estados Unidos ya había empezado a aumentar de 15.3% en 1980 a 18.9% en 1981, limitando la disponibilidad de créditos extranjeros. Menores ingresos petroleros y mayores pagos por la deuda externa no dejaron duda de la necesidad de ajustar la estrategia económica para compensar la consiguiente caída de 2 000 millones de dólares en ingresos gubernamentales.

De este momento en adelante siguieron políticas económicas inconsistentes. Como muestran los cuadros VI.4, VI.5 y VI.6, las autoridades económicas no controlaron el gasto público ni el crecimiento monetario, generando expectativas de que, bajo el tipo de cambio prevaleciente, el déficit en cuenta corriente seguiría aumentando. El déficit fiscal aumentó de 7.1% en 1980 a 16.9% en 1982, y fue monetizado en su mayor parte. La emisión de monedas y billetes saltó en términos nominales de 33.4% en 1980 a 54.1% en 1982. La participación del mayor agregado monetario, *M4*, en el PIB aumentó de 32.72% en 1980 a 38.75%. Como consecuencia de esa expansión monetaria, entre otros factores, la inflación aumentó de 29.8 a 98.8% entre 1980 y 1982, y el crecimiento de la producción se redujo de 8.3 a -0.5%. La mayor demanda interna y los precios más altos, combinados con el tipo de cambio fijo —sobrevaluado 23.4% para fines de 1981—,[92] contribuyeron para elevar el déficit en cuenta corriente de 4.4 a 5.8% del PIB en 1981.

Con un déficit en cuenta corriente más elevado vino una deuda externa creciente, parte de la cual se destinó a mantener fijo el tipo de cambio, fomentando la especulación y la fuga de capitales. La especulación motivó la devaluación de febrero de 1982, de 26.9 a 47 pesos por dólar, pero como se acercaban las elecciones presidenciales del 4 de julio el gobierno no controló el gasto y prefirió en cambio decretar aumentos de salarios de 10, 20 y 30%. Esto multiplicó las expectativas de una devaluación, motivando todavía una mayor fuga de capitales, que para julio de 1982 llegó a más de 15 000 millones de dólares.

[91] Entrevistas (ciudad de México, 1994 y 1995) y De la Madrid (1983).
[92] Estimación de Rocha (1987), p. 278.

Después de las elecciones del 4 de julio fue más difícil postergar la aplicación de medidas de ajuste económico, obligando al gobierno a adoptar las políticas impopulares que antes había evitado. Así, el 1 de agosto los subsidios empezaron a disminuir al permitirse un aumento de 100% en los precios de bienes producidos por el sector público —gasolina, gas, electricidad— y de algunos alimentos. Cuatro días después el Banco Central introdujo un sistema de tipo de cambio dual, estableciendo un "tipo controlado" de 49.5 pesos por dólar para las importaciones necesarias y las operaciones de la deuda externa, y un "tipo libre" que sería determinado por las fuerzas del mercado y utilizado para transacciones no prioritarias. El 12 de agosto una nueva medida sumamente impopular ordenó a los bancos privados pagar los depósitos del público denominados en dólares —los mexodólares— a un tipo de 69.5 pesos por dólar en lugar del tipo libre, que para entonces había llegado a 150 pesos por dólar.

La tardía aplicación de estas medidas no contribuyó a mantener el nivel de reservas internacionales necesario para pagar tanto los préstamos a corto plazo que el gobierno obtuvo durante 1981 como los pagos de intereses acumulados, forzando a las autoridades económicas mexicanas a solicitar a la comunidad financiera internacional una moratoria de noventa días para los pagos del principal de la deuda externa. En ese momento las reservas en divisas del Banco Central eran de menos de 900 millones de dólares, mientras que los pagos programados de la deuda ascendían a más de 8 000 millones de dólares del principal entre agosto y diciembre de 1982; casi 9 000 millones de dólares en 1983; más de 5 000 millones de dólares en 1984 y alrededor de 10 000 millones de dólares en 1985.[93] La deuda externa acumulada hasta ese momento ascendía a alrededor de 80 000 millones de dólares. Esta moratoria marcó el comienzo de la crisis de la deuda y el comienzo de otro arduo proceso de negociaciones entre México, sus principales acreedores privados y el FMI.[94]

Mientras la crisis económica empeoraba, el presidente López Portillo sorprendió a todos nacionalizando los bancos privados mexicanos el 1 de septiembre, durante su último informe presidencial. Fue

[93] Sobre el monto, distribución, carga y características generales de la deuda y el proceso de negociación de la deuda, véase SHCP (1988) y Flores Caballero y Moreno Uriegas (1985).

[94] Los lectores interesados en un análisis en profundidad de la política económica que condujo a las crisis deberían ver, por ejemplo, Serra y García Alba (1984), Zedillo (1986), Ros (1987), Gil Díaz (1988), Bazdrech y Levy (1991), Hierro y Sanginés (1991), Lustig (1992) y Aspe (1993).

su último recurso para detener la fuga de capitales, en vista de la incapacidad de su gobierno para aplicar las medidas de ajuste económico necesarias.[95] Junto con la nacionalización, el presidente López Portillo anunció controles más estrictos de las operaciones cambiarias y control total de las operaciones de comercio internacional.

Las políticas macroeconómicas excesivamente expansionistas sirvieron para darle el golpe de gracia a las reformas comerciales de la administración López Portillo. Si la presión de grupos de interés logró bloquear la liberalización, el manejo de los agregados macroeconómicos ayudó a eliminarla por completo.

VI.4.2. *Epílogo*

La nacionalización cayó como una bomba. Le siguió una crisis política seria que derivó en un periodo de desconfianza y hostilidades entre el gobierno y el sector privado. La razón ha sido comúnmente presentada en términos ideológicos, pero factores claramente objetivos subyacían detrás de esta desconfianza: dados los vínculos estrechos entre los bancos y las grandes empresas industriales mexicanas, también surgieron dudas acerca de la identidad de los dueños de estas empresas. Nacionalizar los bancos parecía ser, a primera vista, una nacionalización de muchas otras propiedades de prominentes familias empresariales mexicanas.

Siguieron protestas, marchas, conferencias, críticas y condenas al presidente y el gobierno, organizadas por las principales cámaras de comercio.[96] Para algunos —los banqueros, las personas asociadas con ellos y las dedicadas a combatir la intervención gubernamental— fue una acción arbitraria, carente de cualquier lógica que la conectara con las preferencias del público. Para otros —los prestatarios, las pequeñas empresas, los trabajadores— fue una medida para traer la justicia de vuelta al sistema financiero.

Por encima de todo, la nacionalización de la banca planteó nuevas preguntas acerca del papel apropiado para el Estado en la economía mexicana, la medida de la discrecionalidad del gobierno, el

[95] Los lectores interesados en los detalles de esa decisión de nacionalizar los bancos mexicanos pueden consultar las obras de Tello (1984) y Maxfield (1990). Tello participó personalmente en esa decisión.

[96] La descripción de esas protestas puede verse en *Excélsior* (del 2 de septiembre a fines de noviembre de 1982). Para un relato de la participación política durante ese periodo, véase De la Madrid (1983) y Maxfield y Anzaldúa (1986).

grado en que debe permitirse a los presidentes tomar decisiones de este tipo, o los riesgos que corre el sector privado si no participa en política y en el diseño de la política económica. No eran cuestiones triviales, considerando que apenas seis años antes la administración del presidente Echeverría logró empeorar una crisis económica por rehusarse a ajustar la política macroeconómica, por atacar abiertamente al sector privado y por expropiar una serie de tierras con base en consideraciones legales dudosas. En 1982 las mismas reglas institucionales condujeron a desenlaces políticos similares. Un cambio institucional, al parecer, podría ser la salida a este dilema. Las consecuencias de esta crisis serán objeto del próximo capítulo, en que el foco se concentra en su impacto en el curso de la política comercial mexicana.

VI.5. Conclusión

Este capítulo intentó comprender por qué México no reformó su política comercial bajo las condiciones económicas favorables del periodo 1977-1980. He aquí un sumario de las respuestas.

A diferencia del episodio de 1971-1975, las fuentes de las reformas comerciales de 1977-1980 fueron al mismo tiempo externas e internas, aunque la condicionalidad de instituciones financieras internacionales desempeñó un papel mucho más fundamental en el inicio de estas últimas. En ausencia de presión internacional, las autoridades económicas mexicanas podrían haber tardado más en reiniciar la reforma comercial abortada en 1975, dada la frágil situación económica de 1976-1977. Pero en el periodo de tres años de vigencia del acuerdo con el FMI (1977-1979), las barreras comerciales de México bajaron continuamente, a pesar de que la política macroeconómica trabajó en contra tanto de las recomendaciones del FMI como de la aplicación exitosa de las reformas comerciales.

Como el marco teórico de este libro lo sugiere, cuando el sector manufacturero de México experimentó una mayor penetración de importaciones y redujo su dependencia de los mercados de exportación, ambos factores causados por la política macroeconómica del auge petrolero, surgieron presiones proteccionistas. Además, los grupos de interés industriales más afectados por el aumento de las importaciones, ocurrido y esperado —como Canacintra— se organizaron más rápido y mejor que los grupos menos afectados, como Concamin, Concanaco o Coparmex. La mejor organización de la primera sirvió para influir en las opciones políticas del gobierno, bloqueando por último el proceso de reforma comercial.

En ese contexto, la propuesta del gobierno de complementar las reformas comerciales ingresando al GATT fue recibida con fuerte oposición por el *lobby* proteccionista y con vacilación por los partidarios del libre comercio. Una razón fundamental de este comportamiento es que la combinación de crecimiento del mercado interno, la declinación de la orientación hacia la exportación del sector manufacturero (declinación de la proporción exportación/importación) y el aumento de la penetración de importaciones (crecientes coeficientes de importación/oferta interna) generaron intereses mezclados en el grupo que habría podido apoyar el ingreso: los exportadores de manufacturas y las asociaciones empresariales conservadoras. Dicho sencillamente, los exportadores encontraron en el mercado interno condiciones de rentabilidad que hicieron menos urgente la búsqueda de mayor acceso a mercados extranjeros. Esto se reflejó, de acuerdo con mi hipótesis, en su incapacidad de obtener consenso en sus cámaras para apoyar el ingreso y en su preocupación por el futuro de la ayuda gubernamental si México entraba al GATT. Como el movimiento proteccionista no enfrentó problemas de acción colectiva similares, sacó ventaja a los partidarios del libre comercio y por último consiguió que el gobierno reconsiderara la entrada al GATT.

Las divisiones dentro del sector privado se reflejaron también dentro del gobierno, exacerbadas por la nueva división del trabajo entre los secretarios y complementadas por la distancia ideológica que separaba a miembros del gabinete. Esto condujo a una parálisis política que el movimiento proteccionista explotó con cabildeo intensificado y que terminó con el rechazo del ingreso. Al separarse la responsabilidad de la promoción industrial del comercio internacional, el Gabinete Económico enfrentó una nueva y poderosa voz proteccionista que se oponía a los miembros relativamente más internacionalistas de Comercio. Por eso el gobierno no pudo mantener el liderazgo que había asumido inicialmente en la cuestión del ingreso al GATT.

Es importante destacar que la presión extranjera fue insuficiente para abrir permanentemente el mercado interno porque el apoyo interno para la reducción de las barreras comerciales declinó. A comienzos de 1977 existía un consenso interno en favor de la expansión de las exportaciones manufacturadas con ayuda de reformas comerciales, menores barreras comerciales y negociaciones de comercio exterior. En 1980, en cambio, el consenso interno desapareció. Esto ocurrió mientras la presión externa se mantuvo constante, aun cuando su fuente cambió.

Si bien el programa de estabilización del FMI dejó de influir el curso de la política económica mexicana, en 1980 empezaron a aparecer sanciones comerciales estadunidenses como represalia por las barreras no arancelarias mexicanas, en particular los subsidios a la exportación, crediticios y energéticos. La presión exterior para que México redujera sus barreras comerciales permaneció, por lo tanto, alta, pero la influencia política relativa de los sectores proteccionistas mexicanos aumentó.

Que la presión extranjera —vía préstamos condicionales o sanciones comerciales— por sí sola fuese insuficiente para abrir el mercado mexicano apoya la premisa teórica de este estudio de que para liberalizar una economía son necesarios la presión extranjera y *también* un cambio del poder relativo en favor de los partidarios nacionales del libre comercio.

Finalmente, el episodio examinado aquí no sólo revela que los grupos de interés internos —los demandantes de política comercial— influyeron en la elección de una política comercial, sino que además aporta datos que vinculan la presión de grupos de interés con cambios en las condiciones económicas y sus efectos sobre los intereses internos. Esto es importante porque se ha convertido en algo común sostener que el presidente mexicano siempre impuso sus preferencias de política económica. Además, mientras que otros estudios han destacado que la presión de grupos de interés influyó en la posición del presidente López Portillo respecto al ingreso al GATT —en particular Weintraub (1984) y Story (1986)—, la discusión de este capítulo amplía esa perspectiva mostrando cómo la evolución del comercio y de la política macroeconómica, modificando los precios relativos enfrentados por los productores nacionales, estimularon los sentimientos proteccionistas que condujeron al aumento de la presión de los grupos de interés y la oposición a la propuesta de ingresar al GATT. También proporciona una lógica para explicar por qué el movimiento antiGATT se organizó mejor que el movimiento proGATT.

VII. LIBERALIZACIÓN COMERCIAL, 1983-1988

DURANTE la década de los ochenta se desmantelaron finalmente los elementos centrales del aparato proteccionista que por más de cuarenta años funcionó como espina dorsal de la estrategia de industrialización vía sustitución de importaciones. Los cuadros VII.1, VII.2, VII.3 y VII.4 muestran el alcance de esta liberalización. La proporción de las importaciones cubierta por permisos previos, que llegó a 100% en 1982 y 1983, cayó en 1988 a 19.7%, aproximadamente el mismo nivel de 1956. Los precios oficiales de referencia, todavía en uso en 1986, desaparecieron en 1988. El arancel promedio, de 25.5% en 1985, declinó a 10.4% en 1988. El arancel máximo, de 100% en 1985, disminuyó a 20%. Por último, pero no menos importante, México se incorporó al GATT en 1986, después de rechazar la opción de adherirse en 1947, en 1962 y en 1980.

¿Por qué fue posible liberalizar la economía mexicana en la década de los ochenta pero no en la de los setenta? ¿Qué factores de decisión distinguen a ambos periodos?

Las respuestas existentes a estas interrogantes enfatizan el papel de las variables económicas y políticas internacionales o de la autonomía del Estado. Un conjunto de argumentos afirma que México adoptó una estrategia de crecimiento orientada a las exportaciones en respuesta a los *shocks* adversos a los términos de intercambio del país en los años ochenta (mayores tasas de interés, menores precios del petróleo), los cuales terminaron dando el tiro de gracia a la ya obsoleta y onerosa estrategia de sustitución de importaciones. La ineficiencia productiva, la disminución de los ingresos derivados del petróleo y las mayores obligaciones ligadas a la deuda externa arrojaron a México a una recesión que demostró claramente que el mercado interno ya no ofrecía caminos para el desarrollo sostenible. Si en los años setenta existió espacio para dudar sobre este asunto, en los años ochenta éste desapareció por completo. Por lo tanto México escogió una estrategia de crecimiento orientada a la exportación y se adhirió al GATT para apoyarla. Con variaciones, esa es la posición destacada por muchos economistas mexicanos, por la Secretaría de Comercio de México entre 1985 y 1988 y por funciona-

CUADRO VII.1. *México. Indicadores de política comercial, 1982–1988 (porcentajes)*

Año	*Valor de la importación controlado*	*Arancel promedio*	*Dispersión arancelaria*	*Arancel ponderado por producción*	*Niveles arancelarios*	*Arancel máximo*	*Tasa promedio de protección efectiva*[1]
1982	100	27	24.8	16.4	16	100	n.a.
1983	100	23.8	23.5	8.2	13	100	n.a.
1984	83.5	23.3	22.5	8.6	10	100	–22.3
1985	37.5	25.5	18.8	13.3	10	100	–20
1986	30.9	22.6	14.1	13.1	11	45	–39.5
1987	27.5	10	6.9	5.6	5	45	–34.5
1988	19.7	10.4	7.1	6.1	5	20	n.a.

[1] Excluye a la industria petrolera.
FUENTE: Secofi.

CUADRO VII.2. *México. Valor de la producción nacional cubierto por licencias de importación, 1985-1988*
(porcentajes)

	1985	*1985*	*1986*	*1987*	*1988*
Sector	*Junio*	*Diciembre*	*Diciembre*	*Diciembre*	*Diciembre*
Agricultura	95.8	62.4	57.6	42.2	42.4
Petróleo y gas	100	100	100	100	100
Otros productos mineros	51.8	4.3	4.3	0	0
Alimentos	98.1	56	38.2	25.9	23
Bebidas y tabaco	99.5	99.4	99.4	20.6	19.8
Textiles	90.7	9.6	9.6	7	3.1
Ropa y calzado	99.1	81.4	81.4	52.9	0
Productos de madera	99.9	46.8	11.8	0	0
Papel e impresión	74.5	6.7	6.7	6.3	0.3
Refinación de petróleo	94.3	87.4	87.2	87.2	87.2
Productos químicos	86.8	24.8	21.9	2.5	2.4
Productos minerales no metálicos	95.6	15.3	10.3	2.1	2.4
Productos metálicos básicos	86.8	0.4	0	0	0
Productos metálicos	74	8.3	2.6	1	1.1
Maquinaria y equipo	90.7	28.8	17.7	1.7	2.7
Equipo de transporte	99	77	64.2	58	41.4
Otras manufacturas	91.8	22.9	18.3	0	0
TOTAL	92.2	47.1	39.8	25.4	21.3

FUENTE: Secofi.

CUADRO VII.3. *México. Tarifas ponderadas por producción, 1985-1987 (porcentajes)*

	1985	*1985*	*1986*	*1987*	*1988*
Sector	*Junio*	*Diciembre*	*Diciembre*	*Diciembre*	*Diciembre*
Agricultura	8.6	12.9	13.2	7.4	6.5
Petróleo y gas	0	0	0	0	0
Otros productos mineros	19.1	18.5	17.8	8	7.9
Alimentos	22.6	31.5	28.8	13.6	8.7
Bebidas y tabaco	77	77	40.1	19.7	19.7
Textiles	32.5	44.5	37.2	14.7	14.2
Ropa y calzado	46.8	48.2	41.4	18.7	18.1
Productos de madera	37	41.2	37	17.7	16.7
Papel e impresión	19.6	22.1	18.7	9.6	4.8
Refinación de petróleo	2.2	3	2.1	1	1.1
Productos químicos	28.7	31.8	27.7	13.1	11.7
Productos minerales no metálicos	31.7	39.4	33.2	15	14.6
Productos metálicos básicos	15.1	22.2	19.8	8	8.5
Productos metálicos	35.7	38.8	30.1	15.1	13.8
Maquinaria y equipo	27.4	38.3	34.2	16.3	15.6
Equipo de transporte	39.2	41.6	31.9	14.4	14.4
Otras manufacturas	50.8	53.1	37.8	17.7	17.2
TOTAL	23.5	28.5	24.5	11.8	10.2

FUENTE: Secofi.

CUADRO VII.4. *México. Valor de la producción nacional cubierto por precios oficiales de importación (porcentajes)*

Sector	*1985* *Junio*	*1985* *Diciembre*	*1986* *Diciembre*	*1987* *Diciembre*	*1988* *Diciembre*
Agricultura	0.7	2.6	0.2	0.2	0.0
Petróleo y gas	0.0	0.0	0.0	0.0	0.0
Otros productos mineros	7.5	13.7	8.2	0.0	0.0
Alimentos	7.2	8.7	3.5	1.2	0.0
Bebidas y tabaco	57.7	57.5	15.5	0.0	0.0
Textiles	37.9	67.1	67.1	0.0	0.0
Ropa y calzado	29.6	40.2	15.4	0.0	0.0
Productos de madera	8.0	31.4	30.3	6.5	0.0
Papel e impresión	26.9	43.4	32.9	0.0	0.0
Refinación de petróleo	0.3	1.7	1.7	0.0	0.0
Productos químicos	21.3	31.0	27.0	0.0	0.0
Productos minerales no metálicos	30.4	31.5	31.0	0.0	0.0
Productos metálicos básicos	19.1	49.0	40.2	1.9	0.0
Productos metálicos	40.6	47.5	40.4	3.3	0.0
Maquinaria y equipo	31.6	37.2	27.3	0.0	0.0
Equipo de transporte	55.5	55.8	54.3	0.0	0.0
Otras manufacturas	19.6	20.2	16.6	0.0	0.0
TOTAL	18.7	25.4	18.7	0.6	0.0

FUENTE: Secofi.

rios de la misma, principalmente De Mateo (1986), Malpica (1988), Secofi (1988), Bravo Aguilera (1989a) y Ten Kate y De Mateo (1989a, 1989b).

Un segundo conjunto de explicaciones se concentra en el impacto de, primero, los efectos de la condicionalidad de los préstamos extranjeros, y segundo, cambios en las relaciones comerciales internacionales. Ortiz Wadgymar (1988) ofrece un ejemplo de la primera posición —popular en muchos círculos en México— afirmando que la presión del FMI impuso el viraje de la política comercial mexicana. Stallings (1992) integra la condicionalidad y la cambiante economía mundial en su análisis de varios países en vías de desarrollo, sosteniendo que las medidas de ajuste económico adoptadas por estos países durante los ochenta —entre ellos México— fueron en gran parte una respuesta a las cambiantes condiciones de los mercados y créditos internacionales. Dornsbuch (1992), en un panorama más general de la liberalización en todo el mundo, se refiere al efecto de la condicionalidad del Banco Mundial, a la influencia de los consumidores nacionales y a las lecciones aprendidas (¿por quién?) de las experiencias de países como Corea del Sur, cuya estrategia de crecimiento encabezado por las exportaciones facilitó un proceso más tranquilo de ajuste a las condiciones económicas cambiantes de la década de 1980.

Un tercer conjunto de argumentos se concentra en la autonomía del Estado. Heredia (1994) señala que las características autoritarias del Estado mexicano y sus relaciones "clientelistas" con miembros de la coalición gobernante permitieron transformar un cambio en las preferencias de las autoridades económicas mexicanas en un cambio de la política comercial. Pastor y Wise (1994) ofrecen implícitamente una variante de esta visión. Para estos autores, aparte de los *shocks* del exterior, lo que permitió la liberalización comercial fue la serie de cambios institucionales internos que aislaron a los diseñadores de políticas económicas del proceso político. Estos cambios institucionales, combinados con la ideología de los nuevos encargados de la política económica, la vinculación establecida por éstos entre estabilización macroeconómica y liberalización comercial, y la identidad incierta de los ganadores y perdedores resultantes de una reforma comercial (que los hacía susceptibles de manipulación y bloqueaba su capacidad de movilizarse colectivamente), permitieron la liberalización.

Otras opiniones, como la de Harberger (1993), la cual no es exclusiva ni a México ni a la reforma comercial, sino al cambio estructural en América Latina, subrayan no sólo la importancia de la ideología o entrenamiento de los encargados de la política económica, sino también su fuerza de voluntad. Desde este punto de vista, las reformas al aparato del Estado y al marco regulatorio adoptadas por México y otros países en desarrollo ocurrieron porque economistas de sólida formación e inclinaciones neoclásicas (o por lo menos funcionarios con opiniones compatibles con el modelo neoclásico) con una tremenda fuerza de voluntad tomaron control de las instituciones económicas del país.

Si bien las perspectivas mencionadas arrojan luz sobre algunos de los factores que operaron detrás de la reducción de las barreras comerciales mexicanas, vale la pena plantearse las siguientes interrogantes: puesto que los productores mexicanos experimentarían los efectos redistributivos de las reformas comerciales, ¿no deberíamos esperar que se opusieran, apoyaran, o trataran de modificar una posible reforma comercial? Si los grupos de interés influyeron en decisiones anteriores de política comercial, como lo sugieren los dos capítulos anteriores, ¿es analíticamente útil, y empíricamente válido, asumirlos insignificantes en los ochenta?

Tomando estas interrogantes como punto de partida, en este capítulo exploro la contribución de los intereses económicos nacionales en la explicación de la liberalización comercial de México. Los pormenores de mi argumento se exponen en la sección VII.1. Las secciones VII.2, VII.3 y VII.4 presentan los datos que apoyan mi explicación. Cada una de estas secciones se ocupa de las políticas económicas de diferentes subperiodos: 1983-1985, 1985-1986 y 1987-1988. La sección VII.2, que cubre el periodo 1983-1985, se concentra en los factores que llevaron al gobierno a emprender por tercera vez la liberalización comercial. La sección VII.3 examina la decisión de unirse al GATT en el periodo 1985-1986. La sección VII.4 describe el proceso que condujo a la adopción formal de la liberalización comercial como política de estabilización entre 1987 y 1988. La sección VII.5 cierra el capítulo con conclusiones.

VII.1. El problema analítico

Por sí sola, la variedad de explicaciones de la liberalización comercial de México subraya un problema analítico importante: muchas variables explicativas cambiaron al mismo tiempo durante los ochenta como para reconocer con claridad cuál fue la causa de la liberalización comercial. El acceso condicionado a los mercados extranjeros de bienes y capitales resurgió con mayor fuerza en la década de 1980, durante buena parte de la década ocurrieron *shocks* adversos sobre los términos de intercambio del país, un nuevo grupo de asesores económicos tomó el control del gobierno mexicano, los productores mexicanos se involucraron más en los procesos políticos y los conflictos sectoriales aumentaron.

¿Por qué cambió la política comercial mexicana en este periodo? ¿Debido a cambios en las condiciones comerciales y crediticias internacionales, al aumento en las presiones internas en favor de la reforma comercial, a la llegada de un nuevo grupo de encargados de la política económica del país, o a todos estos factores a la vez? ¿Cómo podemos averiguar qué factor fue causa de qué?

Una respuesta a estas preguntas se adelantó en el capítulo IV. Allí presenté datos que indican que factores asociados en el marco teórico del capítulo I con la actividad política interna, como cambios en la orientación comercial del país, o cambios en la penetración de importaciones, explican en gran parte los *cambios* en las barreras comerciales del país entre 1960 y 1992. La influencia del FMI o de los tecnócratas resulta menos significativa cuando controlamos por estos factores. De acuerdo con las estimaciones del capítulo IV, cuando la orientación hacia la exportación bajó y la penetración de importaciones subió, las barreras comerciales del país aumentaron; pero cuando sucedió lo opuesto, las barreras comerciales disminuyeron.

Una segunda respuesta, menos directa pero más rica en análisis histórico y todavía compatible con los hallazgos del capítulo IV, se ofrece en este capítulo. Los elementos para su construcción están guiados por la siguiente propuesta.

Si identificamos cambios en las variables explicativas que operaron en 1983-1988, pero no en 1971-1975 ni en 1977-1980, podemos afirmar que la liberalización comercial se debió a algunos factores más que a otros. Los capítulos V y VI mostraron que los intentos de liberalización de 1971-1975 y 1977-1980 fueron precedidos por la aplicación de políticas macroeconómicas contraccionarias e iniciaron en periodos cuando la orientación exportadora del sector manufacturero aumentó y cuando los exportadores enfrentaron una competencia más intensa en los mercados extranjeros. Estos factores aumentaron los costos del régimen comercial existente para las empresas grandes, dándoles nuevos incentivos para presionar por una reforma comercial. Dada la mayor tasa de concentración de las industrias dominadas por empresas grandes —las industrias exportadoras—, es posible que éstas lograran influir más que las industrias menos concentradas —las orientadas al mercado interno— en el curso de la política comercial.

La liberalización comercial fue abandonada en ambas ocasiones cuando los costos del régimen comercial existente declinaron para los sectores orientados hacia la exportación por tres razones principales: porque el mercado interno empezó a expandirse, porque su orientación exportadora declinó como consecuencia de esta expansión y porque recibieron una porción mayor de subsidios. A medida que disminuyeron sus incentivos para reducir las barreras comerciales disminuyó también su presión por la liberalización comercial. Por otro lado, a medida que aumentó la penetración de importaciones, se incrementaron también los incentivos de los sectores en competencia con las importaciones para presionar por la elevación de las barreras comerciales. La combinación de la baja en la presión por la liberalización de los sectores exportadores, y del alza en la presión por el aumento de la protección de los sectores en competencia con las importaciones, redujo el incentivo del gobierno para reducir las barreras comerciales. Con ello la protección comercial mexicana terminó aumentando.

Estos avances y retrocesos de la reforma comercial ocurrieron antes de las crisis de balanza de pagos de 1976 y 1982, aunque no puede negarse que estas crisis también contribuyeron al marcado aumento de la protección comercial al final de las administraciones de los presidentes Echeverría y López Portillo.

Las circunstancias que condujeron al tercer intento de abrir la economía mexicana en 1983-1988 poseen características similares a las imperantes al comienzo de los periodos 1971-1975 y 1977-1980: el gobierno mexicano aplicó políticas macroeconómicas contraccionarias, la orientación hacia exportación aumentó, la penetración de importaciones declinó y la competencia internacional continuó intensificándose. Sin embargo, hay diferencias fundamentales, que me parece explican el éxito de la liberalización comercial de 1983-1988. A diferencia de lo ocurrido en las experiencias de 1971-1975 y 1977-1980, a lo largo del periodo 1983-1988: *1)* el gobierno mexicano aplicó políticas de estabilización; *2)* se requirieron préstamos extranjeros para apoyar el proceso de estabilización; *3)* la frecuencia de las sanciones comerciales —o la amenaza de aplicarlas— contra las exportaciones mexicanas aumentó; *4)* la orientación hacia la exportación del sector manufacturero se elevó significativamente, manteniéndose a un nivel superior al de la década de 1970, reduciendo la dependencia del país de las exportaciones petroleras.

Estas diferencias implican dos cosas. Por un lado, que los mismos factores que desencadenaron la movilización de las industrias orientadas hacia la exportación en 1971-1975, 1977-1980 y 1983-1988, operaron por un periodo más largo (no se revirtieron los incentivos de movilización colectiva). Por el otro, que un *nuevo* conjunto de factores internos y externos, ausentes en 1971-1975 y 1977-1980, se combinó en 1983-1988 para estimular ajustes en la política comercial. Estos últimos —mayor dependencia de las exportaciones manufactureras y mayores sanciones a estas exportaciones—, combinados con el mayor tamaño, menor número y mayor concentración de las empresas orientadas hacia la exportación, y la menor escala y mayor dispersión de los sectores orientados al mercado interno, contribuyeron a darle ventaja política a quienes favorecieron la liberalización comercial.

Puesto que en los capítulos anteriores expliqué el mecanismo a través del cual creo que estos factores inciden sobre el proceso de liberalización, me abstengo de explicarlos de nuevo aquí. Sólo estimo conveniente detenerme a ilustrar con un poco más de detalle la forma en que la experiencia de la estabilización económica promueve demandas internas y externas de liberalización.

VII.1.1. *La estabilización económica y la demanda de liberalización comercial*

La aplicación de políticas de estabilización macroeconómica es importante en mi perspectiva de los procesos políticos de la protección comercial porque reduce el ingreso de los ciudadanos de un país y genera efectos redistributivos. Las políticas de reducción de la absorción, como la contracción fiscal y monetaria, fomentan el desempleo en el corto plazo (en caso de rigidez de los salarios reales) o reducen los ingresos (en caso de salarios reales flexibles). Además, reducen el ingreso disponible de los factores específicos en todos los sectores, puesto que la reducción del déficit fiscal requiere impuestos más elevados o transferencias menores. Las políticas de redireccionamiento del gasto, como una depreciación real del tipo de cambio, ayudan a combatir el desempleo y el desequilibrio externo al estimular la transferencia de factores productivos del sector de bienes no comerciables al de bienes comerciables, pero si existen obstáculos a corto plazo a la movilidad de los factores, también redistribuyen ingresos.

De acuerdo con mi marco, tales reducciones y redistribuciones de ingresos motivan a los propietarios de factores específicos de cada industria a movilizarse para presionar al gobierno por políticas que produzcan aumentos compensatorios de sus ingresos. Por lo tanto, espero que los grupos de interés demanden por lo menos cuatro tipos de ajustes de política económica (no necesariamente mutuamente excluyentes, ni necesariamente compatibles) para alcanzar el objetivo de recuperar sus ingresos perdidos: *1)* abandono de las políticas fiscales y monetarias recesionarias; *2)* adelgazamiento del gobierno, a fin de transferir el peso del ajuste al sector público y liberar recursos para transferencias gubernamentales; *3)* revisión de la asignación de subsidios, con objeto de que aumente la participación de una industria en el presupuesto público menor, al tiempo que la de otra industria se reduce; *4)* reforma del marco regulatorio, incluyendo la política comercial, para modificar los precios relativos, aumentando o reduciendo los efectos redistributivos de una devaluación real, y los flujos de ingresos de un sector económico a otro.

La importancia de cada una de estas demandas depende de la orientación comercial de la industria. Yo espero que la mayoría de las industrias presionen para transferir el peso del ajuste al sector público, pero no espero que todas prefieran que se abandonen las políticas fiscales y monetarias estrictas, ni que todas estén de acuerdo en el nivel "justo" de los precios relativos, ni en la asignación "justa" de transferencias gubernamentales escasas. Los dueños de carteras diversificadas de factores específicos estarán más interesados en la salud general de la economía y demandarán políticas que reduzcan los riesgos de mercado, especialmente las promotoras de la estabilidad macroeconómica. Los productores de bienes comerciables tratarán de mantener un tipo de cambio depreciado, a fin de capturar ganancias que de otro modo tocarían a productores de bienes no comerciables. Los productores de bienes no comerciables se opondrán a ese intento.

Los ajustes de la política comercial adquieren particular importancia cuando nos concentramos en los sectores orientados hacia la exportación y en los orientados al mercado interno. Ambos tratarán de aumentar su protección relativa (es decir, de aumentar los efectos redistributivos de una devaluación real y de atenuar la disminución de ingresos de las políticas de reducción de la absorción), el primero reduciendo las barreras comerciales del país y el segundo aumentándolas. Los productores de bienes no comerciables pueden alinearse con las industrias orientadas hacia afuera o con las orientadas hacia adentro, pero me parece más probable su alianza con los sectores orientados hacia afuera porque éstos buscan reducir la protección de la economía en general, lo cual puede reducir los precios de un buen número de bienes comerciables, contribuyendo también a elevar el ingreso real de quienes producen en el sector de bienes no comerciables.

Es preciso enfatizar que las demandas de ajustes de la política comercial derivadas de la estabilización se refieren tanto al corto como al largo plazo. Aquí es donde adquiere importancia la búsqueda de límites institucionales para bloquear la capacidad futura del gobierno de modificar la protección relativa en una u otra dirección. Los sectores orientados hacia afuera presionarán por políticas e instituciones compatibles con el mantenimiento de barreras comerciales más bajas (eliminación de instrumentos proteccionistas, establecimiento de acuerdos comerciales), mientras que los sectores orientados hacia adentro presionarán por políticas e instituciones que mantengan las barreras comerciales elevadas.

En la medida que la demanda de políticas económicas congruentes con menores barreras comerciales es también una demanda por prudencia en el manejo de los instrumentos macroeconómicos, de manera tal que baje la probabilidad de recurrir a medidas proteccionistas para combatir desequilibrios externos, los exportadores contarán con el apoyo de quienes poseen portafolios diversificados de activos (grupos empresariales con intereses en sectores distintos) y de los acreedores extranjeros.

También es importante resaltar que un entorno de incremento en las sanciones contra las exportaciones, como el caso mexicano en este periodo, al poner un tope al apoyo que el gobierno puede otorgar directamente con subsidios a los exportadores, provee más incentivos para alterar la estructura de la protección *vía una reducción de las barreras que protegen a otros sectores.* Con tal reducción, que implica una liberalización, los exportadores obtienen tres cosas:

1) compensación, a través del mecanismo de cambio en precios relativos generado por ajustes a la estructura de la protección, por la pérdida de subsidios, *2)* reducción de represalias comerciales externas debido al proteccionismo nacional, y *3)* acceso a insumos a precios internacionales, lo cual incrementa su competitividad y contribuye a reemplazar la ventaja originalmente otorgada por los subsidios.

En resumen, la suma de contracción macroeconómica prolongada, mayor dependencia de exportaciones manufactureras y mayor frecuencia de sanciones comerciales, al alterar el entorno bajo el cual operaron los productores nacionales, cambió sus preferencias respecto al régimen comercial, motivándolos a su vez a cabildear por ajustes en el mismo. En una interpretación sincrética, cambios en el entorno económico internacional y nacional son indudablemente relevantes para explicar el impulso de la liberalización, pero el mecanismo y la forma de su implementación dependen también del cabildeo de grupos de presión internos.

VII.2. De la estabilización al inicio del ajuste estructural, 1983-1985

La estabilización fue la prioridad de la política macroeconómica de México en el periodo 1983-1988. Continuos *shocks* en los términos de intercambio, errores en el manejo de las políticas fiscal y monetaria, el devastador terremoto de 1985 en la ciudad de México, la carrera contra el peso después de la caída de la bolsa de Nueva York en 1987, unidos al financiamiento extranjero condicionado, obligaron al gobierno mexicano a aplicar cuatro programas de estabilización en un lapso de tan sólo seis años. Los programas fueron: *1)* el Programa Inmediato de Reordenación Económica (PIRE), patrocinado por el FMI, de enero de 1983 a junio de 1985, *2)* un programa para señalar "compromiso" con el ajuste económico, sin apoyo del FMI, bajo el cual se emprendieron reformas estructurales, de julio de 1985 a mayo de 1986; *3)* el Programa de Aliento y Crecimiento (PAC), apoyado por el FMI, de junio de 1986 a noviembre de 1987, y *4)* el heterodoxo Pacto de Solidaridad Económica (PSE), de diciembre de 1987 a noviembre de 1988.[1]

Todos estos programas consistieron en políticas estándar de con-

[1] Un sumario de las características de estos programas puede consultarse en Lustig (1992).

tracción de la demanda agregada y de redireccionamiento del gasto, y se apoyaron en controles del salario nominal. Las diferencias específicas entre ellas residieron principalmente en sus políticas complementarias, que reflejaban distintas comprensiones tanto de los problemas económicos presentes como de las limitaciones políticas asociadas con ellos. El PIRE fue un programa de ajuste económico inicialmente diseñado para operar por tres años, acompañado por pequeñas —o nulas— reformas microeconómicas. El segundo programa emprendió la liberalización comercial y la privatización mientras reforzó el proceso de estabilización contemplado en el PIRE. El PAC continuó reduciendo las barreras comerciales y privatizando empresas estatales, otorgando espacio a mayores tasas de crecimiento. El PSE, la versión mexicana de un programa de estabilización heterodoxo, aceleró la reforma estructural y se apoyó en congelaciones negociadas de precios y salarios.

Más adelante describo cómo factores económicos y políticos, de acuerdo con mi entendimiento, se combinaron para hacer de la liberalización comercial parte integral de los programas de estabilización de 1985, 1986 y 1987. Lo que importa a esta altura es subrayar que entre 1983 y 1988 este ambiente de ajuste económico continuo produjo una tasa de crecimiento promedio del PIB de apenas 0.1%, una caída del salario real de cerca de 50% y una creación de empleos insuficiente. Por lo tanto, las condiciones estaban maduras para una competencia entre grupos de interés con el fin de reformar el marco regulatorio existente. Cambiar el régimen comercial, privatizar empresas públicas (para explotar oportunidades económicas exclusivas del Estado), establecer controles de precios o delimitar los aumentos al salario mínimo serviría a los diversos sectores en competencia política para redistribuir el ingreso entre sí.[2]

El hecho de que en México las empresas grandes predominaron en los sectores exportadores debería llevarnos a esperar que tuvieran ventaja sobre sus competidores políticos en la carrera por la modificación de la política comercial. Pero si la mayor concentración no fuera suficiente para darles una ventaja política, considérense dos incentivos adicionales de estos sectores para presionar

[2] Los datos que confirman la existencia de estas demandas son numerosos y anecdóticos. Los lectores interesados pueden revisar cualquier periódico mexicano durante ese periodo para confirmarlo. También pueden consultar los volúmenes que contienen la crónica de la administración del presidente De la Madrid (De la Madrid, 1983, 1984, 1985, 1986, 1987, 1988).

por una nueva política comercial, incentivos con los que no contaban los sectores en competencia con las importaciones.

Primero, entre 1983 y 1988 el sector manufacturero de México intensificó su orientación exportadora y se convirtió en el principal generador de ingresos por exportaciones. Mientras que en 1980 su proporción exportación-producto fue de 3.6%, para 1986 ésta alcanzó 8.4%.[3] La participación de las exportaciones manufactureras en el total de ingresos por exportaciones pasó de cerca de 20% en 1980 a más de 40% en 1986 y más de 55% en 1988.[4]

Este cambio en la orientación exportadora del sector manufacturero fue resultado de la aplicación de políticas de estabilización y del serio problema de endeudamiento en que se encontraron las empresas grandes. A medida que la aplicación de los programas de estabilización desaceleraba el crecimiento económico interno, y al tiempo que el tipo de cambio se mantenía relativamente subvaluado, los productores mexicanos empezaron a encontrar oportunidades más rentables en mercados extranjeros. Si bien el crecimiento promedio del PIB para el periodo 1983-1988, como ya se ha dicho, fue de 0.1%, el crecimiento promedio de las exportaciones de manufacturas alcanzó el nivel sustancialmente más elevado de 27.2%. Esto contrasta con las condiciones prevalecientes durante el auge petrolero (1977-1981), cuando el crecimiento promedio del PIB mexicano fue de 7.4%, mientras que el de las exportaciones de manufacturas alcanzó 10.5%.

Por otro lado, los elevados montos de endeudamiento de muchas empresas grandes durante el auge petrolero debían pagarse exportando aún más. No es extraño que la mayor parte del aumento en la capacidad exportadora mencionado anteriormente pueda atribuirse a los 17 sectores —especialmente automóviles y piezas para automóviles, química, petroquímica, resinas sintéticas, acero, vidrio y cemento— responsables de más de la mitad del total de las exportaciones manufactureras, y de más de la mitad de los préstamos extranjeros recibidos durante el auge petrolero.[5] Las 200 mayores

[3] Datos de Casar (1989).

[4] Véase Lustig (1990). La proporción exportaciones-oferta total para esos 17 sectores exportadores aumentó de 5.9% en 1980 a 16.4% en 1986, mientras que en los no exportadores pasó de 1.2% a 2.7 por ciento.

[5] Acerca de la distribución de la deuda externa por tamaño de empresas véase Molina Warner (1981). Esta autora define las "empresas grandes" como las que venden más de 8 millones de dólares por año. El resto, naturalmente, corresponde al gran conjunto de empresas medianas y pequeñas.

empresas exportadoras del país, incluyendo grandes grupos empresariales, multinacionales y empresas estatales, generaron casi toda esta oferta exportable.[6]

Estimaciones para el periodo 1976-1982 también revelan que la deuda externa total del sector privado prácticamente se cuadruplicó, de 6 200 a 27 000 millones de dólares, mientras que sus exportaciones netas declinaron de un equilibrio a un déficit de cerca de 8 000 millones de dólares.[7] Diez grupos empresariales mexicanos, todos ellos entre los principales exportadores, contrajeron 34% del total de la deuda, mientras que Alfa (acero, petroquímica), Visa (alimentos, cerveza) y Vitro (vidrio) por sí solas contrajeron 20%.[8] Productores privados de acero contrajeron 35%, y mineros cerca de 13 por ciento.[9]

[6] Datos de *Expansión* muestran los distintos grados en que los ingresos de estas empresas privadas dependieron de las ventas en mercados extranjeros en 1982: Vitro exportó 8.2% de sus ventas, Visa, 1.4%; Desc, 3%; Cervecería Moctezuma, 3.9%; Minera Autlán, 47% (las empresas mineras figuraron entre los cinco mayores exportadores, con porcentajes de exportaciones/ventas de más de 50%); Mexicana de Aviación, 24.6%; Tubos de Acero, 1.3%; Grupo Industrial Saltillo, 2.1%; Chrysler, 17.2%; Ericsson, 4.1%; y Union Carbide, 5.8 por ciento.

[7] Los datos sobre el sector privado provienen de Gutiérrez (1992) y CHCP (1988); los datos sobre las exportaciones netas del sector privado son del Banco de México. El monto de la deuda en 1982 representó 31.5% del total de la deuda de México, distribuida entre bancos (10%) y más de 1 200 empresas no bancarias (20%). Sin embargo, como el gobierno absorbió las deudas de los bancos privados después de la nacionalización de la banca, la deuda del sector privado se concentró exclusivamente en esas 1 200 empresas, que debían 22 000 millones de dólares.

[8] Datos de *Expansión* (marzo de 1982) citados también en Maxfield (1990). Nótese que estos porcentajes se aplican sólo hasta 1979. La deuda externa también representaba más de 70% del activo total de otras empresas importantes, entre ellas Tolteca (cemento), Cervecería Moctezuma (cerveza), Minera Autlán (minería), Aceros Ecatepec (acero), Grupo Industrial Saltillo (acero, maquinaria), Chrysler (automóviles, piezas para automóviles), Ericsson (maquinaria), Union Carbide (productos químicos, equipos), Apasco (cemento) y Martell de México (bebidas). Por lo menos 67% de la deuda a corto plazo fue contraída en el periodo 1977-1981. Alrededor de 66% maduraría entre 1982 y 1984 (50% antes de 1983) y, de ese monto, 66.2% correspondía a deudas con bancos y 33.8% a proveedores extranjeros. Aproximadamente 47% de la deuda externa de Alfa maduró en 1982 (Alfa había suspendido el pago de amortizaciones en abril, y en agosto postergó 70% de sus pagos de intereses). Para Desc (productos químicos, maquinaria), cerca de 42% maduró en menos de un año, y para Moctezuma 38.4%. Para un relato del proceso de reestructuración de la deuda de estas empresas, véase Gutiérrez (1992).

[9] Las estimaciones de la deuda provienen de un estudio de Banamex, citado en Maxfield (1990), y de Molina Warner (1981). En 1980, grandes empresas mexicanas asociadas con capitales extranjeros y multinacionales produjeron 80.8% del total de la producción de automóviles, 65.9% de las piezas para automotores, 74% de los productos farmacéuticos y 78.3% del tabaco. En ese mismo año empresas nacionales produjeron alrededor de 65.5% de los productos químicos, 70% de los alimentos y 69.5% de la cerveza. Estos datos son de Casar (1989).

La mayor orientación hacia la exportación, cualquiera que fueran las razones, incrementó la vulnerabilidad de los exportadores mexicanos frente a la competencia extranjera y frente al proteccionismo en mercados internacionales. Mi hipótesis es que este fue un factor que los llevó a empezar a presionar de nuevo por una declinación de la protección concedida a las empresas en competencia con las importaciones, puesto que eso provocaría un aumento de sus ingresos vía mayor competitividad y redistribución de rentas. A continuación explico por qué esta condición se convirtió en un incentivo aún más importante cuando los exportadores mexicanos empezaron a enfrentar obstáculos mayores para entrar en el mercado de los Estados Unidos.

El segundo factor que afectó a los exportadores mexicanos más que a cualquier otro sector fue el significativo aumento de la incidencia de las sanciones comerciales estadunidenses, o la amenaza de ellas, a partir de octubre de 1980, pocos meses después de la decisión del presidente López Portillo de posponer el ingreso al GATT. Antes de esa fecha sólo tres exportaciones mexicanas sufrieron investigaciones de comercio desleal por parte del gobierno de los Estados Unidos, pero ninguna de ellas resultó en la imposición de un derecho compensatorio.[10] Sin embargo entre octubre de 1980 y abril de 1985, 26 exportaciones mexicanas enfrentaron este tipo de investigación. Este fue un aumento sin precedentes en las sanciones, o amenazas de sanciones, comerciales de los Estados Unidos contra las exportaciones manufactureras mexicanas.

[10] El gobierno de los Estados Unidos había iniciado en 1972 una investigación de las exportaciones mexicanas de acero, objetando los Cedi, pero en 1976 esa investigación concluyó que los Cedi no estaban sujetos a sanciones. El mismo tipo de resolución referente a los Cedi fue respaldado por investigaciones posteriores, para los espárragos en 1975 y para el plomo en 1976. El único signo de preocupación en torno a ese tema surgió en 1978, cuando la conclusión preliminar de una investigación de las exportaciones mexicanas de textiles y ropa observó que los créditos Fomex y los Cedi constituían comercio injusto, pero no hubo sanciones. Para detalles sobre estas investigaciones, véase Querol Cabrera (1978). Obsérvese, sin embargo, que otras exportaciones mexicanas fueron sancionadas durante ese periodo con argumentos sin relación con los subsidios a la exportación, sino con *dumping* y otras regulaciones. Los casos más notables fueron los referentes al jitomate (1979) y el atún (1980). El caso del jitomate respondió a las protestas de agricultores de Florida. El del atún fue en realidad un embargo justificado con las provisiones de la Ley de Protección a los Mamíferos Marinos (Marine Mammal Protection Act) de 1972 y la Ley de Conservación y Manejo de Recursos Pesqueros (Fishery Conservation and Management Act) de 1976. Sobre la iniciación y las disputas en torno a esos casos, véase Vega Cánovas (1983).

El aumento de la frecuencia de las sanciones comerciales estadunidenses contra México puede atribuirse a la aplicación por parte del gobierno de ese país, a partir de 1980, de las previsiones de su nueva Ley de Acuerdos Comerciales (Trade Agreements Act) de 1979, la cual incorporaba los acuerdos de la Ronda de Tokio sobre la regulación del uso de barreras no arancelarias.[11] Bajo la nueva ley comercial estadunidense, cualquier país sin membresía en el GATT, que protegiera sus industrias con barreras no arancelarias "inaceptables", o que no se suscribiera al código de subsidios del GATT, no tendría el beneficio de la "prueba del daño" (*injury test*) en disputas sobre comercio desleal, salvo que suscribiera un acuerdo bilateral sobre este tema.[12] Al no firmar este código, ni negociar un acuerdo bilateral, ni reformar su política comercial, México pasó a ser uno de los principales candidatos a las sanciones comerciales de los Estados Unidos.[13]

[11] Los lectores pueden recordar que la Ley de Acuerdos Comerciales de 1979 fue un producto del punto de vista de la "reciprocidad" en boga en los círculos de la política comercial en Washington, consistente en sancionar a los socios comerciales a fin de abrir sus mercados. Existen muchos relatos del surgimiento del reciprocitarismo en los Estados Unidos. Algunas referencias rápidas pueden encontrarse en Bhaghwati e Irwin (1987), Destler (1992) y Rhodes (1993).

[12] La falta de "prueba del daño" dio a los productores estadunidenses la oportunidad de solicitar sanciones por comercio desleal sin tener que probar que los exportadores extranjeros estaban efectivamente causando perjuicio a la industria estadunidense. Esto dio a los productores estadunidenses una ventaja sobre los productores extranjeros, puesto que los primeros no tenían que incurrir en ningún costo para aumentar la posibilidad de que se impusiera un derecho compensatorio a los productos extranjeros.

[13] Funcionarios mexicanos y estadunidenses buscaron una solución para este problema poco después que México pospuso su ingreso al GATT. Autoridades de los Estados Unidos incluso ofrecieron a México negociar un acuerao bilateral que sirviera para consultas y notificación previa de cambios en la política comercial o investigaciones de comercio injusto. Pero las circunstancias, el momento, compromisos políticos y acontecimientos económicos impidieron que ese acuerdo se completara hasta abril de 1985 (véase *infra*). En particular los funcionarios mexicanos, que acababan de lanzar el Plan Nacional de Desarrollo Industrial (PNDI), vacilaron por algún tiempo en aceptar la condición de las autoridades comerciales estadunidenses de que, para obtener la prueba de daños, las exportaciones mexicanas debían dejar de estar apoyadas por créditos preferenciales, subsidios energéticos y Cedi. Se dice que el presidente López Portillo rechazó un proyecto de Entendimiento Bilateral presentado por el gobierno de los Estados Unidos porque proponía eliminar los subsidios de México a las exportaciones. Sobre esta versión, véase *El Financiero*, 24 de mayo de 1985; y también Lyman (1989). Los lectores interesados en descripciones de esas negociaciones pueden consultar además Vega Cánovas (1991). Pocos años después funcionarios mexicanos se opusieron también a la vinculación hecha por el gobierno de los Estados Unidos del completamiento del acuerdo con la modificación del Decreto Farmacéutico de México, que proporcionaba el marco de sustitución de importaciones para esa industria.

Como puede verse en el cuadro VII.5, México fue el país más afectado por los cargos compensatorios estadunidenses durante este periodo. Las políticas y los programas específicos utilizados por el gobierno mexicano para promover las exportaciones y la industrialización que fueron blanco de las autoridades comerciales estadunidenses se muestran en el cuadro VII.6. Entre los más importantes se cuentan los Cedi (las exenciones de impuestos directos creadas por la administración López Portillo), los préstamos preferenciales a corto y a largo plazo para la exportación concedidos por Fomex y Fogain, y el sistema de precios preferenciales de los servicios públicos (incluyendo el combustible y la electricidad).[14]

La porción más grande de estos subsidios fue captada, como se dijo en el capítulo VI, por empresas mexicanas grandes en sectores concentrados, donde se producía la mayor parte de las exportaciones. Por lo tanto, las sanciones comerciales amenazaron los intereses de grandes empresas mexicanas.

Una manera de apreciar lo anterior es examinando las exportaciones afectadas, enlistadas en el cuadro VII.7. Como puede verse, la mayoría de ellas —en particular las de las industrias de productos químicos, acero, cemento, otros minerales no metálicos y alimentos— fueron generadas por muchas de las mismas grandes empresas que contrajeron la mayor parte de la deuda externa, como Alfa (acero), Vitro (vidrio), Mexicana de Cobre (cobre), Corporación Industrial San Luis (minería, autopartes), Cemex y Tolteca (cemento, minerales no metálicos), y Ladrillera Monterrey (ladrillos, tejas).[15] Entre 1981 y 1984, empresas mexicanas pagaron 13 millones de dólares en derechos compensatorios. Solamente en 1983, el primer año de operación del PIRE, cuando México más necesitó aumentar sus exportaciones, estas sanciones afectaron alrededor de 35% del valor exportado por el país hacia los Estados Unidos.[16] Si sumamos esto a otras sanciones aplicadas en ese periodo, el total ascendió a 543 millones de dólares.[17]

La estabilización, la deuda externa, las sanciones comerciales y la mayor orientación exportadora, aumentaron el interés de las grandes empresas mexicanas y de las multinacionales exportadoras

[14] Véase Nogués (1986) y Chong Hyn Nam (1987). Nótese en la tabla que no todos los productos fueron sancionados con derechos.

[15] Entre otros nombres menos prominentes figuran, para la cal, Sonocal, Industrias Químicas Yucatán, Productos Calizos de B.C., Materiales BYM.

[16] Véase de Mateo (1986).

[17] Véase Malpica (1988).

en modificar el nivel de protección de México. Antes de 1982, los incentivos de estas empresas para reducir las barreras comerciales del país fueron relativamente menores porque casi no enfrentaron costos relacionados con ellas: podían gozar del beneficio de explotar un mercado interno protegido y, al mismo tiempo, utilizar subsidios gubernamentales cada vez mayores —Cedi, CEPROFI, Fomex— para penetrar en mercados extranjeros. Pero después de 1982 el costo del régimen comercial subió demasiado para este grupo de grandes empresas, porque el mercado interno se desplomó, los subsidios declinaron, las sanciones comerciales extranjeras para contrarrestar los subsidios industriales aumentaron, y porque debieron exportar más para enfrentar sus obligaciones crediticias en el extranjero.

Dos razones sugieren por qué los incentivos de los sectores en competencia con las importaciones tal vez no fueron equivalentes para organizarse por un aumento de las barreras comerciales, o para oponerse a la presión que las empresas orientadas hacia la exportación comenzarían a ejercer. Primero, el tipo de cambio se devaluó en 1982 (el tipo de cambio libre 113%, el controlado 95%) como parte del programa de estabilización. Esto constituyó una depreciación real que no desapareció hasta comienzos de 1985, y que retornó para julio de ese mismo año, otorgando mayor protección a los productores nacionales. Segundo, los controles internos a la importación aumentaron en forma notable, y durante todo 1983 y 1984 se mantuvieron entre 100% y 85%, elevando los precios de las importaciones por encima del nivel que habrían tomado sólo con la devaluación.

Estas dos medidas protegieron a los productores nacionales frente a la competencia externa, considerando que aun cuando duplicaran sus precios, las importaciones aún serían más caras.[18] De hecho, la penetración de importaciones declinó después de 1982: en 1980 la

[18] La fuerte devaluación también convirtió la protección efectiva para la mayoría de las industrias en negativa (en promedio, ver los cuadros estadísticos en el apéndice), puesto que los precios extranjeros ahora eran elevadísimos en comparación con los nacionales. Para ver esto hay que recordar que la fórmula para calcular la tasa de protección efectiva es $TPE = (v\text{-}v^*) \ / \ v^*$; en donde v y v^* representan, respectivamente, el valor agregado nacional y extranjero. Como el valor agregado extranjero se calcula a precios nacionales utilizando el tipo de cambio (v^* se expresa en unidades de moneda nacional), un aumento del tipo de cambio provocará un aumento de v^* a precios nacionales. Si ese aumento eleva v^* por encima de v, ERP pasa a ser un número negativo. Ese número negativo significa que los productores extranjeros disfrutan de una protección comercial más elevada que los productores nacionales; es decir, los productores extranjeros pueden pagar más que los productores nacionales por sus insumos en relación con el valor de su producción y seguir en el mercado. La protección comercial parece ser baja, pero la pro-

CUADRO VII.5. *Incidencia de las acciones compensatorias iniciadas por los Estados Unidos, por país, enero de 1980-diciembre de 1985*

Exportador[1]	*Número de acciones iniciadas*[2]	*Resultado*			*Tasa DC promedio*[5]	*Total de importaciones de los Estados Unidos en 1984 (billones de dólares)*	*Importaciones bajo DC (% del total de importaciones estadunidenses de ese país)*[6]
		Afirmativo[3]	*Negativo*[4]	*Pendiente*			
1. *Países industrializados*							
Canadá	7	2 (1)	3	2	n.a.	66.3	0.9
Francia	12	5 (4)	6	1	3.6	7.9	6.4
Italia	8	3 (2)	3	2	1.4	7.9	6.7
Nueva Zelanda	6	2	3	1	9.2	0.8	1.5
España	8	4 (1)	4	0	17.1	2.4	2.2
Otros[7]	22	14 (11)	6	2	10.1	101.6	0.9
Subtotal	63	30 (19)	25	8	10.5	186.9	1.4
2. *Países en desarrollo*							
Argentina	5	5 (1)	0	0	15.8	0.9	11.9
Brasil	16	11 (6)	4	1	14.1	7.2	5.4
Corea	8	4 (1)	3	1	2.4	9.3	7.5
México	*26*	*18 (4)*	*7*	*1*	*10.8*	*17.8*	*1.7*
Perú	6	5 (1)	1	0	22.7	1.3	3.5
Sudáfrica	9	7 (4)	2	0	9.4	2.5	4.3
Venezuela	5	3 (3)	1	1	0	6.5	0.8

Otros[7]	33	16 (6)	12	5	8.1	43.7	1.2
Subtotal	108	69 (26)	30	9	11.5	89.1	2.5
3. Países del Este de Europa							
	5	0	4	1	0	1.5	0.2
TOTAL (1+2+3)	176	99 (45)	59	18	11.3	277.5	1.8

[1] Se incluyen todos los países contra los cuales se iniciaron cinco o más acciones compensatorias.

[2] Para 26 casos iniciados antes de 1980 se emitieron nuevas decisiones finales (en la mayoría de los casos porque los países involucrados adhirieron al GATT y solicitaron prueba de daños). No se incluyen las decisiones originales anteriores a 1980.

[3] Los números entre paréntesis representan casos retirados bajo acuerdos alternativos.

[4] Incluye casos en que el demandante desistió sin ningún acuerdo.

[5] Las tasas son simples promedios de casos en que se impusieron derechos compensatorios.

[6] Incluye las importaciones afectadas por decisiones afirmativas y casos pendientes al término de 1985.

[7] La categoría "Otros" se refiere a países contra los cuales se iniciaron de 1 a 4 acciones.

NOTA: Las tasas se han calculado sobre valores de las importaciones de 1984.

FUENTE: Chong Hyn Nam (1987).

participación de las importaciones en la oferta interna de manufacturas fue de 13.3%; en 1986 cayó a 9.5%. Desde mi punto de vista, esa declinación, aunada al aumento en la protección derivado de la devaluación y de los controles a las importaciones, pudo disminuir los motivos de los sectores en competencia con las importaciones para cabildear por la elevación de las barreras comerciales.

Con el aumento de los incentivos que impulsaron a los sectores orientados hacia la exportación a presionar por la reducción de las barreras comerciales, y la disminución de los incentivos para que los sectores en competencia con las importaciones presionaran por la elevación de esas barreras, la presión relativa de los sectores orientados hacia la exportación debió haber aumentado también. Como, desde mi punto de vista, a los funcionarios gubernamentales les conviene aliarse con grupos capaces de movilizar con relativa facilidad recursos para la acción colectiva, esta circunstancia debió proporcionar motivos adicionales al gobierno para reducir las barreras comerciales.

Los acontecimientos de 1983 a 1985 parecen haberse desarrollado de acuerdo con estas expectativas. A continuación presento ejemplos donde se aprecia cómo, en efecto, los sectores orientados hacia la exportación y sus aliados presionaron por una nueva política comercial, cómo las empresas en competencia con las importaciones se les opusieron, y cómo los primeros lograron determinar la forma finalmente adoptada del marco de la liberalización.

VII.2.1. *La preparación del escenario para la liberalización comercial*

El camino definitivo hacia la liberalización comercial de México se pavimentó entre 1983 y 1985. En ese periodo las cámaras de comercio y las asociaciones representantes de los sectores orientados hacia la exportación y de las grandes empresas afectadas por la estabilización, por los costos crecientes de la deuda externa y por las sanciones comerciales extranjeras aumentaron su presión por una nueva política económica.

tección del tipo de cambio sigue siendo elevada. Los lectores interesados en más detalles sobre esta interpretación pueden ver Ten Kate y De Mateo (1989a y 1989b). Los interesados en la teoría de las tasas de protección efectiva pueden consultar, por ejemplo, Ten Kate *et al.* (1979), Bhaghwati (1983) y Vousden (1991).

CUADRO VII.6. *Tipos de medidas de subsidios mexicanos sometidos a derechos compensatorios por los Estados Unidos, 1980-1985 (frecuencia del tipo de subsidio, con la tasa porcentual promedio de subsidio entre paréntesis)*

	México (14 casos)	
Tipo de subsidio	*Exportación*	*Interno*
Medidas fiscales		
Exención de impuestos directos	3 (5)	10 (1.3)
Depreciación acelerada del capital	0	1 (0.22)
Exención de impuestos sobre importación de bienes de capital	0	1 (0.07)
Concesión directa	0	0
Subtotal	3 (5)	12 (1.11)
Medidas financieras		
Préstamos preferenciales a corto y a largo plazo	13 (3.02)	13 (3.24)
Garantía crediticia	0	1 (0.2)
Subtotal	13 (3.02)	14 (0.077)
Otras medidas		
Precios preferenciales de bienes y servicios públicos	0	2 (0.78)
Participación en el capital	0	1(40.49)
Inclasificable	2 (0.204)	0
Subtotal	2 (0.24)	3(14.01)
TOTAL	18 (3.04)	29 (2.28)
Promedio por caso de derechos compensatorios	*1.3 (3.91)*	*2.1 (4.72)*

FUENTE: Chong Hyn Nam (1987).

En esencia, esta presión consistió en la demanda de modificaciones permanentes a los incentivos económicos y políticos del gobierno, con el fin de crear un ambiente estable para los negocios y de transferir recursos en favor de quienes producían para el mercado

CUADRO VII.7. *Acciones iniciadas por los Estados Unidos contra México por derechos compensatorios, 1980-1985*

Producto	*Iniciada*[1] (*mes-año*)	*Decisión*[2] (*mes-año*)	*Acción sobre decisión*[3]	*Acción en última revisión*[4]
1. Ropa de piel	oct-80	oct-81	5% DC	0-11.75% DC[5]
2. Azulejos de cerámica	oct-81	may-82	15.84% DC	0-13% DC
3. Globos y pelotas de juguete	ene-82	may-82	5.97-6.23% DC	1.98-2.92% DC
4. Película de polipropileno	jul-82	abr-83	Suspendida (5.68)[6]	Suspendida
5. Pectina	jul-82	abr-83	Suspendida (11.19)	Suspendida
6. Litargirio	jul-82	jun-83	3.73% DC	0% DC
7. Hilado de fibra de polietileno	sep-82	abr-83	Suspendida (4.28)	Suspendida
8. Moldes de construcción de hierro-metal	oct-82	mar-83	2.85% DC	0% DC
9. Anhídrido y agua amoniacal	nov-82	jun-83	Desechada	n.a.
10. Espárrago fresco	nov-82	may-83	Desechada	n.a.
11. Negro de carbón	dic-82	jun-83	2.55% DC	3.08% DC
12. Cemento hidráulico Portland y cemento refractario	abr-83	sep-83	0-17.12% DC	0-3.26% DC
13. Piel de cerdo (recortada)	abr-83	ago-83	Desechada	n.a.
14. Vidrio flotante sin procesar	oct-83	jun-84	Suspendida (2.54)	Suspendida
15. Flores recién cortadas	oct-83	abr-84	Desechada	n.a.
16. Productos de carbón-acero	dic-83		Terminada[7]	n.a.
17. Ladrillos	nov-83	may-84	3.51% DC	0-11.75% DC
18. Barras, rebarras y formas	abr-84	ago-84	2.03% -104.58% DC	Anulada[8]
19. Cal	abr-84	sep-84	0-55.89% DC	n.a.
20. Productos tubulares para la explotación petrolera	jul-84	nov-84	5.84% DC	Anulada

21. Textiles y productos para la industria textil	ago-84	mar-85	3.7% DC	n.a.
22. Productos de vidrio para automotores	ago-84	ene-85	4.63% DC	0% DC
23. Tubos y cañerías soldados de carbón-acero	nov-84	n.a.	Terminada	n.a.
24. Escaleras de mano, tubos y componentes de aluminio	abr-85	n.a.	Terminada	n.a.
25. Tejido de acero soldado para refuerzo de concreto	dic-85	n.a.	Terminada	n.a.
26. Enseres de cocina de porcelana sobre acero	dic-85	oct-86	1.97% DC	Prescribió [9]

n.a. = no aplicable.

[1] Fecha de iniciación.

[2] Fecha terminación definitiva.

[3] Cuando se descubre un subsidio, la decisión establece una tasa pasada y estima el depósito necesario para compensar subsidios futuros. A menudo las dos tasas coinciden. El porcentaje que se muestra corresponde al subsidio pasado. DC se refiere a los derechos compensatorios destinados a anular el efecto del subsidio.

[4] La mayoría de los casos por subsidio son revisados algún tiempo después de la decisión definitiva, y eso puede modificar la decisión anterior.

[5] Cuando se muestra un rango de DC, es para presentar la determinación de subsidios para diferentes exportadores.

[6] La suspensión se refiere a acuerdos entre productor y exportador para suspender el subsidio. La cifra entre paréntesis es la tasa descubierta que se suspende.

[7] Anulación se refiere a acción realizada antes de la decisión definitiva.

[8] Varios casos por subsidio referentes a productos de acero fueron revocados después que México accedió restringir voluntariamente las exportaciones de acero.

[9] Este caso prescribió después de la firma del acuerdo bilateral entre México y los Estados Unidos que estableció la prueba del daño antes de la aplicación de derechos compensatorios estadunidenses contra México.

FUENTE: Construida con datos de Weintraub (1990) y Destler (1992).

externo. Se pretendía mitigar las tendencias populistas de las administraciones anteriores, manifestadas en políticas macroeconómicas expansivas, políticas comerciales proteccionistas y manejo de la economía por decreto, las cuales resultaron en severas pérdidas para banqueros, exportadores y todos aquellos vulnerables a los riesgos del mercado nacional, como los dueños de portafolios diversificados de acciones mexicanas. La liberalización comercial serviría a este propósito porque las opciones disponibles para combatir los desequilibrios en la cuenta corriente se reducirían a la devaluación y los mecanismos de control de la demanda agregada. Es decir, la liberalización comercial llevaría a la disciplina en el manejo de la política macroeconómica y a su vez la disciplina macroeconómica disminuiría la probabilidad de recurrir a medidas proteccionistas para manejar las cuentas externas.

Entre los principales grupos de interés que expresaron demandas por mayor disciplina macroeconómica y menor proteccionismo figuraron la Coparmex, el CCE, el CEMAI; el Comité de Negocios México-Estados Unidos (CEMEU, asociación constituida por propietarios de grandes empresas mexicanas y presidentes de empresas estadunidenses), la Conacex (representante de 140 empresas exportadoras grandes, incluyendo a la mayoría de las prominentes)[19] y la ANIERM (la asociación de importadores y exportadores).[20]

La división del trabajo entre esos grupos de interés operó a lo

[19] Véase *El Financiero*, 16 de diciembre de 1983. La mayoría de los nombres prominentes pertenecían a esa asociación.

[20] Algunos de estos grupos de interés empezaron a expresar su descontento con la evolución de la política económica de México a fines de 1981, con llamados a detener la expansión de la demanda agregada que estaba generando mayor inflación y apreciación del tipo de cambio, lo que reducía la rentabilidad de la exportación. Después de la nacionalización de la banca, la Coparmex y el CCE organizaron el movimiento "México en libertad", que además de su vehemente oposición a la nacionalización repetía las posiciones de estos grupos: la necesidad de una delimitación clara de las áreas de influencia del Estado y las empresas privadas; la importancia de la disciplina fiscal y monetaria; la necesidad de una política realista del tipo de cambio; la importancia de dar más apoyo a las empresas del sector privado a través de la construcción de infraestructura, fondos de desarrollo, exenciones fiscales, subsidios directos y otros tipos de ayuda; su interés en un nuevo ambiente de negocios, estable y predecible; y la necesidad de frenos y contrapesos efectivos dentro del gobierno. Los propietarios de grandes empresas no siempre participaron directamente en las luchas públicas por la redefinición de la política económica, pero esas organizaciones, fundadas por ellos o en las que tenían influencia, sí tomaron parte en esas actividades. Un gran número de opiniones y declaraciones expresadas en éstos foros por dirigentes empresariales mexicanos después de la nacionalización puede encontrarse en *Excélsior*, octubre y noviembre de 1982. Véase también Hernández Rodríguez (1988).

largo de sus áreas de representación. Si el CCE y la Coparmex se concentraron en atacar la intervención estatal (incluyendo la nacionalización de la banca) y a las políticas macroeconómicas expansionistas, fue principalmente porque eran las mayores cámaras empresariales responsables de promover un ambiente de negocios favorable. En cambio las asociaciones de exportadores y comerciantes con el exterior —CEMAI, CEMEU y ANIERM— se especializaron en la búsqueda de una solución a la disputa comercial entre México y los Estados Unidos y de una nueva política comercial. CEMAI y CEMEU cabildearon tanto en México como en los Estados Unidos para promover un acuerdo bilateral sobre comercio e inversiones.[21] También criticaron, junto con ANIERM y Conacex, las políticas que impulsaban la sobrevaluación del tipo de cambio y, por ende, afectaban adversamente a las actividades exportadoras.

La presión ejercida por estos grupos durante los primeros días del gobierno de De la Madrid para participar en el diseño de la política económica dio origen al concepto de "planeación democrática". Este fue el término empleado por el gobierno para referirse a las consultas que aceptó celebrar entre representantes empresariales y funcionarios gubernamentales con el objetivo de determinar la futura estrategia económica.[22] Fue una presión desencadenada no sólo por la situación económica imperante sino por el anuncio del gobierno de su intención de llevar adelante un programa de reforma estructural que contemplaba sustituir la ISI por un programa de crecimiento encabezado por las exportaciones. Este programa fue propuesto por un nuevo grupo de autoridades económicas con preferencias por un comercio más libre,[23] pero nadie quería darles

[21] Por ejemplo, en junio de 1983, CEMEU presentó al USTR un proyecto y una petición para la firma del entendimiento comercial México-Estados Unidos. Entre otras cosas, ese proyecto sugería estrechar los vínculos comerciales y de inversiones entre los dos países. Información acerca de este proyecto puede encontrarse en los documentos publicados por el consejo estadunidense de CEMEU, en *Business Mexico* (1987) y en Vega Cánovas (1991).

[22] La planeación democrática figuraba entre los conceptos incluidos en las reformas de los artículos 16, 25, 26, 28 y 73 de la Constitución de México, que entre otros aspectos intentaban definir el alcance de la intervención gubernamental en la economía. Tales reformas dieron ocasión a grandes polémicas, en particular porque los dirigentes empresariales tenían la sensación de que los límites de la participación del Estado en la economía aún no quedaban claros.

[23] El presidente De la Madrid y su secretario de Comercio y Promoción Industrial, Héctor Hernández Cervantes, apoyaron el ingreso al GATT en 1980. Los secretarios de Hacienda, Jesús Silva Herzog, y de Programación y Presupuesto, Carlos Salinas de Gortari, ambos con posgrados de Harvard y Yale, respectivamente, pa-

la oportunidad de que decidieran por cuenta propia la política comercial. Las lecciones aprendidas de las experiencias de las administraciones de Echeverría y López Portillo aumentaron el interés de los empresarios de influir en el proceso de creación de política, sobre todo después de la sorpresiva nacionalización de la banca, que demostró que los presidentes mexicanos podían modificar el ambiente de negocios en forma arbitraria.

El hecho de que el gobierno adoptara el lema de la "planeación democrática" es en sí una confirmación de la influencia de las presiones del sector privado. De otro modo las nuevas autoridades económicas podrían haber elaborado su propio programa de reforma estructural, con su propia visión, sin consultar a nadie, y ejecutándolo a su antojo. Pero la gran desconfianza del sector privado en el gobierno requería de una solución *técnica y política* al problema económico existente, aun cuando los nuevos encargados de la política económica parecían estar en favor del libre comercio. Por eso estos últimos se encontraron tratando de obtener el apoyo y el respaldo de las principales cámaras empresariales.

El resultado de las consultas entre el sector privado y el gobierno fue la preparación de tres programas que esbozaban, con distintos grados de especificación, los objetivos de la reforma estructural. El Plan Nacional de Desarrollo (PND) de 1983, básicamente una extensión del PGD de 1980 de la administración de López Portillo, fue el primero en proponer *formalmente* como meta la eliminación de la ISI. El Programa Nacional de Fomento Industrial y Comercio Exterior (Pronafice)[24] de 1984 presentaba la estrategia general para alcanzar este objetivo. Y el Programa de Fomento Integral a las Exportaciones (Profiex) de 1985 se concentró en los detalles de instrumentación concretos, introduciendo mecanismos y cronogramas para la promoción de las exportaciones y la liberalización del comercio.

Otra muestra de la influencia de las cámaras empresariales es el hecho de que ninguno de estos programas fue anunciado sin su respaldo. En los tres programas aparecieron cláusulas introducidas por dirigentes del sector privado. Es más, como se muestra a conti-

recían apoyar la reforma económica (de hecho, el primer esbozo del PND fue obra del equipo de Salinas). El recién nombrado director del Banco Central, Miguel Mancera, regresaba al cargo, al que había renunciado dos meses antes en protesta por la nacionalización de la banca, contraria a la libertad de mercado. Los defensores de la "Escuela de Cambridge" estaban subrepresentados —si es que tenían alguna representación— en ese gabinete.

[24] Véase *Poder Ejecutivo* (1985).

nuación, es posible demostrar que la redacción y los detalles específicos de Pronafice y Profiex fueron afectados por el sector privado.

Pronafice fue revelado al público el 30 de julio de 1984, después de un total de más de cien mesas redondas y negociaciones con cámaras empresariales. Durante el proceso de negociación, los exportadores articularon formalmente sus demandas de política comercial. En diciembre de 1983, Conacex pidió terminar con el manejo de la política comercial con base en criterios *políticos* antes que técnicos.[25] Este organismo estimó que la ausencia de una política comercial claramente definida, la lentitud de la devaluación del tipo de cambio,[26] la doble paridad cambiaria[27] y la falta de programas efectivos de financiación de la exportación[28] afectaban adversamente las actividades exportadoras. Las otras asociaciones de exportadores, ANIERM, CEMEU, así como las principales cámaras empresariales, CCE y Coparmex, pronunciaron declaraciones similares más o menos al mismo tiempo.[29] En marzo de 1984 un dirigente del CCE, por ejemplo, destacó la necesidad de evitar una sobrevaluación del tipo de cambio, presentando a la vez la evaluación del sector privado de la política económica de México:

> Es difícil corregir [los problemas derivados de la aplicación de] doce años de una política económica y monetaria errónea [...] lo que el sector privado necesita es seguridad de que se apliquen políticas de largo plazo, que faciliten la planeación [de inversiones]... no podemos tratar de

25 Véase un sumario del documento presentado al gobierno por Conacex en *El Financiero*, 16 de diciembre de 1983.

26 El tipo de cambio de México se ajustaba hacia arriba (es decir, se devaluaba) 13 centavos por día con objeto de evitar una sobrevaluación, puesto que la inflación en México era mayor que en los Estados Unidos. Conacex criticó el hecho de que esa tasa de devaluación se determinó con base en estimaciones de la inflación esperada, que a menudo diferían de las expectativas del público.

27 El FMI también criticó esa política. Los lectores tal vez recuerden que, al iniciarse la crisis, el gobierno fijó un régimen cambiario doble. Un tipo de cambio —controlado— se utilizaba para los pagos de la deuda y las importaciones básicas. Para cualquier otro propósito se usaba el tipo de cambio libre.

28 Este punto adquirió particular importancia a medida que las tasas de interés de México aumentaron a lo largo de 1983. Además, el gobierno mexicano anunció en octubre que la negociación de un acuerdo bilateral con los Estados Unidos implicaría un ajuste hacia arriba del tipo de cambio, en respuesta a una demanda planteada por el gobierno de los Estados Unidos. ANIERM y Conacex, en particular, se mostraron muy decepcionados. Sobre esa reacción, véase *El Financiero*, 17 de octubre de 1983.

29 Sobre las posiciones de ANIERM, véase *Excélsior*, 8 de marzo de 1984; sobre las de Coparmex, véase *Excélsior*, 6 de marzo de 1984

conquistar mercados extranjeros cuando ocurren cambios [de política económica] cada tres meses, cada seis meses o cada año [...] La política económica de México no parece haber sido [diseñada] con el objetivo de crear exportaciones.[30]

Cuando se publicó el documento final de Pronafice, se hizo evidente que los representantes empresariales persuadieron al gobierno de incluir en su estrategia para el cambio estructural no sólo la meta de la promoción de las exportaciones, meta perseguida tanto por el gobierno como por los exportadores, sino los principios básicos que según ellos deberían respetarse en cualquier programa económico: *1)* el "motor" del desarrollo económico debe ser el sector privado en lugar del gobierno; *2)* tanto las dimensiones como el alcance de la intervención gubernamental deben reducirse y especificarse claramente; y *3)* la planeación económica debe enfatizar la consulta con la participación del sector privado.[31] Esto quedó reflejado en una frase del documento final:

> Como lo establecen los principios de la planeación democrática, este programa es obligatorio para el sector público, *con el fin de dar más orden y disciplina a la actividad gubernamental.* Para los sectores social y privado tiene carácter *indicativo*, con excepción de los casos relacionados con controles de precios selectivos y racionales o con la inversión extranjera, en los que adquiere carácter *regulatorio*.[32]

30 Declaraciones de Jorge Chapa, presidente del CCE, en *Excélsior*, 6 de marzo de 1984, p. 20.

31 Véase M. A. Casar (1984).

32 Véase *Poder Ejecutivo* (184), p. 207; el énfasis es mío. Según algunas versiones que recogí en entrevistas, el último día de las negociaciones los dirigentes empresariales todavía estaban leyendo cuidadosamente el proyecto de documento para evitar cualquier cláusula que hiciera pensar en provisiones obligatorias para el sector privado. También hay evidencia pública de ese interés: el presidente del CCE señaló en la inauguración de Pronafice que

> [nosotros en el sector privado creemos] que la planeación es obligatoria para el sector público e indicativa u opcional para los sectores privados [...] la planeación indicativa no debería interferir con las fuerzas del mercado, y mucho menos debería tratar de cambiar por decreto la tendencia natural de productores y consumidores a ofrecer y adquirir productos y servicios [...] Consideramos que el equilibrio entre la empresa privada y la pública [se altera] cuando se permite que el capital del gobierno participe en todas las empresas, incluso con participación minoritaria, o cuando, sin participación en la propiedad de los activos de la empresa, el gobierno tiene la posibilidad de influir en el proceso de toma de decisiones [Véase *Excélsior*, 31 de julio de 1984, p. 19].

Nótese que en realidad había amplio acuerdo en toda la comunidad empresarial (ese mismo día otros dirigentes empresariales —de Concamin, Canacintra, Concanaco

Así, los representantes empresariales alcanzaron a través de Pronafice el objetivo de llevar al gobierno a consultar con ellos *antes* de cambiar la política comercial, asegurándose a la vez de que la política económica en general respetaría la libre empresa. Esto significó un contraste importante con la experiencia del PNDI de la administración López Portillo, el cual no fue negociado con el sector privado. Igualmente importante es el hecho de que, al aprobar el documento, los dirigentes empresariales aceptaron las reglas básicas propuestas por la Secretaría de Comercio para el tercer intento de liberalizar la economía mexicana. Estas reglas básicas consistieron en cuatro conjuntos de políticas: *1)* racionalización de la protección, *2)* promoción de las exportaciones, *3)* integración de las zonas fronterizas y *4)* negociaciones comerciales internacionales.

El concepto clave de la racionalización de la protección fue, como en los años setenta, el gradualismo: evitar una liberalización abrupta y anunciar las medidas que habrán de tomarse con anticipación. La promoción de las exportaciones dejaría de apoyarse con subsidios. En su lugar, se utilizarían mecanismos aceptados por los miembros del GATT y los grupos de interés mexicanos.[33]

Sin embargo, Pronafice representó un acuerdo alcanzado en principio. Faltaba todavía la parte más dura de la batalla por la política comercial, cuando se especificarían finalmente muchos de los detalles para instrumentar la reforma comercial. Después de todo, los productores enfrentarían los costos y beneficios de la liberalización comercial cuando las restricciones a la importación empezaran a desaparecer. Y sólo entonces comenzaría realmente a materializarse la oposición a las reformas comerciales.

Por lo tanto, las preguntas por responder eran: ¿Cuándo iniciar la liberalización? ¿Cuánto tiempo debe llevar? ¿En qué industrias deben declinar primero las restricciones a la importación? ¿Cómo deberá quedar al final la estructura de protección, y a qué nivel? ¿Cómo se anunciará? ¿Se compensará a los perdedores? ¿Cómo se dará esa compensación?

y Coparmex— elogiaron la disposición del gobierno a consultarlos). Esta perspectiva naturalmente estaba conectada con la Carta Económica de México de 1964 y con la Declaración de Principios del CCE de 1975, principales documentos ideológicos del sector privado, al que se hizo referencia en el capítulo III de este estudio.

33 Véase *infra* para una descripción de la negociación de esos mecanismos en el país. Dejo fuera el examen de otros detalles de Pronafice, puesto que son similares a lo que se propuso en las reformas comerciales de 1971 y 1977, salvo por el perfil y la formalización mayores del nuevo programa.

Aquí es donde adquiere importancia la negociación de Profiex y del cronograma de la liberalización comercial, ambas posteriores a la de Pronafice. De estos documentos puede demostrarse que, contra lo afirmado por la sabiduría convencional, la discrecionalidad del gobierno enfrentó restricciones nacionales y extranjeras. Sin embargo, esta negociación debe examinarse en el contexto de otros factores que influyeron en los acontecimientos ocurridos entre septiembre de 1984 y marzo de 1985, los cuales terminaron por inclinar la balanza en favor de los partidarios del libre comercio. Entre esos factores figuran *1)* los procesos electorales, *2)* la reaparición de la inestabilidad macroeconómica y *3)* las negociaciones comerciales entre México y los Estados Unidos. A continuación las examino en detalle.

VII.2.2. *La inestabilidad macroeconómica y el recrudecimiento de las demandas de liberalización comercial*

A pesar de las sugerencias (o presiones) de banqueros extranjeros para hacer otra cosa,[34] y a pesar de sus aparentes preferencias, las autoridades mexicanas optaron por posponer la liberalización comercial hasta después de alcanzar sus objetivos de estabilizar la economía mexicana, restaurar las reservas del Banco Central y obtener apoyo político interno para la reforma comercial. Entre ellos parecía prevalecer la creencia de que obtener el equilibrio interno y externo era un requisito previo para la liberalización, porque facilitaría el manejo de las cuentas extranjeras y la transferencia de recursos de un sector a otro. Los únicos permisos concedidos durante 1983 y 1984 fueron, por lo tanto, los necesarios para mantener la producción de bienes de consumo básicos y las exportaciones,[35] y

[34] La Carta de Intención enviada en 1982 por el gobierno mexicano al FMI decía: Las revisiones del sistema de protección, incluyendo la estructura arancelaria, los incentivos a la exportación y los permisos de importación, se harán en diferentes fases del programa. Las revisiones, cuyos resultados serán tema de consultas, tendrán el propósito de reducir el grado de protección para alcanzar mayor eficiencia en el proceso productivo, a fin de proteger los intereses de los consumidores, sostener el empleo, promover las exportaciones de bienes y servicios y evitar ganancias excesivas derivadas del sistema de protección. [Ortiz Wadgymar (1988), p. 143, de la carta publicada en *Mercado de Valores*, 22 de noviembre de 1982.]

[35] Es interesante señalar que durante este periodo las autoridades económicas estuvieron en desacuerdo acerca de la velocidad y la facilidad con que debían concederse esos permisos de importación. El desafío para ellas consistía en asignar las escasas reservas en moneda extranjera (alrededor de 500 millones de dólares a co-

los últimos fueron créditos financiados por el Banco Mundial, en el marco del Paquete de Promoción de Exportaciones de 1983.[36]

Sin embargo, para septiembre de 1984 no se logró satisfacer ni el objetivo de la estabilización ni la negociación de los procedimientos *específicos* de la reforma comercial. Claramente, el momento aún no estaba maduro para iniciar la liberalización comercial.

La razón del fracaso de la persecución del objetivo de estabilización parece ser que, además de la inestabilidad de los términos de intercambio del país, resultó cada vez más difícil para las autoridades económicas mexicanas, desde el punto de vista político, seguir controlando los agregados macroeconómicos del mismo modo que lo hicieron en 1983. Como muestra el cuadro VII.8, la aplicación estricta del programa de estabilización en 1983 combatió mejor de lo esperado al desequilibrio externo (la cuenta corriente alcanzó un superávit de 3.8% del PIB, en lugar de un déficit de 2.2%), pero no tuvo el mismo éxito en la promoción del logro del equilibrio interno

mienzos de 1983) y los préstamos de emergencia a los usos de mayor valor. Los funcionarios financieros y el Banco Central querían restringir severamente las importaciones a fin de asegurarse de que se respetaran sus límites de endeudamiento y sus objetivos en la cuenta corriente. Los funcionarios de las secretarías de Industria y de Comercio, si bien perseguían el mismo objetivo, eran responsables también de ayudar a sostener la producción de bienes de consumo básicos y las exportaciones, algunas de las cuales requerían insumos importados y, por consiguiente, estaban más dispuestos a conceder permisos de importación. Un caso célebre fue el referente a la pasta de dientes, que empezó a escasear en 1983, principalmente debido a que el control cambiario impedía a los fabricantes nacionales importar algunas materias primas que necesitaban. Debido a las implicaciones políticas de una oferta insuficiente de pasta de dientes, que ya se hacían sentir en México ("la crisis era tal que México no podía producir ni su propia pasta de dientes"), el gobierno tuvo que buscar canales alternativos para que los fabricantes de pasta de dientes pudieran obtener sus materias primas. Por fin los conflictos se resolvieron principalmente con base en consideraciones financieras; es decir, cuando aumentara la entrada de moneda extranjera, aliviando las presiones financieras, aumentaría también la oferta de permisos de importación. Por lo tanto, en cierto modo la rama financiera del gobierno estaba probando su influencia en el manejo del programa de estabilización. Esto tendría repercusiones importantes en los años sucesivos, sobre todo porque los funcionarios financieros, incluyendo a los del Banco Central, empezarían a tener más influencia en las deliberaciones del Gabinete Económico. Entrevista (ciudad de México, 1994).

36 Bajo ese paquete los exportadores mexicanos importaron materias primas, maquinaria y otros insumos no producidos en México empleando divisas proporcionadas por el gobierno a un tipo de cambio preferencial. El monto total de los préstamos fue de alrededor de 700 millones de dólares. Gran parte de esas concesiones de importación derivó de peticiones hechas por el sector privado a la Comisión de Controles Arancelarios y Comercio Exterior de México. Sobre el punto de vista del Banco Mundial, véase Nash (1991); acerca de sus condiciones, véase Cypher (1990).

CUADRO VII.8. *México. Comparación de objetivos y desempeño del programa de estabilización 1983–1985 (porcentajes)*

	1983	*1984*	*1985*
Inflación			
Proyecciones del FMI	55	30	18
Desempeño real	80.8	59.2	63.7
PIB			
Proyecciones del FMI	–1	2	3.5
Desempeño real	–5.3	3.7	2.7
Déficit público/PIB			
Proyecciones del FMI	8.5	5.5	3.5
Desempeño real	8.6	8.5	9.6
Cuenta corriente/PIB			
Proyecciones del FMI	–2.2	–1.8	–1.2
Desempeño real	3.8	3.1	0.7

FUENTE: Proyecciones del FMI de Lustig (1992) y *El Financiero* (17 de octubre de 1985).
Desempeño de cuadros VI.6 y VI.8.

(el PIB cayó 5.3% en lugar de 1%, mientras que la inflación llegó a 80.8% en lugar de 55%). Esa drástica caída de la producción contribuyó a crear inquietud entre los empresarios y los sindicatos,[37] y de continuar debilitaría la posición del PRI para las elecciones de julio de 1985, cuando se disputarían todas las bancas del Congreso y siete gubernaturas.

Mi conjetura es que esto llevó a los funcionarios del gobierno mexicano a desarrollar por lo menos dos evaluaciones. Primero, que se abría un espacio para relajar el esfuerzo de la estabilización: estimulando la demanda agregada, la producción aumentaría y el saldo en cuenta corriente disminuiría, con lo que ambos agregados

[37] Los sindicatos amenazaron con una huelga general en 1983 si no se aceptaban revisiones de salarios. Por un estudio de los conflictos durante este periodo, véase Álvarez (1986) y Trejo Delarbre (1990).

quedarían más cerca de las proyecciones originales del programa de ajuste. Segundo, estimular la demanda agregada en el segundo semestre de 1984 aliviaría las tensiones entre el gobierno y los trabajadores al fomentar la creación de empleo (gracias a la rigidez de los salarios nominales), y además empezaría a preparar al público para las elecciones de julio de 1985.

Por lo tanto, para la segunda mitad de 1984 las autoridades económicas de México optaron por aflojar la disciplina monetaria, decisión que contribuyó a que los objetivos fiscales, de inflación y de producción resultaran más difíciles de alcanzar que si los *shocks* externos hubieran operado solos (los precios del petróleo siguieron cayendo durante 1984 y 1985). Los cuadros VII.9, VII.10 y VII.11, donde se registra la evolución de los principales indicadores macroeconómicos, muestran que, aparte de reducir sustancialmente el gasto, las autoridades monetarias permitieron que la oferta de dinero creciera durante 1984, probablemente para contrarrestar los efectos negativos de la declinación de los precios del petróleo sobre el presupuesto público. Corrigieron ese aumento en 1985, complementándolo con ajustes fiscales menores, pero, como se explicará más adelante, fue una medida tardía e insuficiente. La subvaluación del tipo de cambio empezó a desgastarse. Surgieron nuevas presiones sobre la cuenta corriente y las reservas del Banco Central disminuyeron.[38]

Para quienes poseían derechos presentes o futuros sobre los ingresos por exportaciones mexicanas —acreedores extranjeros y exportadores nacionales— esta situación distó de ser aceptable. El gobierno redujo la competitividad de las exportaciones al permitir la apreciación del tipo de cambio. Además, cambió de nuevo sus señales económicas en un periodo muy corto, y en una dirección incompatible con el logro del equilibrio externo. En consecuencia, el conjunto de reglas permanentes y estables de política económica pedidas por los empresarios mexicanos y los acreedores extranjeros pareció todavía muy lejos de convertirse en realidad.

Como era de esperar, las presiones de ambos grupos contra el nuevo curso de los acontecimientos aumentó. Los dirigentes de Coparmex, CCE, Concanaco y Concamin y el Centro de Investigaciones del Sector Privado (asociado con el CCE) declararon repetidamente que la incapacidad del gobierno para controlar el déficit fis-

[38] Los lectores interesados en un análisis detallado de esta estrategia y de las complicaciones que rodearon su aplicación pueden consultar a Córdoba (1986).

CUADRO VII.9. *México. Principales indicadores macroeconómicos, 1982–1988*

	1982	*1983*	*1984*	*1985*	*1986*	*1987*	*1988*
Producción							
PIB (miles de millones de dólares de 1980)	219.7	201.9	209.2	214.6	206.5	210.1	213.0
PIB/per cápita (miles de dólares de 1980)	2.9	2.7	2.7	2.7	2.6	2.6	2.6
Crecimiento del PIB (%)	–0.6	–5.3	3.7	2.8	–3.5	1.7	1.3
Crecimiento PIB/per cápita (%)		–6.6	1.2	0.3	–5.0	–0.3	–0.5
Inflación							
Inflación, IPC (%)	98.8	80.8	59.2	63.7	105.7	159.2	51.6
Empleo (millares)							
Trabajadores afiliados al IMSS	7036	7059	7630	8132	7966	8757	8917
Salarios							
Salario mínimo nominal (fin del periodo)	318.3	459.0	719.0	1107.6	2243.8	5867.2	7252.9
Salario promedio anual (en dólares de 1980)	5061.5	3892.4	3623.5	3675.4	3451.9	3452.2	3471.9
Tasas de interés (porcentajes)							
Costo promedio de los fondos (CPP)	46.1	56.4	47.5	65.7	95.3	104.3	45.5
Bonos del Tesoro (Cetes a 28 días)	n.a.	56.6	48.6	60.2	86.7	96	69.2
Tipos de cambio (promedios anuales)							
Libre	57.6	150.3	185.2	311.2	638.0	1405.8	2289.6
Controlado	46.6	120.2	167.8	257.1	611.4	1366.7	2250.3
Real (1970 = 100)	124.2	133.3	110.5	106.2	156.4	170.4	140.4

Términos de intercambio (1971 = 100)							
No ajustado	111.2	101.6	99.6	94.2	67.8	75.0	67.7
Ajustado para tasas de interés internacionales	86.0	69.3	70.7	72.3	52.8	66.9	60.4
Balanza de pagos (en millones de dólares)							
Cuenta corriente	–6221	5418	4239	1237	–1673	4239	–2375.7
Balanza comercial	7644	14579	14097	9720	5894	8787.2	2609.5
Exportaciones	22081	23130	25351	22932	17326	27599.5	30691.5
Importaciones	14437	8551	11254	13212	11432	18812.3	28082.8
Cuenta de capital	9753	–1392	156	–1810	1837	–1188	–1163
Errores y omisiones	–6832	–909	–1041	–1851	439	3050.3	–3194.8
Variación en reservas	–3185	3101	3201	–2328	985	6924.4	–7127
Cuentas Nacionales (porcentajes del PIB)							
Consumo privado	63.0	62.3	62.1	62.5	63.2	61.5	62.4
Consumo público	10.5	11.2	11.5	11.3	12.1	11.8	11.4
Inversión	21.8	16.6	17.0	18.6	15.4	15.9	16.8
Cuenta corriente	–3.7	3.8	3.1	0.7	–1.3	3	–1.4
Exportaciones	10.5	15.5	14.4	12.4	13.2	19.5	17.7
Importaciones	6.9	5.7	6.4	7.2	8.7	13.3	16.2
Comercio exterior	17.4	21.2	20.8	19.6	21.9	32.8	33.9
Balanza comercial	3.6	9.8	8	5.2	4.5	6.2	1.5
Población (millones)	73.12	74.98	76.79	78.52	79.56	81.16	82.73

FUENTE: Banco de México.

CUADRO VII.10. *México. Balanza de pagos, 1982–1988 (millones de dólares)*

	1982	*1983*	*1984*	*1985*	*1986*	*1987*	*1988*
Cuenta corriente	–6221	5418	4239	1237	–1673	4239	–2375.7
Balanza comercial	7644	14579	14097	9720	5894	8787.2	2608.7
Exportaciones	22081	23130	25351	22932	17326	27599.5	30691.5
Importaciones	14437	8551	11254	13212	11432	18812.3	28082.8
Servicios	–13865	–9161	–9859	–8482	–7567	–6467.2	–7241.8
Entradas	5922	5814	7551	7843	6844	7831.7	9132.8
Salidas	19787	14975	17410	16325	14411	14298.9	16374.6
Cuenta de capital	9753	–1392	156	–1810	1837	–1188.8	–1163
Largo plazo	16640	7136	3734	–22	1146	3859	–486
Pasivos	16508	7357	4030	319	1874	4442	407
Activos	132	–221	–296	–341	–728	–583	–894
Corto plazo	–6887	–8528	–3578	–1788	691	–5048	–677
Pasivos	–5931	–5063	–1972	–752	–204	–833	184
Activos	–956	–3465	–1606	–1036	895	–4215	–861
Errores y omisiones	–6832	–909	–1041	–1851	439	3050.3	–3194.8
Variación en reservas	–3185	3101	3201	–2328	985	6924.4	–7127

La suma de las cantidades puede no coincidir debido al redondeo.
FUENTE: Banco de México.

CUADRO VII.11. *Mexico. Indicadores fiscales y monetarios, 1982–1988 (porcentajes del PIB)*

	1982	*1983*	*1984*	*1985*	*1986*	*1987*	*1988*
Balances fiscales							
Económico	–15.6	–8.1	–7.2	–8.2	–14.5	–14.4	–9.3
Financiero[1]	–16.9	–8.6	–8.5	–9.6	–15.9	–16.1	–12.5
Primario[2]	–2.5	4	4.8	3.9	2.5	5.7	8.1
Gasto público e inversión							
Gasto del sector público	47.24	40.52	38.81	38.61	43.97	44.67	40.03
Inversión del sector público	10.2	7.5	6.7	6.1	6	5.5	4.4
Sector paraestatal							
Gasto del sector paraestatal	14.24	13.07	13.59	13.03	13.73	12.4	11.73
Ingresos del sector paraestatal	18.01	22.26	22.33	21.08	19.42	19.83	18.04
Saldo del sector paraestatal	3.77	9.19	8.74	8.05	5.69	7.43	6.31
Indicadores monetarios							
Tasa de inflación	10	6.72	5.91	1.78	3.41	3.29	1.53
M4[3]	38.75	35.56	1.87	32.84	39.16	42.39	34.2
Crecimiento nominal de $M1$ ($m1$)[4]	75.76	67.03	70.45	51.98	106.71	158.99	58.94
$m1$–IPC[4]	61.9	41.4	62.3	53.8	72.1	129.7	58.1
Tasas de interés pasivas[5]	51.9	34.68	56.39	52.02	68.69	126.41	56.57
Tipo de cambio nominal	57.58	150.29	185.19	311.18	637.95	1405.8	2289.6
Inflación. IPC (%)	98.8	80.8	59.2	63.7	105.7	159.2	51.6

1 El signo contrario indica la necesidad de préstamos del sector público.
2 No incluye pagos de la deuda interna y externa.
3 Corresponde a la definición más amplia de moneda.
4 Calculado con datos del Banco de México.
5 Datos para el costo porcentual promedio de los fondos.
FUENTE: Banco de México y cálculos propios.

cal y la expansión monetaria durante la segunda mitad de 1984 fue responsable del fracaso en la reducción de la inflación, y pidieron un ajuste de la política económica y una reforma del aparato estatal, incluyendo su adelgazamiento.[39] Los comerciantes y los inversionistas extranjeros representados por ANIERM, Conacex y Camco insistieron en su demanda de una devaluación y la pronta aplicación de la estrategia de promoción de las exportaciones recién negociada.[40] Esos llamados fueron particularmente enfáticos durante el segundo trimestre de 1985, después de la caída de los precios del petróleo del 4 de febrero,[41] cuando el gobierno dio señales poco claras acerca de su intención de llevar a cabo ajustes significativos de las políticas fiscal y monetaria.

La presión de los acreedores extranjeros se hizo evidente cuando representantes del FMI y funcionarios mexicanos se sentaron a la mesa de negociaciones a determinar las necesidades de financiaciamiento para la estrategia económica de 1985, el tercer y último año del programa de estabilización patrocinado por el FMI. Fue una presión que los funcionarios mexicanos resistieron por varios meses, debido a su desacuerdo fundamental con los funcionarios del FMI acerca de la verdadera naturaleza del problema, y en particular sobre las dimensiones adecuadas del déficit público.[42]

[39] Nótese que el gobierno mexicano sí aumentó su gasto, por lo menos si se sustraen los pagos de intereses extranjeros. Pero parte de los reclamos del sector privado mexicano eran redistributivos: querían reducir la participación del gobierno para aumentar la suya. Los lectores interesados en ejemplos concretos de declaraciones de las cámaras de comercio mexicanas pueden ver *El Financiero* y *Excélsior* (17 de enero, 6 de febrero, 15 de marzo, 8 de abril y 7 de mayo de 1985), todos los cuales incluyen declaraciones de Coparmex, CCE, Concamin, Canacintra y Concanaco.

[40] Véase *El Financiero* (10 de abril, 23 de abril, 16 de mayo, 4 de junio y 24 de junio). Elizondo (1990) ha mostrado que las exportaciones del sector privado mexicano eran muy sensibles a movimientos del tipo de cambio real, hecho que también contribuye a explicar su preocupación por el nivel de este mecanismo.

[41] El secretario de Energía de México anunció el 4 de febrero una reducción de 1.25 dólares estadunidenses en el petróleo crudo liviano mexicano, dejando el precio final en 27.75 dólares estadunidenses por barril. Se estimó que esa reducción provocaría una reducción de alrededor de 300 millones de dólares en los ingresos gubernamentales. Después de eso se anunciaron medidas de ajuste menores, como recortes del gasto público y despidos, y algunas privatizaciones, las primeras sustanciales desde el inicio de la crisis. Esas medidas respondían en gran parte al proceso de negociación y aplicación de la Carta de Intención de 1985.

[42] Los funcionarios mexicanos querían utilizar como verdadera medida del ajuste fiscal el déficit fiscal al neto de los pagos de intereses de la deuda externa. Eso pondría límites a las reducciones del gasto que deseaban los acreedores extranjeros. Sobre esta negociación, véase el informe de Carlos Ramírez en *El Financiero*, 17 de octubre de 1985.

El resultado final de las negociaciones, hecho público cuando las autoridades mexicanas firmaron una nueva Carta de Intención, el 24 de marzo de 1985,[43] reflejó tanto la posición del FMI como los avances hechos en el escenario interno sobre el futuro de la política comercial. Significativamente, esta carta, además de contener medidas más estrictas del desempeño macroeconómico, contempló nuevas *metas* explícitas de política comercial para 1985: *1)* liberalizar entre 35 y 45% de las importaciones antes del final de 1985, *2)* reducir los niveles arancelarios de 10 a 7%, *3)* fijar la mayoría de los aranceles entre 10 y 50%; *4)* conceder permisos de importación automáticos para materias primas y piezas de maquinaria cuando el precio de los sustitutos nacionales superara el 50%, y *5)* permitir a los *exportadores* importar hasta 40% del valor de sus ingresos por exportaciones sin necesidad de ningún permiso, además de permitirles importar libre de derechos cualquier cosa que utilizaran como insumo.

A primera vista, la inclusión de metas de liberalización comercial tan explícitas en el programa de estabilización apunta a la fuerza negociadora de los acreedores extranjeros. Por lo menos esto es lo que sustenta la posición de quienes atribuyen la liberalización comercial de México a la presión del FMI. Sin embargo, no está claro el alcance de la influencia del FMI, puesto que no sabemos cuánto presionaron sus negociadores por los porcentajes mencionados, y hasta qué punto participaron en el diseño de las reformas comerciales. Es preciso tener presente que estas metas de política comercial también fueron un resultado derivado, primero, de las negociaciones en curso entre el gobierno mexicano y representantes empresariales para determinar los detalles específicos de la reforma comercial, y segundo, de las negociaciones bilaterales entre México y los Estados Unidos para un acuerdo sobre derechos compensatorios.

Para ver esto es necesario considerar dos aspectos de los instrumentos comerciales mencionados en último término, conocidos respectivamente como Permiso Automático de Importación Temporal de Insumos para la Exportación (Pitex) y Derechos de Importación de Mercancías para la Exportación (Dimex).[44] Por un lado esos instru-

[43] Esa Carta de Intención está publicada en *Comercio Exterior* (abril de 1985). Nótese que es posible que los funcionarios del FMI no hayan presionado explícitamente a los funcionarios mexicanos para incluir esas metas de liberalización en la Carta de Intención de 1985; sin embargo, el solo hecho de que los funcionarios mexicanos las hayan incluido ilustra la medida en que las reformas comerciales tenían más probabilidades de persuadir a los banqueros extranjeros de ayudar a México.

[44] Los exportadores que usaran Pitex no pagarían impuestos sobre las materias

mentos figuraron entre las políticas centrales del programa de promoción de las exportaciones negociado por el gobierno de México con el sector privado del país desde 1984 antes de iniciar la negociación de la tercera Carta de Intención. Por el otro, Dimex y Pitex iban a remplazar a los Cedi, precisamente los subsidios a la exportación que justificaron la imposición de cuotas compensatorias por el gobierno de los Estados Unidos. Así los intereses nacionales junto con las negociaciones comerciales bilaterales entre México y los Estados Unidos, conformaron la nueva política comercial antes de la firma de la Carta de Intención con el FMI.

Para fundamentar mejor este punto presento ejemplos que ilustran cómo los intereses nacionales y la Oficina del Representante Comercial de los Estados Unidos (USTR) pudieron determinar o modificar esas metas.

Considérese primero el escenario interno. Cuando el gobierno mexicano anunció el acuerdo al que llegó con el FMI, Canacintra y Concamin cabildearon intensamente, en representación de sus sectores en competencia con las importaciones, con el objetivo de posponer la aplicación y modificar las características de los Dimex y Pitex. Hasta este punto la negociación interna sobre los Dimex permanecía inconclusa, motivando a los dirigentes de esas cámaras a oponerse a cualquier tentativa de aplicarlos sin su respaldo.

Se sabía que Dimex y Pitex concederían a los exportadores el privilegio de importar insumos exentos de impuestos, pero aún no se especificaban cuáles insumos. Para el líder de Canacintra esta ambigüedad beneficiaba a las empresas mexicanas grandes y a las multinacionales, a expensas de las empresas medianas y pequeñas. Desde su perspectiva, los instrumentos propuestos estimularían importaciones "innecesarias" que se utilizarían para fines comerciales y no productivos.[45] En cambio sugirió reducir los beneficios

primas y los bienes intermedios importados a condición de que permanecieran en México menos de un año. Las importaciones de maquinaria podían permanecer en México a condición de que las empresas exportaran más del 30% de sus ventas. Sobre la aplicación de Pitex, véase Salinas Chávez (1990).

45 Véanse las entrevistas con Carlos Mireles, dirigente de Canacintra, en *Excélsior* (1 de abril de 1985) y *El Financiero* (9 de abril de 1985). Véase también su entrevista en *Proceso* (27 de mayo de 1985), en la que argumenta en contra de Dimex, señalando: "Hay que pensar lo que ocurriría si a la industria automovilística, un [gran] exportador, se le concede el 40% del valor de sus exportaciones para importar lo que quiera. Importaría pinturas, por ejemplo; y considerando las cantidades [adquiridas] por las plantas de montaje [debido] a las economías de escala, es fácil imaginar lo que ocurriría con los productores mexicanos" (p. 21). Los lectores quizás recuerden que du-

de Dimex de 40 a 20%, y concederlos de acuerdo con las nuevas exportaciones, no sobre el nivel general de exportaciones de un productor.[46] Por líneas similares, el líder de Concamin argumentó que Pitex y Dimex sólo causarían la desaparición de sectores industriales completos.[47]

Significativamente, la presión de Concamin y Canacintra fue suficientemente efectiva para postergar la aplicación de Dimex y Pitex. Cuando se presentó Profiex, el 8 de abril de 1985, los detalles específicos para esos instrumentos permanecieron ausentes.

Como esto dio a los exportadores mexicanos la señal de que el gobierno no estaba comprometido con el lanzamiento del programa de promoción de las exportaciones ni con la estabilización de la economía, aumentaron sustancialmente su presión en favor de Dimex y Pitex. El problema era evidente: estaba en juego la futura definición de la protección relativa entre las industrias exportadoras y las orientadas al mercado interno.

A continuación sobrevino un conflicto sectorial. Los representantes de los principales exportadores del país, CEMAI, ANIERM y Conacex, junto con el representante de los comerciantes nacionales, Concanaco, se movilizaron de inmediato para contrarrestar los efectos de la presión de Canacintra y Concamin, pidiendo la aplicación plena del Profiex. Concanaco señaló la necesidad de reducir el proteccionismo para reactivar el crecimiento económico y eliminar la ineficiencia.[48] ANIERM, Conacex y CEMAI declararon que veían en Profiex una "plataforma de lanzamiento" para aquellos involucrados en el comercio exterior, así como la posibilidad de establecer seguridad en la política comercial.[49] Coparmex, en búsqueda de un

rante las décadas de los cincuenta y los sesenta Canacintra defendió enérgicamente los requisitos de contenido nacional. Sobre este punto, véase Izquierdo (1964).

46 Hay un sumario de la propuesta de Canacintra en *El Financiero* (22 de mayo de 1985). Los cinco argumentos principales de esa propuesta eran: *1)* las importaciones permitidas por Dimex serían utilizadas para fines comerciales o especulativos; *2)* Dimex estimularía las importaciones de bienes ya producidos en México y probablemente obligaría a muchos productores nacionales a terminar sus operaciones; *3)* no es fácil calcular Dimex; *4)* Dimex beneficia únicamente a las empresas exportadoras (y por extensión a las multinacionales); y *5)* si Dimex hubiera existido en 1983 y 1984, las importaciones mexicanas habrían sido 28% y 26.5% más elevadas, generando presiones adversas sobre la cuenta comercial.

47 Véase la entrevista con Jacobo Zeidenweber, dirigente de Concamin, en *Excélsior* (8 de abril de 1985), en que señala específicamente la industria del calzado, la textil y la electrónica.

48 Véase *El Financiero*, 27 de marzo de 1985.

49 Sobre las posiciones de ANIERM, Conacex y CEMAI, véase *El Financiero* (9 de

compromiso gubernamental, pidió la pronta aplicación del modelo de crecimiento no petrolero.[50]

Es muy probable que la posición de los defensores de Profiex derivó del hecho de que, en las condiciones imperantes, el privilegio de importar insumos exentos de impuestos era una de las mejores opciones al alcance de los exportadores para elevar sus rentas. Dos razones lo explican: Primero, la aplicación del programa de estabilización restringió severamente la disponibilidad de subsidios. Segundo, como se explicará en detalle más adelante, la consecuencia de las negociaciones comerciales entre México y los Estados Unidos sería la eliminación de los subsidios a la exportación, como los Cedi. Un nivel de subsidios menor afectaría negativamente la competitividad internacional de los exportadores. Por consiguiente, hacía falta algún mecanismo alternativo aparte de los créditos preferenciales, los subsidios energéticos, las exenciones de impuestos, las reducciones salariales (a esas alturas muy controvertidas, especialmente en vista de la proximidad de las elecciones) o la continua depreciación del tipo de cambio (que creaba presiones deflacionarias) para mantener bajo control esos costos de producción.

Una de las pocas opciones disponibles para reducir los costos de producción sin generar disputas de comercio internacional era reducir las barreras comerciales para los insumos utilizados por los exportadores. Si los exportadores podían obtener sus insumos a precios internacionales, en lugar de comprarlos al precio nacional superior ofrecido por los sectores orientados hacia adentro, el obstáculo restante a su competitividad sería su eficiencia productiva, sofisticación tecnológica, o alguna otra variable no directamente relacionada con los altos precios nacionales de sus insumos. Por otro lado, si las barreras comerciales que protegían a los sectores en competencia con las importaciones declinaban, también disminuiría la amenaza de sanciones comerciales extranjeras. En consecuencia, es evidente que los exportadores tenían mucho que ganar con la aplicación de Dimex y Pitex. Por eso presionaron al gobierno en consecuencia.

Durante este periodo las autoridades económicas actuaron en una forma que reveló pequeñas divisiones entre funcionarios de las secretarías de Hacienda y Comercio. Si bien existía un acuerdo en-

abril de 1985). Sobre la opinión de Concanaco, véase la declaración de su líder, Nicolás Madáhuar Cámara, en *Excélsior* (11 de abril de 1985).

[50] Véase *Excélsior*, 20 de abril de 1985.

tre las dos secretarías en el objetivo de introducir Dimex, tenían diferencias —igual que el sector privado— en cuanto al alcance y el nivel de ese beneficio. Los funcionarios de Hacienda, probablemente preocupados por demostrar su compromiso de alcanzar las metas relacionadas con la cuenta corriente y la liberalización del programa de estabilización del FMI, querían autorizar el menor número de excepciones posible en la revisión solicitada originalmente por Canacintra y Concamin. Los funcionarios de la Secretaría de Comercio, en estrecho contacto con intereses industriales, y en último término los negociadores del programa de promoción de las exportaciones, estaban más dispuestos a encontrar una solución conciliadora.

La mayoría de los desacuerdos entre las dos secretarías se concentró en la definición de los bienes intermedios, puesto que cualquier producto de esa categoría que acabara por ser clasificado como bien final tendría la posibilidad de ser excluido de los beneficios de Dimex, impidiendo su fácil importación. Como ejemplos de conflictos sobre esta definición figuran algunos productos lácteos, maderas, alcoholes etílicos, petroquímica, computadoras y productos químicos básicos. Otras consideraciones para determinar exclusiones dependieron, además de si se trataba de productos agrícolas o marinos, o restringidos por la Secretaría de Defensa. El mínimo grado de desacuerdo se dio en las últimas dos categorías. Las preguntas que formulaban los funcionarios de Hacienda y de Comercio acerca de los productos eran, por ejemplo, si la leche sería utilizada como bien de consumo final o para producir otros bienes; si la eliminación de la licencia contribuiría al propósito antiinflacionario; en qué medida las maderas duras y blandas entraban como intermedios en el proceso de producción; si las computadoras de menos de 40 kilogramos de peso deberían ser excluidas; si las motocicletas eran bienes suntuarios, y variantes de esa naturaleza.[51]

Al final, las discusiones entre funcionarios gubernamentales y el sector privado darían como resultado una *reducción* de Dimex de 40 a 30%, y una lista de exclusiones relativamente más corta (alrededor de 300). En este aspecto, por lo menos, la presión de los sectores proteccionistas fue exitosa, a pesar de que los exportadores siguieron siendo favorecidos por estos instrumentos. Sin embargo, las demás medidas de Profiex, incluyendo la asistencia financiera,[52] la

[51] Véase *El Financiero*, 20 de mayo de 1985.

[52] Con créditos internacionalmente aceptables e instrumentos como la Carta de Crédito Interno, que facilitaba las transacciones comerciales internacionales.

simplificación de procedimientos burocráticos,[53] la provisión de información de oportunidades de mercado a exportadores[54] y las negociaciones comerciales internacionales permanecieron intactas. Además, se especificó el objetivo de diseñar una Ley *Antidumping* y una nueva Ley de Comercio Exterior, reclamada por los empresarios mexicanos para sustituir el sistema de precios oficiales y para proporcionar un marco legal para el manejo de la nueva política comercial.[55] Por último, y significativamente desde el punto de vista de quienes abogaron por proyectos conjuntos con inversionistas extranjeros, Profiex contempló permitir la inversión extranjera directa para hasta 50% del capital de empresas pequeñas y medianas.[56]

Considérese ahora el efecto de las presiones del representante comercial estadunidense. De 1980 a 1985 los funcionarios mexicanos trataron de lograr un acuerdo sobre la "prueba del daño" que no implicara eliminar los subsidios a la exportación ni modificar el controvertido Decreto Farmacéutico de la administración de De la Madrid.[57] Sin embargo, la posición inflexible de las autoridades co-

53 En marzo de 1984, el dirigente de ANIERM se quejó de que la enorme cantidad de trámite burocrático necesaria para exportar era mayor que todos los procedimientos de importación juntos. Véase *Excélsior*, marzo de 1984.

54 Los exportadores contarían con ayuda del IMCE y de Bancomext en su búsqueda de mercados internacionales.

55 Ambas leyes publicadas en el *Diario Oficial de la Federación* el 31 de enero de 1986. Véase la última sección de este capítulo.

56 Los lectores interesados en otros aspectos de Profiex pueden leer una copia del documento publicada en *Comercio Exterior*, mayo de 1985.

57 El decreto fue publicado en el *Diario Oficial de la Federación* el 23 de febrero de 1984. Su objetivo era equilibrar la cuenta comercial de la industria farmacéutica, fortalecer la posición de los productores nacionales de ese ramo y uniformar los precios, la selección de productos y las políticas de presentación del sector privado. Para lograrlo, contemplaba establecer financiamientos preferenciales para los productores nacionales, metas tecnológicas, controles de importación (licencias y cuotas), límites a la propiedad extranjera, impedimentos para la fabricación de nuevas líneas de productos por productores extranjeros, requisitos de contenido local de por lo menos 60% de los "ingredientes activos" o *feed stock*, y concentración de las compras del sector público en los proveedores mexicanos. En la oposición del gobierno de los Estados Unidos a este decreto influyó mucho el cabildeo de las multinacionales de los Estados Unidos, Francia, la República Federal de Alemania, Suiza e Italia, que objetaron inmediatamente las provisiones del decreto. En México manifestaron su desaprobación a través de la Cámara Nacional de la Industria Farmacéutica (Canafarma), la Asociación Mexicana de la Industria Farmacéutica (AMIF) y en contactos directos con el gobierno. Sus principales objeciones se centraban en la intención del gobierno de uniformar las decisiones de precios, selección y presentación y en las limitaciones a la propiedad y la inversión extranjeras. Sobre estas quejas véase *El Financiero*, 8 de octubre de 1984. Además, yo las confirmé en entrevistas en la ciudad de México durante 1994 y 1995. La protesta era importante porque 38 de las 40 compañías de más ventas tenían fuerte participación de capital

merciales estadunidenses,[58] unida al fuerte imperativo del país de obtener acceso al mercado estadunidense para sus exportaciones después de la crisis de la deuda, dejó a los negociadores comerciales mexicanos sin otro recurso que aceptar las condiciones de los Estados Unidos.[59] Así, el 22 de abril de 1985, después de un proceso largo y costoso para los exportadores mexicanos, funcionarios mexicanos y estadunidenses firmaron un "Entendimiento entre los Estados Unidos y México sobre subsidios y derechos compensatorios",[60] en el cual México, a cambio de la "prueba del daño", se comprometió a aplicar tres medidas principales:

1) eliminar la devolución "excesiva" de impuestos a la importación contenida en los Cedi, sin introducir ningún otro programa comparable;
2) abstenerse de prácticas de fijación de precios de energéticos con componentes de subsidio a la exportación, como el Programa de Precios Preferenciales para Productos y Petroquímicos Básicos.
3) eliminar en el plazo de dos años la provisión de programas de financiamiento de preexportación y exportación, adhiriéndose a los lineamientos para los créditos para la exportación oficialmente apoyadas por la OCDE, y estableciendo el último rendimiento de los Cetes a 90 días como tasa de interés de referencia para los créditos de este tipo.

De este modo las sanciones comerciales de los Estados Unidos lograron transformar políticas fundamentales del programa de pro-

extranjero y 35 eran de propiedad totalmente extranjera. Las protestas contaron con el respaldo del presidente de la empresa farmacéutica estadunidense Pfizer International, con estrechas vinculaciones con el presidente Reagan. Su oposición al acuerdo parece haber sido suficiente para convencer a Reagan y sus asesores de que el decreto era inaceptable. Entrevistas (ciudad de México, 1994 y 1995). Por información sobre esas negociaciones, véase *Business Mexico* (agosto de 1984).

58 En reuniones con la delegación mexicana, el USTR, William Brock, vinculó la aprobación del acuerdo con la modificación del Decreto Farmacéutico. Una confirmación de esa vinculación puede hallarse en *Excélsior* (2 de abril de 1985) y en Lyman (1989). Yo la confirmé además en entrevistas con funcionarios públicos en la ciudad de México durante 1994 y 1995.

59 El 1 de abril de 1985 las secretarías de Comercio y de Salud Pública de México anunciaron cambios en el programa para los productos farmacéuticos, poniendo fin al estancamiento de las negociaciones. Véase *El Financiero* y *Excélsior* (2 de abril de 1985) para información sobre estos cambios.

60 Una copia del memorándum puede verse en *Business Mexico* (noviembre de 1985) o en Malpica Lamadrid (1988).

moción de las exportaciones de México.[61] Desde mi punto de vista, dado que los más afectados por este entendimiento bilateral fueron los sectores orientados hacia la exportación, captadores de gran parte de esos subsidios durante el auge petrolero, el contenido de liberalización de Dimex y Pitex fue diseñado en parte para compensarlos. No es extraño que los grupos de interés más asociados con los intereses exportadores presionaran enérgicamente por su plena aplicación. Esta sería una manera de recuperar ingresos que de otro modo se habrían perdido al desaparecer los subsidios a la exportación.

Para fines de abril de 1985, las negociaciones con acreedores extranjeros y con autoridades comerciales estadunidenses, unidas a las presiones internas por una reforma comercial, dejaron una marca indeleble en la política comercial mexicana. Ahora México contaba con un marco para iniciar su tercera tentativa de reducir sus barreras comerciales (contenida en PND, Pronafice y Profiex). Y como se sugiere en este estudio, los grupos de interés desempeñaron un papel fundamental en el diseño de esas políticas. Significativamente, las empresas grandes, es decir las principales exportadoras de manufacturas, sacaron ventaja política sobre las empresas pequeñas y medianas, esto es, las principales generadoras de productos destinados exclusivamente al mercado interno.

Sin embargo, todavía faltaba determinar el momento de implementar estas medidas. El gobierno mexicano anunció en su acuerdo con el FMI su intención de eliminar las licencias que protegían 40% del valor de las importaciones del país en algún momento de 1985. Lo mismo acordó con los productores nacionales. Seguiría abierta la interrogante: ¿cuándo y dónde comenzaría la eliminación de barreras comerciales?

VII.2.3. *El comienzo de la liberalización comercial*

Tal vez la mejor estimación que podía hacer un observador en abril de 1985 era que la liberalización comercial no se iniciaría antes de las elecciones nacionales del 7 de junio, ya que éstas afectarían a muchos sectores productivos. Sin embargo, esto no ayudaba mucho. Difícilmente podía determinarse cuándo, después de las elecciones, podría cumplir el gobierno sus compromisos de reforma co-

[61] El gobierno de los Estados Unidos tuvo un éxito similar en sus negociaciones sobre subsidios a la exportación con Brasil en 1979 y con Paquistán en 1980.

mercial, sobre todo debido a las crecientes presiones que enfrentaba de los sectores proteccionistas. Además, la complicación de la situación económica como consecuencia del cambio en la política macroeconómica ocurrido en la segunda mitad de 1984 y a la continua caída de los precios del petróleo durante 1985 añadía un grado de incertidumbre al asunto.

Los acontecimientos de julio de 1985 trajeron la respuesta definitiva al "cuándo" y "dónde" del comienzo de la liberalización. Como se esperaba, el gobierno mexicano no eliminó las licencias, ni tampoco siguió una política macroeconómica más estricta antes de las elecciones del 7 de junio. Esto sugiere la influencia de motivos políticos detrás de las decisiones gubernamentales en materia de política económica.

Sin embargo, esta espera resultó muy costosa: en ausencia de ajustes restrictivos siginificativos en la política macroeconómica antes del 7 de junio, y en presencia de continuas caídas en los precios del petróleo, la economía entró en un proceso de desestabilización. Esta situación contribuyó a una sustancial pérdida de credibilidad del gobierno de México. Esta pérdida de credibilidad desempeñó un papel de gran importancia en las decisiones sobre el momento y la velocidad de la liberalización comercial.

El golpe de gracia al enfoque macroeconómico del gobierno ocurrió en los días entre el 17 de junio y el 10 de julio de 1985, cuando la inestabilidad de los mercados petroleros internacionales obligó a México a reducir otra vez el precio de sus exportaciones petroleras, fijándolo a un nivel alrededor de 2.3 dólares inferior al del comienzo del año.[62] Esto significó una pérdida de ingresos adicionales de 1 300 millones de dólares para el Estado, así como pérdidas adicionales de reservas para el Banco Central. Por eso el 11 de julio —bastante después de las elecciones— las autoridades económicas mexicanas optaron por proteger sus reservas y permitir la flotación del tipo de cambio "libre", devaluándolo efectivamente 35%. Al mismo tiempo los requisitos legales de reserva se elevaron a 90%. Con esta devaluación el regreso de las presiones inflacionarias parecía inminente.

[62] En febrero los precios del petróleo mexicano habían declinado alrededor de 1.3 dólares por barril. El 17 de junio del tipo Maya cayó 0.77 dólares y el 10 de julio del tipo Istmo cayó 1.24 dólares. Sumando esas dos caídas, el precio final del petróleo era ahora de U.S.$ 23.75 para el Maya y U.S.$ 26.75 para el Istmo. Nótese que todas esas variaciones se debieron a que los mercados petroleros mundiales estaban pasando por un periodo de inestabilidad.

Por consiguiente, las autoridades económicas mexicanas enfrentaron una perspectiva sumamente indeseable. La combinación de políticas macroeconómicas dubitativas y el nuevo *shock* a los términos de intercambio del país implicaron la imposibilidad de alcanzar los objetivos establecidos en el programa de estabilización para 1985. Sin duda, México necesitaría más préstamos extranjeros para lidiar con el empeoramiento de su situación económica. Pero pocos dentro y fuera del país estaban dispuestos a ayudar a un gobierno que, a pesar del fuerte reclamo interno y externo por una reducción del gasto, una limitación del crédito y un reajuste del tipo de cambio antes de que empeoraran las cosas, hizo muy poco cuando ya era tarde para controlar las condiciones económicas adversas. La gran similitud de esta conducta con la de los últimos años de los gobiernos de Echeverría y López Portillo dejó a muchos con la impresión de que el compromiso real del gobierno mexicano no residía en la estabilización ni en la reforma estructural.

Esto preocupó bastante a los acreedores extranjeros y a los empresarios mexicanos. A medida que empezaron a multiplicarse los signos de empeoramiento en la situación económica, no tardaron en acusar a los funcionarios mexicanos de manejar mal la economía. En consecuencia, cuando los funcionarios mexicanos expresaron la necesidad de ayuda adicional para sus nuevos esfuerzos de estabilización, no encontraron mucha simpatía. La única manera como el gobierno mexicano podría obtener el apoyo financiero que necesitaba, al parecer, era mostrándose comprometido a reducir el déficit fiscal, a restringir la oferta monetaria y a abrir el mercado interno.

Frente a esta perspectiva, los funcionarios mexicanos debieron decidir entre *1)* abandonar el programa de estabilización y postergar la liberalización comercial, validando así la idea de que su credibilidad era nula y, por lo tanto, no eran sujetos de nuevos créditos externos; *2)* aplicar un programa de estabilización igual a la estrategia de 1983-1985; *3)* aplicar políticas macroeconómicas más estrictas en la línea de las preferencias de los acreedores extranjeros y las grandes empresas nacionales; o *4)* aplicar un programa de estabilización heterodoxo, a pesar de su incapacidad (real o aparente) de controlar la expansión del déficit fiscal.

Las autoridades económicas mexicanas escogieron la tercera opción, y el 22 de julio lanzaron un nuevo programa de ajuste económico que incorporó las reformas estructurales demandadas por los exportadores y los deudores mexicanos, por las empresas multinacionales y por los acreedores extranjeros como signo de un cambio definitivo en la forma de conducir la política económica.[63] Este nuevo programa consistió en seis políticas: *1)* reducción adicional del gasto público; *2)* aplicación de una política cambiaria "realista"; *3)* promoción del ahorro y el crédito internos en determinadas actividades; *4)* mejoras en los mecanismos utilizados para recaudar ingresos fiscales; *5)* reorganización del aparato gobernante del Estado para reducir su tamaño (incluyendo recortes en los salarios del sector público); y *6)* sustitución de las licencias de importación por aranceles.

Las cuatro primeras medidas replicaron básicamente la estrategia del programa de estabilización de 1982, pero las dos últimas indicaron el cambio de política más fundamental introducido por el gobierno mexicano en décadas: las reformas estructurales —privatización y liberalización comercial— se implementarían a pesar de la inestabilidad macroeconómica —y también para combatirla—. Por primera vez desde la década de 1940 el gobierno mexicano se abstuvo de emplear el control de las importaciones para aliviar las presiones sobre la balanza comercial, y en cambio optó por confiar sólo en la devaluación y en la contracción de la demanda agregada para alcanzar el equilibrio económico. Fue también la primera vez que las autoridades económicas de México justificaron la liberalización comercial para combatir la inflación.[64]

Es particularmente importante notar que esta liberalización fue más allá del nivel originalmente planeado. En marzo, al firmar la Carta de Intención con el FMI, el gobierno mexicano anunció la liberalización de alrededor de 40% del valor de las importaciones, pero en cambio en julio liberalizó 65% de ese valor, afectando a 7 159 artículos arancelarios. Ésta, creo, fue una medida dirigida a los acreedores extranjeros como "señal" de que el gobierno se proponía se-

[63] Pero no las que esperaban los sindicatos: las 34 asociaciones de trabajadores que formaban el Congreso del Trabajo venían pidiendo al gobierno que revisara los términos de su acuerdo con el FMI porque éste había dado como resultado una declinación de los salarios. Un ejemplo de esa posición puede verse en *Excélsior* del 19 de abril de 1985. Además, como se explica más adelante, esas medidas no eran congruentes con los deseos de las empresas en competencia con las importaciones.

[64] Las indicaciones de que este era un objetivo detrás de la liberalización aparecieron desde abril, cuando funcionarios de la Secretaría de Hacienda explicaron que las reducciones arancelarias especificadas en la Carta de Intención firmada por México con el FMI también se proponían combatir la inflación. Véase *Excélsior*, 1 de abril de 1985. Véase también un discurso del secretario de Comercio, Héctor Hernández resumido en *El Financiero*, 9 de agosto de 1985.

riamente modificar su conducción de la política macroeconómica. Como me dijo un funcionario mexicano que participó en el proceso de toma de decisiones en ese periodo: "Liberalizamos [en ese momento] porque de otro modo los banqueros extranjeros no nos habrían proporcionado los préstamos que necesitábamos".[65]

Esta evaluación parece plausible, tomando en cuenta dos consideraciones. Por un lado, en este periodo no se contó con más préstamos del FMI o de otros acreedores extranjeros. Por el otro, una representación del Banco Mundial visitó a funcionarios mexicanos para evaluar los problemas de la política comercial del país[66] con el fin de establecer nuevas condiciones para préstamos de promoción de las exportaciones.

Sin embargo, durante esos días aún era incierto si las autoridades económicas mexicanas continuarían liberalizando y llevando a cabo reformas estructurales *después* de recibir asistencia del extranjero. Las lecciones de la experiencia de los doce años anteriores, en que dos liberalizaciones comerciales fallaron, no apuntaban en esa dirección. Además, la señal de liberalización comercial llegaba justamente en el momento en que México necesitaba préstamos adicionales. No era en modo alguno una indicación clara del "tipo" verdadero de los encargados de la política económica mexicana, aun cuando fueran tecnócratas con simpatía por el libre comercio. Por lo tanto, no podía descartarse otro viraje en la política económica una vez que se aliviaran las urgencias presupuestales del gobierno mexicano.

Los banqueros extranjeros esperaron mucho más antes de desembolsar préstamos adicionales. El problema de la deuda externa sólo empezó a resolverse hasta el verano de 1986, cuando México puso en marcha cambios creíbles en su política económica, como la desincorporación de una empresa paraestatal grande (Fundidora de Monterrey) o el ingreso al GATT (como se explica más adelante). Este último, en particular, amarraría los aranceles mexicanos a un

[65] Entrevista, ciudad de México, 1994.

[66] La misión del Banco Mundial realizó su estudio entre enero de 1985 y marzo de 1986, y recomendó, entre otras, las siguientes reformas de política: aumentar el nivel de presión competitiva enfrentado por el sector industrial, reduciendo las barreras no arancelarias al comercio internacional y las barreras políticas a la competencia interna; aplicar un sistema uniforme y neutral de incentivos de precios tanto en la política comercial como en la industrial; y aumentar la transparencia y la selectividad de los programas de promoción industrial. Véase World Bank (1986). Sobre este y otros aspectos del Banco Mundial en las reformas comerciales de México durante este periodo, véase Nash (1991), World Bank (1986) y Cypher (1990).

máximo de 50% y comprometería al gobierno mexicano a eliminar una serie de barreras no arancelarias que bloqueaban importaciones y exportaciones. Fue también en ese contexto que México lanzó el nuevo programa de estabilización, el PAC, en el que por primera vez se aceptó la indeseabilidad *política* de continuar sacrificando el crecimiento económico sólo por estabilizar la economía.

Lo dicho anteriormente no debe tomarse como evidencia de que la condicionalidad de los préstamos extranjeros por sí sola explica la liberalización comercial de México. Sugiere que una parte de la liberalización comercial de julio de 1985 es atribuible a presiones internas y preferencias gubernamentales, y que otra puede atribuirse a la interpretación gubernamental de las presiones externas. Es importante tener presente que la negociación interna de Pronafice y Profiex fue anterior a esta liberalización, y que las empresas grandes presionaron fuertemente por la liberalización comercial. En otras palabras, la liberalización se inició después de la negociación interna de un programa de reforma comercial.

También es interesante señalar que esta liberalización se dio *antes* de la aplicación de la nueva Ley de Comercio Exterior todavía en preparación por la Secretaría de Comercio. Esta ley, como se indicó anteriormente, contendría los mecanismos necesarios para apoyar la eliminación total de las barreras no arancelarias. Esto sugiere que en realidad el gobierno se vio obligado a acelerar la aplicación de la liberalización comercial. ¿Por qué? Porque después del 22 de julio el gobierno enfrentó un diluvio de pedidos para subir los precios oficiales, a los que respondió elevando los precios oficiales de alrededor de 400 fracciones arancelarias.[67]

La elevación de los precios oficiales era difícil de conciliar con una política de eliminación de las barreras no arancelarias, pero el

[67] El "diluvio" fue señalado por Ten Kate (1992). El secretario Héctor Hernández observó: "Hemos indicado a las cámaras y a los industriales que en los casos en que pueda tener ese efecto —quiebras y desempleo— estamos dispuestos a hablar... modificar aranceles razonables y utilizar precios oficiales para combatir el *dumping*". Véase *Excélsior*, 4 de agosto de 1985. La mayoría de los aumentos de los precios oficiales benefició a los productores de bienes intermedios, que enfrentaban la mayoría de las eliminaciones de licencias, aunque también hubo algunos ajustes en bienes de consumo finales. Las más significativas de esas alzas de precios oficiales ocurrieron en productos textiles, de aserradero, papel, productos químicos básicos y resinas sintéticas. Los precios oficiales de los alimentos, ropa y calzado, productos farmacéuticos y electrodomésticos se mantuvieron casi intactos. Las únicas excepciones fueron los aceites vegetales, ropa y piel y calzado, donde se concentró la eliminación de licencias. Véase Ten Kate y De Mateo (1989).

gobierno no tenía un código *antidumping* para reemplazar los precios oficiales. Por eso los productores mexicanos exigieron el mantenimiento de la subvaluación del tipo de cambio (todavía no se adaptaban a la sorpresa de la liberalización) y la pronta promulgación de la ley *antidumping*.[68] Fue hasta enero de 1986, cuando el gobierno finalmente promulgó la Ley de Comercio Exterior de 1986, donde se incluyó el Código *antidumping* y las nuevas prácticas de valorización aduanera,[69] que el terreno quedó preparado para la eliminación final de las barreras no arancelarias.[70]

Así, el problema del momento adecuado para comenzar la liberalización se resolvió por la combinación de cuatro factores: *1)* la inestabilidad macroeconómica, *2)* la condicionalidad de los préstamos extranjeros, *3)* las negociaciones internas entre el gobierno y las cámaras industriales y *4)* las proximidad de las elecciones nacionales. El secretario de Comercio de México confirmó implícitamente la importancia de los dos primeros factores al afirmar que la caída en los ingresos petroleros y la falta de financiamiento extranjero no dejaron otro remedio más que aumentar las exportaciones no petroleras mediante la eliminación del sesgo contrario a las exportaciones. Para aumentar las exportaciones petroleras, observó, era necesario mejorar la eficiencia productiva de las empresas mexicanas explotando las ventajas comparativas del país y confiando en la competencia internacional.[71]

Hasta aquí se había resuelto el inicio de la liberalización. Las preguntas que quedaban se referían al "dónde": ¿cómo seleccionaron los funcionarios gubernamentales las 7 159 fracciones arancelarias que liberalizaron? ¿Qué papel desempeñaron en esa selección factores políticos internos?

La política interna desempeñó un papel limitado en las propias decisiones de liberalización del 22 de julio, principalmente porque

[68] Véase *Excélsior*, 7 de agosto de 1985.

[69] La Ley de Comercio Exterior de 1986 remplazó a su equivalente de enero de 1961. Véase la "Ley Reglamentaria del Artículo 131 de la Constitución Política de los Estados Unidos Mexicanos en Materia de Comercio Exterior" en el *Diario Oficial de la Federación* del 31 de enero de 1986.

[70] El gobierno mexicano inició un total de 55 investigaciones entre septiembre de 1986 y febrero de 1989. El país más afectado fue Estados Unidos (15 investigaciones y 9 sanciones). Los otros fueron Brasil, Bélgica, Luxemburgo, Francia, Gran Bretaña, Malasia, Finlandia y España. Las primeras sanciones *antidumping* impuestas por México bajo el nuevo código se iniciaron en 1987, en su mayoría concentradas en productos químicos y siderúrgicos. Sobre las características de esta ley y la lista de los productos afectados véase Ortega Gómez (1989).

[71] Véase De la Madrid (1985).

los encargados de la política económica y sus asesores las tomaron aislados de las presiones de los grupos de interés afectados.[72] En realidad, a pesar de todo el énfasis puesto por el sector privado en las consultas, esta fue la primera liberalización que el gobierno de De la Madrid realizó sin consultarlos,[73] violando la cláusula del Pronafice sobre la "planeación democrática". En cierto sentido era un triunfo de los funcionarios de Hacienda sobre los de Comercio dentro del Gabinete Económico, considerando que los últimos esperaban, como parte de sus contactos con dirigentes industriales, un comienzo previamente especificado y menos abrupto para la liberalización.[74]

De nuevo, esto no implica que la liberalización fuese tan sólo una imposición basada en las preferencias del gobierno y carente de toda lógica política. Como ya he dicho, la liberalización sólo se aceleró después de la acumulación de presiones en su favor y después del acuerdo entre el gobierno y los dirigentes empresariales, a través de Pronafice y Profiex, sobre los pormenores del proceso de reforma.

En línea con la estrategia esbozada en estos programas, la eliminación de las licencias fue acompañada por aumentos compensa-

72 Una serie de funcionarios públicos encargados de la política económica durante este periodo me dijo que las consideraciones políticas no fueron la principal preocupación de los tecnócratas que decidieron qué industrias liberalizar. Es ilustrativo examinar cómo llegaron a esa decisión: después que las discusiones del Gabinete Económico persuadieron al presidente De la Madrid de acelerar las reformas comerciales, el presidente dio instrucciones a los encargados de la Secretaría de Comercio y Promoción Industrial de escoger las industrias que debían ser liberalizadas. La orden llegó a la Secretaría el viernes inmediatamente anterior al lunes en que se anunciaron las reformas. Como los problemas específicos de política comercial se decidían en la Comisión de Aranceles, el subsecretario de Comercio Exterior convocó a la comisión a una reunión en que se discutirían esas medidas. La comisión incluía miembros de varias secretarías. A lo largo del fin de semana los miembros de la comisión decidieron cuáles de las 7 159 fracciones arancelarias serían liberalizadas.

73 Existen dos indicaciones claras de que las liberalizaciones anteriores fueron consultadas: nadie objetó las eliminaciones de licencias menores de 1983, 1984 y comienzos de 1985; y las noticias proporcionadas por la Secretaría de Comercio tienden a señalar que todas las liberalizaciones fueron aprobadas por representantes de la industria. Véase, por ejemplo, *El Financiero*, 27 de marzo de 1985. Las implicaciones de la ausencia de consultas se describen más adelante.

74 Los funcionarios de la Secretaría de Comercio, si bien apoyaron la liberalización, no estaban convencidos de que fuera la manera de controlar la inflación, o de que la reducción de las barreras comerciales debiera proceder tan rápido (entrevista, ciudad de México, 1994). Como ya se ha mencionado, las discusiones del Gabinete Económico determinaron la decisión final del presidente.

torios de los aranceles (los aranceles aumentaron en 3 540 fracciones arancelarias, y el arancel promedio pasó de 23.5 a 28.5%) y el seguimiento de una política cambiaria más realista (el tipo de cambio se devaluó 20%). Pronafice, de hecho, mencionó la articulación de esta estrategia.[75] Las autoridades comerciales no cumplieron su compromiso de anunciar la liberalización antes de iniciarla, pero siguieron el enfoque aprobado por las cámaras de comercio.

Otro factor indicador de la importancia de la política interna es que los funcionarios públicos que decidieron en aislamiento de pesiones políticas qué industrias liberalizar, dejaron intactos los sectores políticamente sensibles. Como lo demuestran los cuadros VII.12 y VII.13, en el petróleo y en la agricultura, sectores identificados con el corazón del nacionalismo mexicano y, por lo tanto, tradicionalmente protegidos, la cobertura de licencias permaneció por encima de 90% de la producción nacional, con las importaciones petroleras sujetas a 100%. Lo mismo vale para el café y el azúcar, sectores también dominados por intereses agrícolas, grandes o pequeños, y con gran participación del sector público. Algunas industrias de bienes finales, "erróneamente"[76] liberalizadas primero a fines de la década de 1970, cuando las reformas estuvieron a cargo de la administración López Portillo, esta vez no fueron liberalizadas. Asimismo, se mantuvo el control estricto en las industrias del vestido y el calzado —dos de los mayores empleadores del país—, donde la cobertura de licencias disminuyó de 100 a 88% y de 97.8 a 70.2%, respectivamente. Las industrias bajo programas de sustitución de importaciones, y reconocidas como tales en Pronafice, como la farmacéutica, la automovilística, la electrónica, la de equipo y maquinaria de telecomunicaciones —todas dominadas por empresas nacionales grandes y multinacionales— también quedaron exentas de la liberalización inmediata. La cobertura de licencias se mantuvo por encima de 90% de la producción nacional en bebidas, tabaco y electrodomésticos, sectores de alta concentración industrial.

Como es evidente, los programas sectoriales sirvieron para proteger las inversiones de las grandes empresas privadas y públicas. Al mismo tiempo la selección de las industrias liberalizadas les tra-

[75] La devaluación tuvo lugar el 24 de julio.

[76] Erróneamente por razones tanto políticas como económicas. Los productores de bienes finales protestaron enérgicamente por el hecho de que los liberalizaban a ellos pero no a sus insumos, y mientras el tipo de cambio aumentaba. Entrevistas (ciudad de México, 1994 y 1995) y Ten Kate (1992).

jo el beneficio de costos menores para sus insumos importados. Este fue el principio de lo que un observador identificaría después como un rasgo característico del nuevo enfoque comercial: "para los 100 colosos industriales orientados hacia la exportación, el Estado; para el resto, el mercado".[77]

VII.3. LA ADHESIÓN DE MÉXICO AL GATT, 1985-1986

La liberalización de julio de 1985, junto con la firma del Entendimiento Bilateral sobre derechos compensatorios con los Estados Unidos, trajo consigo consecuencia importante para la política comercial del país: ahora México respetaba las reglas del GATT sin recibir los beneficios de ser miembro de esa organización. En otras palabras, México bajó las barreras protectoras de su sector manufacturero, pero ningún país correspondió con la misma acción.

Esto ocurrió precisamente cuando se esperaba que los ingresos de México por exportaciones pasaran a depender cada vez más de las ventas de bienes manufacturados. Como muestra el cuadro VII.14, en 1985 las exportaciones de petróleo representaron 64.4% del total de exportaciones, mientras que las manufacturas constituían 22.7%. Sin embargo, a medida que los precios del petróleo declinaban (y se esperaba que declinaran más) quedó claro que esas proporciones se modificarían sustancialmente. De hecho, para 1986 las exportaciones petroleras de México cayeron hasta representar apenas 36.4% del total, mientras que las exportaciones de manufacturas aumentaron a 41% (48.5% si se suman las maquiladoras). Por primera vez en la historia reciente mexicana, cerca de la mitad de sus ventas al extranjero provinieron del sector manufacturero.

Estos factores llevaron al gobierno mexicano a reconsiderar su posición hacia el GATT, que hasta entonces había sido, como se explica más adelante, especulativa. Como señaló el secretario de Comercio Héctor Hernández el 8 de agosto, durante su visita al Senado mexicano para proponer el ingreso al GATT:

[77] Cypher (1990), p. 183. En realidad, después de 1986 el gobierno creó otro programa más para beneficio de las grandes empresas exportadoras, la mayoría de ellas miembro de Conacex, llamado Altex. A través de Altex recibían incentivos específicos que no estaban al alcance de los pequeños exportadores ni de las pequeñas empresas.

CUADRO VII.12. *México. Aranceles ponderados por producción, por industria, 1980-1988 (porcentajes)*

Sector	*Abril 1980*	*Junio 1985*	*Diciembre 1985*	*Junio 1986*	*Diciembre 1986*	*Junio 1987*	*Diciembre 1987*	*Mayo 1988*
11. Productos de carne y leche	13.4	9.3	24.5	24.4	23.8	21.5	11.2	5.8
12. Frutas y verduras procesadas	45	46.6	46.7	42.2	42.2	37.6	19.1	19.1
13. Productos de molienda (trigo)	40.9	36.9	42	38	37.7	33.9	18.3	18.3
14. Productos del nixtamal	35.4	45	47.2	42.5	41.5	37.8	19.5	19.5
15. Productos del café	44.4	50.1	50.1	45	45	40	20	20
16. Azúcar	10.1	1.1	1.6	1.2	1.2	1.4	0.7	0.7
17. Aceites animales y vegetales	9	5.9	12.3	11.2	11.2	13.6	4.8	4.8
18. Alimentos para animales	0.1	5.1	39	29.7	29.7	26.5	9.9	9.9
19. Alimentos varios	39.6	37.4	37.9	34.4	34.4	31	16.2	16.2
20. Bebidas alcohólicas	39.8	49.8	49.8	29.9	29.9	29.9	19.9	19.9
21. Cerveza y malta	93.5	93.5	93.5	42.4	37.9	37.9	19.4	19.4
22. Bebidas sin alcohol	96.6	95.9	95.9	44.1	44.1	39.2	19.7	19.7
23. Productos del tabaco	42.3	50	50	45	45	40	20	20
24. Productos de fibras blandas	14.3	27.5	42.5	38.2	38.2	34.2	13.8	13.8
25. Productos de fibras duras	16.3	19.1	20.3	20.4	20.4	18.8	11.7	11.7
26. Otros textiles	50.4	54.3	60.9	40.4	40.4	36	18.3	18.3
27. Ropa	33.9	49.8	50.5	44.9	44.9	39.9	20	20
28. Piel y calzado	29.2	42.6	44.8	36.5	36.5	33.2	16.8	16.8
29. Productos de aserradero	16.8	25.6	32.1	29.7	29.7	27	15.7	13.5
30. Otros productos de madera	39.5	46.3	48.4	42.5	42.5	38.4	19.2	19.2
31. Papel y cartón	29.1	28.3	33.9	31.3	30	27.1	13.3	5.3
32. Imprentas y editoriales	14.1	10.8	10.8	7.9	7.9	9.5	5.6	3.9
33. Petróleo y derivados	2.2	2.2	3	2.3	2.1	2	1	1.1

34. Productos petroquímicos básicos	9.3	4.1	6.5	5.3	4.4	4.2	2	1.7
35. Productos químicos básicos	27	20.6	23.1	22.7	24.5	22	9.5	8.9
36. Abonos y fertilizantes	10.7	4.9	7.5	7.6	7.7	7.2	3.3	3.3
37. Resinas sintéticas	34.6	26.8	29.7	27.8	32.8	29.5	12.6	12.1
38. Productos farmacéuticos	24.2	19.7	19.9	18.5	19.7	19.3	16.4	16.4
39. Jabones. detergentes y cosméticos	54.4	67.2	67.2	41.3	41.3	36.9	18.7	18.7
40. Otros productos químicos	34.4	25.6	31.9	28.2	29	27	12.1	12.1
41. Productos de hule	33.4	35.6	39.9	36.3	36.3	32.8	16.2	16.2
42. Productos plásticos	24.8	37.6	41.7	30.1	30.4	33.9	18	17.8
43. Vidrio y productos de vidrio	66.8	52.7	53.5	40.7	40.7	36.4	18.7	13.8
44. Cemento	1	10	25	22.5	22.5	20	10	10
45. Otros productos minerales no metálicos	41.7	36.9	42	35.7	35.8	32.3	16.1	16.1
46. Metales ferrosos básicos	10.3	13.4	21.2	18.4	18.5	17.9	7.3	7.2
47. Metales no ferrosos básicos	21.2	22.2	26	24.8	25	22.7	10.9	10.9
48. Muebles de metal	47.4	47.9	49.1	43.4	43.4	38.7	17.9	17.9
49. Formas estructurales	41.7	39.5	40.3	31.7	31.7	31.2	16.1	16.1
50. Otros, salvo maquinaria	35.2	33.6	37.4	28.4	28.3	25.7	14.5	14.4
51. Maquinaria no eléctrica	22.4	21	31.6	27.2	28.8	26.5	14.7	15
52. Maquinaria eléctrica	26.8	22.4	34.7	32.8	35.3	31.8	16.9	16.9
53. Aparatos electrodomésticos	68.3	47.1	48.2	44.5	44.5	39.5	19.8	19.8
54. Equipo electrónico	17.4	33.3	49.7	37.9	36.8	34	17.5	17.5
55. Equipo eléctrico	34.7	31.8	39.3	35.2	37.3	33.3	15.5	15.6
56. Automóviles	59.8	58.9	59	34.7	34.7	31.1	16.9	17.2
57. Chasis, motores y piezas para automóviles	25.7	21.6	25.8	23.6	31.3	27.7	12.5	13.2
58. Equipos y materiales de transporte	16.9	16.6	19.9	17.3	16.9	15.8	6.3	6.3
59. Otros productos manufacturados	44.4	50.8	53.1	37.9	37.8	33.8	17.7	17.6

FUENTE: Secofi.

CUADRO VII.13. *México. Protección de licencias, por industria, 1980-1988 (porcentajes ponderados por producción)*

Sector	*Abril 1980*	*Junio 1985*	*Diciembre 1985*	*Junio 1986*	*Diciembre 1986*	*Junio 1987*	*Diciembre 1987*	*Mayo 1988*
11. Productos de carne y leche	98.30	99.70	29.90	29.10	33.40	33.30	23.50	23.50
12. Frutas y verduras procesadas	42.50	98.30	75.80	75.80	12.30	12.30	0.00	0.00
13. Productos de molienda (trigo)	25.70	100.00	68.20	68.20	37.60	0.00	0.00	0.00
14. Productos del nixtamal	9.50	100.00	71.10	71.10	0.00	0.00	0.00	0.00
15. Productos del café	99.70	100.00	99.70	99.70	99.70	99.70	99.70	99.70
16. Azúcar	100.00	100.00	92.80	92.80	92.80	90.00	90.00	90.00
17. Aceites animales y vegetales	98.90	79.30	57.00	57.00	57.00	57.00	57.00	57.00
18. Alimentos para animales	97.50	98.70	0.00	0.00	0.00	0.00	0.00	0.00
19. Alimentos varios	49.80	96.50	62.70	62.70	44.50	27.30	8.80	8.80
20. Bebidas alcohólicas	0.90	100.00	99.40	99.40	99.40	99.30	0.00	0.00
21. Cerveza y malta	0.00	100.00	100.00	100.00	100.00	100.00	5.60	5.60
22. Bebidas sin alcohol	0.00	98.60	98.60	98.60	98.60	2.10	2.10	2.10
23. Productos del tabaco	100.00	100.00	100.00	100.00	100.00	100.00	100.00	100.00
24. Productos de fibras blandas	94.20	88.40	3.40	3.40	3.40	3.40	3.40	1.90
25. Productos de fibras duras	89.80	90.40	3.20	3.20	3.20	3.20	3.20	3.20
26. Otros textiles	40.30	97.20	28.30	28.30	28.30	28.30	18.10	4.20
27. Ropa	97.40	100.00	88.80	88.80	88.80	88.20	88.20	0.00
28. Piel y calzado	85.50	97.80	70.20	70.20	70.20	63.00	0.00	0.00
29. Productos de aserradero	85.80	100.00	28.20	28.20	28.20	28.20	0.00	0.00
30. Otros productos de madera	70.30	99.90	59.70	59.70	0.30	0.00	0.00	0.00
31. Papel y cartón	37.00	89.50	12.40	12.40	1.00	12.40	11.70	0.60
32. Imprentas y editoriales	23.40	57.00	0.10	0.10	0.10	0.00	0.00	0.00
33. Petróleo y derivados	90.40	94.30	87.40	87.40	87.20	87.20	87.20	87.20

34. Productos petroquímicos básicos	78.60	92.20	0.00	0.00	0.00	0.00	0.00	0.00
35. Productos químicos básicos	33.30	72.20	7.20	7.20	7.20	6.60	0.30	0.30
36. Abonos y fertilizantes	73.90	92.10	0.50	0.50	0.50	0.50	0.00	0.00
37. Resinas sintéticas	20.90	59.20	9.30	9.30	0.00	0.00	0.00	0.00
38. Productos farmacéuticos	46.70	89.10	79.40	79.40	68.80	61.50	12.00	12.00
39. Jabones, detergentes y cosméticos	31.10	98.40	53.90	53.90	53.60	53.60	0.00	0.00
40. Otros productos químicos	36.80	93.60	10.20	10.20	9.00	7.90	7.40	7.40
41. Productos de hule	21.90	98.50	5.00	5.00	3.90	3.90	0.00	0.00
42. Productos plásticos	78.90	97.90	44.00	43.90	43.80	17.60	0.00	0.00
43. Vidrio y productos de vidrio	7.30	96.90	14.30	14.30	2.00	0.60	0.30	0.30
44. Cemento	100.00	100.00	0.00	0.00	0.00	0.00	0.00	0.00
45. Otros productos minerales no metálicos	10.30	93.40	22.10	22.10	22.10	17.20	6.10	3.50
46. Metales ferrosos básicos	57.40	90.70	0.50	0.50	0.00	0.00	0.00	0.00
47. Metales no ferrosos básicos	20.20	71.90	0.20	0.20	0.00	0.00	0.00	0.00
48. Muebles de metal	69.00	97.70	45.00	48.10	6.20	6.10	0.00	0.00
49. Formas estructurales	1.90	95.90	0.80	0.80	0.30	0.00	0.00	0.00
50. Otros, salvo maquinaria	21.00	66.10	5.80	5.80	2.70	1.50	1.40	1.40
51. Maquinaria no eléctrica	55.00	79.80	13.50	13.50	9.10	9.10	4.50	3.00
52. Maquinaria eléctrica	54.40	97.50	30.90	19.90	1.90	0.00	0.00	0.00
53. Aparatos electrodomésticos	16.30	100.00	92.30	89.40	82.80	56.10	0.00	0.00
54. Equipo electrónico	78.40	96.60	30.20	29.30	28.30	24.40	0.00	0.00
55. Equipo eléctrico	30.60	96.20	21.80	11.90	0.10	0.00	0.00	0.00
56. Automóviles	96.20	99.70	95.50	95.50	95.50	95.50	95.10	95.10
57. Chasis, motores y piezas para automóviles	54.50	99.10	58.10	57.60	24.90	24.80	14.30	12.10
58. Equipos y materiales de transporte	51.80	93.40	34.70	34.70	30.70	27.90	2.80	2.80
59. Otros productos manufacturados	51.80	91.80	22.90	22.80	18.30	17.00	0.00	0.00

FUENTE: Secofi.

CUADRO VII.14. *México. Estructura de exportaciones e importaciones, 1982-1986 (porcentajes)*

	1982	*1983*	*1984*	*1985*	*1986*
Exportaciones	*100*	*100*	*100*	*100*	*100*
Petróleo	74.62	69.25	65.4	64.39	36.4
No petroleras	21.53	27.22	29.96	30.08	56.12
Agricultura	5.58	5.14	5.76	6.14	12.11
Minería	2.27	2.27	2.13	2.22	2.94
Manufactura	13.67	19.81	22.07	21.71	41.07
Maquiladoras	3.85	3.54	4.56	5.53	7.47
Importaciones	*100*	*100*	*100*	*100*	*100*
Bienes de consumo	8.9	5.2	5.3	5.9	5
Bienes intermedios	64.6	76.3	78.5	76.9	77.4
Bienes de capital	26.5	18.5	16.2	17.2	17.6

FUENTE: Banco de México.

> La lógica indica que si hacemos concesiones [comerciales], eliminando los permisos de importación y sustituyéndolos por aranceles, tenemos que cobrar por ese beneficio. Ningún país hace concesiones [comerciales]; todos [los países] quieren obtener concesiones [comerciales]... Lo que nosotros hemos hecho [en la política comercial] nos asegura una negociación razonable, si se decide seguir adelante con ella, no sólo dentro del GATT sino en otros foros internacionales, como la UNCTAD [...] México debería entrar al GATT para defender sus intereses durante la [nueva] ronda de negociaciones de la comunidad internacional, en la que se analizará la situación del mundo [...] y [para combatir] la nueva ola proteccionista que ha crecido en todos los países, y en particular en los industrializados.[78]

Con estas afirmaciones el secretario de Comercio cambió la dinámica del debate sobre el ingreso al GATT iniciado casi un año antes, en octubre de 1984, cuando los exportadores mexicanos empezaron

[78] Véase *El Financiero*, 9 de agosto de 1985, p. 16. Aparentemente, la Secretaría de Comercio presentó esa propuesta al presidente De la Madrid, quien aprobó su presentación al Senado. Entrevista (ciudad de México, 1994).

a apoyar el ingreso. Durante esos días estos exportadores empezaron a perder la paciencia con la interrupción de las negociaciones del Entendimiento Bilateral entre México y los Estados Unidos.[79] Esto condujo entonces al presidente del CEMAI a proponer que, de continuar las negociaciones estancadas, México debería empezar a considerar la posibilidad de entrar al GATT para defender sus intereses en mercados de manufacturas extranjeros.[80] Para el 11 de febrero de 1985, miembros del CEMEU estaban preguntándole directamente al presidente De la Madrid si consideraría el ingreso de México al GATT.

Es posible que quienes propusieron el ingreso al GATT pretendieran algo más que asegurar el acceso de las manufacturas mexicanas a mercados extranjeros. En el ambiente macroeconómico inestable de 1985, y tomando en cuenta la vacilación inicial mostrada por las autoridades comerciales mexicanas en la aplicación de Profiex, ingresar al GATT podría brindar al gobierno mexicano un mecanismo exterior para comprometerlo a conducir una política fiscal y monetaria más conservadora y a cambiar de una vez por todas el régimen comercial. Si el gobierno firmaba la adhesión al GATT, comprometiéndose con ello a reducir las barreras comerciales y a eliminar una cantidad enorme de barreras no arancelarias, tendría que manejar la cuenta corriente apoyándose únicamente en el tipo de cambio y en una política macroeconómica disciplinada. Como se sugirió en la sección anterior, esto beneficiaría a los exportadores, a las mayores cámaras empresariales y a los acreedores extranjeros, quienes abogaban por un ambiente de negocios estable y más predecible.

Esa perspectiva ya estaba implícita en el debate del GATT de 1979-1980, cuando los dirigentes de las mayores cámaras empresariales —CCE y Coparmex— vincularon el ingreso al GATT con una política macroeconómica disciplinada. Posiciones similares fueron presentadas por un representante de las empresas de Monterrey, quien entonces manifestó que "si México se uniera [al GATT], su política comercial se normalizaría de una vez por todas, [situación que] impulsaría la confianza y la seguridad de los inversionistas, porque

[79] Como se explicó antes, las negociaciones se estancaron en el problema del Decreto Farmacéutico de México.

[80] Véanse las declaraciones de Pablo García Barbachano, presidente de CEMAI, en *El Financiero*, 8 de octubre de 1984. Según García Barbachano, durante 1984, funcionarios y empresarios estadunidenses habían sugerido la conveniencia de unirse al GATT. Véase *El Financiero*, 1 de marzo de 1985.

podrían planear sin temer modificaciones o cambios en la política [económica]".[81] Años más tarde un empresario me diría, en México, reflexionando sobre la experiencia de 1980-1982:

> La decisión del presidente López Portillo de postergar el ingreso al GATT cambió dramáticamente el curso de la historia de México. El rechazo del ingreso al GATT fue el rechazo de un modelo económico completamente diferente, consistente en políticas macroeconómicas disciplinadas y promoción de las exportaciones. Después de eso el gasto gubernamental financiado por préstamos explotó, y México entró en la crisis que condujo a la nacionalización de la banca.

Si este fue el caso, no es extraño que los principales exportadores mexicanos y los banqueros extranjeros encontraran en la propuesta de ingresar al GATT una forma de obtener un ambiente de negocios más estable.

Para sorpresa de muchos, el presidente De la Madrid declaró a los miembros del CEMEU la disposición de su administración a revisar el marco de las relaciones comerciales multilaterales de México.[82] Esta fue la primera señal clara emitida por la administración De la Madrid de su intención de reconsiderar el asunto del GATT. La confirmación de esta posición apareció apenas unos días después, cuando el secretario de Comercio Héctor Hernández insinuó, después de la firma de un acuerdo bilateral sobre acero entre México y los Estados Unidos, que el gobierno podría reconsiderar la relación del país con el GATT.[83] En marzo empezó a circular un estudio de la Secretaría de Comercio señalando que México seguía las reglas del GATT sin ser miembro de la organización, sugiriendo implícitamente que era hora de reconsiderar el ingreso.[84]

Tan pronto el gobierno mexicano dio indicios de su disposición a reconsiderar el ingreso al GATT, el debate nacional en torno a éste volvió a abrirse por completo. El grupo de organizaciones a fa-

[81] Véanse las declaraciones de los dirigentes de Caintra en *Excélsior*, 21 de febrero de 1980, p. 10.

[82] Véase *Business Mexico*, marzo de 1987, y *Proceso*, 22 de abril de 1985.

[83] Véase *El Financiero*, 28 de febrero de 1985. El acuerdo sobre el acero era una forma de restricción voluntaria de la exportación: México aceptó restringir sus exportaciones de acero a los Estados Unidos por los cinco años siguientes, de manera que cayeron de 8 a 0.3% del total. La firma de ese acuerdo sirvió para cancelar los derechos compensatorios que el gobierno de los Estados Unidos aplicaba a las exportaciones de acero de México.

[84] Véase *El Financiero*, 1 de marzo de 1985, y De la Madrid (1985).

vor del ingreso se extendió para incluir a CEMEU, CEMAI, ANIERM, Concanaco, Camco, CCE y Coparmex.[85] El campo antiGATT siguió formado, como en 1979-1980, por Canacintra, Concamin y la CTM.

Para la coalición antiGATT ni la forma ni el momento para entrar al GATT eran adecuados.[86] De acuerdo con el dirigente de la Concamin, México ya había ingresado "por la puerta trasera" al GATT con el lanzamiento de Profiex y la eventual firma del entendimiento bilateral,[87] lo cual dejaba incierto el valor de unirse al acuerdo. Para el dirigente de Canacintra la Carta de Intención firmada con el FMI en abril de 1985, unida a Profiex y la, en su apreciación, evidente alianza entre el gobierno, las empresas multinacionales y las grandes empresas mexicanas, constituían fuertes indicios del intento por consolidar un movimiento hacia el GATT.[88] Si la intención era abrir la economía mexicana, el gobierno debería cumplir primero varias condiciones: racionalizar la protección, liberalizar las materias primas y los bienes intermedios —incluyendo los producidos por el propio gobierno—,[89] eliminar los controles de precios, unificar el tipo de cambio, proporcionar apoyo tecnológico y construir una infraestructura adecuada. En ausencia de estas reformas, Canacintra se esforzaría por bloquear una revisión de la decisión de 1980 sobre el GATT.

Por algún tiempo el gobierno reaccionó con mucha cautela al debate en curso sobre el ingreso al GATT. En un año electoral no era aconsejable entrar en otra polémica más sobre la política comercial. Cuando CEMAI trató de controlar los términos del debate anunciando el inicio de consultas nacionales para determinar si el país debía unirse al acuerdo,[90] las autoridades comerciales mexicanas detuvie-

[85] Sobre la posición de ANIERM, véase *El Financiero*, 1 de marzo de 1985. ANIERM tenía reuniones con el secretario de Comercio, Héctor Hernández. Hernández respondió repitiendo la afirmación del presidente De la Madrid de que el gobierno estaba dispuesto a revisar las relaciones comerciales multilaterales de México. También empleó esa afirmación en una reunión con empresarios extranjeros de la International Business Corporation; véase *El Financiero*, 6 de marzo de 1985. Sobre la posición de Concanaco, véase *Excélsior*, 8 de mayo de 1985.

[86] Véanse las declaraciones de Carlos Mireles (Canacintra), Jacobo Zeidenweber (Concamin) y Fidel Velázquez (CTM) en *El Financiero*, y *Excélsior*, 1 de marzo de 1985; se repitieron durante el mes siguiente.

[87] Véase *Excélsior*, 19 de marzo de 1985.

[88] Véase *Proceso*, 27 de mayo de 1985.

[89] Nótese que el dirigente de Canacintra era un manufacturero de productos químicos y petroquímicos, y que el sector paraestatal suministraba insumos esenciales para la producción de esos bienes. Esto también explica por qué estimó (se quejó) que los precios y la calidad de los insumos suministrados por el gobierno no eran competitivos desde el punto de vista internacional.

[90] Véase *Excélsior*, 17 de junio de 1985.

ron con fuerza el intento aclarando que no se había tomado ninguna decisión sobre el asunto. Hasta ahí, afirmó el secretario de Comercio, el gobierno estaba simplemente evaluando la conveniencia de participar como observador en la nueva ronda de negociaciones comerciales multilaterales.[91]

Pero la liberalización de julio de 1985, posterior a este incipiente debate, cambió sustancialmente los dos aspectos. Dados sus efectos iniciales y esperados, los funcionarios mexicanos se persuadieron de que el único modo de reducir los costos de la liberalización sería incorporar a México al GATT. Una combinación de evaluaciones gubernamentales y demandas empresariales motivaron entonces la propuesta de ingreso al GATT presentada por el secretario de Comercio.

Llevar la propuesta al Senado antes de negociar con los miembros del GATT fue políticamente prudente, no necesariamente porque los senadores eventualmente tendrían que votar por ley para aprobar o rechazar las negociaciones comerciales, sino porque era muy improbable que un Senado controlado por el PRI la rechazara. En cierto sentido se trataba de una versión mexicana de los procedimientos de vía rápida o *fast track* usados en el Congreso de los Estados Unidos, con la importante diferencia de que la negociación, cualesquiera que fuesen sus términos, sería aprobada. Esto marcó un claro contraste con la estrategia seguida por la administración del presidente López Portillo, la cual llevó a cabo el debate en la arena de la opinión pública. Ahora el gobierno mantendría las riendas de la decisión restringiendo las consultas a las audiencias del Senado.

VII.3.1. *Las consultas*

Para legitimar la decisión en favor del ingreso, el Senado organizó consultas a puerta cerrada con empresarios, dirigentes sindicales y expertos sobre el tema. En sesiones llevadas a cabo del 28 de octubre al 15 de noviembre recogió 30 testimonios, los cuales sirvieron

[91] Sobre las declaraciones de Héctor Hernández, véase *El Financiero* y *Excélsior*, 17 de junio de 1985. La información reunida por mí en entrevistas (ciudad de México, 1994) confirma que a esa altura el gobierno mexicano todavía no había llegado a una decisión respecto al asunto del GATT. Hernández se refería al anuncio, hecho el 2 de mayo de 1985 por los Estados Unidos, Japón y Alemania, de que habían llegado a un consenso para iniciar una nueva ronda de negociaciones comerciales multilaterales.

al importante propósito de proveer un panorama más claro de las áreas de acuerdo y desacuerdo entre las distintas cámaras y sindicatos.[92]

No es necesario describir en profundidad lo dicho durante el proceso de consultas, principalmente porque lo que trascendió confirmó las posiciones ya adelantadas por la mayoría de los grupos (el apéndice de este capítulo presenta un resumen estilizado de sus posiciones). Sin embargo, es importante señalar dos aspectos del proceso de consulta. Primero, el dirigente del CCE afirmó que el sector empresarial concordaba en términos generales con la idea de que el modelo de sustitución de importaciones había llegado a su límite, pero insistió que para que los empresarios apoyaran el programa de liberalización, con o sin entrada al GATT, era preciso satisfacer las siguientes condiciones:

1) Control efectivo de la inflación (con disciplina fiscal y monetaria).[93]

2) Manejo de un tipo de cambio realista.

3) Liberalización de industrias controladas por el sector público.[94]

4) Racionalización de la protección (mayores impuestos a los productos con mayor grado de elaboración).[95]

5) Liberalización gradual y predeterminada.

6) Reglas claras para el procedimiento de liberalización (incluyendo reformas administrativas y legales).[96]

7) Eliminación de los controles de precios.

[92] Esos testimonios pueden consultarse en *Senado de la República* (1985).

[93] Véase *El Financiero*, 23 de octubre de 1985.

[94] Muchos de los participantes se quejaron de que Pemex vendía productos de baja calidad a altos precios, reduciendo su competitividad internacional. Véase *Senado de la República* (1986).

[95] Un productor textil dio un ejemplo del problema:

Y nos encontramos con que las materias primas de la industria de fibras tienen precios internacionales y aranceles muy bajos, [con niveles arancelarios] de 5 y 10%...; pero para el siguiente proceso de (producción) de las materiales de las fibras se brinca al arancel de 40% y luego nos dan a nosotros con un producto intermedio, que es el hilo, también un arancel de 40% y a la tela 50%. No hay lógica; lo lógico sería 5 o 10% para ellos en materias primas, máximo 25% para las fibras sintéticas —materia prima para la industria textil— 40% [para] hilos y 50% para las telas. [Es inaceptable que las autoridades] pongan el mismo arancel a la materia prima y que a los hilos. [Véase *Senado de la República* (1986), p. 119].

[96] Las reformas legales se referían a la inminente promulgación de la Ley *Antidumping* y la nueva Ley de Comercio Exterior, por la cual los exportadores, como ya se ha dicho, estaban cabildeando. Se publicaron en el *Diario Oficial de la Federación* el 23 de enero de 1986.

8) Construcción de una mejor infraestructura de transporte.

9) Apoyo para nuevas inversiones en modernización de plantas productivas.

10) Negociación con los miembros del GATT, tomando en cuenta la asimetría de la economía mexicana con respecto a las economías avanzadas.

Una vez más, se estableció la vinculación entre la disciplina macroeconómica, un nuevo régimen comercial y reglas estables y predecibles. Para los empresarios mexicanos, como lo estableció el líder del CCE, se trataba de una demanda fundamental:

> El ingreso al GATT no puede ser contemplado como una medida aislada, sino como parte de una política que ha adoptado el modelo de desarrollo para afuera, de especialización internacional, de fomento a las exportaciones, y de congruencia de las políticas monetaria, fiscal y comercial para lograr más competitividad en el ámbito internacional.

El segundo aspecto relevante de la consulta se refiere a la comprensión de la comunidad empresarial sobre la oposición de la Canacintra al ingreso. El dirigente del CCE explicó:

> La posición de la Canacintra puede ser unida al resto de las posiciones [de las cámaras], obviamente, si se dan ciertas condiciones. Particularmente, a la Canacintra le preocupa mucho, en caso de que se diera la apertura [comercial de México], el que haya una atención muy importante a toda la cadena productiva. Tiene miedo la Canacintra, y creo que con razón, de que se pudiera hacer trunca esa apertura y que entonces estuvieran las industrias medianas y pequeñas —que ellos principalmente representan— bajo la presión de una materia prima protegida y un mercado no protegido, pues habría una incongruencia muy fuerte con graves consecuencias para sus agremiados. Su posición es sumamente válida. Sin embargo, creemos —y esto se ha discutido mucho con la Canacintra en el seno del CCE— que si se respetan esas cadenas productivas desde el principio hasta el fin, habrá una fuerte posibilidad de lograr lo que todos buscamos: una mayor modernización y optimización de todo nuestro aparato productivo.[97]

Claramente, los dirigentes de la Canacintra coincidían con la mayoría de los productores en la necesidad de seguir políticas co-

[97] *Senado de la República* (1986), p. 522.

merciales y macroeconómicas congruentes. El mínimo requisito, al parecer, sería la instrumentación continua y *creíble* de la racionalización de la protección y el manejo de una política cambiaria realista.

Después de la aprobación del Senado para la negociación del ingreso al GATT, el presidente De la Madrid instruyó al secretario de Comercio para que iniciara pláticas con los miembros del acuerdo. México expresó formalmente su interés por negociar el Protocolo de Adhesión el 25 de noviembre, en la inauguración del XLI periodo del GATT, sorprendiendo a muchos observadores.[98] Las razones oficiales del presidente de México para buscar el ingreso fueron cuatro: *1)* incorporándose México aseguraría el acceso de exportaciones mexicanas a los mercados extranjeros; *2)* el acuerdo multilateral contemplaba salvaguardas para la protección de industrias afectadas por el comercio exterior; *3)* el GATT proporcionaría a México mecanismos adicionales para resolver desacuerdos comerciales; y *4)* al unirse al GATT, México podría contribuir a la reestructuración de las relaciones comerciales multilaterales.[99]

VII.3.2. *El protocolo*

Ocho meses después, el 26 de julio de 1986, México se convirtió en el miembro número 92 del GATT. El Protocolo de Adhesión de 1986, basado en un protocolo *ad hoc* extendido, incluyó condiciones que permitieron al gobierno de México continuar aplicando sus políticas sectoriales en las industrias automovilística, farmacéutica y electrónica, al tiempo que la agricultura y el petróleo conservaron su exención del GATT. El Plan Nacional de Desarrollo de la administración De la Madrid quedó intacto. México aceptó fijar el arancel máximo en 50% y otorgar concesiones arancelarias en 375 fracciones, equivalentes a 15.9% del valor de las importaciones de 1985.

[98] La sorpresa derivó de la estimación de muchos de que el GATT era cada vez más inefectivo en la reducción de las barreras comerciales. Aparentemente no había razón para incorporarse a la asociación durante la década de los ochenta. En Ginebra la notificación de México fue vista como una indicación de que "el GATT seguía vivo". Entrevista (ciudad de México, 1994).

[99] Véase el comunicado oficial enviado por el presidente De la Madrid al secretario de Comercio en el *Diario Oficial de la Federación* del 22 de noviembre de 1985. Una copia de este documento se publicó en *El Financiero* (22 de noviembre de 1985). Véase *Excélsior*, 2 de diciembre de 1985.

Esas concesiones implicaron negociaciones con 10 países.[100] El cuadro VII.15 resume algunos de los términos de la negociación.

El sector privado de México también intervino indirectamente en esa negociación. La Comisión de Aranceles y Control del Comercio Exterior del gobierno mexicano y la Comisión Conjunta de Procesos de Integración, organismo constituido por la SHCP, la Secofi y otras secretarías, junto con algunas asociaciones del sector privado como Concamin, Canacintra y Concanaco, resolvieron qué fracciones arancelarias abrir a la negociación. Las concesiones arancelarias incluyeron 62 bienes de consumo finales (alimentos y bebidas), 168 bienes intermedios (bienes agrícolas no disponibles en México, 2 textiles pertenecientes al acuerdo de multifibras y no producidos en México, papel para impresión, un metal básico sujeto a cuotas de importación en la industria electrónica de los Estados Unidos y materias primas no producidas en México) y 113 bienes de capital. De los aranceles negociados, 321 fracciones fueron ligadas a aranceles iguales o superiores, 52 a aranceles inferiores, y 290 ya estaban exentas de licencia desde 1985. Los requisitos de la licencia e importación siguieron siendo aplicables al café, cacao, textiles, bienes suntuarios, automóviles, productos farmacéuticos y algunos bienes de capital.

Como se reconoció en todo momento, la negociación de México para ingresar al GATT fue principalmente una extensión de sus negociaciones comerciales con los Estados Unidos. La mayoría de las concesiones arancelarias implicaron negociaciones entre funcionarios mexicanos y estadunidenses: 210 del total de 373, aproximadamente 55% del valor comercial negociado. La influencia de los Estados Unidos en el acuerdo fue visible en dos áreas del Protocolo de Ingreso: sólo se aceptaron algunos términos del Protocolo de 1979 (la mayoría de ellos de la declaración de principios)[101] y México se comprometió a firmar los códigos de conducta del GATT sobre licencias, evaluaciones aduanales, *antidumping*, normas y derechos compensatorios.[102]

[100] Austria, Canadá, CEE, Finlandia, Japón, Noruega, Nueva Zelanda, Suecia, Suiza y los Estados Unidos,

[101] Según Bennett (1988), el gobierno de los Estados Unidos se opuso a la plena aceptación del Protocolo de Ingreso de 1979 porque consideró que las condiciones habían cambiado sustancialmente y porque lo veía como un precedente en futuras negociaciones con otros países en desarrollo, como China.

[102] Firmado el 22 de julio de 1987. El código de subsidios quedó fuera de las negociaciones porque México contaba con el Acuerdo Bilateral México-Estados Unidos de 1985, que había resuelto ese problema.

CUADRO VII.15. *Aranceles negociados por México con el GATT en 1986*

	Número de fracciones	%	*Valor total de la importación 1985*	%
Total de fracciones arancelarias	8143	100	11873673	100
1. Liberalizadas	373	4.6	1888718	15.9
a. Inmediatamente	29	0.3	19443	0.2
b. En tres años	3	0	0	0
c. En cinco años	2	0	1887	0
d. En ocho años	7	0.1	14787	0.1
2. Controladas	17	0.2	2769	0
3. Negociadas con base en los niveles arancelarios de abril de 1986	4	0	37956	0.3
a. Arancel más alto	194	2.4	1221092	10.3
b. Arancel igual	127	1.5	608509	5.1
c. Arancel más bajo	52	0.6	59117	0.5

FUENTE: Secofi.

VII.4. EL ESTABLECIMIENTO DE LA LIBERALIZACIÓN COMERCIAL COMO MECANISMO DE ESTABILIZACIÓN, 1987-1988

La estrategia económica adoptada durante la segunda mitad de 1986, posterior a la incorporación de México al GATT, se diferenció de la de 1983-1985 en que dejó de sacrificar el crecimiento económico para lograr el ajuste interno y externo.[103] Las autoridades económicas mexicanas, con la aprobación de los acreedores extranjeros, relajaron moderadamente la política monetaria con objetivo de mantener el tipo de cambio subvaluado y abrir espacio para el crecimiento en el corto plazo. Esta política, coordinada en el Plan de Aliento y Crecimiento (PAC), si bien ayudó a generar exportaciones netas positivas, tuvo el obvio inconveniente de ser inflacionaria. Con ello las expectativas inflacionarias también subieron, motivando a los agentes económicos del país a ajustar sus precios hoy con el

[103] Esta era la idea detrás del Plan Baker, que adoptó la proposición de México de permitir el crecimiento económico para pagar la deuda externa, y también para reducir las probabilidades de perturbaciones sociales.

fin de conservar igual su poder adquisitivo el mes próximo, creando un canal adicional para el aumento de la inflación. En consecuencia, en 1987 los mexicanos se encontraron en un círculo vicioso, enfrentados por primera vez a la posibilidad de que la tasa de inflación sobrepasara el 150 por ciento.

Las alternativas para lidiar con este problema eran pocas. Las políticas fiscal y monetaria ya habían sido asignadas a propósitos específicos (reducción del déficit fiscal y persecución de un tipo de cambio competitivo); cambiarlas implicaría violar los términos del PAC y perder la confianza de los inverionistas y acreedores. Debido a esta limitante, los funcionarios gubernamentales trataron de controlar la tasa de inflación intentando cambiar las expectativas inflacionarias a través de medios no monetarios: reduciendo más todavía las barreras comerciales. Además de sus implicaciones sobre la credibilidad y el manejo de la política macroeconómica, con esta medida esperaban establecer un límite superior (el precio internacional) a los precios internos, lo cual era hasta entonces más una posibilidad teórica que un hecho comprobado. Así, aceleraron cinco meses las medidas de liberalización comercial proyectadas, eliminando el 20 de julio los precios oficiales en 528 fracciones arancelarias y suprimiendo 72 licencias. El 75% de los precios oficiales eliminados correspondieron a productos intermedios en las industrias alimenticia, textil, de la madera, del papel, química y siderúrgica, mientras que 17% se redujo en bienes de capital.

Evidentemente, esta liberalización sorpresiva generó fuertes protestas en el sector privado, especialmente en la dirigencia de las dos principales cámaras industriales, Canacintra y Concamin. Los representantes de dichas cámaras se quejaron de que el gobierno, como lo hizo en el lanzamiento del programa de liberalización, violó tanto los plazos fijados para la racionalización de la protección como el compromiso de suspender las liberalizaciones sorpresivas. Tenían razón, y probablemente los funcionarios de la Secretaría de Comercio habrían respetado sus compromisos, pero los funcionarios de la Secretaría de Hacienda y el Banco Central ya habían afirmado su influencia en el Gabinete Económico y estaban dictando los grandes lineamientos de la política económica, incluyendo la velocidad de aplicación de las reformas.[104] Cuando los productores más afectados reclamaron aumentos de los aranceles en 133 fraccio-

[104] Entrevistas (ciudad de México, 1994 y 1995).

nes arancelarias, que representaban 0.3% del total de las importaciones, el gobierno accedió sólo a algunos de esos reclamos, aumentando los aranceles en 22 de las 72 categorías en donde se eliminaron las licencias, entre ellas productos químicos y acero.

Los acontecimientos de los meses siguientes mostraron la insuficiencia de la liberalización comercial de julio para cambiar las expectativas del sector privado acerca de la economía mexicana. Además de que la tasa de inflación —alrededor de 8% mensual— no se desaceleró (y rara vez las inflaciones altas se curan sólo con liberalizaciones), el 1 de octubre las bolsas de valores del mundo se derrumbaron, arrastrando consigo a la bolsa mexicana y generando un fuerte sentimiento de incertidumbre sobre el destino del programa de estabilización de México. Los inversionistas empezaron a deshacerse de los pesos mexicanos, presionando las reservas de divisas del Banco Central y generando expectativas de una fuerte devaluación.

Frente a este problema, el Gabinete Económico del presidente De la Madrid debió decidir entre devaluar abruptamente y arriesgar un incremento todavía mayor en la inflación, o utilizar reservas internacionales para mantener la política cambiaria establecida antes del *shock* de la bolsa. Su respuesta durante el mes siguiente consistió en evitar devaluar el peso y, en cambio, liberalizar más fracciones arancelarias —225 fracciones, o 1.6% de las importaciones— sin hacer ajustes significativos en otros instrumentos macroeconómicos. Sin embargo, la velocidad con que disminuyeron las reservas del Banco Central demostró la insostenibilidad de este enfoque y así, para evitar repetir errores anteriores y para proteger los compromisos contraídos por el gobierno con el FMI y con banqueros comerciales extranjeros, el 18 de noviembre los asesores económicos del presidente De la Madrid decidieron devaluar el peso 32%.[105] Fue la primera devaluación en la historia reciente de México efectuada con un nivel récord de reservas internacionales, una clara señal de la intención del gobierno de protegerlas.

La devaluación planteó un fuerte problema político. Esencialmente, anunció más inflación y más austeridad económica en un momento en que el PRI acababa de dividirse (por razones descritas en el capítulo VIII) y la campaña electoral apenas empezaba. Era sumamente desfavorable para el PRI llegar a las elecciones con ingresos

[105] *Excélsior*, 22 de julio de 1987.

decrecientes (el salario real ya había caído alrededor de 46% entre 1982 y 1987).[106] Los dirigentes sindicales, en especial los de la CTM, comprendieron esto perfectamente. Tenían ahora una oportunidad para fortalecer su poder de negociación con el gobierno, recuperar parte del ingreso perdido y reafirmar su liderazgo ante los trabajadores sindicalizados. Así, la dirigencia del sector laboral del PRI, el CT, presentó su reacción a la devaluación del 23 de noviembre pidiendo un aumento de 46% de los salarios nominales. La administración De la Madrid se negó de inmediato a conceder la petición de los trabajadores, temiendo anular el efecto esperado de la devaluación.

Como no ocurrió la revisión salarial, el 1 de diciembre el líder de la CTM y el CT en su conjunto llamaron a una huelga nacional que debía iniciarse el 15 de diciembre. Al día siguiente, después de una reunión privada de funcionarios gubernamentales, dirigentes empresariales y líderes sindicales para hallar una solución a la demanda salarial, Fidel Velázquez resolvió postergar la huelga nacional hasta el 18 de diciembre.

El 4 de diciembre el gobierno intentó apaciguar a los trabajadores estableciendo precios controlados para los alimentos básicos y reduciendo los aranceles para esos bienes, pero eso no logró traer la calma ni obtuvo el apoyo de los dirigentes sindicales. Para el 8 de diciembre el CT había amenazado con la huelga a 42 000 empresas. Un día después el número de empresas amenazadas llegó a cien mil. Mientras tanto Coparmex, Concanaco, CEE, Concamin y Canacintra objetaron al control de precios, observando que era "incongruente" con la liberalización comercial. Como los emplazamientos a huelga se acumularon, el gobierno aceptó negociar con el CT una salida del problema salarial. El secretario de Programación y Presupuesto y el secretario del Trabajo pidieron a los dirigentes del CT que esperaran hasta el 15 de diciembre para la propuesta de una solución.

Para el 15 de diciembre el gobierno acordó con representantes de los sectores empresarial, sindical y agrícola la firma de un "Pacto de Solidaridad Económica" (PSE) que tenía dos aspectos novedosos: era el primer programa de estabilización (semi) heterodoxo de México e incluía el compromiso explícito de las cámaras industriales de no aumentar los precios, de los sindicatos de no solicitar aumentos de salarios y del gobierno de reducir el déficit fiscal. Un concepto central del Pacto fue que la inercia de expectativas estaba alimentando

[106] Así el tipo de cambio saltó de 1 713 a 2 270 pesos por dólar.

la inflación, lo cual condujo a la idea de reducir aún más barreras comerciales y utilizar el tipo de cambio como un ancla nominal. Por ello los signatarios del Pacto aceptaron reducir aún más las barreras arancelarias, fijando el arancel máximo en 20%, admitiendo cinco niveles arancelarios (0, 5, 10, 15 y 20%), con más protección para los productos más elaborados y eliminando el recargo uniforme de 5% a las importaciones.

Esos ajustes aceleraron por lo menos diez meses el paso programado de las reducciones arancelarias, considerando que el cronograma inicial contemplaba fijar el arancel máximo en 30% para octubre de 1988. Sin embargo, se respetó el compromiso de racionalizar la estructura de la protección. Con estas medidas prácticamente terminaron las reformas comerciales de la administración De la Madrid.

¿Por qué adoptar el enfoque heterodoxo en 1987 y no antes? El examen realizado hasta aquí ha mostrado que los funcionarios gubernamentales fueron guiados hasta ese punto por las circunstancias, por su aprendizaje acerca de los determinantes del problema económico en turno, por las presiones políticas y por cierta ineludible necesidad de improvisar. Pero podemos señalar otras dos razones. Desde el punto de vista económico, como sostuvieron funcionarios del gobierno,[107] porque la experiencia de programas similares en otros países (Argentina, Brasil, Israel) había demostrado que fracasaron debido al bajo nivel de reservas en divisas y el elevado déficit fiscal con el que se lanzaron. Esos dos factores, unidos a un tipo de cambio fijo y a la inercia inflacionaria, trabajaron para complicar el manejo de la cuenta corriente, pues no había reservas suficientas para amortiguar los efectos del aumento de las importaciones que se produciría en cuanto el tipo de cambio empezara a apreciarse. Por lo tanto, los funcionarios mexicanos buscaron evitar estos problemas esperando hasta tener controlado el déficit fiscal y acumular suficientes reservas en divisas. Pero también dominó una razón política esencial: como ya se ha dicho, la campaña presidencial acababa de comenzar en octubre, con la designación de Carlos Salinas de Gortari como candidato del PRI. Fijar el tipo de cambio y congelar los precios de los alimentos básicos antes de las elecciones del verano de 1988 trajo algún alivio al importante —y dividido— sector laboral del PRI. La incorporación de los dirigentes sindicales sirvió para cerrar filas rumbo al proceso electoral de verano.

107 Por ejemplo, Aspe (1993).

VII.5. CONCLUSIÓN

Este capítulo mostró cómo las presiones internas desempeñaron un papel importante tanto en la decisión de liberalizar la economía mexicana como en su instrumentación. Estas presiones derivaron de cambios en los mercados financieros y comerciales internacionales que limitaron a los niveles de subsidios y de protección que el gobierno mexicano podría proporcionar a los productores nacionales. En respuesta a esta nueva situación, causante de una declinación en los ingresos de la mayoría de los propietarios de factores específicos, el sector orientado hacia la exportación y el sector en competencia con las importaciones empezaron a presionar al gobierno para que ajustara la política comercial en su favor. Como era de esperar, de acuerdo con la hipótesis de este estudio, las preferencias de los sectores orientados hacia la exportación, relativamente más concentrados, prevalecieron sobre las de los sectores en competencia con las importaciones, relativamente más dispersos.

Esta propuesta explicativa no resuelve el problema de un resultado sobre determinado (muchas variables potencialmente explicativas de la liberalización comercial cambiaron simultáneamente), pero sirve para señalar la debilidad de muchas otras interpretaciones que atribuyen las decisiones de política comercial sólo al gobierno de México o a la presión de actores extranjeros. La discrecionalidad del gobierno y sus tecnócratas no fue de ningún modo ilimitada, la presión de los banqueros extranjeros no tuvo éxito en todos los casos, y los agentes nacionales no siempre consiguieron lo que desearon durante el periodo 1983-1988.

Podemos destacar una serie de diferencias entre las circunstancias en que se hicieron la liberalización y las decisiones sobre el GATT de 1980 y 1985:

Desempeño comercial mexicano

1) En 1979-1980 el mercado interno estaba en expansión, mientras que en 1985-1986 estaba contrayéndose. El crecimiento promedio de la producción en 1979-1980 fue de 8%; en 1985-1986 de –0.4%. Esta vez la fuente de la expansión de la demanda fue el mercado externo de manufacturas. En 1979-1980 el crecimiento promedio de las exportaciones de manufacturas fue de 10.4%, muy por debajo de 37.9% del crecimiento del total de las exportaciones. En 1985-1986 el crecimiento de las exportaciones manufactureras alcanzó 30.4%, muy superior al crecimiento total *negativo* de las exportaciones, de 28.4 por ciento.

2) En 1979-1980, México era principalmente un país exportador de petróleo, mientras que en 1985-1986 se convirtió en exportador de manufacturas. Las exportaciones de petróleo de México representaron casi 70% del total de las exportaciones en 1979-1980, mientras que las exportaciones de manufacturas cubrían apenas 19.5%; en 1986 las exportaciones de petróleo representaron menos de 40% y las de manufacturas 56.4 por ciento.

3) La orientación hacia la exportación de los manufactureros mexicanos aumentó entre 1980 y 1985. En 1980 la proporción exportación-producción del sector manufacturero era de 3.63%; en 1985 aumentó a 5.74% y en 1986 llegó a 8.4%. Ese aumento de la orientación hacia la exportación fue impulsado sobre todo por 17 sectores exportadores principales, cuya proporción exportación-producción casi se triplicó, de 5.9% en 1980 a 13.9% en 1985. La penetración de importaciones declinó entre 1980 y 1985. En 1980 la parte de las importaciones en la oferta interna de manufacturas era de 13.27%; en 1985 declinó a 9.62 por ciento.

4) En 1980 el peso mexicano estaba sobrevaluado; al término de 1985, cuando México decidió ingresar al GATT, el peso estaba subvaluado, lo que daba más protección a los productos nacionales.

Comercio y relaciones financieras de México

5) En marzo de 1980 México todavía no había experimentado ningún costo significativo por estar fuera del GATT; los Estados Unidos no habían sancionado a México con derechos compensatorios; en 1985 se habían iniciado por lo menos 26 investigaciones por comercio desleal.

6) En 1980 México utilizaba subsidios incompatibles con las reglas del GATT; en 1985 los eliminó.

7) En 1980 el porcentaje de las importaciones mexicanas cubiertas por licencias era de 60%, por encima de lo generalmente aprobado por los miembros del GATT; en 1985 era de 30.9%, más cerca de las reglas del GATT.

8) En 1980 México no necesitaba asistencia del Fondo Monetario Internacional (no había crisis de la deuda): en 1985 y 1986 la ayuda del FMI era indispensable. Esta ayuda fue condicionada a reformas comerciales que, aunque no incluían expresamente el ingreso al GATT, eventualmente hicieron el régimen comercial mexicano compatible con las reglas del GATT.

Política mexicana

9) En 1979 el gobierno mexicano tomó la iniciativa de proponer el ingreso, y el sector privado del país respondió pasivamente; en 1985 los exportadores mexicanos propusieron el ingreso junto con el gobierno.

10) En 1979 la coalición proGATT del sector privado no mostró un apoyo inequívoco al ingreso; en 1985 no dejó duda de su preferencia por ingresar al GATT.

11) En 1979 la coalición antiGATT fue mayor y estaba bien organizada; en 1985 estaba dividida y fue menos capaz de movilizarse para la acción colectiva. A diferencia de lo ocurrido en el debate sobre el GATT de 1979, en 1985 Canacintra estuvo básicamente sola, y los sindicatos estaban divididos.

12) En 1980 el Gabinete Económico de México tenía menos cohesión que en 1985. Por lo tanto, en 1985 el gobierno resolvió su propio problema de acción colectiva.

13) En 1980 el gobierno de México realizó consultas sobre el ingreso al GATT *fuera* del Senado controlado por el PRI y *después* que el Protocolo ya había sido negociado; en 1985 éstas se llevaron a cabo a puerta cerrada *dentro* del Senado controlado por el PRI y *antes* de que se iniciaran las negociaciones. Así, en 1985 la ignorancia por el sector privado de los términos reales de la negociación contribuyó a ganar apoyo para el ingreso, puesto que los empresarios tuvieron que tomar posición con base en los principios antes que en las cláusulas específicas de un Protocolo de Ingreso.

Estas diferencias muestran que el ambiente interno y externo de México cambió notablemente entre 1980 y 1985. Por lo tanto, no es sorprendente que para explicar el ingreso al GATT se hayan empleado argumentos basados en cambios sistémicos, presiones internacionales o preferencias gubernamentales. Sin embargo, este capítulo demuestra que la decisión de ingresar al GATT fue un asunto de política interna. La presión internacional complementó el impulso interno a reformar la política comercial y llevó a México más cerca del GATT, pero antes que se resolviera el ingreso muchos agentes económicos mexicanos, especialmente empresas orientadas hacia la exportación, acreedores extranjeros y cámaras de comercio asociadas con ellos cabildearon en favor de esa medida. Al principio de este capítulo postulé que ese esfuerzo de cabildeo fue resultado del reducido valor que los agentes del sector privado asignaban al régimen comercial de México fuera del GATT.

APÉNDICE

¿COMPITEN LAS INDUSTRIAS ENTRE SÍ?

Una forma de analizar el patrón de coaliciones entre capital y trabajadores en diversas industrias en torno a la política comercial es explorar las declaraciones de los sindicatos y las cámaras de comercio. Si el capital y los trabajadores de una industria expresan la misma posición acerca de la política comercial, y si ese patrón se repite en la mayoría de las industrias, entonces la acción política puede seguir las líneas de una demarcación HOS.

La falta de datos hace que sea difícil explorar este problema en forma sistemática, por lo menos como lo hace Magee (1978). Las tres pruebas de Magee para el modelo Stolper-Samuelson se basan en una codificación de las posiciones adoptadas por representantes del capital y del trabajo en sus declaraciones ante el Congreso de los Estados Unidos. En una prueba simple, Magee comparó esas posiciones y observó que en la mayoría de los casos el trabajo y el capital de una industria determinada tienden a favorecer el mismo tipo de política comercial.

Este tipo de prueba es difícil de aplicar a los datos de México. Existen pocos registros de posiciones de este tipo, y cuando existen todavía presentan dificultades para la realización de estudios analíticos. Por ejemplo, quizá el único registro existente en un cuerpo legislativo de las preferencias de capital y trabajadores mexicanos en materia de política comercial es el de las audiencias del Senado sobre el ingreso al GATT celebradas en 1985, pero sólo dos sindicatos y 13 cámaras de comercio presentaron sus posiciones políticas. Sin embargo a pesar de esas limitaciones es posible descubrir algo sobre las coaliciones políticas posibles.

Las actas de las sesiones del Senado sobre el GATT incluyen 29 testimonios: dos de sindicatos, trece de cámaras de comercio y siete de instituciones académicas. Las posiciones sobre la política comercial pueden verse en el cuadro A.1. Como lo revela ese cuadro, quince declaraciones presentaron argumentos en favor del ingreso al GATT, siete estaban en contra y ocho se mantuvieron neutrales o indecisos. El hecho de que el sector de los trabajadores, representado por la CROC o la CTM, no haya presentado un frente unido, hace pensar que la competencia por la definición de la política comercial se da entre las industrias más que entre las clases sociales. La alianza entre la Canacintra y la CTM, es decir, entre una cámara de empresarios y una confederación de sindicatos, también da idea de una asociación entre el capital y el trabajo. Por último, y nada sorprendente, el sector más dividido es el industrial, que es el que tendría la mayor proporción de ganadores y perdedores como consecuencia del ingreso al GATT: hubo cuatro cámaras a favor, dos en contra y dos indecisas. Es importante observar que estuvieron en favor las industrias química, siderúrgica, farmacéutica y de bienes de capital, porque como se verá en el capítulo VI, esas fueron las industrias que más sufrieron las consecuencias cuando México no ingresó al GATT en 1980. Estas observaciones sugieren que la división entre las coaliciones en torno a la política comercial se define por los intereses de la industria antes que por la clase social.

CUADRO A.1. *Posiciones de cámaras comerciales e industriales, sindicatos y académicos mexicanos en las consultas sobre el ingreso al GATT*

Representantes de:	*Posición sobre el GATT* Sí	No	Neutral
Cámaras industriales nacionales y regionales			
Concamin (cúpula, industrias nacionales)			X
Canacintra (nacional, manufacturas)		X	
Caintra (regional, manufacturas, Nuevo León)	X		
Asocindmex (regional, manufacturas, Estado de México)	X		
Canacintra-Juárez (regional, industria maquiladora)	X		
Cámaras de industrias			
Canatextil (textil)	X		
Canamel (eléctrica)	X		
CCIBC (bienes de capital)	X		
Ccmetal Mecánico (maquinaria)			X
ANIA (automovilística)			X

CUADRO A.1. *(Continuación)*

Representantes de:	*Posición sobre el* GATT *Sí*	*No*	*Neutral*
ANIQ (química)	X		
Canafarma (farmacéutica)	X		
Canacero (siderúrgica)	X		
Cámaras comerciales			
Concanaco (comercio)	X		
Conacex (comercio exterior)	X		
ANIERM (importadores y exportadores)	X		
Cámaras empresariales cúpula			
CCE (cúpula, cámara empresarial)	X		
CEMAI (asuntos internacionales, CCE)	X		
Trabajadores			
CROC	X		
CTM		X	
Académicos			
IPN		X	
CIDE			X
Colmex	X		
UNAM		X	
ITAM	X		
Otros			
CNE		X	
LER (economistas)	X		
Imecca (Instituto Mexicano de Control de Calidad del Aire)			X
UMAI (ingenieros)			X
Bancomext (Banco Nacional de Comercio Exterior)			X

FUENTE: Preparado a partir del informe de las consultas sobre el GATT en el Senado de la República (1985).

VIII. LA CONSOLIDACIÓN DE LA LIBERACIÓN COMERCIAL, 1989-1994

LOS DETERMINANTES de la institucionalización de la liberalización comercial mexicana guardan estrecha relación con la decisión del gobierno mexicano de negociar el Tratado de Libre Comercio de América del Norte (TLC). Este capítulo los explora en relación con el proceso de desarrollo de la política comercial presentado en los capítulos anteriores.

Las explicaciones de la decisión de negociar el TLC enfatizan su papel como acción estratégica para: *1)* evitar perder inversiones extranjeras frente a Europa Oriental que, después de la caída del muro de Berlín, surgía como un nuevo competidor por el capital mundial; *2)* contrarrestar el proteccionismo estadunidense, puesto que cerca de 70% de las exportaciones de México se concentraban en el mercado de los Estados Unidos; *3)* evitar los efectos de desviación comercial de los acuerdos comerciales regionales, en particular del Tratado de Libre Comercio entre los Estados Unidos y Canadá; *4)* aprovechar los beneficios de la globalización de la producción; y *5)* formalizar el proceso de integración de las economías mexicana y estadunidense. Los ejemplos de estas opiniones abundan. Los lectores quizá deseen consultar, por ejemplo, a Weintraub (1991) o Lustig (1992), o bien trabajos de funcionarios comerciales mexicanos, como Blanco (1994). En esas versiones la política interna desempeña un papel secundario en este proceso de consolidación de la reforma comercial (con excepción de Weintraub, quien señala la creciente influencia de los sectores exportadores).

Los argumentos que exploran la importancia de la política interna tienden a concentrarse en el papel de las preferencias del presidente o del gobierno (por ejemplo, Poitras y Robinson, 1994; Heredia, 1994), o sugieren variantes de esa visión centrada en el Estado (Pastor y Wise, 1994). Las conclusiones a que llegan más comúnmente los estudios de esta índole son de dos tipos. El primero afirma que el grupo de tecnócratas a cargo del gobierno mexicano durante ese periodo tomó la iniciativa de proponer el acuerdo, y persuadió de sus virtudes a gran parte de los mexicanos señalando los puntos estratégicos antes mencionados y asociando la liberalización comercial con la estabilización económica. Las conclusiones del segundo tipo sugieren que la ausencia de competencia en el sistema político mexicano, unida al relativo aislamiento de presiones políticas de los tecnócratas, permitieron a la administración Salinas negociar y llevar a la práctica un acuerdo que contrastaba con las preferencias de la mayoría de los mexicanos en materia de política comercial.

Por razones que quedarán más claras en el texto principal de este capítulo, mi interpretación de la información sobre la decisión referente al TLC difiere un tanto de las perspectivas descritas más arriba. No niego en modo alguno la importancia de la agenda estratégica involucrada en esa decisión, pero sí cuestiono la sabiduría convencional que sostiene que ese programa fue definido por el gobierno de México y después "vendido" o *impuesto* a los mexicanos, como si los intereses del sector privado del país fuesen marginales o de importancia secundaria.

La principal razón de mi crítica es que la información existente no establece con claridad que los productores mexicanos, quienes sufrirían las consecuencias distributivas de la aplicación del TLC, optaron por ajustarse pasivamente a la propuesta del gobierno. Los datos históricos presentados en los capítulos precedentes me llevan a esperar otro tipo de comportamiento de los productores nacionales. Si en los años setenta y ochenta presionaron al gobierno mexicano para desplazar en su propio beneficio los precios relativos, como he mostrado en capítulos anteriores, no hay razón para suponer que en los noventa actuaron de manera diferente. Además, considerando que el TLC fue una decisión favorable a los sectores orientados hacia la exportación, debemos preguntarnos si los grupos de interés asociados con ellos pidieron la negociación de un acuerdo de ese tipo antes o al mismo tiempo que el gobierno, y cómo o por qué los grupos en competencia con las importaciones no lograron persuadir al gobierno de abstenerse de negociar el acuerdo cuando la negociación se hizo pública. Por lo tanto, desde mi punto de vista existen elementos para suponer que detrás de la decisión de negociar el TLC operaron también fuerzas poderosas impulsadas por la demanda de políticas comerciales, las cuales debemos considerar si queremos mejorar nuestra comprensión del tema.

Los aspectos específicos de mi argumentación se presentan con más detalle en la sección VIII.1. Las secciones VIII.2 a VIII.4 exploran la correspondencia entre mis expectativas y los acontecimientos observados. La sección VIII.2 indaga las fuentes principales de la demanda del TLC. La sección VIII.3 se concentra en el lado de la oferta, es decir, las preferencias del gobierno y su interpretación de las presiones sectoriales. La sección VIII.4 es más descriptiva y examina problemas relacionados con la política interna del TLC. La sección VIII.5 cierra el capítulo con conclusiones.

VIII.1. El argumento

Razones para sospechar que los demandantes de política comercial tuvieron fuertes motivos para impulsar la negociación del TLC antes de que el gobierno la propusiera pueden encontrarse en el ambiente de incertidumbre económica y política predominante durante 1988, el último año de las reformas comerciales de la administración De la Madrid. Como se explica en la sección VIII.2, durante ese año predominó la incertidumbre acerca del futuro nivel de los precios relativos y de la protección relativa, lo cual implicaba también incertidumbre sobre los futuros efectos redistributivos de la interferencia gubernamental en las actividades de mercado. Los inversionistas y el público en general se preguntaban si el empeoramiento de la cuenta corriente podría conducir al gobierno a revertir las reformas comerciales, y si existían flujos de capital suficientes para apoyar el programa de ajuste diseñado a fines de 1987. Asimismo, se preguntaban si las crecientes presiones políticas de grupos nacionalistas podrían persuadir al gobierno de México de modificar la estrategia económica emprendida en 1985.

Estas dudas eran pertinentes, especialmente si se considera que el último año de las dos administraciones anteriores —de los presidentes Echeverría y López Portillo—fue un periodo de agitación económica y política que culminó con el abandono de la reforma comercial. Los problemas económicos de esas administraciones recorrían un ciclo conocido: a medida que se acercaban las elecciones presidenciales, el gobierno adoptó políticas fiscales y monetarias expansionistas, fomentando la inflación y la apreciación del tipo de cambio real. Esos efectos a su vez provocaron un considerable aumento de las importaciones, pérdida de reservas, fuga de capitales y una crisis de la balanza de pagos. Para enfrentar esa crisis las autoridades económicas de esas administraciones devaluaron la moneda, impusieron el control cambiario, aumentaron los impuestos, expropiaron propiedades del sector privado y aumentaron las barreras comerciales. Esas experiencias resultaron costosas para los sectores orientados hacia la exportación y negativas para las actividades económicas en general.

Ahora que la administración de De la Madrid entraba en su último año existía la posibilidad de que se produjera un ciclo semejante, aunque dos elementos de esa cadena de acontecimientos —el elevado déficit fiscal y las expropiaciones— parecían mucho menos probables. La posibilidad de una repetición de ese ciclo no era trivial porque, primero, la nueva estrategia económica para 1988 —el PSE— se apoyaba en el tipo de cambio como ancla nominal y, a pesar de la presencia de controles de los aumentos de precios y salarios, y de los esfuerzos por reducir el déficit fiscal, la inflación seguía erosionando la devaluación real ocurrida a fines de 1987. La combinación de un tipo de cambio real en proceso de apreciación, un crecimiento moderado y las barreras comerciales más bajas que los mexicanos enfrentaron en décadas, inevitablemente presionaría a la cuenta corriente. Un deterioro sustancial de esta última pondría en peligro el esfuerzo de ajuste económico, forzando al gobierno ya sea a renunciar a su política de tipo de cambio fijo, a contraer la política monetaria y fiscal, o bien, a aumentar los aranceles (presumiblemente las licencias de importación estaban excluidas, en vista del ingreso de México al GATT).

La segunda razón para temer un abandono de la reforma comercial era que una cuenta corriente en deterioro, impulsada por importaciones cada vez mayores, contribuía al desarrollo de un fuerte movimiento de oposición a las reformas comerciales (y a la reforma estructural en general), y era de esperar que éste aumentara con el avance de la campaña presidencial de 1988. De hecho, esta campaña en contra de la liberalización fue encabezada por la mayoría de las industrias en competencia con las importaciones, para las cuales el efecto más tangible de las reformas comerciales de 1985-1988 fue una declinación de su protección relativa (precios relativos). Un gobierno interesado en no perder votos o en reducir protestas potencialmente desestabilizadoras podría tener incentivos para retardar o cancelar partes del proceso de liberalización. En esas circunstancias de incertidumbre económica y política, por lo tanto, distaba de ser evidente que el gobierno mexicano jugaría la "carta de la continuidad" de la política económica en defensa de las reformas comerciales.

Este capítulo muestra que los sectores orientados hacia la exportación respondieron a este ambiente económico incierto y a la creciente presión de los sectores proteccionistas pidiendo tanto políticas económicas como cambios institucionales que limitaran la capacidad del gobierno para abandonar las reformas comerciales (o, alternativamente, que aseguraran la permanencia del nuevo conjunto de precios relativos traído por la liberalización comercial). Entre estas demandas políticas de los exportadores se incluían: *1)* la conducción de una política macroeconómica conservadora para evitar el deterioro de la cuenta corriente y la tentación de recurrir a medidas proteccionistas para controlarlo; y *2)* la negociación del TLC, para institucionalizar el desmantelamiento del aparato proteccionista, llevar al gobierno a establecer un conjunto más estable de reglas económicas para la inversión e impulsar el acceso seguro de las exportaciones mexicanas al mercado estadunidense. Estas demandas contaron con el respaldo de empresas multinacionales y de acreedores extranjeros.

Una nota importante antes de continuar: mi objetivo en las líneas siguientes *no* es probar que las presiones de los grupos de interés *por sí solas* determinaron la decisión de negociar el TLC (cosa que no creo). Más bien sugiero que el sector privado mexicano desempeñó un papel nada trivial en este proceso, que se comportó de manera consistente con mis expectativas teóricas, y que el programa de libre comercio del gobierno, en particular la negociación del TLC, también se originó en demandas del sector privado. En otras palabras, me interesa demostrar que la institucionalización del comercio más libre en México fue una decisión no sólo impulsada por los oferentes de políticas públicas, sino también basada en demandas sectoriales nacionales.

VIII.2. FUENTES DEL TLC: LA DEMANDA

En 1989, los exportadores manufactureros mexicanos, incluyendo a las multinacionales, empezaron a pedir más enérgicamente la negociación de un acuerdo amplio de libre comercio con los Estados Unidos. El origen de esas demandas puede encontrarse en cuatro factores: la inestabilidad macroeconómica, la delineación incierta de los derechos de propiedad (leyes imprecisas sobre la inversión extranjera y regulaciones internas poco claras), las crecientes presiones de grupos proteccionistas mexicanos y el proteccionismo estadunidense. Estos cuatro factores crearon un ambiente de incertidumbre que afectó en forma adversa la futura realización de ingresos por exportaciones, que con las lentas tasas de crecimiento del mercado mexicano constituían un gran porcentaje de los ingresos de las empresas mexicanas grandes y de las multinacionales. En esta sección se explica por qué estos factores fueron significativos en la generación de la demanda de institucionalización de las reformas comerciales.

VIII.2.1. *Las demandas de los grupos de exportadores*

Los analistas de la decisión del gobierno de México en 1990 de negociar el TLC tienden a pasar por alto un factor importante sobre acontecimientos anteriores dentro de México: en febrero de 1989, más de un año antes de que el presidente Salinas hablara en favor de negociar un acuerdo de libre comercio con los Estados Unidos, la asociación empresarial representante de la élite de los intereses exportadores mexicanos, asociada con inversionistas mexicanos y estadunidenses, CEMAI (la sección de asuntos exteriores de la principal cámara empresarial, el CCE), le pidió la negociación de un acuerdo de ese tipo. La petición de la asociación se basó en el argumento de que el Tratado de Libre Comercio entre los Estados Unidos y Canadá, puesto en vigor poco antes,[1] amenazaba con desviar comercio e inversiones fuera de México.[2] Para los líderes del CEMAI la negociación de un acuerdo de libre comercio similar con los Estados Unidos y la suavización de las leyes sobre inversiones extranjeras ayudarían a evitar ese resultado, mejorando las oportunidades para los negocios en México.

En respuesta, el presidente Salinas *rechazó* categóricamente la propuesta, afirmando que México no se incorporaría a ningún bloque económico, sino que continuaría realizando negociaciones comerciales para asegurar a los productos mexicanos el acceso a mercados extranjeros. Aparentemente su posición se basaba en una

[1] El USCFTA se firmó en 1988 y entró en vigor el 1 de enero de 1989.

[2] Véase *Excélsior*, 8 de febrero de 1989. Otros empresarios compartían la misma opinión: una encuesta realizada durante la primera mitad de 1989 reveló que 64 de 100 manufactureros mexicanos estaban en favor de la negociación de un acuerdo de libre comercio con los Estados Unidos. Véase Gustavo del Castillo (1989).

perspectiva similar a la expresada durante 1988 tanto por Salinas como candidato presidencial como por el presidente De la Madrid: la economía mexicana no había alcanzado un nivel de estabilidad ni de desarrollo comparables a los de los Estados Unidos. Sin embargo, les reiteró su intención de mantener las reformas comerciales y fomentar la inversión, como lo afirmó algunos días antes en reunión con los importadores y exportadores de ANIERM,[3] y como lo enunció durante su campaña.[4] A comienzos de 1989, ya se había desarrollado una *demanda* del TLC, pero los funcionarios gubernamentales todavía no habían llegado a una decisión al respecto.

La posición del CEMAI no se limitó al tema de la desviación del comercio. De hecho, coincidía con la del CEMEU, la asociación binacional de prominentes empresarios mexicanos y estadunidenses que apenas un año antes, a pesar de la liberalización comercial, el ingreso al GATT y la firma del Acuerdo Marco con los Estados Unidos, todavía tenía dudas sobre la continuidad de la política económica mexicana. En un documento donde resumió su evaluación de la situación presente, esta asociación reiteró la posición expresada por la coalición partidaria del libre comercio en México desde el inicio de la crisis de 1982:

> La confianza atrae capital. La confianza del inversionista está basada en expectativas confiables y satisfactorias sobre el medio empresarial. En México, la incertidumbre en materia jurídica reduce el nivel de confianza e inhibe las inversiones a largo plazo.
>
> Las frecuentes enmiendas de las leyes y reglamentos mexicanos que afectan el comercio y la inversión provocan una grave falta de confianza en los inversionistas privados. En México, el orden jurídico y las instituciones que lo sustentan deben ser reforzadas y tener durabilidad y estabilidad. De primordial importancia son *1) la disminución de la autoridad discrecional del gobierno en lo que respecta a la inversión privada, el comercio y las operaciones de la empresa productiva*, y *2)* el aumento de los derechos que la ley confiere a los inversionistas. El objetivo del gobierno mexicano debería ser reducir el alcance de la reglamentación de la economía privada [...] En México, los amplios poderes discrecionales del gobierno obstaculizan la buena gestión económica. La economía privada se sentirá en peligro hasta que sea manifiesto que hay un com-

[3] Véase *El Financiero*, 4 de febrero de 1989.

[4] Véase, por ejemplo, sus palabras en *Excélsior* y *El Financiero*, 10 de febrero de 1988. Véase también el discurso en el que esbozó sus objetivos para la política económica (Partido Revolucionario Institucional, 1988).

promiso a largo plazo para liberar las principales partes de la economía de la administración y reglamentación excesiva del gobierno...[5]

Para resolver algunos de esos problemas, el CEMEU sugirió aplicar políticas fiscales y monetarias que estimularan el ahorro y contuvieran las presiones inflacionarias; políticas cambiarias que contribuyeran a apoyar las exportaciones mexicanas; el mantenimiento de la libertad de precios donde se había establecido: la reforma del sistema fiscal, la reforma de la legislación sobre la propiedad intelectual y la reforma de la ley sobre inversiones extranjeras. Significativamente, el CEMEU también sugirió la "negociación de una liberalización recíproca del comercio" entre México y los Estados Unidos:

> La adhesión de México y Estados Unidos a los *principios del libre comercio* contribuirá a crear la *confianza indispensable* para la inversión privada directa a largo plazo en fábricas modernas... [El CEMEU recomienda que] se estudie cuidadosamente el convenio comercial celebrado entre los Estados Unidos y Canadá puesto que dicho convenio, junto con el convenio bilateral entre los Estados Unidos y México, constituirá la base para aumentar el volumen del comercio y las inversiones entre Canadá, los Estados Unidos y México. Esta futura relación trilateral fortalecerá la competitividad de América del Norte en una era de mercados globales.[6]

Al año siguiente, en marzo y junio de 1989, los prominentes miembros del CEMEU, en su mayoría presidentes de grandes empresas mexicanas y multinacionales, propusieron opciones específicas para liberalizar el comercio y las inversiones entre México y los Estados Unidos, incluyendo acuerdos de comercio e inversión tanto limitados como ampliados.[7]

[5] *Mexico-U.S. Business Committee* (1987), p. 9, 10 y 11; subrayado mío. Obsérvese que se trata de una ampliación de los conceptos ya adelantados antes por Coparmex y el CCE, en particular. Véase el capítulo VI de este estudio.

[6] *Mexico-U.S. Business Committee* (1987), p. 15 y 16; subrayado mío.

[7] Véase *Mexico-United States Business Committee* (1989a, 1989b). Recuérdese que entre los nombres más prominentes de los miembros del CEMEU están los de Agustín Legorreta, entonces presidente del CCE, presidente de la mayor empresa de banca de inversiones del país (Inverlat) y ex propietario del banco más grande de México (Banamex); las cabezas del "Grupo Monterrey", incluyendo a Bernardo Garza Sada (Alfa), Eugenio Garza Lagüera (Visa), Andrés Marcelo Sada (Cydsa; ex presidente de Coparmex), Alejandro Garza Lagüera (La Moderna), Eugenio Clariond Reyes (Imsa), Alberto Santos de Hoyos (Gamesa), Jorge Chapa (Valores

Las preocupaciones de este grupo de inversionistas y exportadores, también agrupados en CEMAI, ANIERM y Camco —muchos de ellos miembros además de la más elitista y probablemente la más poderosa de las asociaciones empresariales, el CMHN—,[8] tenían fundamentos sólidos. Entre 1987 y 1989 no se había alcanzado la estabilidad macroeconómica, la oposición a las reformas comerciales iba creciendo y las sanciones comerciales estadunidenses no disminuían. Cuando el presidente Salinas, que ocupaba el cargo desde menos de dos meses antes y parecía estar en favor del libre comercio, reprendió al dirigente de CEMAI por proponer la negociación de un acuerdo de libre comercio con los Estados Unidos, no se sintieron más seguros. Quizá creyeran que el presidente tenía cierta preferencia por un comercio más libre, pero no estaba claro que su gobierno fuera capaz de enfrentar las presiones emanadas de la escena política y macroeconómica.

VIII.2.2. *El manejo de un ambiente macroeconómico incierto*

Si juzgamos por los niveles de inflación y de producción, el programa de liberalización comercial y estabilización para 1988 contenido en el PSE y sus revisiones trimestrales fue un éxito. Como se muestra en el cuadro VIII.1, en 1988 la tasa de inflación cayó de 159.2 a 51.6%, al tiempo que la producción *creció* 1.3% (los cuadros VIII.2 y VIII.3 muestran la balanza de pagos e indicadores fiscales y monetarios).[9] Sin embargo, desde el punto de vista del balance externo, la

Corporativos; ex presidente del CCE); los titulares de empresas basadas en la ciudad de México, entre ellos Antonio Ruiz Galindo (Desc), Gilberto Borja (ICA), Miguel Alemán Velasco (Almexa, Aluminio); los presidentes de otras empresas exportadoras asentadas en el norte de México, como Eloy Vallina (Grupo Chihuahua), Javier López del Bosque (Grupo Saltillo), Alberto Bailleres (Industrias Peñoles); Enrique Madero Bracho, actual presidente de CEMAI y uno de los principales exportadores mineros del país (Minera Autlán, Corporación Industrial San Luis); Antonio del Valle Ruiz, presidente del Centro de Estudios Económicos del Sector Privado (CEESP), y Stephen Fiedman, presidente de American Express de México y actual presidente de Camco. Entre los miembros estadunidenses hubo nombres como Rodman Rockefeller (Arbor Acres), George Schaefer (Caterpillar), Robert Hanson (John Deere), Erwin L. Artzt (Procter & Gamble), John Avery (Johnson & Johnson), Robert Reiser (Xerox), Louis Ross (Ford). Véase *Mexico-United States Business Council* (1987).

[8] Como se explicó en el capítulo III, el CMHN está formado por no más de 30 miembros, todos de las principales familias empresariales del país, incluyendo algunos de los nombres mencionados más arriba.

[9] Recuérdese que al iniciarse el pacto se firmaron contratos salariales y que el

evolución de la economía mexicana no se veía tan promisoria: en tan sólo un año la cuenta corriente pasó de un superávit de 3% del PIB a un déficit de 1.4%, mientras que el superávit de la cuenta comercial declinó de 6.2 a 1.5% del PIB. Al mismo tiempo la cuenta de capital registraba egresos netos por más de 1 000 millones de dólares y no había ninguna indicación clara de que ese deterioro de las cuentas externas fuera a interrumpirse en el futuro cercano.

Esta evolución adversa de las cuentas en moneda extranjera se esperaba cuando se puso en marcha el PSE, que, como se mencionó anteriormente, no contaba con apoyo directo del FMI. Por eso las autoridades económicas mexicanas esperaron para iniciar ese programa hasta controlar el déficit fiscal operacional (sin contar pagos de intereses de la deuda externa) y acumular suficientes reservas de divisas, y además acompañaron esas medidas con una fuerte devaluación. Sin embargo, el problema de la credibilidad era inevitable: programas con características similares (aunque con fundamentos diferentes) habían fracasado en Brasil y Argentina, México estaba pasando por uno de los años electorales más complicados de su historia, y el peso comenzaría a depreciarse. En consecuencia, no es extraño que en 1988 la fuga de capitales (estimada por los errores y omisiones asentados en la balanza de pagos) haya ascendido a 3 200 millones de dólares, mientras que las reservas del Banco de México cayeron de 13 000 millones a 6 200 millones de dólares.

Pero la declinación de las reservas en divisas planteó serios problemas para la administración Salinas, puesto que las obligaciones financieras del país no habían disminuido en la misma proporción. A fines de 1988, la deuda externa total del país llegó a alrededor de 100 000 millones de dólares,[10] mientras que la transferencia anual de recursos al extranjero ascendió en promedio a 6% del PIB —cerca de 10 000 millones de dólares—, pero los pagos de la deuda externa todavía no reflejaban la caída del precio de la deuda total en los mercados financieros internacionales (estimada en alrededor de

manejo de los aumentos de precios afectó la evolución de los precios relativos. Combinado con un manejo relativamente menos estricto del déficit fiscal primario (sin los pagos de intereses), que aumentó de 5.7 a 8.1% del PIB, y con tasas de interés más bajas, eso contribuyó a mantener relativamente modesta la tasa de crecimiento de la producción.

[10] La deuda del sector público era de 81 300 millones de dólares; la del sector privado de 7 100 millones de dólares; la del sistema bancario de 7 400 millones de dólares; y la del Banco de México de 4 700 millones de dólares. Para más detalles, véase Gurría (1992) y Moreno Uriegas y Flores Caballero (1995).

CUADRO VIII.1. *México. Principales indicadores macroeconómicos, 1988-1991*

	1988	*1989*	*1990*	*1991*
Producción				
PIB (miles de millones de dólares de 1980)	213.0	219.7	229.9	238.2
Crecimiento del PIB (%)	1.3	3.1	4.4	3.6
Inflación				
Inflación, IPC (%)	51.6	19.7	29.9	18.8
Empleo (millares)				
Trabajadores asegurados en el IMSS	8917	9926	10637	11334
Salarios				
Salario mínimo nominal (fin del periodo)	7252.9	9138.9	10786.6	12084.0
Salario promedio anual (dólares de 1980)	3471.9	3704.4	3763.9	5604.8
Tasas de interés (porcentajes)				
Costo promedio de los fondos (CPP)	45.48	40.11	29.2	19.9
Bonos de la Tesorería (Cetes a 28 días)	69.2	45	34.8	19.3
Tipos de cambio (promedios anuales)				
Libre	2289.6	2483.4	2838.3	3015.7
Controlado	2250.3	2453.2	2807.3	3006.8
Real (1980 = 100)	77.4	83.5	83.1	91.1

No ajustado	67.74	71.25	72.70	67.74
Ajustado para tasas de interés internacionales	60.44	64.44	67.83	64.94
Balanza de pagos (millones de dólares)				
Cuenta corriente	–2375.7	–5821.2	–7451	–14892.4
Balanza comercial	2609.5	405	–882.4	–7278.9
Exportaciones	30691.5	35171.1	40710.9	42687.6
Importaciones	28082.8	34766.1	41593.3	49966.5
Cuenta de capital	–1163	3175.9	8163.6	24940.1
Errores y omisiones	–3194.8	3040.9	2520.4	–1910.2
Variación en reservas	–7127	271.5	3414.3	7821.5
Cuentas Nacionales (porcentajes del PIB)				
Consumo privado	62.4	64.4	65.4	66.2
Consumo público	11.4	11	10.8	10.8
Inversión	16.8	17.3	18.7	19.6
Cuenta corriente	–1.4	–2.8	–3	–5.2
Exportaciones	17.7	17	16.7	14.9
Importaciones	16.2	16.8	17	17.4
Comercio exterior	33.9	33.8	33.7	32.3
Balanza comercial	1.5	0.2	–0.3	–2.5

FUENTE: Banco de México.

CUADRO VIII.2. *México. Balanza de pagos, 1988–1991*
(millones de dólares)

	1988	*1989*	*1990*	*1991*
Cuenta corriente	–2375.7	–5821.2	–7451	–14892.4
Balanza comercial	2608.7	405	–882.4	–7278.9
Exportaciones	30691.5	35171.1	40710.9	42687.6
Importaciones	28082.8	34766.1	41593.3	49966.5
Servicios	–7241.8	–8770.3	–10546.9	–14809.7
Entradas	9132.8	10372.5	11367.7	7939
Salidas	16374.6	19142.8	21914.6	22748.7
Cuenta de capital	–1163	3175.9	8163.6	24940.1
Largo plazo	–486	4112	5315	21596
Pasivos	407	4393	12742	22142
Activos	–894	–281	–7427	–547
Corto plazo	–677	–936	2849	3344
Pasivos	184	–47	4121	3797
Activos	–861	–889	–1272	–453
Errores y omisiones	–3194.8	3040.9	2520.4	–1910.2
Variación en reservas	–7127	271.5	3414.3	7821.5

La suma de las cantidades puede no ser exacta debido al redondeo.
FUENTE: Banco de México.

60% de su valor nominal). Si esas tendencias continuaban, el bajo nivel de las reservas de divisas obligaría al gobierno de México a abandonar la estrategia de estabilización emprendida en menos de un año, o a suspender los pagos de la deuda.

Debido a esos problemas fue urgente complementar el esfuerzo de estabilización con una renegociación de la deuda externa y con medidas concretas para atraer inversiones extranjeras. También era posible seguir otro camino, como reducir la absorción y devaluar el peso, pero eso era incompatible con la nueva estrategia y políticamente riesgoso: los salarios reales habían declinado alrededor de 44% en el sexenio anterior, contribuyendo a crear un ambiente político desfavorable que no parecía capaz de soportar más reducciones drásticas de las transferencias gubernamentales. Por lo tanto, durante su primer año la administración Salinas se concentró en lograr tres objetivos: estabilización, renegociación de la deuda y

CUADRO VIII.3. *México. Indicadores fiscales y monetarios, 1988–1991 (porcentajes del PIB)*

	1988	*1989*	*1990*	*1991*
Balances fiscales				
Económico	–9.3	–5.1	–2.3	–0.3
Financiero[1]	–12.5	–5.6	–4	–1.5
Primario[2]	8.1	8.6	7.8	5.6
Gasto e inversión pública				
Gasto del sector público	40.03	34.38	28.51	27
Inversión del sector público	4.4	3.9	5	5.2
Sector paraestatal				
Gasto del sector paraestatal	11.73	9.97	10.5	9.4
Ingreso del sector paraestatal	18.04	15.48	15.5	14
Balance del sector paraestatal	6.31	5.51	5	4.6
Indicadores monetarios				
Impuesto inflacionario	1.53	0.43	1.22	0.66
M4[3]	34.2	39.53	44.3	45.49
Crecimiento nominal de M1 (m1)[4]	58.94	50.80	46.40	30.90
m1–IPC[4]	58.1	40.7	60.3	118.3
Tasas de interés pasivas[5]	56.57	40.27	59.08	117.64
Tipo de cambio nominal	2289.6	2483.4	2838.3	3015.7
Inflación, IPC (%)	51.6	19.7	29.9	18.8

[1] El signo opuesto indica requerimientos de endeudamiento del sector público.
[2] Excluye el pago de intereses sobre deuda interna y externa.
[3] Corresponde a la definición más amplia del dinero.
[4] Calculado con datos del Banco de México.
[5] Los datos se refieren al costo porcentual promedio de los fondos.
FUENTE: Banco de México y cálculos propios.

atracción de inversiones extranjeras. Mayores avances en la liberalización comercial claramente no eran prioritarios.

La estabilización consistió en una continuación del PSE, en forma de un nuevo programa llamado Pacto para la Estabilidad y el Crecimiento Económico (PECE). Firmado por dirigentes sindicales y empresariales el 12 de diciembre de 1988, el PECE en esencia adaptó las medidas del PSE de De la Madrid a las circunstancias del momento, con la diferencia de que estaban programadas para funcionar por seis meses en lugar de tres y permitían el crecimiento económico. Entre las principales políticas del PECE figuró una devaluación del peso de 1% al día, una reducción de la dispersión arancelaria,[11] la revisión caso por caso de los precios controlados, la revisión de los precios de garantía agrícolas y el mantenimiento de los precios del sector público donde afectaran el índice de precios al consumidor.[12]

Después de la entrada en vigor del PECE, las autoridades financieras mexicanas buscaron el apoyo del FMI y del Banco Mundial y, al mismo tiempo, intentaron obtener del Departamento del Tesoro de los Estados Unidos un paquete de reducción de la deuda. Con el respaldo del FMI para el desusado programa de estabilización mexicano esperaban conseguir que los bancos privados y el Club de París suavizaran las condiciones de pago. Del mismo modo, la resistencia de los acreedores extranjeros a reducir la deuda de México disminuiría si lograban obtener el apoyo del gobierno estadunidense. Las negociaciones se iniciaron el 7 de febrero, y para marzo de 1989 se logró el apoyo del Departamento del Tesoro de los Estados Unidos vía el Plan Brady, que destacaba la reducción de la deuda. En abril firmaron con el FMI un Acuerdo de Facilidad Ampliada, limitado a tres años, que tenía la notable característica de permitir ajustes sin recesión.[13] En mayo llegaron a un acuerdo multianual con el Club de París.[14] En junio obtuvieron préstamos del Banco Mundial para reformas estructurales,[15] y después de un año de negociaciones, en febrero de 1990 firmaron un acuerdo histórico de reducción de la deuda con bancos comerciales. Así el gobierno de México obtuvo,

[11] Los productores del país aceptaron aumentar los aranceles de algunos productos primarios de 0 a 5% a fin de reducir la dispersión arancelaria, dejando la tabla de aranceles de México con cuatro niveles arancelarios (5, 10, 15 y 20%). Con esos cambios, la dispersión arancelaria se redujo de 7.1 a 4.3%, mientras que el arancel promedio aumentó de 10.4 a 13.1% (el arancel ponderado pasó de 6.1 a 10.1%).

[12] Para el texto del PECE véase *Comercio Exterior* (enero de 1989). Para las declaraciones de líderes industriales —en su mayoría favorables—, véase *Excélsior* y *El Financiero* (13 de diciembre de 1988). Otros pactos vendrían después, cada uno de ellos con el compromiso del gobierno y representantes de los empresarios, de los sindicatos y del sector agrícola. Para un estudio de sus especificidades y de su manejo, véase Aspe (1993).

[13] El acuerdo con el FMI estableció una reducción de las transferencias financieras de México al exterior de 6 al 2.5% del PIB, y proporcionó a México 4 100 millones de dólares en préstamos para apoyar el esfuerzo de estabilización. Para más detalles, véase *El Financiero*, 22 de mayo de 1989.

[14] Fue un acuerdo de 10 años, con un periodo de gracia de 6 años, en el que el Club de París restructuró 2 600 millones de dólares de deuda mexicana.

[15] Los préstamos ascendieron a 1 960 millones de dólares para 1989, desembolsados en tres créditos de 500 millones de dólares y uno de 460 millones. El proyecto implicaba restructurar los sectores paraestatal, financiero y comercial, e invertir en la generación de electricidad.

bajo las condiciones del Plan Brady, la firma de un acuerdo por treinta años con bancos privados que redujo su deuda externa en 14 700 millones de dólares y recortó en promedio 1 400 millones de dólares de los 10 000 millones de dólares anuales de los pagos por servicio de la deuda.[16]

Mientras progresaron las negociaciones de la deuda, la administración Salinas empezó a reformar el marco regulatorio a fin de atraer inversiones extranjeras e impulsar las exportaciones.[17] Atendiendo a sugerencias de los inversionistas nacionales y extranjeros antes mencionados, el 17 de mayo puso en vigor un nuevo reglamento de la ley de promoción a las inversiones mexicanas y de ley de las inversiones extranjeras, el cual canceló la regulación de 1973, promulgada durante la presidencia de Echeverría, que limitaba la propiedad extranjera de empresas nacionales a 49%. Con el nuevo reglamento se permitía a extranjeros tener 100% de las acciones de una empresa, entrar al mercado de valores a través de fondos fiduciarios especiales y participar temporalmente en sectores restringidos (transporte, distribución de gas, minería, petroquímica secundaria, piezas para automóviles).[18] En el mismo mes empezaron a aplicarse nuevas regulaciones para los Pitex (los permisos temporales de importación para grandes exportadores manufactureros), que además se extendieron también a pequeños exportadores de otros productos no petroleros, y se iniciaron conversaciones para un nuevo programa de promoción de las exportaciones.[19] Más tarde el

[16] El promedio se aplica a 1990-1994. El principal declinó en 6 800 millones de dólares, mientras que los pagos de intereses se redujeron en 7 700 millones de dólares. El acuerdo fue garantizado por 5 400 millones de dólares del Banco Mundial, el FMI y el Ex-Im Bank de Japón, que a su vez financiaron una emisión especial de 33 000 millones de dólares en bonos de cupón cero del Tesoro de los Estados Unidos.

[17] Ciertamente las reformas también se proponían reducir las distorsiones de un mercado sobrerregulado.

[18] Además las autoridades simplificaron los procedimientos para entrar al Registro Nacional de Inversiones Extranjeras y establecieron la renovación automática de los fideicomisos tenedores de bienes raíces.

[19] Siguiendo el patrón adoptado por el presidente De la Madrid, las políticas de promoción de las exportaciones sólo se modificaron después que el gobierno consultó con el sector privado. En junio el gobierno convirtió el Comité Asesor Conjunto sobre Comercio Exterior en Comité Asesor Conjunto para la Promoción de las Exportaciones (Compex). El nuevo comité permitió a los funcionarios gubernamentales reunirse cada trimestre con dirigentes de las principales cámaras industriales y comerciales del país para examinar problemas relacionados con el desempeño de las exportaciones. Esas conversaciones condujeron a la modificación del sistema de reintegro de derechos de aduana, que pasó a permitir a los exportadores utilizar el sistema bancario para recibir el rembolso inmediato de los im-

gobierno reformó la ley de propiedad intelectual (véase *infra*) y anunció más privatizaciones, incluyendo la venta del gigante telefónico, Teléfonos de México.[20]

Es importante destacar que en estas modificaciones legales influyó la aguda necesidad que el país tenía en ese momento de ahorro externo y la presión de los inversionistas —directa o indirecta—. En primer término, ni el Plan Brady ni la firma del acuerdo con el FMI aumentaron la confianza de los inversionistas en la economía mexicana. En ausencia de reglas claras y estabilidad económica, no habría una carrera para invertir en México. Segundo, inversionistas mexicanos y estadunidenses estaban pidiendo un cambio de esos reglamentos, como ya se ha dicho. De hecho, durante 1988 y 1989 dirigentes empresariales mexicanos, como los presidentes de Coparmex y el CCE, continuaron solicitando la privatización de más empresas paraestatales a fin de aumentar la "eficiencia" y limitar claramente el alcance de la intervención gubernamental.[21] En respuesta a este tipo de demandas, el presidente Salinas aseguró a los inversionistas, al día siguiente de tomar posesión del cargo, que se proponía establecer reglas claras para los inversionistas privados y reformar las regulaciones existentes a fin de reducir el papeleo burocrático.[22]

Tercero, las sanciones comerciales de los Estados Unidos tenían como blanco las barreras de México a la inversión y la protección de la propiedad intelectual.[23] La modificación de las leyes abría opor-

puestos a la importación pagados, en lugar de esperar tres meses para que se los devolviera un organismo gubernamental. Los exportadores habían solicitado ese mecanismo porque la espera de tres meses, sumada a las devaluaciones del peso, había generado pérdidas significativas. En julio el gobierno dejó de otorgar beneficios Dimex, puesto que la eliminación de las licencias los había vuelto obsoletos.

[20] Este fue el comienzo de una nueva ola de privatizaciones, muy aplaudida por los inversionistas. Tal vez la más importante de ellas fue la reprivatización, anunciada en mayo de 1990, de los bancos nacionales privatizados ocho años antes por el presidente López Portillo. Con estas privatizaciones y el TLC la popularidad de Salinas en los círculos inversionistas creció muchísimo.

[21] Véase, por ejemplo, la entrevista con el líder de Coparmex, en *Excélsior* (11 de febrero de 1988).

[22] Véase *El Financiero*, 3 de diciembre de 1988. Al mes siguiente, el 24 de enero, el secretario de Comercio e Industria, Jaime Serra, señaló que se publicarían nuevos reglamentos para la inversión privada, pero no que éstos modificarían los grandes lineamientos de la ley en vigor. También véase *El Financiero*, 25 de enero de 1989.

[23] El representante comercial de los Estados Unidos señaló las leyes sobre la inversión extranjera como una de las principales barreras de México a la inversión. Véase *Office of the United States Trade Representative* (1987, 1988, 1989 y 1990).

tunidades para reducir esas sanciones, y a la vez reducir la exposición de las inversiones para la exportación a disputas comerciales. Por lo tanto, la negativa de los inversionistas a comprometer su capital en México desempeñó un papel fundamental en las decisiones económicas tomadas por la administración Salinas durante su primer año. Este es un ejemplo de la fuerza alcanzada por los demandantes de políticas comerciales, y en particular de la influencia de los sectores orientados hacia la exportación. No es coincidencia que cuando el equipo de Salinas hizo públicas sus decisiones sobre la reforma económica, éstas fueran bien recibidas por los grupos de interés de élite en su conjunto: ellos venían cabildeando enérgicamente por esas medidas desde el inicio de la crisis de la deuda en 1982.

VIII.2.3. *Las crecientes presiones del campo proteccionista*

Pocos años antes de que Salinas asumiera la presidencia, las reformas comerciales ya estaban dividiendo la base de apoyo tradicional del PRI. Las reformas comerciales del presidente De la Madrid, sumadas a las dificultades del proceso de ajuste económico y al manejo político de la crisis por el gobierno, que se detalla más adelante, ocasionaron un creciente descontento en los sectores más adversamente afectados: las empresas en competencia con las importaciones agrupadas en Canacintra, los sindicatos, el ala nacionalista del PRI.

De acuerdo con la hipótesis que guía este estudio, podríamos esperar una reorganización de los grupos proteccionistas para detener las reformas comerciales y las fuertes medidas de ajuste, especialmente después que su ineficaz campaña de 1985 contra la liberalización comercial terminó con políticas desfavorables para ellos. El lector recordará que las divisiones entre los sindicatos dejaron a los pequeños industriales de Canacintra prácticamente solos frente a la presión de los sectores orientados hacia la exportación y los acreedores extranjeros. Eso debilitó el cabildeo proteccionista en relación con el cabildeo exportador y, por lo tanto, contribuyó a abrir la puerta para que un gobierno con gran necesidad de capitales, más susceptible a las demandas de los acreedores e inversionistas extranjeros, acelerara la liberalización comercial. Ahora que las pérdidas de ingresos derivadas de la nueva política comercial se hacían reales para las empresas en competencia con las importaciones, deberían aumentar los incentivos para movilizar recursos contra ella.

En agosto de 1986, pocos días después del ingreso de México al GATT, aparecieron indicios de que estos incentivos efectivamente se multiplicaron. Un grupo de priístas asociados con el ala más nacionalista del partido formó la "Corriente Democrática", movimiento que aparentemente pretendía democratizar el partido con miras a la selección del nuevo candidato presidencial al año siguiente. Podríamos inclinarnos a limitar la significación de este movimiento a la demanda de mayor apertura política dentro del PRI, si no fuera por el momento escogido y por la dirección del movimiento. Sus dos líderes principales, Cuauhtémoc Cárdenas y Porfirio Muñoz Ledo, tenían fuertes vinculaciones con grupos contrarios a las reformas estructurales de la administración De la Madrid.

Cuauhtémoc Cárdenas representaba la confianza en las políticas seguidas por su padre, el presidente Lázaro Cárdenas, durante los años treinta, cuando se inauguró la fase nacionalista del desarrollo económico de México con el lanzamiento de la ISI, la nacionalización de la industria petrolera, la aceleración de la reforma agraria y la creación de la estructura corporativa del PRI. El joven Cárdenas tenía seguidores entre muchos de los campesinos y productores beneficiarios de las políticas aplicadas por su padre. Porfirio Muñoz Ledo había sido secretario del Trabajo y presidente del PRI durante la administración de Echeverría, cuando se inició la expansión del aparato estatal, cuando el populismo alcanzó nuevas alturas y cuando estaba de moda declarar simpatía por las políticas socialistas de Salvador Allende en Chile. Tanto Cárdenas como Muñoz Ledo criticaron el proceso de reforma estructural en marcha y ambos pertenecían a grupos que ya no tenían voz influyente en la administración.[24]

La "Corriente Democrática" quería abrir el proceso de selección del candidato presidencial del PRI para sacarlo de las manos del presidente. Pedía elecciones internas en lugar del dedazo presidencial. Esta era esencialmente una demanda de incluir en el proceso de diseño de políticas públicas a los grupos del PRI ignorados por la administración De la Madrid y afectados tanto por la liberalización comercial como por la venta de empresas estatales.[25] Era un desafío al presidente pocas veces visto en los sesenta años de dominio del PRI.

[24] Los separaban del presidente tanto problemas personales como posiciones políticas divergentes, lo que también contribuía a su marginalización.

[25] Los mayores sindicatos del CT estaban formados por trabajadores del sector paraestatal. Véase Zazueta y De la Peña (1984).

Las demandas de democratización del PRI se originaron también en la insatisfacción derivada del aparente entendimiento del gobierno de la utilidad del partido oficial como una "maquinaria electoral" y como un vehículo para imponer la "racionalidad económica" sin tomar en cuenta la opinión de sus miembros. La nueva orientación del gobierno lo condujo a ignorar a las bases políticas del partido y a reducir las oportunidades de movilidad política ascendente de estas últimas. Para muchos, la voluntad presidencial servía para seleccionar a amigos de funcionarios gubernamentales y a dirigentes empresariales ideológicamente más próximos al principal rival conservador del PRI, el Partido Acción Nacional (PAN), antes que a militantes de carrera en el PRI. Como se suponía que los priístas debían trabajar para que estos candidatos fueran electos, como este trabajo no era recompensado con mayor representación ni con mayores transferencias, y como las medidas económicas se anunciaban a los miembros del PRI como hechos consumados o *después* de haber sido anunciadas a otros grupos porque el apoyo de los priístas se daba por sentado, a pesar de que algunas de esas medidas afectaban claramente los intereses de muchos leales priístas, la base de apoyo el PRI comenzó a erosionarse.

Este enfoque del manejo político del PRI resulta particularmente sorprendente porque una de las razones fundamentales de la capacidad del gobierno para aplicar medidas económicas duras era el funcionamiento de los mecanismos de conciliación política del PRI. Al ignorar, negar y reducir la importancia del PRI y sus miembros en el manejo político y económico de la crisis, el gobierno debilitó la estructura institucional de su fuerza política.

Para el verano de 1987 las condiciones económicas estaban cambiando en forma que agravó estas debilidades y, por lo tanto, aumentó la popularidad de la Corriente Democrática. La inflación estaba alcanzando los niveles más altos jamás conocidos (más de 150%), el tipo de cambio caía aún más rápido, los salarios reales continuaban declinando, siguieron liberalizaciones sorpresivas y no había el menor indicio de que el presidente De la Madrid fuera a tomar en consideración las demandas de ese movimiento.

Estos acontecimientos económicos aumentaron la base de apoyo de la Corriente Democrática, la cual el presidente De la Madrid optó por ignorar, y después, por decisión propia o aconsejado por sus analistas políticos, resolvió expulsar del PRI. Esta acción dio origen a la ruptura más fundamental experimentada por el PRI desde

1939, cuando luchas entre sus miembros provocaron la formación del PAN y del Partido Popular Socialista. Ahora un grupo de miembros desafectos del PRI abandonaron el partido y apoyaron la creación de un Frente Democrático Nacional (FDN), que competiría con el candidato del PRI en las elecciones presidenciales de 1988. El FDN se expandió para incluir tanto a ex priístas como a una amplia coalición de partidos de izquierda.

Con una coalición nueva y fuerte representando a grupos de trabajadores y pequeños productores desafectos, más los efectos distributivos adversos de las políticas empleadas para combatir la crisis y la evolución del PSE descrita antes para 1988, se dieron las condiciones para el desarrollo de un mayor sentimiento proteccionista. Así, en marzo y abril la izquierda mexicana utilizó el Congreso para criticar la liberalización con más vigor que de costumbre. En mayo resurgió el CNE organizando un foro para analizar la experiencia de liberalización comercial, en el que se criticó la rapidez con que se habían llevado a cabo las reformas. Al mismo tiempo la Canacintra reiteró su oposición al manejo de la liberalización comercial, afirmando que se había ejecutado demasiado rápido, sin consultas previas con los productores, con un tipo de cambio apreciado y, por lo tanto, poniendo en peligro la supervivencia de industrias pequeñas y medianas.[26]

Mientras aumentaba la presencia del campo proteccionista durante la campaña presidencial, aumentaban también las preocupaciones sobre la continuidad de las reformas comerciales, que ya no surgían únicamente de la posibilidad de que con el nuevo presidente sobrevinieran cambios de política sino también de la idea de que esos cambios podrían ser dirigidos por una coalición opositora, que había escogido a Cárdenas como su candidato a la presidencia. No eran preocupaciones descabelladas: el presidente De la Madrid escogió como su sucesor a Carlos Salinas de Gortari, un joven y hábil tecnócrata sin experiencia electoral y sin un claro carisma político. Salinas era visto como la opción de la continuidad de la política económica —que en realidad era muy necesaria— pero no como la personalidad capaz de unir a las fracciones políticas en pugna dentro del PRI. Por el contrario, logró dividir aún más a los priístas.

Para complicar las cosas para el PRI y las perspectivas de estabilidad política la segunda fuerza política de México, el PAN, postuló

[26] *Excélsior*, 3 de mayo de 1988.

como su candidato a la presidencia a un empresario conservador bien conocido, con una historia bastante larga de activismo en contra del autoritarismo y la intervención estatal: Manuel Clouthier. Empresario y terrateniente del estado de Sinaloa, en el noroeste del país, Clouthier había organizado protestas contra la expropiación de tierras por el presidente Echeverría a fines de 1976. Durante la presidencia de López Portillo llegó a ser dirigente de la Coparmex y del CCE, y en 1982 fue uno de los más ardientes opositores a la nacionalización de la banca. Fue uno de los principales organizadores del movimiento "México en libertad" y de la campaña de ataques contra el gobierno durante toda la administración de De la Madrid. Además, formaba parte de la generación de empresarios-políticos para los cuales los mecanismos de coerción extranjeros, como el ingreso al GATT, el TLC y la observación electoral por parte de extranjeros eran la mejor garantía contra la discrecionalidad gubernamental.[27] Clouthier hablaba sobre todo a la clase media alta y a algunas élites empresariales del norte y partes del centro del país, fuera de la ciudad de México.

Los efectos distributivos adversos de la política económica de De la Madrid, combinados con la presencia de dos adversarios políticos fuertes y la escasa inspiración de la campaña presidencial del candidato del PRI, prepararon el escenario para un resultado electoral desfavorable al PRI. Y así ocurrió el 6 de julio de 1988, aunque por algún tiempo el público mexicano no pudo conocer con certeza la seriedad del daño porque el gobierno no presentó de inmediato los resultado de la elección, argumentando que "se cayó el sistema" de recuento computarizado de los votos. Es posible que esta falla del sistema fuera verdad, pero con la historia reciente de fraude electoral del PRI muchos pensaron que probablemente esa caída era obra del equipo de Salinas con objeto de desviar la atención de una tendencia electoral desfavorable. ¿Por qué entonces ocultar la información? Surgieron protestas y una oscura nube de sospecha cayó sobre la credibilidad de las cifras oficiales, cualesquiera que fuesen y en cualquier momento que se anunciaran. En consecuencia, cuando pocos días después el gobierno anunció que Carlos Salinas de Gortari obtuvo una mayoría absoluta de 50.3% de los votos, mientras que el PAN y el FDN obtuvieron respectivamente 17.07 y 31.1%,

[27] En realidad, los primeros reclamos de monitoreo de las elecciones por extranjeros aparecieron al mismo tiempo que las demandas de ingreso al GATT, en 1985. En ese año hubo elecciones legislativas.

muy pocos estuvieron dispuestos a creerlo, en la oposición y quizás incluso dentro del PRI. Parecía que se habían manipulado las cifras para que el candidato del PRI conservara la mayoría que su partido había mantenido desde su creación, y que era un símbolo de la fuerza y popularidad indiscutidas del PRI. Sin embargo, las cifras todavía representaban una decepción para el gobierno: nunca antes un candidato presidencial del PRI había obtenido menos de 60% de los votos. Desde los años setenta se observaba una tendencia a la disminución de ese porcentaje, pero no apuntaba necesariamente a la pérdida de la mayoría absoluta.

Desde el punto de vista de las consecuencias electorales de la reforma comercial, es interesante señalar que los peores resultados del PRI se dieron precisamente en los estados donde la producción industrial estaba dominada por empresas orientadas al mercado interno, o donde predominaban movimientos de base asociados, por ejemplo, con el legado del presidente Lázaro Cárdenas. En realidad el porcentaje de votos para el PRI declinó en todos los estados, pero sólo llegó a caer por debajo de 50% en los estados con las características antes mencionadas, como puede verse en el cuadro VIII.4. En la ciudad de México y en el Estado de México, donde se ubicaba la mayor parte de la industria mexicana,[28] donde más fuerte era la representación de Canacintra (más de 60% de sus 60 000 miembros) y donde residía gran parte de la fuerza de trabajo industrial del país, el porcentaje de votos del PRI se redujo casi a la mitad, en comparación con las elecciones de 1982: de 49 a 27% y de 55 a 30%, respectivamente.[29] En cambio en el estado de Nuevo León, sede del Grupo Monterrey y de los principales exportadores de manufacturas, el PRI obtuvo 72% de los votos en las elecciones presidenciales tanto en 1982 como en 1988.[30] De hecho Nuevo León y Chiapas fueron los únicos estados en que el PRI mantuvo su posición respecto a las elecciones de 1982.[31] En los estados sureños y más pobres de Guerrero, Michoacán, Morelos y Oaxaca —el baluarte cardenista,

[28] Véase el capítulo III para una descripción de la concentración geográfica de actividades industriales en México.

[29] Para estadísticas de los resultado electorales, véase Gómez Tagle (1990).

[30] Una razón propuesta para explicar en parte la buena votación obtenida por Salinas en Nuevo León es que su familia es originaria de allí. Salinas inició y concluyó su campaña en Nuevo León e insistió en identificarse como "regiomontano", es decir, como nativo de Monterrey.

[31] Chiapas ha sido un estado tradicionalmente dominado por el PRI, cuyos porcentajes de votos en ese estado son de los más altos del país.

junto con la ciudad de México— el PRI perdió incluso la mayoría absoluta, experimentando una drástica caída —de más de 50%— de su participación en los votos. En Colima, el estado natal del presidente De la Madrid, la proporción de votos del PRI también cayó, de 88 a 48% del total. Ciertamente estos resultados electorales no pueden atribuirse exclusivamente a la política comercial, pero hay un patrón que parece evidente: el descontento hacia el PRI creció en las zonas más afectadas por la liberalización comercial y donde el nombre de Cárdenas tenía más peso.

El gobierno ignoró los reclamos para que se revisaran los resultados generales de las elecciones. En lugar de revisarlos como quería la oposición o de dar signos de transparencia electoral, hizo desaparecer algunas urnas de votación cuestionadas. Con esa acción fue imposible conocer los verdaderos resultados de la elección. Existía una posibilidad de que después de un conteo público de los votos el candidato del PRI todavía obtuviera una pluralidad, puesto que el PRI aún era el único partido con presencia *nacional,* pero el gobierno se negó a mostrar debilidad accediendo a las demandas de la oposición. Así, el 1 de diciembre de 1988, Carlos Salinas de Gortari asumió la presidencia de México, enfrentando fuertes cuestionamientos de la legitimidad de su mandato. En un hecho sin precedentes, el nuevo mandatario pronunció su discurso inaugural después de que los partidos de oposición, en su ausencia, pronunciaron una serie de discursos denunciando su elección. Cuando finalmente ocupó el podio en el Congreso mexicano, un grupo de miembros de la oposición, en silencio, alzó pancartas expresando su repudio al nuevo presidente, llamándolo "usurpador" y acusándolo de haber "robado" las elecciones. Se había iniciado una nueva era en la política mexicana.

En suma, para fines de 1988, el futuro económico de México se veía aún más incierto con la adición de señales de inquietud y presiones de la coalición proteccionista. Los acontecimientos políticos y el pobre desempeño económico de los últimos años se combinaron para generar dudas en los inversionistas y, en consecuencia, éstos pidieron una demarcación clara de los derechos de propiedad y la discrecionalidad del gobierno, a través de la institucionalización de las reformas comerciales. Esa institucionalización serviría para contrarrestar la presión ejercida por las empresas en competencia con las importaciones. Si el gobierno quería ganarse su confianza, tenía que mostrar su fuerza contra las presiones proteccionistas.

CUADRO VIII.4. *México. Votos del PRI en elecciones presidenciales, 1964-1988*

	Porcentaje de los votos del PRI					*Cambio absoluto*	
Estado	*1964*	*1970*	*1976*	*1982*	*1988*	*1988-1982*	*1982-1976*
Aguascalientes	91	86	90	69	50	−19	−21
Baja California Norte	79	73	85	51	37	−14	−34
Baja California Sur	96	93	90	71	54	−17	−19
Campeche	96	97	99	83	71	−12	−16
Coahuila	93	91	97	67	54	−13	−30
Colima	87	90	96	88	48	−40	−8
Chiapas	99	98	98	90	90	0	−8
Chihuahua	79	77	83	60	55	−5	−23
Distrito Federal	72	64	69	49	27	−22	−20
Durango	86	85	96	74	64	−10	−22
Guanajuato	78	79	93	65	61	−4	−28
Guerrero	96	95	98	82	44	−38	−16
Hidalgo	98	97	93	84	65	−19	−9
Jalisco	86	80	88	57	43	−14	−31
Estado de México	91	82	83	55	30	−25	−28
Michoacán	85	85	95	75	23	−52	−20
Morelos	93	89	87	74	34	−40	−13
Nayarit	88	77	95	77	57	−20	−18
Nuevo León	84	83	85	72	72	0	−13

Oaxaca	96	95	87	83	64	–19	–4
Puebla	93	83	90	77	72	–5	–13
Querétaro	91	90	95	75	63	–12	–20
Quintana Roo	97	98	97	91	66	–25	–6
San Luis Potosí	91	89	95	82	68	–14	–13
Sinaloa	97	92	94	77	51	–26	–17
Sonora	92	92	96	74	69	–5	–22
Tabasco	99	98	96	91	74	–17	–5
Tamaulipas	96	91	90	75	59	–16	–15
Tlaxcala	96	94	97	79	60	–19	–18
Veracruz	96	89	92	81	63	–18	–11
Yucatán	86	85	90	81	67	–14	–9
Zacatecas	79	90	97	84	66	–18	–13
TOTAL	*88*	*83*	*88*	*68*	*50*	*–18*	*–20*

FUENTE: Gómez Tagle (1990).

VIII.2.4. *El trabajo para resolver los desacuerdos comerciales entre México y los Estados Unidos*

Un tercer factor que afectó la confianza de los inversionistas fue la ausencia de un mecanismo que permitiera discutir los problemas de inversión y comercio México-Estados Unidos antes de que derivaran en sanciones comerciales. Por su incorporación al GATT, México ya contaba, supuestamente, con un mecanismo de este tipo, pero poco después del ingreso se hizo evidente que el asunto era más complicado. Primero, las sanciones comerciales de los Estados Unidos afectaban ahora a más políticas mexicanas que antes. Segundo, la política exterior de México en Centroamérica y sus problemas con el combate al narcotráfico habían enfriado un poco la relación entre los dos países.[32]

En el centro del problema estaba el hecho de que las autoridades comerciales estadunidenses condicionaban el acceso estable y seguro al mercado de su país a la pronta aplicación de los principios del nuevo GATT, lo que implicaba modificar los reglamentos mexicanos sobre inversión extranjera, protección de la propiedad intelectual, políticas de compras gubernamentales y barreras al comercio de servicios, entre otros. Respecto a las inversiones, las autoridades comerciales estadunidenses objetaban al límite mexicano de 49% a la propiedad extranjera de empresas nacionales,[33] a la "laxitud" de la protección otorgada a la propiedad intelectual estadunidense, a la discriminación del gobierno mexicano contra productos extranjeros y a las regulaciones que bloqueaban a inversionistas extranjeros la participación en las industrias del transporte y la banca.[34]

[32] México defendió al gobierno sandinista de Nicaragua y trabajó activamente, en el llamado grupo Contadora, por el logro de un proceso de paz que no fue del todo satisfactorio para los funcionarios estadunidenses, principalmente porque reconocía las demandas sandinistas.

[33] Ese límite se impuso en 1973, cuando entró en vigor la Ley de Inversiones Extranjeras del presidente Echeverría. Sin embargo, había excepciones a ese límite, y se producían con mayor frecuencia en los sectores donde el gobierno estimaba que la inversión extranjera era absolutamente necesaria, como la industria de la computación y otros sectores de bienes de capital.

[34] En 1987 el Congreso de los Estados Unidos estaba discutiendo la Ley de Reforma de la Política Comercial y Económica Internacional, y se esperaba que las autoridades comerciales estadunidenses se volvieran aún más estrictas. La principal preocupación de México se centraba en cinco partes de la ley: la Enmienda Gephardt, que permitía al presidente estadunidense aplicar sanciones comerciales a países que tuvieran un superávit en su comercio con los Estados Unidos; la sección 201, que concedía autoridad al representante comercial de los Estados Unidos

Sin embargo, el más relevante de todos esos problemas a corto plazo era el de la propiedad intelectual, impulsado una vez más por las demandas de empresas farmacéuticas estadunidenses que querían una legislación mexicana similar a la de los Estados Unidos.[35] Cuando el gobierno mexicano se abstuvo de introducir esos cambios en la legislación que envió al Congreso mexicano en septiembre, las autoridades comerciales estadunidenses procedieron a reducir los beneficios del SGP mexicano, evaluados en 200 millones de dólares de 1985.[36] Pocos meses después, el 2 de abril de 1987, la oficina del representante comercial de los Estados Unidos anunció más cambios en los beneficios del SGP de México, a menos que se introdujeran modificaciones significativas en la legislación mexicana. A partir del 1 de julio, los Estados Unidos reducirían la elegibilidad de algunos productos químicos mexicanos incluidos en el SGP, con

para aplicar sanciones comerciales con base en prácticas "incorrectas"; la sección 301, que imponía sanciones comerciales a los países que no protegieran la propiedad intelectual según las normas estadunidenses; el establecimiento de un límite de 1% al crecimiento de la cuota textil; y la imposición de derechos compensatorios como penalización a los bienes producidos con recursos naturales vendidos en el mercado interno a precios inferiores a los del mercado internacional. México calificaba para ser sancionado en todas esas categorías. En 1987 tuvo superávit en su comercio con los Estados Unidos, no protegió la propiedad intelectual según las normas estadunidenses, exportó 400 millones de metros cuadrados de textiles (menos de la mitad de su potencial) y esperaba aumentar esa cantidad, y exportó muchos bienes que utilizaban como insumo principal el petróleo (recurso natural que se vendía más barato en México que en los mercados internacionales). Para un estudio de las determinantes de la política comercial de los Estados Unidos durante este periodo, véase Destler (1992); para una descripción del punto de vista mexicano, véase Bravo Aguilera (1989b).

[35] Las autoridades comerciales estadunidenses pidieron al gobierno mexicano que concediera protección de producto patentado a todos los productos, que proporcionara protección de producto patentado provisional durante el periodo de introducción, que extendiera la vigencia de las patentes de 10 a 20 años desde el momento de la solicitud, que mejorara la aplicación de la protección del secreto industrial, y que pasara el peso de la prueba al supuesto infractor en los casos de litigio por patentes (véase USTR, *Report on Foreign Trade Barriers*, 1987). Si la administración De la Madrid no incluyó esos cambios en la legislación que preparaba para sustituir la Ley de Invenciones y Patentes de 1976, el gobierno de los Estados Unidos tendría que cumplir la Sección 337 de la Ley de Aranceles y Comercio de los Estados Unidos de 1984, que ordenaba reducir futuros beneficios de exención de derechos establecidos bajo el SGP a menos que los socios comerciales de los Estados Unidos protegieran la propiedad intelectual estadunidense. En el caso, las autoridades mexicanas decidieron enviar la legislación sin esas modificaciones, en parte para proteger la soberanía legislativa del país y en parte impulsadas por las empresas farmacéuticas mexicanas (véase *Business Mexico*, marzo de 1987 y 1988). El efecto de esa decisión consistió simplemente en prolongar el desacuerdo comercial y abrir espacio a nuevas sanciones comerciales.

[36] Véase *United States Trade Representative*, 1987.

un valor de exportación de 637.5 millones de dólares, que representaban alrededor de 19% del total de beneficios del SGP para México.

Como la administración de De la Madrid se negó a modificar la legislación mexicana en respuesta a las demandas de los Estados Unidos,[37] lo más que ambos gobiernos pudieron hacer fue continuar con las conversaciones para el Acuerdo Marco que los presidentes De la Madrid y Reagan acordaron negociar después del ingreso de México al GATT. El Acuerdo Marco debía crear los mecanismos oficiales de consulta bilateral que funcionarios de ambos países buscaban utilizar antes de sancionar las exportaciones del otro, así como un marco para la discusión de problemas relacionados con liberalizaciones de comercio e inversiones.

La historia del Acuerdo Marco es un ejemplo de cabildeo exitoso por parte del CEMEU, que sugirió esa negociación cuando los funcionarios comerciales estadunidenses empezaron a sancionar a exportadores mexicanos a fines de 1980. En octubre de 1983, después de dos años y medio de trabajo, el CEMEU presentó a los gobiernos de México y los Estados Unidos su propuesta para un acuerdo bilateral, en donde se incluía una declaración de principios que reconocía el contraste entre los niveles de desarrollo de los dos países, el establecimiento de un mecanismo de consulta y una agenda para la discusión de temas de inversión, regulación y comercio bilateral. Al terminar 1984, CEMAI y Camco decidieron apoyar la propuesta del

[37] La posición del gobierno está relacionada con el hecho de que las empresas farmacéuticas mexicanas cabildearon enérgicamente en contra de la reforma de esa ley. Reconociendo la fuerte presión que el gobierno de los Estados Unidos estaba ejerciendo sobre la administración De la Madrid, los productores farmacéuticos mexicanos expresaron su preocupación acerca de la presión de las 48 multinacionales agrupadas en la Asociación Mexicana de la Industria Farmacéutica (AMIF) por la modificación de la ley de patentes de México. En la reunión de la Asociación Latinoamericana de la Industria Farmacéutica (Alifar), el presidente de la Federación de Químicos y Farmacéuticos de la República Mexicana (Faquifarmex), organización dedicada a cabildear para hacer más "nacional" la industria, afirmó que esa modificación de la ley, si se aprobaba, contribuiría a crear monopolios. Señaló que los laboratorios mexicanos tenían 15 años de retraso en investigación y desarrollo en relación con los de las naciones desarrolladas y estaban sujetos a estrictos controles de precios (los precios resultaban hasta 25% inferiores a los costos), situación que reducía su capacidad de competir con las multinacionales. Sus observaciones fueron apoyadas por la dirección de la Cámara Nacional de la Industria Farmacéutica (Canifarma), organización principal de los productores de ese ramo, a pesar de los evidentes desacuerdos existentes entre AMIF, miembro de Canifarma, y los demás productores mexicanos. Eventualmente el cabildeo se extendió hasta incluir presión de productores latinoamericanos en el sentido de declarar "estratégica" a la industria farmacéutica. Para detalles sobre esas presiones, véase *Business Mexico*, marzo de 1987 y 1988.

CEMEU, al tiempo que negociadores estadunidenses y mexicanos empezaban a discutir un borrador del acuerdo. Cuando se firmó el Acuerdo Bilateral de 1985, éste incluyó una declaración de intención de negociar un Acuerdo Marco con las características propuestas por el CEMEU. Cuando México resolvió unirse al GATT en noviembre de 1985, las conversaciones de este acuerdo se postergaron por un año, hasta que México concluyera la negociación de su Protocolo de Ingreso. Después de esa negociación se reanudaron las pláticas del acuerdo, y el 6 de noviembre de 1987 los gobiernos de ambos países finalmente firmaron el acuerdo en torno a un marco sobre principios y procedimientos de consulta relacionados con comercio e inversiones.[38]

El acuerdo sirvió principalmente para proseguir las negociaciones sectoriales sobre comercio e inversiones con un nuevo mecanismo formal.[39] Su importancia derivó en parte de su reconocimiento de las demandas y de las necesidades de exportadores e inversionistas. En el área de comercio, el Acuerdo Marco estableció un programa de trabajo inmediato para resolver, en un plazo de 90 días, problemas referentes al comercio bilateral en textiles, agricultura, acero y electrónica. El mismo plazo se fijó para reducir fricciones relacionadas con las diferencias en las leyes de México sobre inversiones extranjeras, transferencias de tecnología, propiedad intelectual y comercio de servicios. Eventualmente esas negociaciones se ampliaron para incluir el transporte, los seguros y los aranceles. Esta preferencia por el comercio manejado era la alternativa del gobierno mexicano a un acuerdo comercial amplio, aunque significaba un paso indirecto hacia el TLC: las regulaciones mexicanas se adaptarían a las normas de los Estados Unidos, mientras que las exportaciones mexicanas recibirían tratamiento preferencial por sectores.

Después de ese acuerdo, pocos cambios importantes ocurrieron en el marco legal del comercio entre México y los Estados Unidos, y la mayoría de ellos fueron en dirección al comercio manejado. En

[38] Para una cronología y descripción del esfuerzo de cabildeo detrás del Acuerdo Marco, véase Erb (1989).

[39] El acuerdo constaba de tres partes: una declaración de principios, un mecanismo consultivo y un acuerdo para el intercambio de datos. En la primera parte se reconocía a México como un país en proceso de desarrollo, y los dos países expresaban su deseo de resolver los desacuerdos sobre comercio e inversiones. En la segunda parte se concretaba un mecanismo formal para la resolución de conflictos sobre comercio e inversiones, estableciendo consultas inmediatas sobre cualquier asunto concerniente a las relaciones bilaterales sobre esos temas. La tercera parte trataba del intercambio de información sobre la industria de servicios.

diciembre los dos países firmaron un nuevo acuerdo para el comercio de acero, en que se concedía a México un aumento de 12.4% de su cuota de exportación de este producto. A cambio de ese acceso al mercado de los Estados Unidos, México dio concesiones a la cerveza, vinos, licores, semillas agrícolas, chocolates, papel, papel tapiz, lociones y cremas. En febrero se firmó un acuerdo textil y un acuerdo sobre vino y cerveza. El primero permitió a México aumentar sus exportaciones textiles hacia los Estados Unidos en 6% anual. México aceptó eliminar restricciones a las importaciones de tejidos e hilados estadunidenses, autorizar la importación de una cantidad determinada de ropas acabadas de los Estados Unidos y permitir que productores textiles estadunidenses establecieran plantas en las zonas de maquiladoras para procesar telas cortadas a fin de reexportarlas hacia el mercado estadunidense. El acuerdo sobre vino y cerveza eliminó los requisitos mexicanos de licencia de importación para las bebidas alcohólicas producidas en los Estados Unidos. En mayo, los Estados Unidos aceptaron extender por tres años más el Acuerdo Bilateral, y en junio los gobiernos mexicano y estadunidense anunciaron su objetivo de impulsar la mayor integración de las industrias textiles, siderúrgicas y automotrices de ambos países mediante la negociación de ulteriores reducciones de aranceles sobre esos productos.[40]

Cuando el presidente Salinas asumió el cargo, muchos de los puntos de la agenda comercial México-Estados Unidos todavía estaban en discusión, situación que, debido a la ausencia de cambios en la política comercial mexicana y a la aprobación en los Estados Unidos de la Ley General de Comercio y Competitividad de 1988, ocasionó aún más sanciones y amenazas de sanciones a las exportaciones mexicanas. Para finales de 1988 el valor acumulado de los beneficios del SGP sustraídos por el gobierno estadunidense a las exportaciones mexicanas llegó a 5 200 millones de dólares, porque la legislación mexicana no protegía la propiedad intelectual de acuerdo con las leyes de los Estados Unidos. Esa falta de armonización entre las leyes estadunidenses y mexicanas de protección de la propiedad intelectual justificó la decisión tomada en mayo por las autoridades comerciales estadunidenses de incluir a México en la "lista de vigilancia prioritaria" de la Ley General de Comercio y

[40] Información detallada sobre estos acuerdos puede encontrarse en los informes del USTR sobre barreras al comercio internacional. Véase *United States Trade Representative* (1988, 1989 y 1990).

Competitividad.[41] Además, la nueva legislación comercial estadunidense, que consideraba "práctica desleal" el *targeting* industrial, amenazaba con obstruir las exportaciones mexicanas de automóviles y productos electrónicos y farmacéuticos, mientras que las normas y prácticas de certificación estadunidenses bloqueaban exportaciones agrícolas y agroindustriales mexicanas por valor de más de 1 000 millones de dólares.

Además de esos problemas, las autoridades mexicanas tenían que hallar una solución para las demandas de más fácil acceso al mercado mexicano para inversionistas y exportadores estadunidenses. Por ejemplo, los fabricantes de automóviles estadunidenses seguían criticando los requisitos de contenido nacional incluidos en el Decreto Automotor mexicano de 1984; los exportadores estadunidenses de vino y cerveza se quejaban de que a pesar del acuerdo de febrero de 1988, en que México aceptó eliminar las licencias de importación para esos productos, el mercado mexicano todavía estaba protegido por evaluaciones impositivas discriminatorias y procedimientos de registro "injustos"; los exportadores estadunidenses de animales en pie a México encontraron que las nuevas leyes sanitarias mexicanas eran demasiado estrictas para permitirles el acceso al mercado mexicano; los camioneros estadunidenses protestaron contra los reglamentos que les impedían operar dentro de México.

Como para la nueva administración de Salinas era urgente impulsar las exportaciones, y como el *lobby* exportador mexicano era afectado adversamente por las sanciones comerciales estadunidenses, las autoridades comerciales mexicanas trataron de crear un ambiente más favorable para los inversionistas presentes y futuros haciendo lo que les pedían: continuar las negociaciones comerciales bilaterales y reformar las regulaciones nacionales sobre inversión. Así, las presiones de los inversionistas nacionales y extranjeros lograron su propósito.

La nueva ronda de negociaciones, que se inició en agosto de 1989, se concentró en el comercio sectorial, las políticas mexicanas de *targeting* industrial y diversos aspectos de las regulaciones

[41] El USTR creó la "lista de vigilancia prioritaria" en cumplimiento de la sección 301 de la Ley de Comercio de 1988, que ordenaba al USTR indicar los países en que la protección de la propiedad intelectual estadunidense era inadecuada, en un plazo de 30 días desde la publicación del *National Trade Estimate*. Véase la *Trade Policy Agenda* de 1992 y el *Informe Anual* del presidente de los Estados Unidos sobre el Programa de Acuerdos Comerciales (*Office of the United States Trade Representative*, 1991).

mexicanas. Las discusiones sobre el comercio sectorial en acero y textiles condujeron a la firma de nuevos acuerdos para estas industrias.[42] Las conversaciones sobre las políticas industriales mexicanas contribuyeron a reducir o modificar algunos aspectos proteccionistas de los programas sectoriales de México, como los decretos sobre automóviles o computadoras.[43] El 3 de octubre los gobiernos de ambos países firmaron el "Acuerdo sobre las Conversaciones para Facilitar el Comercio y la Inversión" (CFCI), que básicamente amplió el Acuerdo Marco de 1987 y estableció un comité conjunto para ayudar a identificar oportunidades para la expansión del comercio y la inversión entre los dos países.[44]

Las reformas a las regulaciones para el mercado y la inversión nacionales fueron impulsadas no sólo por el objetivo de eliminar distorsiones sino por la aceptación del hecho de que el poder de regateo de México ante el Congreso de los Estados Unidos, que estaba determinando el tipo de legislación que merecía sanciones comerciales. Las discusiones en el marco de las CFCI parecen haber contribuido a esa evaluación. En consecuencia, las autoridades mexicanas reformaron la legislación del país sobre la protección de

[42] El Acuerdo sobre el Acero firmado el 6 de agosto de 1989 extendió la restricción voluntaria de México por 2 años y medio y aumentó su parte del mercado estadunidense. El Acuerdo Textil se firmó el 22 de febrero y simplificó la aplicación por México del sistema de cuotas textiles. Antes de ese acuerdo, México tenía que limitar sus exportaciones de productos textiles de acuerdo con una clasificación de 108 categorías, que especificaba la cantidad que se permitía exportar. Con las nuevas reglas, el acceso de México al mercado de los Estados Unidos se decidía según 92 categorías. Al mismo tiempo la cuota de México aumentaba en alrededor de 60 categorías, abriendo una oportunidad de aumentar el valor total de las exportaciones textiles en más de 100% para los dos años siguientes. Finalmente, se estableció un mecanismo de consulta para explorar la posibilidad de aumentar las exportaciones de algunos textiles.

[43] El 11 de diciembre, 11 funcionarios y fabricantes de automóviles mexicanos se pusieron de acuerdo sobre un nuevo decreto que sustituyó al de 1984. El nuevo Decreto de la Industria Automotriz autorizó a los fabricantes de automóviles importar vehículos para su venta en el mercado interno y redujo el requisito de contenido nacional a 36% del valor agregado. Para una descripción de la política automotriz de México en los años ochenta, véase Weintraub (1990).

El Decreto sobre Computadoras, aprobado en abril de 1990, eliminó las licencias de importación para las computadoras, sustituyéndolas por derechos de 20% para las computadoras y de 10 y 15% para piezas y accesorios. El decreto además inició un programa de tres años destinado a estimular la producción de computadoras en México. Las políticas de apoyo al programa se basaban en la concesión de facilidades arancelarias a los productores mexicanos.

[44] Este acuerdo se describe en *Office of the United States Trade Representative* (1990).

la propiedad intelectual, las normas de certificación y las barreras al comercio, entre otras cosas. Lo más significativo fue el proyecto de nueva legislación sobre la propiedad intelectual, presentado en enero de 1990 y promulgado en diciembre del mismo año, que satisfizo muchas de las demandas de las empresas farmacéuticas estadunidenses, el gobierno de los Estados Unidos y el CEMEU, extendiendo la vida de las patentes a 20 años (en lugar de 14); protegiendo las patentes de productos farmacéuticos, procesos biotecnológicos y productos químicos; concediendo protección de patentes transitoria y modificando las reglas sobre marcas registradas. Después del anuncio de esas medidas, las autoridades comerciales estadunidenses incorporaron al SGP exportaciones mexicanas —sobre todo de productos químicos— por valor de 1 500 millones de dólares, y eliminaron a México de la lista de "vigilancia prioritaria" de la sección 301. A fines de abril de 1990 la administración Bush anunció nuevos beneficios a los exportadores mexicanos, bajo la revisión del SGP, por un monto de 1 900 millones de dólares, que constituyó un récord.

Por lo tanto, las sanciones comerciales de los Estados Unidos fueron instrumentales para impulsar un esfuerzo de cabildeo de los exportadores mexicanos y aproximar las políticas de comercio e inversión de México, en su forma y en su espíritu, a las preferencias de los Estados Unidos. La distancia entre el *statu quo* y un acuerdo de libre comercio amplio no era tan grande como parecía a comienzos de 1985: México había eliminado subsidios a la exportación, desmantelado muchas barreras no arancelarias, reducido la protección arancelaria a niveles comparables a los de las economías avanzadas, reformado sus leyes de inversión y otras regulaciones internas, privatizado empresas estatales y manejado gran parte de su comercio con los Estados Unidos. Además, grandes empresas mexicanas estaban pidiendo un acuerdo de ese tipo, y los negociadores mexicanos parecían compartir los puntos de vista de sus homólogos estadunidenses. Sólo hacían falta unos pocos elementos más para persuadir al gobierno de buscar el TLC. De ellos nos ocuparemos a continuación.

VIII.3. FUENTES DEL TLC: LA OFERTA

Bajo la administración de De la Madrid las autoridades económicas mexicanas, tradicionalmente presentadas como defensoras de posiciones neoclásicas prototípicas y, por lo tanto, partidarias del libre comercio, rechazaron abiertamente la idea de negociar un Acuerdo de Libre Comercio con los Estados Unidos. En ocasión de la firma del Acuerdo Marco en 1987, se les preguntó si estaban interesadas en ese paso y respondieron negativamente. El secretario de Relaciones Exteriores de México, Bernardo Sepúlveda, especificó que el acuerdo comercial no era "un acuerdo comercial que llevará a un plan de libre comercio entre Estados Unidos y México, ni es un acuerdo que lleve al establecimiento de un Mercado Común de Norteamérica".[45] También el secretario de Comercio, Héctor Hernández, subrayó que: "El acuerdo [comercial] entre Canadá y Estados Unidos no es igual al acuerdo México-Estados Unidos. Aquél es un acuerdo amplio. [Incluye] concesiones arancelarias importantes y [provisiones] para la complementación industrial que no están contempladas en el acuerdo con México. Hemos discutido [esos temas], pero por el momento no hay ningún compromiso a ese respecto".[46]

Durante 1988 su posición no cambió; las circunstancias económicas y políticas internas tampoco eran favorables al cambio. La administración De la Madrid estaba concentrada en el manejo del PSE y en asegurar la victoria del PRI en las elecciones presidenciales de julio. Plantear la negociación de un Acuerdo de Libre Comercio no habría hecho otra cosa que complicar el cuadro político, ya que, como se ha dicho, las presiones proteccionistas estaban aumentando y la oposición más fuerte jamás enfrentada por un candidato del PRI iba adquiriendo ímpetu. Por lo general, las propuestas de liberalización comercial susceptibles de generar controversia no se presentan antes de una elección. Además es difícil darles seguimiento cuando una administración está por salir y no es seguro que la siguiente comparta sus posiciones. Era mejor esperar a que pasara la barahúnda de las elecciones.

Cuando Salinas asumió la administración la posición gubernamental siguió sin cambios, como se dijo al inicio de este capítulo, a pesar de que los puestos de toma de decisiones económicas fueron ocupados por un grupo de asesores más jóvenes y favorables al libre comercio. El nuevo Gabinete Económico era sumamente cohesivo y estaba formado por economistas mexicanos graduados en universidades estadunidenses, y que habían hablado en favor del libre

[45] *EIU Country Report*, núm. 1988, p. 14.
[46] *Excélsior*, 8 de noviembre.

comercio, pero no hubo ningún indicio de que se materializara un movimiento rápido hacia la formalización de la integración en marcha entre México y los Estados Unidos. Por el contrario, el presidente Salinas descartó las propuestas en ese sentido. Su equipo estaba concentrado en la renegociación de la deuda externa. Además la administración todavía estaba preparando su propio Plan Nacional de Desarrollo (PND) y el Programa Nacional de Modernización Industrial y Comercio Exterior (Pronamice), equivalentes al PND y el Pronafice de De la Madrid.[47]

Para fines de 1989 parecía que era sólo cuestión de tiempo hasta que los inversionistas reaccionaran a los progresos hechos por la administración Salinas en los terrenos de la deuda, el comercio y la inversión, que constituían su alternativa a un tratado de libre comercio. Pero un súbito cambio en el terreno internacional afectó adversamente ese propósito: la apertura del Bloque Oriental en noviembre de 1989. En los círculos inversionistas las conversaciones empezaron a concentrarse en las posibilidades de inversión en los países del Este de Europa, al tiempo que las instituciones financieras internacionales pasaron a considerar la posibilidad de dar asistencia a una reforma económica en la misma región.

¿Sería posible que la caída del Muro de Berlín provocara una desviación de los flujos de capitales apartándolos de México? ¿Serían insuficientes las recientes reformas de México en materia de comercio e inversión y la renegociación de la deuda para compensar la atención que recibirían los países del Este europeo? La visita del presidente Salinas al Foro Económico Mundial en Suiza, en febrero de 1990, lo llevó a responder afirmativamente ambas preguntas. Sus intentos de atraer inversionistas haciendo referencia a las ventajas que representaba la vecindad de México con los Estados Unidos recibieron pocas respuestas alentadoras. Como reconoció después, estaba iniciándose una mayor competencia internacional por el capital.[48] Por lo tanto, utilizó su visita para conversar con miembros de la delegación mexicana, que incluía tanto funcionarios gubernamentales como prominentes dirigentes industriales,[49]

[47] Igual que en la administración anterior, los programas fueron diseñados después de consultas con los principales dirigentes del país.

[48] Hay una colección de opiniones de distintos presidentes durante ese periodo en Russell (1994).

[49] Como Claudio X. González, ex presidente del CCE, presidente de Kimberly-Clark de México, que había apoyado la liberalización comercial y ahora trabajaba como asesor del presidente.

sobre las implicaciones de la negociación de un tratado de libre comercio con los Estados Unidos.[50]

A partir de las diversas opiniones que oyó en ese viaje y de las discusiones con los miembros de su gabinete, algunos de los cuales, como ya se ha dicho, ya habían desarrollado estrechos vínculos con negociadores comerciales estadunidenses, el presidente Salinas resolvió revisar su posición pública sobre el TLC y emprender una negociación.[51] Sin embargo, por algún tiempo sólo sus colaboradores más cercanos tuvieron noticia de esa decisión. Salinas envió a Nueva York a su principal colaborador, José Córdoba Montoya, y a su secretario de Comercio, Jaime Serra Puche, a discutir con el secretario de Estado de los Estados Unidos, James Baker, el asesor de NSC Brent Scowcroft y la representante comercial Carla Hills, las posibilidades de negociar un acuerdo de este tipo. El 27 de marzo el *Wall Street Journal* publicó una noticia filtrada que reveló que esas conversaciones estaban en marcha, y así empezó el debate del Tratado de Libre Comercio.

¿Es correcto afirmar que los intereses sectoriales no ejercieron ninguna influencia en la decisión sobre el TLC, puesto que las reuniones entre funcionarios mexicanos y estadunidenses se mantuvieron en secreto? ¿Es posible afirmar que el presidente Salinas llegó a esa decisión aislado de las demandas de inversionistas y exportadores? Teniendo en cuenta que las demandas internas de mayores vínculos con los Estados Unidos en materia de comercio e inversión habían surgido varios años antes, que los grupos que pedían esa seguridad eran inversionistas fuertemente asociados con empresas exportadoras y multinacionales que generaban los ingresos en divisas que el gobierno necesitaba, y que esos inversionistas todavía se mostraban renuentes a comprometer más recursos en México a menos que hubiera reglas claras y estables que pusieran límites a la discrecionalidad del gobierno, parece poco probable que la decisión del presidente Salinas se produjera en el vacío. México necesitaba

[50] En varias entrevistas confirmé que el presidente Salinas efectivamente exploró esa decisión con varios asistentes al Foro, mexicanos y no mexicanos. Entrevistas, ciudad de México (1994, 1995).

[51] En una entrevista publicada al mes siguiente, Salinas explicó: "El viaje [al Foro Económico Mundial] confirmó que debemos avanzar más rápido hacia una mayor relación comercial en América del Norte. En 1992 Europa está haciendo un cambio cualitativo que no podemos perder de vista... [Un tratado de libre comercio] garantizará [a los inversionistas] acceso a los dos mercados". Del *Wall Street Journal*, 30 de marzo de 1990, p. A14.

capital, pero los inversionistas no se lo porporcionarían a menos que las reglas económicas de México cambiaran.

Así, un grupo concentrado y cohesivo de exportadores y empresas multinacionales afectó claramente la reciente historia mexicana de políticas macroeconómicas y comerciales. Gracias a sus excelentes conexiones con mercados comerciales y financieros extranjeros, y a su capacidad de atraer el capital que el gobierno mexicano ya no podía conseguir para impulsar el crecimiento, pudo ejercer más influencia que el gran número de empresas pequeñas y medianas que saldrían perdiendo con una plena apertura comercial entre México y los Estados Unidos.

VIII.4. El manejo político de la negociación TLC

En esta sección examino algunos puntos relacionados con el manejo político de la decisión de negociar el TLC a fin de poner de manifiesto una continuidad en la política comercial mexicana. Esta sección es más descriptiva que la anterior, y los lectores interesados únicamente en las determinantes internas de la decisión sobre el TLC pueden pasarla por alto. Mi principal objetivo aquí consiste en mostrar que el manejo político del TLC no difirió esencialmente del ingreso al GATT, ni tampoco los actores o sus estrategias. Los actores de la política comercial mexicana utilizaron estrategias similares durante todo el periodo estudiado en este libro, estrategias que son compatibles con mis expectativas teóricas y que merecen alguna atención.

VIII.4.1. *Las consultas sobre el TLC en el Senado*

Cuando los partidos de oposición y los dirigentes empresariales (sobre todo de los pequeños industriales) se enteraron de la intención gubernamental de negociar un acuerdo de libre comercio, exigieron una explicación de lo que se había discutido en privado.[52]

[52] Después del 28 de marzo de 1990 los medios de comunicación publicaron muchas historias. Más adelante me referiré a algunas de ellas. Los lectores interesados en los detalles pueden examinar las opiniones de los principales dirigentes sindicales e industriales en las dos semanas siguientes a la filtración de la noticia sobre el TLC. Como la mayoría de esas opiniones repiten las posiciones resumidas en los capítulos anteriores, no abrumaré al lector con otra síntesis. Baste con decir que los

Fue una expresión más del viejo reclamo del sector privado mexicano de que se hicieran consultas antes de tomar decisiones importantes de política industrial y comercial. Además fue un reconocimiento del poder del gobierno de México para decidir su política económica, y también un ejemplo de la movilización de grupos de interés mexicanos para limitar ese poder o forzarlo a actuar en forma conveniente para sus intereses.

En respuesta a estas demandas, el secretario de Comercio de México presentó una racional para la negociación del TLC, resumida en cinco objetivos: *1)* reducir significativamente los aranceles a la importación de productos mexicanos en los Estados Unidos; *2)* eliminar las barreras no arancelarias contra exportaciones mexicanas; *3)* garantizar la exención de futuras medidas proteccionistas contra México por parte de los Estados Unidos; *4)* establecer un mecanismo aceptable por ambas partes para la resolución de desacuerdos, con el fin de evitar medidas unilaterales; y *5)* inducir la complementariedad económica entre ambas economías. La correspondencia entre estos objetivos y las demandas de CEMAI, CEMEU y Camco descritas más arriba es evidente. Sugerir la influencia de estos grupos de interés en las decisiones gubernamentales no parece, en consecuencia, arbitrario.

Después de esta declaración siguió un debate nacional que dividió a proteccionistas y partidarios del libre comercio según las mismas líneas de los años ochenta. Los sectores orientados hacia la exportación, representados por CEMAI, CEMEU, ANIERM, Conacex y Camco, junto con las principales cámaras empresariales, Coparmex y el CCE, expresaron su apoyo al TLC; mientras que los sectores en competencia con las importaciones, representados principalmente por la Canacintra, declararon su oposición. La Concamin se mostró dudosa, como es explicable dada su representación del sector industrial en su conjunto. Del lado de los trabajadores, la CTM expresó algunas reservas, que igual que en 1979 y 1985 se disiparon eventualmente, convirtiéndose en apoyo de los sindicatos al acuerdo. La CROC pidió solamente programas de recapacitación para trabajadores. El PAN criticó sobre todo el secreto en que el gobierno había conducido su acercamiento al gobierno de los Estados Unidos, pero no pareció tener objeciones fuertes a la propuesta. La única diferen-

mismos grupos de empresas en competencia con las importaciones y orientadas hacia la exportación utilizaron variaciones de los mismos argumentos empleados durante los años ochenta en apoyo de sus intereses en materia de política económica.

cia notable en el nuevo debate fue la fuerte oposición del partido recientemente formado por la coalición del FDN, el Partido de la Revolución Democrática, (PRD), de centro-izquierda. Ahora el gobierno enfrentaba una oposición más expresiva y políticamente influyente, encabezada por ex priístas.

Este inicio del debate en torno al TLC fue también acompañado por la campaña del presidente Salinas en su favor. En una entrevista publicada el 5 de abril por el *Wall Street Journal,* Salinas explicó por qué decidió buscar el TLC. Argumentando en líneas similares a las que justificaron la decisión de ingresar al GATT, señaló que mientras México unilateralmente había abierto sus fronteras, no había recibido mucha reciprocidad de sus socios comerciales, y explicó:

> si abriendo la economía los mexicanos encuentran que hay más oportunidades de empleo, que la economía crece y que la inflación se mantiene baja, entonces estoy seguro de que continuarán apoyando la apertura de la economía. Por otra parte, si abrimos la economía y no recibimos reciprocidad de otros mercados, y en consecuencia nuestra economía no puede exportar y crecer a una tasa suficientemente elevada, estoy seguro de que la opinión pública estará en contra, y la gente dirá "volvamos al pasado, a los tiempos de la economía cerrada".[53]

Lo que siguió fue una repetición del escenario del debate sobre el GATT de noviembre de 1985: el presidente solicitó al Senado que evaluara la propuesta y el Senado respondió organizando un "Foro de Consulta Nacional sobre las Relaciones Comerciales de México con el Resto del Mundo", que se celebró entre abril y mayo de 1990. La consulta incluyó quinientos testimonios, veinticinco de los cuales fueron de miembros del Senado de México. Una vez más, los dirigentes industriales y todos los participantes en las consultas expresaron sus opiniones con base en sus principios —o en su ideología—, puesto que nadie sabía cuál iba a ser el resultado final de la negociación, ni el efecto de un TLC sobre cada sector involucrado. El 22 de mayo el Senado mexicano dio su predecible aprobación a la propuesta del presidente, recomendándole que negociara el TLC.

Una vez obtenido formalmente el apoyo nacional, Salinas procedió a solicitar al presidente de los Estados Unidos, George Bush, que se iniciaran las negociaciones. Al mes siguiente los presidentes Salinas y Bush recomendaron negociar un acuerdo de libre co-

[53] *Excélsior*, 5 de abril de 1990.

mercio entre México y los Estados Unidos.[54] Dos meses después el primer ministro del Canadá expresó el deseo de su país de participar en las negociaciones del libre comercio, en febrero de 1991 los gobiernos de los Estados Unidos, Canadá y México anunciaron su decisión de negociar el acuerdo, y el 12 de junio se iniciaron las negociaciones del TLC.

VIII.4.2. *Las negociaciones*

La agenda de negociación del TLC incluyó seis áreas principales, para ser discutidas por dieciocho grupos de trabajo específicos. El Área I, Acceso a Mercados, incluyó: *1)* aranceles y barreras no arancelarias, *2)* reglas de origen, *3)* políticas de compras del gobierno, *4)* agricultura, *5)* automóviles, y *6)* otros sectores industriales. El Área II, Reglas de comercio, incluyó: *7)* salvaguardas, *8) antidumping*, subsidios y derechos compensatorios, y *9)* normas. El Área III, Servicios, se concentró en: *10)* principios generales para negociaciones de comercio de servicios, *11)* servicios financieros, *12)* seguros, *13)* transporte terrestre, *14)* telecomunicaciones, y *15)* otros servicios. El Área IV se dedicó a: 16) inversión. Las Áreas V y VI se concentraron en: *17)* propiedad intelectual y *18)* resolución de controversias, respectivamente.[55]

El anuncio de las negociaciones oficiales para el TLC fue unido a una reorganización de instituciones de los sectores público y privado. El gobierno creó tres nuevas instituciones para conducir y analizar las negociaciones: la Oficina para la Negociación del Acuerdo de Libre Comercio, la Comisión Interministerial del Acuerdo de Libre Comercio y el Consejo Asesor del Acuerdo Comercial. Las dos primeras se integraron por funcionarios del gobierno, mientras que el último incluía representantes de los empresarios, trabajadores, agricultores y académicos.

Es importante tener en cuenta esta estructura institucional porque muestra que grupos de interés mexicanos participaron en las negociaciones aportando información y parámetros para que las autoridades mexicanas determinaran sus criterios de negociación. El gobierno de México no sabía mejor que los propios industriales

[54] Véase *Excélsior*, 12 de junio de 1990.

[55] Esta lista se encuentra en Zabludovsky (1994), quien también describe el proceso de negociación.

cuáles eran sus debilidades competitivas, ni podía esperar apoyo para las negociaciones si ignoraba por completo a los muchos sectores que serían beneficiados o perjudicados por ellas.[56] Es probable que, si las negociaciones se hubieran llevado a cabo en ausencia de consultas, el gobierno difícilmente habría obtenido el apoyo del sector privado.

Así, el sector privado organizó, bajo los auspicios del CCE, la Coordinadora de Organismos Empresariales de Comercio Exterior (COECE), junta asesora de la comunidad empresarial. Presidida por el CCE, la COECE se integró con los líderes de Concamin, Canacintra, Concanaco, Coparmex, CMHN, AMIS, AMCB,[57] CNA,[58] CEMAI, ANIERM y Conacex. Una de las contribuciones más relevantes de la COECE al proceso de negociación consistió en los 140 estudios sectoriales que entregó al gobierno para apoyar el proceso.[59]

Las negociaciones concluyeron dos años más tarde, el 12 de junio de 1992, después de acalorados debates internos acerca de los beneficios, costos, plazos, provisiones, secuencias, implicaciones culturales, efectos ambientales, niveles salariales, patrones de desarrollo regional, soberanía política, incentivos a la migración y prácticamente todos los efectos imaginables que el TLC podría provocar.[60] Las posiciones de las coaliciones en pro y en contra del TLC en México, como se mencionó, no variaron sustancialmente de lo que habían sido un año antes, salvo por una disminución de intensidad de la oposición de la Canacintra. La fuerte campaña publicitaria realizada por la administración Salinas en favor del acuerdo, que lo presentaba como una manera de obtener crecimiento y controlar la inflación, así como las dificultades para estimar el impacto del acuerdo en varios sectores, pueden haber contribuido a esa reducción de la intensidad de la campaña de la Canacintra contra el TLC.[61] Sin embargo, la otra oposición, forma-

[56] El Senado Mexicano (1994) publicó testimonios de algunas consultas. Cada una se concentra en una industria específica, y contiene opiniones de productores, representantes de grupos de interés, académicos y otras personas relacionadas con cada industria.

[57] Asociación Mexicana de Casas de Bolsa.

[58] Consejo Nacional Agropecuario.

[59] Véase Gallardo (1994), presidente de CEMAI, por una descripción completa de las actividades de la Coece. Sen no proporciona detalles sobre los posibles conflictos sectoriales asociados con la generación de esos estudios.

[60] Blanco (1994) resume los estudios sobre esas implicaciones económicas.

[61] Este es un punto destacado por Pastor y Wise (1994) en su estudio donde argumentan que la información asimétrica afectó las preferencias de la industria.

da por el PRD y los grupos izquierdistas asociados con él, no cesó de criticar el acuerdo.[62]

Como el nuevo presidente de los Estados Unidos, Bill Clinton, pidió que se incluyeran secciones de protección ambiental y laboral en el TLC las negociaciones se extendieron por un periodo más largo. En noviembre de 1993, una vez concluidas las negociaciones de las nuevas secciones, los Senados y las Cámaras de Representantes de los Estados Unidos y México aprobaron el acuerdo, que entraría en vigor el 1 de enero de 1994.

VIII.4.3. Epílogo

El día que entró en vigor el TLC, un grupo de campesinos del estado de Chiapas, bajo el nombre Ejército Zapatista de Liberación Nacional, inició una insurrección contra el gobierno mexicano. Su líder, conocido como el Subcomandante Marcos, en un manifiesto publicado en los periódicos mexicanos denunció el TLC y otras políticas de reforma estructural como una "sentencia de muerte" para los pequeños agricultores de ese estado. Desde el punto de vista de esos campesinos y su líder, el TLC fue negociado para beneficiar a las grandes empresas nacionales y las empresas multinacionales; nada en él parecía ofrecer ayuda o asistencia para el ajuste a los agricultores pobres y desplazados de ese estado. Ya eran marginados en Chiapas y, al parecer, con el nuevo acuerdo quedarían aún más marginados. La insurrección puso en duda súbitamente la perspectiva de una transición presidencial pacífica. Era la cuarta presidencia seguida que iniciaba su último año en medio de una crisis política. Una vez más el horizonte político y económico de México se coloreaba de incertidumbre.

También tiene relación con un argumento teórico de Rodrik y Fernández (1991), quienes observan que la información que poseen los ganadores y los perdedores sobre los efectos que se esperan de una liberalización del comercio afectarán sus posiciones. Este artículo destaca que una reforma comercial que beneficia a la mayoría de la población puede no obtener su apoyo si algunos de los ganadores no se ven a sí mismos como tales *ex ante*, en cuyo caso el apoyo se reduce. En el contexto de este estudio es posible que haya ocurrido lo contrario: la mayoría de los productores mexicanos aparentemente estimaron que saldrían ganando con las nuevas reglas que regirían la política comercial de México, especialmente si además contribuían a controlar el nivel de inflación.

[62] Para una descripción de las políticas del TLC en México entre 1990 y 1992, véase Poitras y Robinson (1994).

La insurrección fue importante además por otra razón: Chiapas tradicionalmente había votado en favor del PRI; ahora era su némesis. ¿Por qué un estado que tradicionalmente votaba tan abrumadoramente en favor del PRI reaccionó con tanta violencia contra un presidente de su propio partido? Las explicaciones. son muchas y complejas, y ciertamente no es posible analizarlas en este estudio. Incluyen conflictos históricos entre campesinos y grandes terratenientes, descuido gubernamental de demandas de bienestar social de los campesinos y la crisis económica, entre otros factores.

Sin embargo, es importante señalar que esa insurrección aporta más indicaciones evidentes de que los propietarios de factores mexicanos sí se organizan y movilizan recursos políticos cuando una política comercial afecta sus ingresos. En 1979, las empresas en competencia con las importaciones se movilizaron en contra de la entrada al GATT; en 1982, empresarios prominentes cabildearon en contra de la nacionalización de la banca y el sesgo antiexportador; en 1986, los grupos más afectados por la liberalización comercial y el ingreso al GATT crearon la Corriente Democrática y abandonaron el PRI; y en 1994, los zapatistas hicieron lo mismo con violencia, amenazando la popularidad del gobierno y el nuevo proyecto económico.[63] El tipo de presión aplicada por los zapatistas logró además llamar la atención del mundo, y obligó al gobierno de México a dedicar más atención y más recursos a los problemas de Chiapas. Más fondos y delegaciones de funcionarios gubernamentales fluyeron hacia este estado. Al presionar al gobierno, los campesinos de Chiapas mostraron que era posible hacer que el Estado fuera más receptivo a sus demandas.

La insurrección mostró dos aspectos importantes de las reformas comerciales de 1982-1983. Primero, que los cambios institucionales realizados durante este periodo y las nuevas alianzas políticas trabajaron en favor de la liberalización comercial: pocos pensaron que la revuelta de Chiapas cancelara el tratado o las reformas comerciales, porque con el TLC se redujo la discrecionalidad el propio gobierno. Además, y esto se relaciona con el segundo aspecto que se explica más adelante, la mayor inestabilidad política que siguió y el deterioro de la cuenta corriente con el que coincidió no condujeron al abandono de las reformas comerciales. Los cambios institu-

[63] El ataque zapatista contra el TLC está bien documentado en los medios de comunicación mexicanos. Véanse, por ejemplo, las notas de *La Jornada* durante enero de 1995.

cionales mantuvieron las reformas comerciales tal como las querían las empresas orientadas hacia la exportación.

El segundo aspecto de la negociación del TLC se refiere a las esperanzas de los inversionistas en los años ochenta de vincular la liberalización comercial con la disciplina macroeconómica, documentadas en capítulos anteriores. Contrariamente a la opinión predominante en aquel momento, la experiencia de 1994 demostró que la institucionalización de la liberalización comercial con el TLC —incluso haciendo al Banco Central de México independiente de la presidencia— no fue suficiente para dar al gobierno mexicano la credibilidad necesaria para evitar los ataques contra el peso, ni siquiera cuando parecía seguir una política macroeconómica disciplinada. De hecho, en diciembre de 1994 el peso mexicano se devaluó casi 100%, y eso marcó el inicio de otra crisis económica más, con la mayor reducción de la producción en décadas, casi 10 por ciento.

¿Qué es lo que explica esos ataques contra el peso mexicano? El debate está abierto hasta hoy. Varias hipótesis. algunas de ellas interrelacionadas, se han propuesto: *1)* sobrevaluación del tipo de cambio, *2)* expansión excesiva del crédito, *3)* expansión excesiva de la demanda agregada, *4)* información incompleta sobre las reservas en divisas de México, *5)* declinación del ahorro, *6)* exceso de endeudamiento sobre activos realizables a corto plazo, *7)* ataques especulativos desencadenados por el riesgo político. Dornbusch y Werner (1994) y Dornbusch *et al.* (1995) creen que la sobrevaluación del tipo de cambio, por lo menos desde 1993, fue la causa principal del ataque contra el peso. Edwards (1995) señala la vulnerabilidad inherente a una política macroeconómica que utiliza el tipo de cambio como ancla nominal y se apoya en la entrada de capitales a corto plazo. Calvo y Mendoza (1996) destacan el papel de los desequilibrios monetarios acumulados a lo largo del periodo 1988-1993, así como una composición inadecuada de la deuda externa a corto y a largo plazo. Según Gil Díaz y Carstens (1996), los datos no confirman las primeras seis hipótesis. En particular estos autores muestran que, lejos de expandirse, tanto el crédito como el gasto gubernamental se contrajeron durante todo 1994, de manera que no pueden ser la razón del aumento del valor del peso mexicano. Además, observan que esta información fue puesta al alcance de todos en abril, octubre y noviembre de 1994, como siempre se ha hecho, de modo que el problema no puede ser de señales económicas poco claras. También ofrecen información que sugiere que la apreciación del tipo de cambio real en 1994, comparado con 1987 como año base, fue de alrededor de 33%, no es excesivo. Como la política macroeconómica estaba relativamente disciplinada, el mercado cambiario debe haber sido impulsado por ataques especulativos desencadenados por acontecimientos políticos.

¿En qué sentido estaba motivando la política ataques especulativos contra el peso? Por supuesto que la proximidad de las elecciones presidenciales del verano, unida a la rebelión de Chiapas y a los asesinatos del candidato presidencial del PRI —Luis Donaldo Colosio— y del presidente del PRI —José Francisco Ruiz Massieu— contribuyeron a crear un ambiente político inseguro que aumentaba el riesgo de invertir en México. Por otro lado, si bien ahora sabemos que no se siguieron políticas macroeconómicas desestabilizadoras, no está claro que en aquel momento los inversionistas pudieran discernir lo que estaba ocurriendo.[64] Sumados al ciclo político sexenal de los negocios, los asesinatos hicieron aumentar las dudas acerca del futuro de la política macroeconómica de México.

La susceptibilidad de los inversionistas a esa incertidumbre puede observarse en el comportamiento de las reservas en divisas y de la deuda externa de México. Las reservas netas cayeron bruscamente después de los asesinatos de Colosio y Ruiz Massieu, la afluencia de capitales declinó constantemente durante todo el año y los prestadores extranjeros empezaron a pedir mayores retornos por su dinero a plazos muy cortos. Esto dio origen a la decisión gubernamental de aumentar la emisión de los hoy infames bonos a corto plazo en dólares, llamados Tesobonos. La situación además obligó al gobierno a esterilizar las salidas de capital a fin de mantener fijo el tipo de cambio, decisión que provocó la constante disminución de las reservas en divisas del Banco Central. Muchos empezaron a preguntarse acerca de la velocidad de la caída de esas reservas, y surgió la preocupación de que el tipo de cambio no pudiera sostenerse por mucho tiempo.

Después de las elecciones presidenciales del verano de 1994, el presidente Salinas y su equipo de asesores decidieron elevar un poco el techo de la banda en que fluctuaba el tipo de cambio. Aparentemente tenían la esperanza de dejar sus cargos el 30 de noviem-

[64] Esto es especialmente cierto si se considera que entre abril y octubre se dio muy poca información sobre la política macroeconómica del gobierno. Eso dio origen a sospechas de que el gobierno estaba gastando más para asegurar la victoria del candidato del PRI en las elecciones.

bre de 1994 con una economía estable y, lo más importante, con un tipo de cambio estable. Estuvieron a punto de lograr ese objetivo, pero al precio de reducir las reservas en divisas hasta donde fue demasiado difícil enfrentar cualquier ataque especulativo. Así, cuando la nueva administración del presidente Ernesto Zedillo mostró indicios de debilidad política a comienzos de diciembre de 1994, muy pronto inversionistas mexicanos y extranjeros fueron presa del nerviosismo y empezaron a especular fuertemente contra el peso. En vista del bajo nivel de las reservas en divisas del Banco Central —casi 30 mil millones de dólares salieron de las arcas del Banco de México durante el año—, el resultado fue una drástica devaluación del tipo de cambio el 19 de diciembre, y la aplicación de otro programa de estabilización económica.

Debe notarse que la política económica instrumentada para enfrentar esta crisis validó los diagnósticos de quienes esperaron la inauguración de una era con un gobierno menos intervencionista *en el ámbito de la política comercial con la finalidad del* TLC. Las empresas orientadas hacia la exportación consiguieron lo que querían: un ajuste a través de la devaluación del tipo de cambio y no a través de restricciones al libre comercio. De hecho la devaluación de 100% resultó una verdadera ventaja para los sectores orientados hacia la exportación, quienes ahora podían acceder a mercados extranjeros a precios más competitivos, sin estar sujetos, en general, a sanciones comerciales por parte de los Estados Unidos, ni a restricciones significativas en la adquisición de insumos importados. Por lo tanto, en un sentido muy real, con el TLC y las demás reformas de mercado los sectores orientados hacia la exportación obtuvieron la estructura de incentivos que desde el comienzo de la crisis de 1982 venían cabildeando para conseguir.

VIII.5. Conclusión

Este capítulo presentó al TLC como el último eslabón en una cadena de acontecimientos iniciada con la competencia redistributiva interna asociada con la crisis de la deuda de 1982. Entre septiembre de 1982 y marzo de 1990 México liberalizó gradualmente su economía y creó un conjunto de instituciones para reducir la posibilidad de abandono de la política comercial. El ingreso al GATT y el TLC fueron cambios institucionales de este tipo porque limitaron la discrecionalidad del gobierno en el manejo de la política comercial.

Sugerí que la decisión sobre el TLC fue resultado de una competencia en la que los grupos orientados hacia la exportación prevalecieron sobre los grupos en competencia con las importaciones. Los grupos orientados hacia la exportación eran en general pequeños, muy concentrados, con fuertes vinculaciones con inversiones extranjeras y propietarios de empresas en muchas actividades económicas. Esas características, de acuerdo con mi marco, aumentaron su capacidad relativa de presionar al gobierno por las políticas de su preferencia. Además tenían la capacidad de generar los ingresos en divisas que México necesitaba para apoyar su programa de estabilización. Los grupos en competencia con las importaciones eran grandes, poco concentrados y escasamente vinculados con la inversión extranjera. Dada la incertidumbre económica de 1989-1990, el esfuerzo de cabildeo de los sectores orientados hacia la exportación para obtener tanto acceso al mercado de los Estados Unidos como una nueva política comercial (actividad que en sí apuntaba a evitar la repetición de las experiencias del periodo 1970-1982) abrió la oportunidad para el TLC.

El TLC fue también un nuevo comienzo: un México industrializado optó por el libre comercio. La última vez que los Estados Unidos y México tuvieron un acuerdo de libre comercio, durante la segunda Guerra Mundial, México apenas estaba empezando a acelerar su industrialización, y eso justificó entonces la cancelación del acuerdo.

La decisión del gobierno mexicano de negociar el TLC ilustra una vez más el poder de las sanciones comerciales de los Estados Unidos. Igual que lo hicieran durante la década de 1980, ayudaron a formar un clima de opinión interno favorable a más reformas comerciales. Debido al costo de esas sanciones, el gobierno mexicano reformó la política comercial del país de acuerdo con muchas demandas de los Estados Unidos. Ese fue el comienzo de una nueva asociación que reconoció pocos de los principios nacionalistas que México defendió desde hacía décadas.

Finalmente, la experiencia del TLC mostró que la institucionalización de la reforma comercial sí redujo la discrecionalidad del gobierno en materia de política comercial, pero no pudo impedir la sobrevaluación del tipo de cambio.

QUINTA PARTE

IMPLICACIONES Y CONCLUSIONES

IX. IMPLICACIONES Y EXTENSIONES

EL PROPÓSITO de este capítulo es comparar los hallazgos de los capítulos anteriores, evaluar su relación con las explicaciones disponibles, esbozar una serie de "lecciones" e implicaciones derivadas de los mismos y sugerir nuevos caminos para la investigación y puntos de contacto con otros programas de investigación posibles.

La organización del capítulo sigue este orden de temas. En la sección IX.1 se resumen brevemente los principales resultados de este estudio. En la sección IX.2 se comparan y contrastan esos resultados con las argumentaciones existentes. En la sección IX.3 se propone una serie de lecciones que pueden extraerse de la experiencia mexicana. En la sección IX.4 se esbozan algunas implicaciones tanto de nuestros hallazgos como de las lecciones de la experiencia. En la sección IX.5 se exploran las posibilidades de explicaciones alternativas.

IX.1. BREVE SUMARIO DE LOS HALLAZGOS

En el capítulo I presenté las expectativas generales de este estudio. La hipótesis básica de la investigación fue que las industrias compiten por modificar la política comercial a fin de redistribuir ingresos en beneficio propio. Si bien esperé que todas las industrias prefirieran un nivel más elevado de protección relativa, no lo hice a que todas prefirieran el mismo nivel de protección para la economía en su conjunto. En particular, propuse que los sectores exportadores prefirieran barreras arancelarias más bajas que los sectores en competencia con las importaciones, fundamentalmente porque los primeros enfrentan la amenaza de represalias de países extranjeros y la intensidad de la competencia en mercados extranjeros.

Argumenté también que si las industrias obtienen o no las políticas comerciales de su preferencia depende de su influencia política, la cual es tomada en consideración por los funcionarios gubernamentales, implícita o explícitamente, en el proceso de toma de decisiones. Mi opinión fue que las industrias políticamente influyentes tienen algo de valor para quienes ofrecen las políticas comerciales —votos, capacidad de organizar trabajo y capital para la acción colectiva— y, por lo tanto, tienden a influir en sus decisiones. Si la influencia política relativa de una industria aumenta, los creadores de política lo notan y ajustan la política en consecuencia, aunque eso no necesariamente significa que la política comercial esté determinada únicamente por las demandas del sector privado. Las preferencias de los creadores de política, la inercia institucional y otras limitaciones de la discrecionalidad gubernamental afectan las decisiones de política comercial, pero, sin embargo, esperé que la influencia política relativa de industrias rivales fuera fundamental en la determinación de la política comercial del país.

En mi marco teórico, la influencia política de una industria aumenta con su capacidad de movilizar recursos y votos para presionar al gobierno. Las industrias más concentradas poseen una ventaja para la acción colectiva, que a su vez les permite generar niveles más altos de presión política por unidad de trabajo y de capital empleada. Esas unidades de trabajo y capital son determinadas por las dimensiones de la industria y por los incentivos que tenga para distraer recursos de la producción para dedicarlos al cabildeo. Cuanto más vulnerable es un sector a la competencia extranjera, mayores son los incentivos que tiene para buscar la modificación de la política comercial y mayor la cantidad de recursos que está dispuesta a dedicar a presionar al gobierno. También se espera que una gran cantidad de mano de obra dé a una industria un gran potencial electoral.

Con base en esas premisas, en el capítulo III exploré los determinantes de la estructura de protección de México en 1988, el último año de las reformas comerciales de la administración De la Madrid. Los resultados del análisis de regresión revelaron que alrededor de 25% de la variación de los niveles arancelarios puede explicarse con el argumento de los grupos de presión, y cerca de 43% con el argumento más conocido sobre el objetivo de la racionalización de la protección. Las industrias afectadas por la penetración de importaciones, geográficamente concentradas (en la ciudad de México y los estados de México y Nuevo León), dominadas por empresas pequeñas y productoras de bienes de consumo finales o de bienes de capital, obtuvieron los niveles arancelarios más elevados.

Los capítulos IV a VIII se concentraron en los cambios del nivel de protección de la economía mexicana entre 1970 y 1994. En general, el argumento propuso que ese nivel varió en respuesta a cambios en la orientación comercial del país: cuanto mayor fue la proporción de la producción vendida en el extranjero, menores fueron las barreras comerciales; cuanto mayor fue la penetración de importaciones, más protegida fue la economía.

En el capítulo IV empleé esta argumentación como base para realizar un análisis de mínimos cuadrados ordinarios de la evolución de las restricciones cuantitativas en México entre 1960 y 1962. El resultado de este análisis confirmó que a medida que aumenta la orientación hacia la exportación, y a medida que declina la penetración de importaciones —combinación de factores que, en mi interpretación, significa una creciente influencia de los exportadores—, la protección comercial disminuye. Las estimaciones revelaron, asimismo, que con la aplicación de un programa de estabilización patrocinado por el FMI es más probable observar una disminución en el nivel promedio de las barreras comerciales.

Los cuatro estudios de caso de los capítulos V a VIII mostraron que, de acuerdo con el marco teórico del capítulo I, las decisiones del gobierno mexicano en materia de política comercial fueron afectadas por presiones de sectores rivales. Tanto la movilización de los intereses proteccionistas como las barreras comerciales fueron relativamente más elevadas cuando la penetración de importaciones aumentó sustancialmente y cuando el mercado interno creció (1976-1982). La mayor competencia de importaciones unió a los grupos proteccionistas, quienes cabildearon por mayores controles de la importación. La mayor demanda interna redujo la orientación hacia la exportación en muchas industrias, contribuyendo a reducir sus incentivos para la acción colectiva de los grupos a favor del libre comercio y dando como resultado un frente menos unido contra el *lobby* proteccionista.

Las presiones por la liberalización fueron más altas, y la liberalización ocurrió, cuando el mercado doméstico se contrajo, cuando la penetración de importaciones declinó, y cuando subió la frecuencia de sanciones comerciales estadunidenses (1982-1988). La orientación hacia la exportación y los intereses en mercados externos aumentaron para muchos sectores después de estos eventos. Por lo tanto, sectores exportadores presentaron un frente unificado contra el proteccionismo. La caída en la penetración de importaciones redujo los incentivos para la acción colectiva de los sectores orientados al mercado interno, quienes no pudieron presentar un frente unificado para contrarrestar las presiones de los librecambistas.

La liberalización comercial no se puede explicar utilizando solamente un nivel de análisis, puesto que muchas variables explicativas potenciales —sistémicas, estatales y sociales— cambiaron al mismo tiempo durante los años ochenta. Esto impide establecer con claridad cuál fue causa de qué. Sin embargo, los capítulos IV y VII muestran que es posible señalar cómo esos cambios influyeron en la movilización de los grupos de interés para modificar la política comercial, y que ese cambio fue en gran medida consistente con las preferencias de los sectores manufactureros más concentrados, que también eran los más orientados hacia la exportación.

Los cuatro estudios de caso confirmaron que el mal manejo macroeconómico desencadenó presiones proteccionistas. Cada vez que el gobierno permitió que el tipo de cambio se sobrevaluara por periodos largos, los productores de bienes comerciables reclamaron una política cambiaria "realista". En ese terreno no siempre tuvieron éxito, probablemente debido a la influencia de los productores de bienes no comerciables y a los efectos recesionarios e inflacionarios de las devaluaciones en México.

En relación con el punto anterior, exportadores y empresas influyentes de México vincularon la estabilización con la liberalización comercial antes, o, por lo menos, al mismo tiempo, que el gobierno. Afirmaron que la eliminación de los controles de la importación requería un manejo realista del tipo de cambio, lo cual implicaba un manejo disciplinado de los agregados fiscales y monetarios. Por lo tanto, para los productores mexicanos la liberalización estaba vinculada con el control de la inflación, no necesariamente porque los precios internacionales marcarían un tope para el aumento de los precios internos, sino porque al aumentar los costos del mal manejo macroeconómico obligarían al gobierno a seguir políticas monetarias y fiscales relativamente más disciplinadas.

Creo que el hallazgo anterior es importante. Hasta la fecha, muchas interpretaciones del enfoque de la liberalización-como-estabilización han propuesto que al gobierno mexicano se le ocurrió la idea y convenció de sus méritos al país. Los capítulos VII y VIII mostraron que esa idea se originó también en el sector privado de México, y que eso ocurrió mucho antes de que se iniciara la liberalización comercial.

Otro hecho importante acerca de la liberalización comercial de México es su comienzo posterior a las elecciones nacionales. Lo más factible es que cálculos políticos que rodean a las contiendas electorales influyeron en el momento de aplicación de las reformas comerciales. Esto es especialmente válido para la más controvertida de las liberalizaciones comerciales, la de julio de 1985, cuando se inició el ajuste estructural.

Con respecto a la estructuración de las relaciones comerciales internacionales de México, los estudios de caso demostraron que la participación del país en negociaciones comerciales multilaterales y bilaterales se intensificó con el aumento de su dependencia de las exportaciones. A medida que una parte cada vez mayor del ingreso del país provino de ventas en los mercados extranjeros y, por lo tanto, las rentas derivadas de activos productivos se vincularon al acceso a esos mercados, el gobierno de México buscó ingresar al GATT y negociar el Tratado de Libre Comercio de Norteamérica. Como se esperaba en este estudio, ese enfoque fue precedido por fuertes demandas internas de grupos orientados hacia la exportación en favor del ingreso al GATT. Sin embargo, es preciso señalar que el gobierno mexicano no se unió al GATT en 1979, cuando la penetración de importaciones y las presiones proteccionistas eran elevadas. El ingreso de México al GATT se produjo cuando la penetración de importaciones cayó sustancialmente.

La condicionalidad de los mercados comerciales y financieros internacionales desempeñó un papel importante en la apertura de la economía mexicana, y estimuló a grupos de interés a cabildear por una reforma comercial. Del lado comercial, las sanciones de los Estados Unidos aumentaron los incentivos para la acción colectiva de los exportadores mexicanos, quienes presionaron por una solución de las disputas comerciales entre México y los Estados Unidos. Como el blanco de las sanciones comerciales estadunidenses era una serie de políticas proteccionistas que beneficiaban a los sectores orientados hacia la exportación, tanto los exportadores como los creadores de política económica de México comprendieron que la solución requería el desmantelamiento de esas barreras. Como esa acción a su vez redujo la asistencia del gobierno a las exportaciones, grupos de interés de exportadores cabildearon por una reducción de la protección concedida a otros sectores (un aumento de su propia parte del apoyo gubernamental). El gobierno mexicano respondió reduciendo las barreras comerciales para toda la economía.

Del lado financiero, la condicionalidad (y el menor nivel) de los préstamos extranjeros obligó al gobierno mexicano a instrumentar reformas estructurales más rápido de lo que había planeado. En los círculos financieros internacionales también predominó la percepción de que los incentivos del gobierno mexicano tenían que cambiar a fin de lograr políticas macroeconómicas consistentes. Las preferencias se inclinaban hacia la liberalización comercial y la privatización porque constituían cambios a largo plazo en el perfil del gasto gubernamental y la estrategia económica (aparte de los ideales más realistas de aumentar la eficiencia económica). Un gobierno de menores dimensiones tendría menos dificultad para controlar su déficit y, por lo tanto, menores necesidades de financiamiento. Una economía abierta, por las razones ya explicadas, promovería una política macroeconómica más disciplinada, capaz de reducir los riesgos de crisis y la necesidad de préstamos de estabilización adicionales.

Finalmente, la liberalización fue impulsada por administraciones con distinto grado de cohesión. La falta de cohesión de la administración López Portillo contribuyó al mantenimiento del *statu quo* y condujo a un mayor nivel de protección. La cohesión del gobierno De la Madrid contribuyó al abandono del *statu quo* y ayudó a reducir las barreras comerciales. Tal vez la cohesión gubernamental no sea importante para el inicio de la liberalización comercial, pero sí para su supervivencia.

IX.2. Comparación de las explicaciones disponibles

En esta sección se comparan los estudios de caso y mis explicaciones de la estructura y el nivel de protección con las alternativas existentes. El interés no es demostrar cuál es superior, sino discernir cómo su combinación puede mejorar nuestra comprensión de la creación de la política comercial mexicana.

IX.2.1. *La estructura de la protección*

Una comparación de explicaciones de la estructura de protección de México es necesariamente limitada, puesto que sólo hay dos alternativas aparte de la utilizada aquí: una propone que durante el periodo previo a 1988 esa estructura era "lógica", y la otra establece que seguía el patrón en cascada prescrito por la racionalidad económica. Los resultados de este estudio, como ya se ha dicho, indican que la estructura de protección sigue una lógica política: no sólo está relacionada con el grado de elaboración de un producto, sino también con la vulnerabilidad de una industria a la competencia extranjera y su influencia política. Esto hace pensar que la explicación de la estructura de protección de México es más rica que la que ofrece la literatura actual. Los diferentes niveles de protección industrial están informados por una racionalidad tanto económica como política.

IX.2.2. *El nivel de protección*

Para la comparación de las explicaciones de la evolución de la protección remito al lector al cuadro IX.1, que presenta un sumario estilizado de la evolución de la protección mexicana y su conjunto de variables explicativas. De ese cuadro se pueden extraer una serie de observaciones. Primero, el crecimiento económico y las condiciones internacionales son relativamente similares y favorables durante las administraciones de Echeverría y López Portillo, y sin embargo la protección comercial de México aumenta. Las variables que registran cambios son las presiones proteccionistas de grupos en competencia con las importaciones, que aumentaron, y la cohesión gubernamental, que disminuyó. Esto sugiere que los factores internos tienen importancia, que los grupos de interés en competencia con las importaciones influyeron en el nivel de protección de la economía y que la falta de cohesión del gobierno impidió un viraje apartándose del *statu quo* hacia una reducción de la protección. Un tipo de cambio sobrevaluado, que en sí es una expresión de la política y la economía internas, también contribuyó al creciente uso de barreras comerciales. Por lo menos para este periodo, una explicación basada solamente en las preferencias comerciales y las variables internacionales no dice mucho acerca del nivel de protección comercial de México.[1]

Segundo, el crecimiento interno y las condiciones económicas internacionales son relativamente similares y desfavorables durante la administración De la Madrid, mientras que la protección comercial de México disminuye. En consecuencia, es indiscutible que un

[1] Algunos sostienen que las barreras arancelarias aumentan debido a la sobrevaluación del tipo de cambio. Tienen razón, pero ese argumento no cancela la política: la presión del sector productor de bienes no comerciables puede llevar al gobierno a sobrevaluar el tipo de cambio, y las autoridades comerciales pueden recurrir a los aranceles para compensar al sector productor de bienes comerciables. Así, los intereses en conflicto obtienen más de las políticas que desean.

CUADRO IX.1. *Comparación de condiciones internacionales, internas y gubernamentales en tres periodos de reforma comercial mexicana, 1970-1988*

	Echeverría (1971-1976)	*López Portillo (1977-1982)*	*De la Madrid (1983-1988)*
Valor de las importaciones controladas	*Aumentó*	*Aumentó*	*Disminuyó*
Comienzo de periodo (%)	68.3	90	100
Final de periodo (%)	90.4	100	19.7
Economía y comercio	alto	alto	bajo
Crecimiento del PIB (%)	6.2	6.1	0.1
Inflación (%)	moderado 14.05	alto 35.7	alto 86.7
Exportaciones/PIB (%)	3.8	7.41	15.45
Importaciones/PIB (%)	6.56	7.83	9.58
Comercio exterior/PIB (%)	10.43	15.25	25.03
Tipo de cambio (%)	sobrevaluado	sobrevaluado	subvaluado

Condiciones externas			
Acceso a créditos externos sin condicionarlos a programa de estabilización	alto	alto	bajo
Sanciones comerciales estadunidenses	escasas	escasas	frecuentes
Términos de intercambio	altos	altos/bajos	bajos
Movilización de grupos de interés			
Orientados hacia adentro (competidores con importaciones)	baja	baja	alta
Orientados hacia afuera (Exportadores)	baja	baja	alta
Gabinete económico			
Posición en la política comercial librecambista	proteccionista	incierta	
Cohesión	alta	baja	alta

mercado interno deprimido y cambios adversos en las condiciones internacionales tienen relación con cambios en la política comercial interna. Sin embargo la clasificación del cuadro muestra también que la actividad de los grupos de interés es más intensa durante este periodo, lo cual parece validar la opinión de que los grupos internos reaccionan a los cambios de las condiciones que afectan sus ingresos. De hecho, los datos presentados en los capítulos V a VIII indica que ese fue efectivamente el caso. Así, es preciso tener en cuenta el papel de los grupos de interés tanto internacionales como internos para explicar el nivel decreciente de protección comercial de México.

Tercero, con base en las observaciones de los dos párrafos anteriores, no está claro que durante los años ochenta el Estado mexicano pudiera hacer lo que le viniera en gana. Sus ingresos declinaron, debió lidiar con restricciones de política inducidas tanto por los acreedores extranjeros como por las autoridades comerciales estadunidenses, enfrentó una fuerte campaña interna para reducir su discrecionalidad y recibió presiones de grupos de interés poderosos a favor de reforma de la política comercial. Las preferencias estatales parecen tener importancia una vez tomados en cuenta como factores explicativos las presiones internas y externas. Esto significa que los argumentos que ligan directamente las políticas comerciales observadas a la ideología de los burócratas, simplemente porque el Estado mexicano es "autoritario", no son suficientes para explicar la evolución de la protección mexicana.

Cuarto, el cuadro muestra que el Gabinete Económico fue cohesivo durante la administración De la Madrid. Esa característica, al reducir los problemas de decisión por consenso del gobierno, contribuyó al lanzamiento exitoso del programa de liberalización comercial. Empero, no está claro que la cohesión gubernamental por sí sola fuera capaz de abrir la economía de México si los productores mexicanos se hubieran opuesto a la liberalización comercial.

Quinto, si bien los grupos de interés influyen en las decisiones de política comercial, como sostengo en este estudio, tampoco pueden explicar por sí solos la reducción de las barreras comerciales de México, porque durante los años ochenta cambiaron al mismo tiempo variables sociales, estatales y sistémicas. Una visión sintética podría ser: el cambio en las condiciones económicas internacionales e internas modificó las restricciones y las oportunidades de los productores mexicanos, los cuales reaccionaron al nuevo ambiente de negocios tratando de modificar la política comercial a fin de recuperar —o aumentar— su nivel de ingresos. Esta reacción, a su vez, determinó otro conjunto de limitaciones y oportunidades para el gobierno mexicano, que entonces tomó su decisión política. *Shocks* externos obligaron al gobierno mexicano a aumentar sus exportaciones netas, y agentes internos lo llevaron a hacerlo abriendo la economía. La información presentada en este estudio apunta en dirección a esta síntesis.

Sexto, argumentaciones de escuelas anteriores, como las de la teoría de la dependencia o las de la modernización, ofrecen explicaciones limitadas de la política comercial mexicana. En la medida en que el cambio de las condiciones internacionales —todas ellas fuera del control del gobierno mexicano— afectó la evolución de la política comercial mexicana, se puede decir que los argumentos de la dependencia ganan puntos. Pero eso no significa que merezcan elogio: también las presiones internas y el mal manejo macroeconómico condujeron a ese resultado. De hecho existe una gran cantidad de datos que muestran que los problemas económicos y de desarrollo de México fueron creados tanto por los propios mexicanos en un ambiente internacional favorable como por *shocks* externos adversos.

IX.3. Algunas lecciones de la experiencia: la interacción entre la política y la economía

De este libro pueden derivarse posibles lecciones para los creadores de política que confirman, por ejemplo, que la persecución de políticas macroeconómicas consistentes en el tiempo es importante, o que el desempeño de la política comercial está estrechamente vinculado con el manejo macroeconómico. Como sobre este tema hay información sustancial,[2] pasaré a otros factores que creo también son importantes para la aplicación de reformas comerciales y para el manejo de la economía en general.

La literatura económica que analiza las reformas comerciales sugiere que una reforma comercial rápida y sorpresiva tiene más probabilidades de soportar las presiones políticas que una gradual. El argumento es que si la reforma es rápida, los grupos de interés afectados no tendrán tiempo para organizarse y presionar al gobierno

[2] Por ejemplo, Little, Cooper, Corden y Rajapatirana (1993).

para que desista. Aun cuando desde un punto de vista económico es posible que una liberalización rápida no sea el ideal, las limitaciones políticas pueden recomendar ese curso de acción. Además, si el gobierno "se pasa" en la liberalización, obtendrá la credibilidad necesaria para persuadir a los inversionistas de que efectivamente las reglas del juego económico han cambiado.[3]

La experiencia mexicana con la liberalización comercial, exitosa y ampliamente observada, es consistente con esta historia pero no la valida por completo como receta para el éxito. La liberalización mexicana fue gradual, a pesar de las protestas de los perdedores antes y *después* de su inicio.[4] Recogió el precedente histórico de doce años de intentos fallidos de liberalización gradual (1970-1982), dos años de negociaciones internas con los productores (1983-1984), cuatro años de desmantelamiento gradual de los instrumentos centrales del proteccionismo mexicano (1985-1989) y tres años de negociaciones del TLC (1990-1993). Aun si dejamos de lado los primeros doce años, el proceso de liberalización comercial, de la negociación a la puesta en práctica a la institucionalización, llevó diez años (1983-1993). En algunos puntos se negociaron reducciones de las licencias, en otros se aceleró en forma sorpresiva, en otros se aplicó según el programa negociado. A veces el enfoque gubernamental consistió principalmente en seguir adelante como se pudiera frente a circunstancias en conflicto con los diseños iniciales.

Lo que dio credibilidad al gobierno mexicano en la reforma comercial no fue la sorpresa y la rapidez —¿qué beneficio trae la rapidez por sí sola?—, sino su combinación con una base de apoyo político y la adopción de limitaciones institucionales para los creadores de política exigidos por los inversionistas nacionales y extranjeros como signo de esa credibilidad. La base de apoyo político se obtuvo, primero, con la negociación del programa de reforma comercial; segundo, con su aplicación; y tercero, con los pactos económicos que pusieron límites a las demandas políticas de sectores económicos rivales. Sin embargo, esa base de apoyo político no fue suficiente para evitar pérdidas electorales que pusieron en peligro las reformas. Las limitaciones institucionales —GATT y TLC— vinieron

[3] Para estudios sobre la secuenciación de las reformas comerciales véase, por ejemplo, Vousden (1990), Magee (1994). Para argumentos bien fundados sobre la credibilidad de una reforma comercial, véase Rodrik (1989a, 1989b, 1992).

[4] Destaco el "después" porque muchos sostienen que eso no ocurrió. Como descubrió el presidente Carlos Salinas en las elecciones de 1988, su reacción fue suficientemente fuerte para poner en peligro su propia elección.

después que los sectores mexicanos orientados hacia la exportación presionaron por su adopción. La aceleración de la reforma comercial en 1985 no es, a primera vista, prueba de que los encargados de la política económica mexicana fuesen en verdad partidarios del libre comercio, aunque sólo sea porque se produjo en momentos en que la asistencia de instituciones financieras internacionales estaba muy condicionada a reformas estructurales, y porque los grupos orientados hacia la exportación reclamaban estos cambios antes de que se introdujeran.

Las bases de la credibilidad parecen encontrarse en el establecimiento de *nuevas* alianzas políticas y en la institucionalización de las reformas comerciales, así como en el hecho tradicionalmente destacado del manejo consistente de los agregados macroeconómicos (que, dicho sea de paso, no fue necesariamente consistente durante todo el periodo entre 1983 y 1990). Una vez que las autoridades mexicanas reformaron la legislación comercial interna del país, *ingresaron* al GATT y *firmaron* el TLC, pocos esperaron un abandono o reversión de la política comercial: ya se había invertido demasiado capital (no humano, humano y de reputación) en su negociación. Antes de esas acciones cualquier cosa podía ocurrir con la política comercial mexicana. Los mecanismos de compromiso exteriores, reclamados por inversionistas nacionales y extranjeros por igual, dieron a las reformas comerciales mexicanas la credibilidad que les faltaba.[5]

Por lo tanto, los gobiernos interesados en modificar el régimen comercial deben apuntar a la consistencia a largo plazo, y no sólo a la sorpresa, y deben tomar medidas económicas y políticas creíbles para que la reforma comercial tenga éxito. Las políticas económicas creíbles apuntan al logro del equilibrio interno y externo. Las medidas políticas creíbles incluyen tanto cambios institucionales que reduzcan la posibilidad de su reversión como la construcción de coaliciones que reduzcan la vulnerabilidad a las presiones de grupos proteccionistas.

La segunda lección se refiere a la importancia de la cohesión gubernamental y de la capacidad estatal para la sustentabilidad de una reforma comercial. La cohesión permite al gobierno aprovechar una oportunidad para aplicar políticas. Además, facilita la consis-

[5] Un ejemplo reciente de la credibilidad aportada por esos cambios institucionales es la crisis de 1994-1995, en la que, a pesar del gran desequilibrio de las cuentas externas de México, nadie se precipitó a predecir el abandono del TLC.

tencia, pero por sí sola no garantiza el éxito. La capacidad estatal determina lo que el Estado puede hacer: aun cuando haya un grupo de partidarios leales de la reforma comercial, aun cuando haya presiones extranjeras y aun cuando el gobierno sea cohesivo, las autoridades económicas necesitan los instrumentos para manejar y llevar adelante la reforma comercial. Esos instrumentos incluyen las instituciones del Estado y el capital humano.[6] El desmantelamiento de algunas de las barreras comerciales de México, como el uso de precios oficiales, llevó más tiempo porque hubo que crear otros mecanismos de procesamiento de información. La eliminación de las licencias fue facilitada porque las sustituyó una nueva ley *antidumping*. La existencia de tecnócratas bien preparados hizo que el manejo de la reforma fuese relativamente más consistente, a pesar de que les llevó doce años encontrar un "mejor" camino para la eliminación de los controles comerciales: en los setenta empezaron por los bienes finales; en los ochenta empezaron por los intermedios.

La tercera lección se concentra en concepciones erradas acerca del carácter de los tecnócratas y su relación con el éxito de una reforma. Yo no he tratado este aspecto en detalle en este libro, pero vale la pena mencionarlo especialmente a la luz de la crisis y los escándalos de corrupción que surgieron al final de 1982 y 1994. No hay nada intrínseco en un tecnócrata, de cualquier posición ideológica, que garantice transparencia, integridad o respeto por la ley. Algunos de los tecnócratas a cargo del proceso de reforma estructural en México parecen hoy tan corruptos como los no tecnócratas que los precedieron. El problema de esa corrupción es que limita la eficiencia de las reformas comerciales y provoca resultados distributivos adversos que, a su vez, ayudan a conformar las influencias relativas de intereses rivales. Por ejemplo, las privatizaciones que acompañaron las liberalizaciones comerciales no siempre fueron transparentes o eficientes (especialmente la bancaria) y, al beneficiar a los propietarios de unas pocas empresas, crearon en el proceso intereses especiales aún más poderosos, con mayor capacidad para influir en futuras decisiones de política económica. No basta con tener un título universitario para hacer funcionar una reforma. En ausencia de instituciones que obliguen a los funcionarios públicos a responder por sus acciones, hasta los "mejores y más brillan-

[6] Este argumento se destaca en Haggard y Kaufman (1992).

tes" pueden poner en peligro la integridad y, por extensión, la popularidad de las reformas.

La cuarta lección se refiere a la política. Los encargados de la política económica no deben descuidar la importancia de la construcción de coaliciones o la formación de alianzas en el manejo de la política comercial. Es tan importante en los "buenos" tiempos como en los "malos" (el mejor momento para hacer amigos cuando no se les necesita). Las vinculaciones políticas y los canales de negociación política abiertos proporcionan los instrumentos que permiten a los gobiernos manejar las crisis políticas y las reformas polémicas. Desmantelarlos equivale a desmantelar instrumentos económicos, porque ellos aportan una estructura de sostén subyacente que permite la puesta en práctica exitosa de las políticas económicas. En ausencia de alianzas, o consultas explícitas, o enfoques inclusivos de la creación de política económica, es más difícil lograr apoyo para esas políticas. Ciertamente la inclusión del sector privado en el diseño de una reforma comercial plantea el riesgo de que ésta sea capturada por intereses especiales, pero su ausencia también plantea el riesgo de que fracase debido a una excesiva confianza en alianzas implícitas, en lugar de explícitas. Por lo tanto, los creadores de política deberían buscar el equilibrio entre el aislamiento y la inclusión del sector privado, si quieren alcanzar el éxito político y económico.

IX.4. Implicaciones para el estudio de la economía política de la política comercial

Una implicación importante de este estudio es que la economía política de la política comercial en un país en desarrollo, como México, no parece ser sustancialmente diferente de la de un país desarrollado. Los sectores en competencia con las importaciones se comportan de la misma manera en México y en los Estados Unidos: cabildean por un comercio menos libre.[7] En algunos casos, las mismas empresas están detrás de los intereses de los grupos orientados hacia la exportación en ambos países, como lo demuestran las preferencias de las multinacionales estadunidenses. Un corolario de esto es que un Estado aparentemente semiautoritario, como el mexicano durante el

[7] Por un ejemplo del caso de los Estados Unidos, véase Milner (1988).

periodo estudiado, responde a las presiones proteccionistas en forma similar a los gobiernos más democráticos: los sectores bien organizados en competencia con las importaciones parecen estar protegidos por aranceles más elevados que los sectores orientados hacia la exportación en ambos tipos de estados.

Lo anterior sugiere que, si la actividad política afecta las decisiones de política económica, como se ha mostrado en este estudio, y si las decisiones políticas alteran el camino del desarrollo de un país, entonces es importante integrar el análisis económico y político en el estudio del desarrollo.

También la especificación de las preferencias políticas es importante en este análisis. Los agentes económicos mexicanos mostraron preferencia por políticas y estrategias económicas específicas, que combinan un conjunto de políticas en una secuencia de periodos. Esto sirve para destacar que los agentes político-económicos no son cortos de vista: entienden los efectos que las políticas tienen a largo plazo y descuentan el flujo futuro de ingresos derivado de una estrategia económica. Los grupos se oponen a las estrategias económicas con más probabilidades de conducir a desenlaces que reduzcan sus ingresos. En el caso de México, por ejemplo, esto significó que los productores de bienes comerciables cabildearon en contra de políticas que, según su estimación, provocarían sobrevaluación del tipo de cambio, o perturbaciones costosas de la actividad económica. En este sentido los cambios institucionales pueden entenderse como la adquisición social de un activo que producir un flujo de ingresos en el futuro. En la medida en que el flujo tiene un valor neto positivo en el presente para grupos políticamente influyentes, es más probable que resista la prueba del tiempo.

IX.5. Extensiones

En este estudio sugerí la importancia de tomar en cuenta la presión de los grupos de interés al explicar la política comercial de México. También hay caminos alternativos para la investigación y el análisis de la política comercial, que pueden complementar, mejorar o ampliar los hallazgos de este estudio. A continuación presento algunas posibilidades.

IX.5.1. *Extensiones analíticas*

IX.5.1.1. *El uso de modelos de equilibrio general*

Obviamente, el marco analítico que sirve de base a mi estudio puede perfeccionarse ampliamente. Mis predicciones sobre los efectos distributivos de la política comercial se basan en el modelo Ricardo-Viner, que es un modelo de equilibrio general. Sin embargo, mis predicciones de política comercial son más del tipo de equilibrio parcial. Endogenizar más el proceso haría más completo el análisis. No obstante, creo que sería mejor hacerlo sin sacrificar contenido político: algunos modelos de aranceles endógenos basados en un enfoque de grupos de interés todavía toman como dados, por ejemplo, la concentración de las industrias, o su fuerza electoral, o el sistema institucional predominante. Aparte del problema de la tratabilidad matemática, se me ocurren pocas razones para excluir este tipo de variables en el análisis basado en el tipo de hipótesis que utilizo.

IX.5.1.2. *Interacción estratégica*

Durante el periodo de la liberalización comercial, algunos actores políticos mexicanos parecieron cometer "suicidio político": algunos dirigentes sindicales aceptaron acuerdos salariales que no necesariamente beneficiaban a sus bases, algunos funcionarios gubernamentales dejaron de lado a los miembros del PRI, algunos diputados votaron en contra de sus electores al apoyar la liberalización de los sectores que presumiblemente representaban. Muchos analistas saltarían de inmediato a la conclusión de que esa conducta fue impuesta por el gobierno represivo de México. Pero también puede explicarse en la línea de lo que Tsebelis (1990) ha llamado *nested games,* en que agentes políticos actúan estratégicamente en un terreno político para ganar una ventaja en otro. Por ejemplo, es posible imaginar una situación en que dirigentes sindicales del PRI acepten acuerdos desfavorables hoy, no porque se los impongan, o porque las condiciones económicas son desfavorables, sino porque procesos de selección no democráticos en los sindicatos, combinados con una estrecha asociación entre élites priístas, pueden ayudarlos a obtener mayores beneficios en el futuro. La insuficiente obligación de los dirigentes sindicales de responder por sus acciones a nivel de los sindicatos les permite hacer tratos a nivel del partido. Al transar hoy y aceptar políticas desfavorables pueden estar mejorando su posición política de mañana. Si el valor neto presente de esas transacciones es positivo, es muy factible que los agentes políticos las harán.

IX.5.1.3. *Política burocrática*

En la medida en que a fines de los años setenta y comienzos de los ochenta existían divisiones entre los miembros del gabinete mexicano, podría ser interesante comprender mejor de dónde provienen sus preferencias y cómo sus luchas conforman las políticas comerciales. Antes, durante y después de las reformas comerciales existieron fuertes desacuerdos entre las secretarías estrechamente asociadas con la industria y las asociadas con las finanzas. Las primeras querían una liberalización más lenta y las segundas una más rápida. Esas preferencias divergentes parecen derivar en gran parte de las diferentes bases de cada secretaría, pero también las ambiciones políticas de los creadores de política que formaban parte del gabinete pueden haber influido en sus decisiones.

IX.5.1.4. *Nuevos regímenes económicos institucionales e internacionales*

El análisis económico de organizaciones y contratos señala que cuando una transacción implica el intercambio de bienes producidos con activos específicos, existe la posibilidad de un *hold-up*, o comportamiento oportunista.[8] Para impedir tal acción las partes negocian arreglos contractuales que especifican *ex ante* los términos de sus intercambios en el futuro. Puede ocurrir que las condiciones en que se basa el acuerdo contractual se modifiquen al punto de que una parte pueda tener un incentivo para "violentar" los términos contractuales y tratar de apropiarse las cuasirrentas de la otra parte, en cuyo caso habrá un nuevo contrato o una reorganización.

La experiencia mexicana con los Estados Unidos en asuntos relacionados con el comercio también puede entenderse en la línea de los contratos y la organización, teniendo presente que en este caso no existe gobierno que pueda desempeñar el papel de tercera parte

[8] Por perspectivas generales sobre el tema de la contratación y la organización, véase Williamson (1985) y Eggertson (1990).

que impone el cumplimiento del contrato. A medida que el comercio mexicano pasó a depender cada vez más de los acontecimientos y las políticas del mercado estadunidense (a medida que el comercio mexicano se orientó más específicamente hacia el mercado estadunidense), y que las políticas comerciales de los Estados Unidos cambiaron hasta el punto en que las "reglas de juego" existentes para comercio entre ambos países llegaron a ser inaplicables (cuando los productores estadunidenses empezaron a explotar la especificidad del comercio mexicano), se hizo evidente la necesidad de renegociar un contrato para el comercio entre las dos economías. Esto se relaciona directamente con la justificación del TLC por el gobierno de México en términos de obtener acceso seguro y estable al mercado de los Estados Unidos. Así, una mayor integración económica informal puede conducir a una mayor integración económica formal.

Con respecto a los regímenes internacionales, la mayor credibilidad que el ingreso al GATT dio a las reformas económicas de México parece validar la contribución de los regímenes en la promoción de la apertura y de reglas de comercio estables. Además, destaca el papel que esas reglas pueden desempeñar para la duración a largo plazo de los contratos económicos, nacionales e internacionales. En la medida en que México invirtió parte de su "capital reputacional" en el ingreso al GATT o la negociación del TLC, adoptó reglas creadas en ausencia de una autoridad central que lo ayudara a dar señales de que podía ser un socio digno de confianza en el comercio internacional a mediano y largo plazo.

IX.5.2. *Extensiones empíricas*

Una extensión empírica inmediata de este estudio es trabajar en el análisis cuantitativo de otros periodos. Existen registros estadísticos para 1970 y 1975, aunque no tan completos, que se pueden analizar para determinar si mis hipótesis sobre la estructura de protección son válidas también para esos años. Personalmente creo que es así, pero sólo un cuidadoso análisis de los datos puede demostrar si me equivoco.

La aplicación de los conceptos utilizados en este estudio y las extensiones mencionadas anteriormente al análisis de la política comercial en otros países en desarrollo podría servir además para evaluar mi afirmación de que las determinantes de la política comercial son similares en todos los países, cualquiera que sea su sistema político o su nivel de desarrollo. La información que poseemos sobre las determinantes de la estructura y el nivel de protección en el resto de América Latina, por ejemplo, es muy limitada. La realización de este tipo de investigación puede ayudarnos a hacer comparaciones más informadas de las determinantes de la política comercial en diferentes países de la región.

Otra extensión puede concentrarse en la formación de áreas comerciales regionales. Se puede explorar cómo influyeron los grupos de interés en la agenda del gobierno para la negociación del TLC. ¿Cómo afectaron las decisiones sobre qué industrias liberalizar en 5, 10 o 15 años? Se podría indagar si en esa negociación las industrias concentradas tuvieron más éxito en la defensa de sus intereses que las dispersas.

También se podría investigar, por ejemplo, si la creación de otros acuerdos de libre comercio fue impulsada por los mismos factores políticos y por el mismo tipo de industrias que estuvieron detrás de la creación del TLC. Sobre esto existe un amplio debate en el caso de la Unión Europea y otro todavía en ciernes, sobre Mercosur. Cabe preguntarse, entonces, si la firma de estos acuerdos comerciales fue promovida por los sectores orientados hacia la exportación, si las industrias concentradas determinaron las decisiones gubernamentales, si ésta fue una política impulsada por la oferta o por la demanda, si las empresas multinacionales jugaron papel preponderante. Esto también tiene implicaciones para el análisis futuro del tratado de libre comercio de América. ¿Qué nos puede decir un análisis de politica interna acerca del proceso detrás de la creación de una zona de libre comercio para todo el continente? ¿Qué perspectivas de éxito o de fracaso tiene ese objetivo más amplio?

X. CONCLUSIÓN

LAS FUENTES de la política comercial mexicana son más diversas de lo sostenido por la sabiduría convencional. La política comercial mexicana no deriva exclusivamente de las preferencias de los creadores de política, sino también de intereses económicos nacionales rivales y de acontecimientos internacionales. Es el resultado de presiones ejercidas por industrias políticamente influyentes y de la apertura y del cierre de los mercados mundiales financieros y de bienes.

Durante el periodo examinado en este estudio las industrias nacionales vulnerables a la competencia extranjera y afectadas por procesos en marcha en mercados extranjeros participaron más en la política comercial y presionaron más al gobierno por las políticas de su preferencia. Las empresas en competencia con las importaciones pidieron mayores barreras comerciales. Las orientadas hacia la exportación pidieron más apoyo para su esfuerzo exportador y políticas que redujeran la probabilidad de sanciones comerciales extranjeras. Todas demandaron un tipo de cambio competitivo, lo cual condujo a la búsqueda de estrategias macroeconómicas compatibles con ese objetivo. Los extranjeros con intereses en el mercado interno también participaron activamente en la política comercial mexicana. Los acreedores extranjeros buscaron políticas que les dieran acceso irrestricto al mercado mexicano, y el gobierno de Estados Unidos los respaldaba. Cuando decisiones tomadas en el extranjero provocaron un cambio adverso a los intereses mexicanos en las condiciones internacionales, los grupos de interés mexicanos se movilizaron para reformar la política comercial del país a fin de recuperar su nivel de ingresos anterior.

Este tipo de comportamiento de los demandantes nacionales y extranjeros de políticas comerciales se repite una y otra vez en los casos analizados en este libro, y los encargados de la política económica —los proveedores de políticas comerciales— se ajustaron constantemente a ese comportamiento. A fines de la década de 1970 las presiones de los sectores orientados hacia adentro, amenazados por la penetración de importaciones y motivados por el deseo de conservar para sí el creciente mercado interno, contribuyeron a crear sentimientos contrarios a la liberalización comercial que por último provocaron la decisión gubernamental de postergar el ingreso al GATT y abandonar la reforma comercial. En los ochenta, cuando la penetración de importaciones cayó, la orientación hacia la exportación aumentó y el mercado interno se desplomó, el sentimiento relativamente proteccionista declinó y el gobierno encontró una oportunidad de reducir las barreras comerciales del país. Esto culminó en el ingreso de México al GATT y la negociación del TLC. Así, la demanda y la oferta de protección aumentaron en momentos de alta penetración de importaciones y baja orientación hacia la exportación, y disminuyeron en las circunstancias contrarias.

Estas fuerzas se reflejaron también en la estructura de protección comercial de México. Las industrias que experimentaron mayor penetración de importaciones, o menos capaces de competir con los extranjeros a precios bajos, o geográficamente concentradas, obtuvieron aranceles más altos.

La imagen de la política comercial mexicana que surge de este libro, entonces, guarda fuertes semejanzas con la de otros países. Los productores mexicanos responden igual que los productores estadunidenses, por ejemplo, cuando la competencia extranjera los afecta; y el gobierno de México, igual que el gobierno de los Estados Unidos, toma en cuenta las presiones de los grupos con más influencia política. El hecho de que dos sistemas políticos contrastantes procesen las demandas de política comercial en forma similar sugiere la existencia de fuerzas generales que determinan la política comercial que un país escoge. Yo sostengo que una de ellas deriva de las presiones de los productores nacionales.

Esto no es nuevo. La historia ofrece innumerables ejemplos de gobiernos que manipulan la política comercial para servir a los intereses de alguien. Lo sorprendente es con qué frecuencia esto parece olvidarse, o se relega a un papel secundario. En este sentido, este libro puede entenderse como un recordatorio de que hay factores sociales con una influencia fundamental en la elección de un régimen comercial por parte de un país. Cuando política comercial de un país repercute sobre las decisiones de otro país, también recuerda que las presiones internas contribuyen, positiva o negativamente, al mantenimiento de un sistema comercial mundial abierto. En consecuencia, para comprender la cooperación y el conflicto en el comercio internacional es necesario analizar los determinantes internos y externos, económicos y políticos, de la política comercial.

BIBLIOGRAFÍA

Libros y artículos

Alcázar, M. A., *Las agrupaciones patronales en México,* México, El Colegio de México, 1970.

Álvarez, A., "Crisis in Mexico: Impacts on the Working Class and the Labor Movement", en B. Carr y R. Anzaldúa (eds.), *The Mexican Left, the Popular Movements, and the Politics of Austerity,* San Diego, Ca., UCSD, Center for U. S. Mexican Studies, 1986.

Álvarez Uriarte, M., "Las empresas manufactureras mexicanas en los ochenta", *Comercio Exterior,* vol. 41, núm. 9, septiembre, pp. 827-837, 1991.

Andere, E. y G. Kessel, *México y el Tratado Trilateral de Libre Comercio: impacto sectorial,* México, ITAM-McGraw Hill, 1992.

Anderson, K., "The Political Market for Government Assistance to Australian Manufacturing Industries", *Economic Record,* vol. 56, 1980, pp. 132-145.

ANIERM, "El GATT y México", *Comercio Exterior,* vol. 2, 1980, pp. 186-188.

Arriola, C., "Los grupos empresariales frente al Estado", en Centro de Estudios Internacionales (ed.), *Las fronteras del control del Estado mexicano,* México, El Colegio de México, 1976.

———, "La Concamin", en Concamin (ed.), *Historia y desarrollo industrial de México,* México, Concamin, 1988.

———, *Testimonios sobre el TLC,* México, Miguel Ángel Porrúa, 1994.

Aspe, P., *El camino mexicano de la transformación económica,* México, Fondo de Cultura Económica, 1993.

——— y P. Sigmund, eds., *The Political Economy of Income Distribution in Mexico,* Nueva York, Homes and Meyer, 1985.

Aspra, A., "Import Substitution in Mexico: Past and Present", *World Development,* núm. 5, enero-febrero, 1977, pp. 111-123.

Baack, B. D. y E. J. Ray, "The Political Economy of Tariff Policy: A Case Study of the United States", *Explorations in Economic History,* núm. 20, 1983, pp. 73-93.

Bailey, J., *Governing Mexico,* Nueva York, St. Martin's Press, 1988.

Baker, G., *Mexico's Petroleum Sector: Performance and Prospects,* Tulsa, Oklahoma, PennWell, 1984.

Balassa, B., "La política comercial de México: análisis y proposiciones", *Comercio Exterior,* noviembre, 1970, pp. 922-930.

Balassa, B., "Trade Policy in Mexico", *World Development,* vol. 11, núm. 9, 1983, pp. 795-811.

Baldwin, R. E., "The Political Economy of Protectionism", en Jagdish Bhaghwati (ed.), *Import Competition and Response,* Chicago, University of Chicago Press, 1982.

———, "Trade Policies in the Developed Countries", en Ronald W. Jones y Peter B. Kennen (eds.), *Handbook of International Economics,* Amsterdam, North Holland, 1984.

———, "The New Protectionism: A Response to Shifts in International Power", en D. Salvatore (ed.), *Protectionism and World Welfare,* Cambridge, Mass., Cambridge Universtity Press, 1993.

Banco Nacional de Comercio Exterior, *Medio siglo de financiamiento y promoción de comercio exterior de México,* México, Bancomext y El Colegio de México, 1987.

Bates, R., "Macropolitical Economy on the Field of Development", en J. Alt y K. Shepsle (eds.), *Perspectives on Positive Political Economy,* Cambridge, Mass., Cambridge University Press, 1990.

Bazdrech, C. y S. Levy, "Populism and Economic Policy in Mexico," en R. Dornbusch y S. Edwards (eds.), *The Macroeconomics of Populism in Latin America,* Chicago, University of Chicago Press, 1991.

Becker, G., "A Theory of Competition among Pressure Groups for Political Influence", *Quarterly Journal of Economics,* núm. 98, 1983, pp. 371-400.

Beltrán del Río, A., "El síndrome del petróleo mexicano: primeros síntomas, medidas preventivas y pronósticos", *Comercio Exterior,* vol. 30, núm. 6, 1980.

Bennet, D. C. y K. Sharpe, *Transnational Corporations* versus *the State, The Political Economy of the Mexican Auto Industry,* Princeton, N.J., Princeton University Press, 1985.

Bennett, M., *Public Policy and Industrial Development: The Case of the Mexican Auto Parts Industry,* Boulder, Co., Westview Press, 1986.

Bennett, T., "Cooperación y resultados en las relaciones entre México y Estados Unidos", en William Glade y Cassio Luiselli (eds.), *La Economía de la interdependencia: México y Estados Unidos,* México, FCE, 1989.

Bhaghwati, J., *International Trade. Selected Readings,* Cambridge, Mass., MIT Press, 1988.

———, *Political Economy and International Economics,* Cambridge, Mass., MIT Press, 1991.

Bhaghwati, J. y D. Irwin, "The Return of the Reciprocitarians: U. S. Trade Policy Today", *The World Economy,* vol. 10, núm. 2, 1987, pp. 109-130.

Blanco Mendoza, H., *Las negociaciones comerciales de México con el mundo,* México, Fondo de Cultura Económica, 1994.

Boatler, R. W., "Las predicciones de la teoría del comercio internacional y el crecimiento de las exportaciones de manufacturas de México", *El Trimestre Económico,* vol. 41, núm. 164, octubre-diciembre, 1974.

Brailovsky, V., "Las implicaciones macroeconómicas de pagar: la política económica ante la 'crisis' de la deuda en México, 1982-1988", en C.

Bazdrech, N. Bucay, S. Loaeza y N. Lustig (eds.), *México: auge, crisis y ajuste,* México, Fondo de Cultura Económica, 1989.

Bravo Aguilera, L., "Las nuevas tarifas de los impuestos generales de importación y exportación en México", *Comercio Exterior,* vol. 25, núm. 3, 1975, pp. 287-293.

———, "La política comercial de México y el Acuerdo General sobre Aranceles Aduaneros y Comercio", en Blanca Torres y Pamela Falk (eds.), *La adhesión de México al* GATT, México, El Colegio de México, 1989a.

———, "La política de comercio exterior de México y su presencia en las relaciones comerciales con Estados Unidos", en William Glade y Cassio Luiselli (eds.), *La economía de la interdependencia: México y Estados Unidos,* México, Fondo de Cultura Económica, 1989b.

Brothers, D. y L. Solís, *Mexican Financial Development,* Austin, University of Texas Press, 1966.

Bueno, G., "La estructura de la protección en México en 1960", en B. Balassa (ed.), *Estructura de la protección en países en desarrollo,* México, Centro de Estudios Monetarios Latinoamericanos, 1974.

———, *México-Estados Unidos,* México, El Colegio de México, 1987.

Calderón Martínez, A., "La promoción de las exportaciones en México", *Comercio Exterior,* vol. 20, núm. 1, 1970.

Calvo, G. y E. G. Mendoza, "Petty Crime and Cruel Punishment: Lessons from the Mexican Debacle", *American Economic Review,* vol. 86, núm. 2, 1996, pp. 170-175.

Calzada Falcón, F., E. G. Tiburcio y A. A. Gutiérrez Lara, *El sector externo en la crisis,* México, Universidad Autónoma de Puebla, 1987.

Camp, R. A., *Entrepeneurs and Politics in Twentieth-Century Mexico,* Nueva York, Oxford University Press, 1989.

———, *Politics in Mexico,* Nueva York, Oxford University Press, 1993.

Canacintra, "La industria de la transformación y el GATT", *Comercio Exterior,* núm. 2, 1980, pp. 174-185.

Carpizo, J., *Estudios constitucionales,* México, UNAM, 1980.

Carrillo Castro, A., *La reforma administrativa en México,* México, Instituto Nacional de Administración Pública, 1978.

Carrillo Aronte, R., "The Role of the State and the Entrepreneural Sector in Mexican Development", en Sylvia Maxfield y Ricardo Anzaldúa (eds.), *Government and Private Sector in Contemporary Mexico,* San Diego, Ca.: Center for U.S.-Mexican Studies-University of California, San Diego, 1986.

Casar, J. I., *Transformación en el patrón de especialización del comercio exterior y el sector manufacturero mexicano, 1978-1987,* México, Nafinsa-Instituto Mexicano de Estudios Trasnacionales, 1989.

Casar, J. I., "La competitividad de la industria manufacturera mexicana", *El Trimestre Económico,* núm. 237, 1992, pp. 113-183.

Casar, J. I., C. Márquez Padilla, S. Marván, G. Rodríguez y J. Ros, *La organización industrial en México*, México, Siglo XXI, 1990.

Casar, M. A., "Pronafice: industriales y gobierno en una estrategia compartida", *Política Mexicana*, núm. 1, julio-agosto, 1984.

———, "Empresarios y Estado en el gobierno de Miguel de la Madrid: en busca de un nuevo acuerdo", en C. Bazdrech, N. Bucay, S. Loaeza y N. Lustig (eds.), *México: auge, crisis y ajuste*, México, Fondo de Cultura Económica, 1989.

Cassing, J., T. J. McKeown y J. Ochs, "The Political Economy of the Tariff Cycle", *American Political Science Review*, vol. 80, núm. 3, septiembre, 1986, pp. 843-862.

Cavazos Lerma, M., "La promoción de exportaciones en México: análisis y propuestas", en IMCE (ed.), *El Comercio Exterior de México*, México, 1982.

Caves, R., "Economic Models of Political Choice: Canada's Tariff Structure", *Canadian Journal of Economics*, núm. 9, 1976, pp. 278-300.

Cheh, J., "United States Concessions in the Kennedy Round and Short-Run Labor Adjustment Costs", *Journal of International Economics*, núm. 4, 1974, pp. 323-340.

Clavijo, F. y S. Valdivieso, "La creación de empleo mediante el comercio exterior: el caso de México", *El Trimestre Económico*, núm 50, 1983, pp. 873-916.

———, Sáez, y Scheuer, "¿A qué modelo de industrialización corresponden las exportaciones mexicanas?", *El Trimestre Económico*, vol. 45, núm. 177, enero-marzo, 1978.

Cline, W. R., *Exports of Manufacturers from Developing Countries: Performance and Prospects for Market Access*, Washington, Brookings Institution, 1984.

Colegio Nacional de Economistas, "México ante el GATT: implicaciones y opciones", *El Economista Mexicano*, vol. XIV, núm. 2, 1980, pp. 6-21.

Colmenares Páramo, D., "La economía mexicana y el FMI", *El Economista Mexicano*, vol. XII, núm. 6, 1978, pp. 37-60.

Comercio Exterior (ed.), *Cuestiones económicas nacionales*, México, Banco Nacional de Comercio Exterior, 1971.

Comercio Exterior, "Recuento nacional", *Comercio Exterior*, vol. 25, núm. 5, 1971, pp. 506-507.

Concamin, *¿Qué es Concamin?*, México, Concamin, 1992.

Concanaco, *¿Qué es Concanaco Servytur?*, México, Concanaco, 1992.

Corden, M., *The Theory of Protection*, Oxford, Clarendon Press, 1971.

Córdoba Montoya, J., "El programa mexicano de reordenación económica, 1983-1984", en SELA (ed.), *El FMI, El Banco Mundial, y la crisis latinoamericana*, México, Siglo XXI, 1986.

———, "Diez lecciones de la reforma económica mexicana", en *Nexos*, núm. 14, febrero, 1991.

Cornes, R. y T. Sandler, *The Theory of Externalities, Public Goods, and Club Goods*, Cambridge, Mass., Cambridge University Press, 1986.

Cordera, R. C. y C. Tello, *La disputa por la nación,* México, Siglo XXI, 1979.

Cornelius, W., "The Political Economy of Mexico under De la Madrid: Austerity, Routinized Crisis, and Nascent Recovery", *Estudios Mexicanos,* vol. 1, núm. 1, 1990, pp. 83-124.

Cypher, J. M., *State and Capital in Mexico: Development Policy since 1940,* Boulder, Co., Westview Press, 1990.

———, "Mexico's Export Promotion Policy: un nuevo patrón de acumulación?", en P. Ganster, A. G. Espinoza, y A. Grunstein (eds.), *Changes in U.S.-Mexican Relations: Beyond the Border,* México, Universidad Autónoma Metropolitana, Profmex y ANUIES, 1994.

———, "Institutional Concerns and Mechanisms from Tripartite Free Trade Negotiations in North America", en S. J. Tandall, H. Konrad, y S. Silverman (eds.), *North America Without Borders?,* Calgary, University of Calgary Press, 1991b.

De la Madrid, M., *Las razones y las obras. Crónica de sexenio. Primer año,* México, Fondo de Cultura Económica, 1983.

———, *Las razones y las obras. Crónica de sexenio. Segundo año,* México, Fondo de Cultura Económica, 1984.

———, *Las razones y las obras. Crónica de sexenio. Tercer año,* México, Fondo de Cultura Económica, 1985.

———, *Las razones y las obras. Crónica de sexenio. Cuarto año,* México, Fondo de Cultura Económica, 1986.

———, *Las razones y las obras. Crónica de sexenio. Quinto año,* México, Fondo de Cultura Económica, 1987.

———, *Las razones y las obras. Crónica de sexenio. Sexto año,* México, Fondo de Cultura Económica, 1988.

De Mateo, F., "Contribución a la polémica sobre el GATT", *Comercio Exterior,* vol. 30, núm. 2, 1980, pp. 111-117.

———, "Del ¡NO! al ¡SÍ! Historia de un matrimonio por conveniencia (México frente al GATT)", en Gustavo del Castillo (ed.), *México en el GATT: ventajas y desventajas,* México, El Colegio de la Frontera Norte, 1986.

De Mateo, F., "La política comercial de México y el GATT", *El Trimestre Económico,* núm. 217, 1988, pp. 175-216.

De Rossi, F., *The Mexican Entrepreneur,* París, OECD, 1970.

Dehesa Dávila, M., "Tipos de empresa y el comercio exterior de manufacturas", *Economía Mexicana,* núm. 4, 1983.

Del Castillo, G., "El Tratado de Libre Comercio y las empresas manufactureras mexicanas", *Comercio Exterior,* vol. 41, núm. 7, 1991a, pp. 682-688.

Del Castillo, G., "The Generalized System of Preferences and Mexican-U. S. Relations", *Latin American Studies Association,* Bloomington, Indiana, 1980.

Destler, I. M., *American Trade Politics,* Washington, Institute for International Economics, 1992.

Dixit, A., *International Trade Theory,* Cambridge, Mass., Cambridge University Press, 1987.

Domínguez, J. I., *Mexico's Political Economy: Challenges at Home and Abroad*, Beverly Hills, Ca., Sage, 1982.

Dornbusch, R., "The Case for Trade Liberalization in Developing Countries", *The Journal of Economic Perspectives*, vol. 6, núm. 1, 1992, pp. 69-86.

Downs, A., *An Economic Theory of Democracy*, Harper Collins, 1957.

Eatwell, J. y A. Singh, "¿Se encuentra sobrecalentada la economía mexicana?", *Economía Mexicana*, núm. 3, 1981, pp. 253-268.

Echeverría, L., *Todos con México. Reuniones nacionales de estudio. Discursos de Luis Echevería Álvarez*, México, Carlos Hank *et al.*, 1970.

Eggertson, T., Economic Behavior and Institutions, Cambridge, Mass., Cambridge University Press, 1990.

Erb, G., "U. S.-Mexican Trade and Investment Agreements", *Hearing on Bilateral Trade Agreements by the Subcommittee of International Trade*, Committee on Finance, U. S. Senate, 13 de marzo, 1989.

——— y G. Joseph, "Aspectos del comercio bilateral entre México y Estados Unidos", en William Glade y Cassio Luiselli (eds.), *La economía de la interdependencia: México y Estados Unidos*, México, Fondo de Cultura Económica, 1989.

Fajnzybler, F. y T. Martínez Tarragó, *Las empresas transnacionales*, México, Fondo de Cultura Económica, 1976.

Findlay, R. y S. Wellisz, "Endogenous Tariffs, the Political Economy of Trade Restrictions and Welfare", en Jagdish Bhaghwati (ed.), *Import Competition and Response*, Chicago, University of Chicago Press, 1982.

Fieleke, N., "The Tariff Structure for Manufacturing Industries in the United States: A Test of Some Traditional Explanations", *Columbia Journal of World Business*, núm. 11, 1976, pp. 98-104.

Flores Caballero, R., *Administración y política en la historia de México*, México, INAP y Fondo de Cultura Económica, 1988.

Frieden, J. A., *Debt, Development and Democracy*, Princeton, N. J., Princeton University Press, 1991.

Gallardo, J., "La coordinadora de organismos empresariales para el comercio exterior", en *Hacia un Tratado de Libre Comercio con América del Norte*, México, Miguel Ángel Porrúa, 1991.

García Rocha, A., "Concentración industrial y pagos a los factores en México", en Nora Lustig (ed.), *Panorama y perspectivas de la economía mexicana*, México, El Colegio de México, 1980.

García y Griego, M. y G. Vega Cánovas, *México-Estados Unidos*, México, El Colegio de México, 1985.

Gil Díaz, F., "El camino de México: de la estabilidad a la inflación", en Arnold Harberger (ed.), *El crecimiento económico en el mundo*, México, Fondo de Cultura Económica, 1988.

——— y R. Ramos, "Lecciones desde México", en M. Bruno, G. Di Tella, R. Dornbusch, y S. Fischer (eds.), *Inflación y estabilización*, México, Fondo de Cultura Económica, 1988.

Gil Díaz F. y A. Carstens, "One Year of Solitude: Some Pilgrim Tales About Mexico's 1994-1995 Crisis", *American Economic Review,* vol. 86, núm. 2, 1996, pp. 164-169.

Gilpin, R., *The Political Economy of International Relations,* Princeton, N.J., Princeton University Press, 1987.

Glade, W. y L. Cassio, *La economía de la interdependencia: México y Estados Unidos,* México, Fondo de Cultura Económica, 1989.

Gollás, M., "Estructura y causas de la concentración en México", *El Trimestre Económico,* núm. 178, abril-junio, 1982.

Gómez Oliver, A., *Políticas monetaria y fiscal de México: la experiencia desde la posguerra,* México, Fondo de Cultura Económica, 1981.

Gómez Tagle, S., *Las estadísticas electorales de México,* México, Colmex, 1990.

González Vela, G., "La carga tributaria de la importación de mercancías y la política de desmantelamiento del sistema de permisos previos a la importación, 1976-1979", *Working Paper* SIE, Banco de México, 1980a.

———, "Estructura y dinámica de las fracciones arancelarias sujetas al régimen de permiso previo a la importación de 1977 a junio de 1980", *Working Paper* SIE, Banco de México, 1980b.

Grayson, G. W., *The Mexican Labor Machine: Power Politics, and Patronage,* Washington, Center for International and Strategic Studies, 1989.

Green, R. y P. H. Smith, *Foreign Policy in U. S.-Mexican Relations,* San Diego, Ca., Center for U.S.-Mexican Studies, UCSD, 1989.

Greenway, D. y L. A. Winters, *Surveys in International Trade,* Nueva York, Basil Blackwell, 1994.

Gutiérrez, R., "El endeudamiento externo del sector privado de México, 1971-1991", *Comercio Exterior,* vol. 42, núm. 9, 1992, pp. 852-854.

Haggard, S., *Pathways from the Periphery,* Ithaca, Cornell University Press, 1990.

——— y R. Kaufman, *The Politics of Economic Adjustment,* Princeton, N. J., Princeton University Press, 1992.

Hamilton, N., *The Limits of State Autonomy,* Princeton, N. J., Princeton University Press, 1982.

———, *Modern Mexico,* Londres, Sage, 1989.

Harberger, A., "Secrets of Success: A Handful of Heroes", *American Economic Review,* vol. 83, núm 2, mayo, 1993, pp. 344-350.

Helleiner, G. K., "The Political Economy of Canada's Tariff Structure: An Alternative Model", *Canadian Journal of Economics,* núm. 10, 1977, pp. 318-336.

Heredia, B., "Making Economic Reform Politically Viable: The Mexican Experience", en W. C. Smith, C. H. Acuña y E. A. Gamarra (eds.), *Democracy, Markets, and Structural Reform in Latin America: Argentina, Bolivia, Brazil, Chile, and Mexico,* Miami, North-South Center, University of Miami y Transaction Publishers, 1994.

Hernández Cervantes, H., "El futuro del comercio entre México y Estados Unidos", en IMCE (ed.), *El comercio exterior de México,* México, IMCE, 1982.

Hernández Laos, E., *La productividad y el desarrollo industrial de México,* México, Fondo de Cultura Económica, 1985.

Hernández Rodríguez, R., *Empresarios, banca y Estado: el conflicto durante el gobierno de José López Portillo, 1976-1982,* México, Flacso-Miguel Ángel Porrúa, 1988.

———, "Los problemas de representación en los organismos empresariales", *Foro Internacional,* vol. 31, núm. 3, enero-marzo, 1991, pp. 446-471.

Hierro, J. y A. Sanguinés, "Public Sector Behavior in Mexico", en Felipe Larraín y Marcelo Selowsky (eds.), *The Public Sector and the Latin American Crisis,* San Francisco, ICS Press, 1991.

Hillman, A., "Declining Industries and Political-Support Protectionist Motives", *American Economic Review,* núm. 72, 1982, pp. 1180-1187.

———, *The Political Economy of Protection,* Chur, Hardwood Academic, 1989.

Hirschleifer, J., "The Dark Side of the Force", *Working Paper,* núm. 702, UCLA Dept. of Economics, julio, 1993.

Hufbauer, G., "The Impact of National Characteristics and Technology on the Commodity Composition of Trade in Manufactured Goods", en R. Vernon (ed.), *The Technology Factor in International Trade,* Nueva York, National Bureau of Economic Research, 1970.

———, W. N. Hamel Smith y F. G. Vukmanic, "Bilateral Trade Relations", en S. Haufman y J. Purcell (eds.), *Mexico-U.S. Relations,* Nueva York, Praeger, 1981.

Ibarra, D., "Mercados, desarrollo y política económica: perspectivas de la economía de México", *Comercio Exterior,* vol. 20, núm. 2, 1970, pp. 103-109.

IMCE, *El comercio exterior de México,* México, Siglo XXI, 1982.

Ize, A. y G. Vera (eds.), *La inflación en México,* México, El Colegio de México, 1984.

Izquierdo, R., "Protectionism in Mexico", en R. Vernon (ed.), *Public Policy and Private Enterprise in Mexico,* Cambridge, Mass., Harvard University Press, 1964.

———, "The Positions of Private Enterprise", en R. Vernon (ed.), *Public Policy and Private Enterprise in Mexico,* Cambridge, Mass., Harvard University Press, 1964.

Jacobs, E., "La evolución reciente de los grupos de capital privado nacional", *Economía Mexicana,* núm. 3, 1981.

Kahler, M., "External Influence, Conditionality, and the Politics of Adjustment", en *The Politics of Economic Adjustment,* Princeton, N. J., Princeton University Press, 1992.

Kaufman, R., "Economic Orthodoxy and Political Change in Mexico: The Stabilization and Adjustment Policies of the De la Madrid administration", en B. Stallings y R. Kaufman (eds.), *Debt and Democracy in Latin America,* Boulder, Co., Westview Press, 1989.

Kindleberger, C., "Group Behavior and International Trade", *Journal of Political Economy,* núm. 1, 1951, pp. 30-46.

King, T., *Mexico: Industrialization and Trade Policies since 1940,* Londres, Oxford University Press, 1970.

Krueger, A. O., "The Political Economy of the Rent-Seeking Society", *American Economic Review,* núm. 64, 1974, pp. 291-303.

Labastida, J. y M. del Campo, "Los grupos dominantes frente a las alternativas de cambio", *El perfil de México en 1980,* México, Siglo XXI, 1970.

Labra, A., *Para entender la economía mexicana: introducción a la economía política de México,* México, UNAM, 1987.

Lazcano Espinoza, E., *Política económica en México,* México, IMEF, 1987.

Leamer, E., *Sources of International Comparative Advantage,* Cambridge, Mass., Cambridge University Press, 1984.

———, "Factor-Supply Differences as a Source of Comparative Advantage", *American Economic Review,* vol. 83, núm. 2, mayo, 1993, pp. 436-439.

Levy, S., "Foreign Trade and Its Impact on Employment: The Mexican Case", *Journal of Development Economics,* 1981.

Little, I. M., R. N. Cooper; W. M. Corden y S. Rajapatirana, *Boom, Crisis, and Adjustment. The Macroeconomic Experience of Developing Countries,* Washington, The World Bank, 1993.

Looney, R. E., *Economic Policymaking in Mexico: Factors Underlying the 1982 Crisis,* Durham, N.C., Duke University Press, 1985.

López Portillo, J., *Mis tiempos,* México, Fernández, 1988.

Luna, M.; R. Tirado y F. Valdéz, "Businessmen and Politics in Mexico", en S. Maxfield y R. Anzaldúa (eds.), *Government and Private Sector in Contemporary Mexico,* San Diego, Ca., Center for U. S.-Mexican Studies, University of California, San Diego, 1986.

Luna, M. y R. Tirado, *El consejo coordinador empresarial: una radiografía,* México, Instituto de Investigaciones Sociales, UNAM, 1992.

Lustig, N. (ed.), *Panorama y perspectivas de la economía mexicana,* México, El Colegio de México, 1980.

———, "Tipo de cambio, protección efectiva y exportaciones manufactureras. México, 1983-1987", en J. W. Wilkie y J. Reyes Heroles G. G. (eds.), *Industria y trabajo en México,* México, Universidad Autónoma Metropolitana-Azcapotzalco, 1990.

———, *Mexico: The Remaking of an Economy,* Washington, Brookings Institution, 1992.

Lyman, D., "Astucia diplomática: política estadunidense para un pacto de subsidios bilateral y la entrada de México al GATT (1980, 1985)", en B. Torres y P. Falk (eds.), *La adhesión de México al GATT,* México, El Colegio de México, 1989.

Magee, S. P., "The Political Economy of Trade Policy: A survey", en D. Greenaway y A. Winters (ed.), *Surveys in International Trade*, Cambridge, Basil Blackwell, 1994.

———, W. Brock y L. Young, *Black Hole Tariffs and Endogenous Policy Theory*, Cambridge, Mass., Cambridge University Press, 1989.

Malpica de Lamadrid, L., *¿Qué es el GATT?*, México, Grijalbo, 1988.

Marks, S. V. y J. McArthur, "Empirical Analyses of the Determinants of Protection: A Survey and Some New Results", en J.S. Odell y T.D. Willett (eds.), *International Trade Policies: Gains from Exchange between Economics and Political Science*, Ann Arbor, Mich., The University of Michigan Press, 1990.

Martínez J. J. y E. Jacobs, "Competencia y concentración: el caso del sector manufacturero, 1970-1975", *Economía Mexicana*, núm. 2, 1980, pp. 131-162.

Martínez Nava, J. M., *Conflicto Estado-Empresario*, México, Nueva Imagen, 1984.

Martín del Campo, M., *Industrialización en México*, México, El Colegio de México, 1985.

Marvel, H. P. y E. J. Ray, "The Kennedy Round: Evidence on the Regulation of International Trade in the United States", *American Economic Review*, núm. 73, 1983, pp. 190-197.

Matus Pacheco, J., "Elementos para evaluar la conveniencia del ingreso de México al GATT", *Comercio Exterior*, núm. 2, 1985, pp. 118-122.

Maxfield, S., *Governing Capital: International Finance and Mexican Politics*, Ithaca, Cornell University Press, 1990.

——— y R. Anzaldúa, *Government and Private Sector in Contemporary Mexico*, San Diego, Ca., Center for U. S.-Mexican Studies-University of California, San Diego, 1986.

Mayer, W., "Endogenous Tariff Formation", *American Economic Review*, núm. 74, 1984, pp. 970-985.

Meller, P., "The Pattern of Industrial Concentration in Latin America" *The Journal of Industrial Economics*, vol. 27, núm. 1, septiembre, 1978.

Mendrichaga, R., *La Cámara Industrial de Nuevo León, 1944-1988*, México, EM ediciones, 1989.

Mexico-U.S. Business Committee, *Report of the Advisory Group on Capital Development for Mexico*, Washington, Mexico-U.S. Business Committe, 1987.

———, "Testimony of Guy F. Erb. Hearing on Bilateral Trade Agreements by the Subcommittee on International Trade, Committee of Finance, U.S. Senate", 13 de marzo de 1989 (mimeo.), Washington, U.S. Council of the Mexico-U.S. Business Committee, 1989a.

Mexico-U.S. Business Committee, "Options for Liberalizing U.S.-Mexico Trade and Investment" (mimeo.), Washington, U.S. Council of the Mexico-U.S. Business Committee, 1989b.

Meyer, L., *México-Estados Unidos*, México, El Colegio de México, 1983.

Milner, H. V., "Trading Places: Industries for Free Trade", *World Politics,* núm. 40, 1988, pp. 350-376.

Molina Warner, I., "El endeudamiento externo del sector privado y sus efectos en la economía mexicana", *Comercio Exterior,* vol. 31, núm. 10, octubre, 1981, pp. 1140-1147.

Montemayor, R. *et al.*, *El sistema económico mexicano,* México, Premiá, 1982.

Moreno Uriegas, M. A. y R. Flores Caballero, *Evolución de la deuda pública externa de México,* México, Castillo, 1995.

Mosk, S., *Industrial Revolution in Mexico,* Berkeley, University of California Press, 1950.

Mueller, D., *Public Choice II,* Cambridge, Mass., Cambridge University Press, 1989.

Mussa, M., "Tariffs and the Distribution of Income: The Importance of Factor Specificity, Substitutibility, and Intensity in the Short and Long Run", *Journal of Political Economy,* núm. 82, 1974, pp. 1191-1203.

Nam, ChongHyn, "Export-Promoting Subsidies, Countervailing Threats, and the general Agreement of Tariffs and Trade", *The World Bank Economic Review,* vol. 1, núm. 4, 1987, pp. 727-743.

Nash, J., "Mexico: Adjustmend and Stabilization", en V. Thomas, A. Chhiber y J. De Melo (eds.), *Restructuring Economies in Distress: Policy Reform and the World Bank,* Washington, World Bank y Oxford University Press, 1991.

Neary, P., "Short-Run Capital Specificity and the Pure Theory of International Trade", *Economic Journal,* núm. 88, 1978, pp. 488-510.

Nelson, D., "Endogenous Tariff Theory: A Critical Survey", *American Journal of Political Science,* vol. 32, núm. 3, 1988, pp. 796-837.

Newell, R. y L. Rubio, *Mexico's Dilemma: The Political Origins of Economic Crisis,* Boulder, Co., Westview Press, 1984.

Nogués, J., "Nota sobre los casos de aranceles compensatorios de Estados Unidos en contra de México", *Estudios Mexicanos,* vol. 1, núm. 2, 1986.

Noyola, P. y J. Serra, "Rebalancing Government Direction and Market Guidance", *Westview Press,* 1987.

Olson, M., *The Logic of Collective Action,* Princeton, N.J., Princeton University Press, 1965.

———, *The Rise and Decline of Nations,* New Haven, Conn., Yale University Press, 1982.

Ordeshook, P., *Game Theory and Political Theory,* Cambridge, Mass., Cambridge University Press, 1986.

Ortega Gómez, A., "El sistema *antidumping* mexicano: factor crítico de la apertura comercial", *Comercio Exterior,* vol. 39, núm. 3, 1989, pp. 206-214.

Ortiz, G., "Economic Expansion, Crisis, and Adjustment in Mexico (1977-1983)", en M. Connolly y J. McDermott (eds.), *The Economics of the Caribbean Basin,* Nueva York, Praeger, 1985.

Ortiz Wadgymar, A., *Manual del comercio exterior de México,* México, Instituto de Investigaciones Económicas, UNAM, 1988.

Papageorgious, D., M. Michaealy y A. M. Choksi, *Liberalizing Foreign Trade in Developing Countries: The Lessons of Experience,* Cambridge, Mass., Basil Blackwell, 1990.

Partido Revolucionario Institucional, *México: el reto económico y el reto social. Ideas de Carlos Salinas de Gortari,* México, Comité Directivo Estatal del Partido Revolucionario Institucional del Estado de Guerrero, 1988.

Pastor, M. y C. Wise, "The Origins and Sustainability of Mexico's Trade Policy", *International Organization,* vol. 48, núm. 3, 1994, pp. 459-490.

Pastor, R. A. y J. Castañeda, *Limits to Friendship: The United States and Mexico,* Nueva York, Knopf, 1988.

Peltzman, S., "Toward a More General Theory of Regulation", en George Stigler (ed.), *Chicago Studies in Political Economy,* Chicago, The University of Chicago Press, 1971.

Pellicer de Brody, O., "La política de los Estados Unidos hacia México en la coyuntura actual: ¿una relación muy especial?", *Working Paper,* núm. 7, Latin American Program, Woodrow Wilson Center for Scholars, 1978.

Peñaloza Webb, T., "La adhesión de México al GATT", *Comercio Exterior,* vol. 35, núm. 12, diciembre, 1985, pp. 1160-1168.

Peñaloza Webb, R. y M. Voljc, "Políticas de fomento a las exportaciones, 1982-1988", *Comercio Exterior,* vol. 39, núm. 8, 1989, pp. 688-697.

Pérez Motta, "Efectos sobre la asignación de recursos de la nueva estrategia de política comercial de México", en B. Torres y P. Falk (eds.), *La adhesión de México al GATT. Repercusiones internas e impacto sobre las relaciones México-Estados Unidos,* México, El Colegio de México, 1989.

Pérez Núñez, W., "La estructura de la industria estatal", *Economía Mexicana,* núm. 4, 1982.

Perkins, W. H. y M. Roemer, *Reforming Economic Systems in Developing Countries,* Harvard, Mass., Harvard Institute for International Development, 1991.

Persson, T. y G. Tabellini, *Monetary and Fiscal Policy. Volume 1: Credibility,* Cambridge, Mass., MIT Press, 1994.

———, *Monetary and Fiscal Policy. Volume 2: Politics,* Cambridge, Mass., MIT Press, 1994.

Pincus, J., "Pressure Groups and the Pattern of Tariffs", en *Journal of Political Economy,* núm. 83, 1975, pp. 757-778.

Poitras, G. y R. Robinson, "The Politics of NAFTA in Mexico", *Journal of Interamerican Studies,* vol. 36, núm. 1, 1994, pp. 1-36.

Puga, C., *Empresarios medianos, pequeños y micro,* México, Institutio de Investigaciones Sociales, UNAM, 1992.

Purcell, J. F., "Trade Conflicts and U.S.-Mexico Relations", San Diego, Ca., Working Papers in U.S.-Mexican Studies, Program in U.S.-Mexican Studies, UCSD, 1982.

Querol Cabrera, V., "Exportaciones de México a Estados Unidos: desde la salvaguardia a los impuestos compensatorios", en IMCE (ed.), *El comercio exterior de México,* México, Siglo XXI, 1982.

Ramírez de la O, R., "Las empresas transnacionales y el comercio exterior de México", *Comercio Exterior,* núm. 31, octubre, 1981, pp. 1154-1168.

Ramírez Rancaño, "Los empresarios mexicanos: las fracciones dominantes", *Problemas del Desarrollo,* vol. 6, núm. 24, noviembre-enero, 1975.

Ray, E. J., "The Determinants of Tariff and Nontariff Trade restrictions in the United States", *Journal of Political Economy,* vol. 89, núm. 1, 1981, pp. 105-121.

Reyes Heroles, G. G., *Política macroeconómica y bienestar en México,* México, Fondo de Cultura Económica, 1983.

———, "Reestructuración industrial y productividad en México: hacia una política industrial de base cero", en J. W. Wilkie y J. Reyes Heroles G.G. (eds.), *Industria y trabajo en México,* México, Universidad Autónoma Metropolitana-Azcapotzalco, 1990.

Reynolds, C., *The Mexican Economy,* New Haven, Yale Univerity Press, 1970.

Rhodes, Carolyn, *Reciprocity, U.S. Trade Policy, and the GATT Regime,* Ithaca, Cornell University Press, 1993.

Rizzo, S., "Generation and Allocation of Oil Economic Surpluses", en P. Aspe y P. Sigmund (eds.), *The Political Economy of Income Distribution in Mexico,* Nueva York, Homes and Meyer, 1985.

Rocha, J. R., "La evolución del tipo de cambio", *Comercio Exterior,* vol. 37, núm. 9, septiembre, 1987.

Rodrik, D., "Credibility of Trade Reform -a Policy Maker's Guide", *The World Economy,* vol. 12, núm. 1, marzo 1989a, pp. 1-16.

———, "Promises, Promises: Credible Policy Reform Via Signaling", *The Economic Journal,* núm. 99, septiembre, 1989b, pp. 756-757.

———, "The Limits of Trade Policy Reform in Developing Countries", *The Journal of Economic Perspectives,* vol. 6, núm. 1, 1992, pp. 87-106.

———, "The Positive Economics of Policy Reform", *American Economic Review,* vol. 83, núm. 2, mayo, 1993, pp. 357-361.

———, "What Does the Political Economy Literature on Trade Policy (Not) Tell us that We Ought to Know?" *Handbook of International Economics III,* (próxima aparición).

———, y R. Fernández, "Resistance to Reform: Status Quo Bias in the Presence of Individual-Specific uncertainty", *American Economic Review,* núm. 81, 1991, pp. 1146-1155.

Ros, J., "Mexico from Oil Boom to the Debt Crisis: An Analysis of Policy Response to External Shocks", en R. Thorp y L. Whitehead (eds.), *Latin*

American Debt and the Adjustment Crisis, Pittsburg, University of Pittsburgh Press, 1987.

———, "On the Political Economy of Market and State Reform in Mexico", en W. C. Smith; C. H. Acuña y E. A. Gamarra (eds.), *Democracy, Markets, and Structural Reform in Latin America: Argentina, Bolivia, Brazil, Chile, and Mexico,* Miami, North-South Center, University of Miami and y Transaction Publishers, 1994.

——— y E. Vásquez, "Industrialización y comercio exterior, 1950-1977", *Economía Mexicana,* núm. 2, 1980.

Rothblatt, J., "The Impact of the Mexican Government's Export Promotion Policy on the Footwear Industry" (mimeo.), México, Colmex, 1990.

Rubinstein, A., "Perfect Equilibrium in a Bargaining Model", *Econométrica,* núm. 50, 1982, pp. 97-109.

Russell, P., *Mexico under Salinas,* Austin, Mexico Resource Center, 1994.

Salas, J., "Estimación de la función de importaciones para México", *El Trimestre Económico,* núm. 49, 1982, pp. 295-335.

———, "Estimación de la función de importaciones para México: una revisión", *El Trimestre Económico,* núm. 5, 1988, pp. 819-845.

Salinas Chávez, A., "Los Pitex y la exportación manufacturera", *Comercio Exterior,* vol. 40, núm. 1, 1990, pp. 16-22.

Santaella, Julio, "Stabilization Programs and External Enforcement: Experience from the 1920s", IMF *Staff Papers,* vol. 40, núm. 3, 1993, pp. 585-623.

Saunders, R. S., "The Political Economy of Effective Protection in Canada's Manufacturing sector", *Canadian Journal of Economics,* núm. 13, 1980, pp. 340-348.

Schatán, C., "Efectos de la liberalización del comercio exterior de México", en *Economía Mexicana,* núm. 3, 1981, pp. 79-108.

———, "Destino de las importaciones y política comercial de México (1975-1980)", *Estudios Económicos,* vol. 1, núm. 2, 1986, pp. 255-280.

Scherer, F. M., "The Determinants of Plant Sizes in Six Nations", *Review of Economics and Statistics,* vol. 50, núm. 2, mayo, 1972.

SECOFI, "Concesiones recibidas por México en el GATT", *Comercio Exterior,* vol. 30, núm. 2, 1980.

SECOFI, *Programa de fomento integral a las exportaciones* (mimeo.), 1985.

SECOFI, *Apertura comercial y modernización industrial,* México, Cuadernos de Renovación Nacional-Fondo de Cultura Económica, 1988.

SHCP y Banco de México, "Carta de Intención al FMI", en *Comercio Exterior,* núm. 4, 1985, pp. 414-418.

SHCP, *Deuda externa,* México, Cuadernos de Renovación Nacional, FCE, 1988.

Sepúlveda, B. y A. Chumacero, *La inversión extranjera en México,* México, Fondo de Cultura Económica, 1973.

Serra Puche, J. y P. García Alba, "Causas y efectos de la crisis económica de México", *Jornadas,* núm. 104, México, El Colegio de México, 1984.

Solís, L., *La economía mexicana: política y desarrollo,* México, Fondo de Cultura Económica, 1973.

———, *La realidad económica mexicana: retrovisión y perspectivas,* México, Siglo XXI, 1975.

Spero, J. A., *The Politics of International Economic Relations,* Nueva York, St. Martin's Press, 1990.

Stallings, B., "International Influence on Economic Policy: Debt, Stabilization, and Structural Reform", *The Politics of Economic Adjustment,* Princeton, N. J., Princeton University Press, 1992.

Stigler, G., "The Theory of Economic Regulation", *Bell Journal of Economics and Management Science,* núm. 2, 1971, pp. 3-21.

———, *Chicago Studies in Political Economy,* Chicago, Ill., The University of Chicago Press, 1988.

Story, D., *Industry, the State, and Public Policy in Mexico,* Austin, University of Texas Press, 1986.

Székely, Gabriel, *La economía política del petróleo en México,* México, El Colegio de México, 1983.

Teichman, J., *Policymaking in Mexico,* Boston, Mass., Allen and Unwin, 1988.

Tello, C., *La política económica en México, 1971-1976,* México, Siglo XXI, 1978.

———, *La nacionalización de la banca,* México, Siglo XXI, 1984.

Ten Kate, A., "Trade Liberalization and Economic Stabilization in Mexico: Lessons of Experience", *World Development,* núm. 20, 1992a, pp. 659-672.

———, "Apertura comercial y estructura de la protección en México: un análisis de la relación entre ambas", *Comercio Exterior,* vol. 39, núm. 6, 1989b, pp. 497-511.

———, "El ajuste estructural de México. Dos historias diferentes", en *Pensamiento iberoamericano,* núm. 21, 1992b, pp. 57-78.

——— y F. de Mateo, "Apertura comercial y estructura de la protección en México: estimaciones cuantitativas de los ochenta", *Comercio Exterior,* vol. 39, núm. 4, 1989a, pp. 312-329.

———, R. Wallace, A. Warts y M. D. Rodríguez de Wallace, *La política de protección en el desarrollo económico de México,* México, Fondo de Cultura Económica, 1979.

Torres, B. y P. Falk, *La adhesión de México al* GATT, México, El Colegio de México, 1989.

Trefler, D., "Trade Liberalization and the Theory of Endogenous Protection", *Journal of Political Economy,* vol. 101, núm. 1, 1993, pp. 138-160.

Trejo Delarbre, *Crónica del sindicalismo en México (1976-1988),* México, UNAM, Siglo XXI, 1990.

Trejo Reyes, S., "El sector externo de la economía mexicana", *El Trimestre Económico,* vol. XLII, núm. 2, 1975, pp. 339-427.

———, "Concentración industrial y política económica en México", *Comercio Exterior,* núm. 33, 1983, pp. 818-827.

Tsebelis, G., *Nested Games,* Los Ángeles, University of California Press, 1990.

Unger, K., *Competencia monopólica y tecnología en la industria mexicana,* México, El Colegio de México, 1985.

———, *Las exportaciones mexicanas ante la reestructuración industrial internacional,* México, Fondo de Cultura Económica, 1990.

———, y L. C. Saldaña, "Las economías de escala y de alcance en las exportaciones mexicanas", *El Trimestre Económico,* vol. 56, núm. 222, 1989, pp. 471-495.

Urencio, C., "Ante la perspectiva de un mercado común de América del Norte", *Comercio Exterior,* vol. 31, núm. 10, 1981, pp. 1179-1184.

United States International Trade Commission, *Review of Trade and Investment Liberalization Measures by Mexico and Prospects for Future United States-Mexican Relations. Phase I: Recent Trade and Investment Reform Undertaken by Mexico and Implications for the United States,* Investigation 332-282, Pub. 2275, Washington, USITC, 1990.

Van Long, N. y N. Vousden, "Protectionist Responses and Declining Industries", *Journal of International Economics,* vol. 30, núm. 1/2, febrero, 1991, pp. 87-103.

Vega Cánovas, G., "Las exportaciones mexicanas y el neoproteccionismo norteamericano", en L. Meyer (ed.), *México-Estados Unidos,* México, El Colegio de México, 1983.

Vega Cánovas, G. (ed.), *México ante el Libre Comercio con América del Norte,* México, El Colegio de México-Universidad Tecnológica de México, 1991.

Velasco S., J. A., *Impacts of Mexican Oil Policy on Economic and Political Development,* Lexington, Mass., Lexington Books, 1982.

Velazco, L. A., "El sector industrial en los ochenta, desde la perspectiva de sus dirigentes empresariales", en Concamin (ed.), *Historia y desarrollo industrial de México,* México, Concamin, 1988.

Vernon, R., *The Dilemma of Mexico's Development,* Cambridge, Mass., Harvard University Press, 1963.

Villarreal, R., *El desequilibrio externo en la industrialización de México: un enfoque estructuralista,* México, El Colegio de México, 1976.

———, *La contrarrevolución monetarista,* México, Océano, 1984.

———, *Industrialización, deuda y desequilibrio externo en México: un enfoque neoestructuralista (1929-1988),* México, Fondo de Cultura Económica, 1988.

———, y R. Villarreal, "El comercio exterior de México y la industrialización de México a la luz del nuevo GATT", *Comercio Exterior,* núm. 2, 1980, pp. 142-155.

Vousden, N., *The Economics of Trade Protection,* Cambridge, Mass., Cambridge University Press, 1991.

Waldheim, K., E. Mendoza, R. Flores Caballero, *et al., Justicia económica internacional,* México, Fondo de Cultura Económica, 1975.

Webb, S., "Tariff Protection for the Iron Industry, Cotton Textiles, and Agriculture in Germany, 1879-1914", *Jahrbucher fur Nationalokonomie und Statistik,* vol. 192, núm. 34, 1977, pp. 336-357.

Weintraub, S., *Free Trade between Mexico and the United States?*, Washington, The Brookings Institution, 1984.

———, *México frente al Acuerdo de Libre Comercio Canada-Estados Unidos,* México, Diana, 1989.

———, *A Marriege of Convenience: Relations between Mexico and the United States,* Nueva York, Oxford University Press, 1990.

Whitehead, L., "De la banca rota a la prosperidad. Una evaluación política del Programa Mexicano de Estabilización", *Comercio Exterior,* vol. 31, núm. 9, 1981, pp. 1031-1038.

Wilkie, J., "The Six Ideological Phases of Mexico's 'Permanent Revolution' since 1910", *Society and Economy in Mexico,* Los Ángeles, Ca., UCLA Latin American Center Publications, 1990.

Williamson, O. E., *The Economic Institutions of Capitalism,* Nueva York, The Free Press, 1985.

World Bank, *Mexico, Manufacturing Sector: Situation, Prospects and Policies,* Washington, The World Bank, 1979.

———, *Mexico: Trade Policy, Industrial Performance, and Adjustment,* Washington, The World Bank, 1986.

Zabludovsky, J., "Trade Liberalization and Macroeconomic Adjustment in Mexico, 1983-1988" (mimeo.), Secofi, 1989.

———, "Las negociaciones del Tratado de Libre Comercio de Norte América", en *Testimonios sobre el TLC,* México, Miguel Ángel Porrúa, 1994.

Zazueta, C. y R. de la Peña, *La estructura del Congreso del Trabajo,* México, Fondo de Cultura Económica, 1984.

Zedillo Ponce, E., "Mexico's Recent Balance-of-Payments Experience and Prospects for Growth", en *World Development,* núm. 14, 1986.

Publicaciones periódicas

Business Mexico
El Día
El Financiero
El Universal
Excélsior
Expansión. Las 500 Empresas más grandes. Varios números.
Expansión. Las 200 Exportadoras. Varios números.
Proceso. Varios números.
UnomásUno

Documentos oficiales y publicaciones gubernamentales

Poder Ejecutivo, *Plan básico de gobierno (1976-1982)*, reimpreso en *Antología de la planeación en México (1917-1985)*, México, SPP y Fondo de Cultura Económica, 1976.

Poder Ejecutivo, *Programa nacional de desarrollo industrial*, reimpreso en SPP (ed.), *Antología de la planeación en México (1917-1985). Programas de desarrollo sectorial*, México, SPP y Fondo de Cultura Económica, 1979.

Poder Ejecutivo, *Plan global de desarrollo. Programas de desarrollo sectorial*, reimpreso en SPP (ed.), *Antología de la planeación en México (1917-1985)*, México, SPP y Fondo de Cultura Económica, 1980.

Poder Ejecutivo, *Plan de energía*, reimpreso en SPP (ed.), *Antología de la planeación en México (1917-1985). Programas de desarrollo sectorial*, México, SPP y Fondo de Cultura Económica, 1980.

Poder Ejecutivo, *Plan nacional de desarrollo (1983-1988)*, reimpreso en SPP (ed.), *Antología de la planeación en México (1917-1985). Sistema nacional de planeación democrática*, México, SPP y Fondo de Cultura Económica, 1983a.

Poder Ejecutivo, *Decreto que crea la Comisión Mixta para la Promoción de Exportaciones. Antología de la planeación en México (1917-1985). Sistema Nacional de Planeación Democrática*, México, SPP y Fondo de Cultura Económica, 1983b.

Poder Ejecutivo, *Programa Nacional de Fomento Industrial y Comercio Exterior (1984-1988)*, reimpreso en SPP (ed.), *Antología de la planeación en México (1917-1985). Desarrollo industrial, energético y minero (1982-1985)*, México, SPP y Fondo de Cultura Económica, 1985.

Poder Ejecutivo, *Ley Reglamentaria del Artículo 131 de la Constitución Política de los Estados Unidos Mexicanos en materia de comercio exterior, Diario Oficial de la Federación*, 31 de enero, 1986a.

Poder Ejecutivo, *Acciones Adicionales para Promover las Exportaciones en el Marco del "Programa de Fomento Integral a las Exportaciones" (Profiex)*, México, Gabinete de Comercio Exterior, 1986b.

Presidencia de la República, *Los presidentes de México. Discursos políticos, 1910-1988*, México: Presidencia de la República y El Colegio de México, 1988.

Senado de la República, *Consulta sobre el GATT*, México, Talleres Gráficos de la Nación, 1986.

Fuentes estadísticas

Banco de México, *Indicadores económicos,* varios números.

Banco Nacional de Comercio Exterior, *Comercio Exterior,* varios números.

Instituto Nacional de Estadística, Geografía e Informática, *Censo industrial 1985,* Mexico, SPP, INEGI, 1986.

Instituto Nacional de Estadística, Geografía e Informática, *Censo industrial 1988,* Mexico, SPP, INEGI, 1989.

Instituto Nacional de Estadística, Geografía e Informática, *Estadísticas históricas de México,* tomo I, INEGI, 1990.

Instituto Nacional de Estadística, Geografía e Informática, *Estadísticas históricas de México,* tomo II. INEGI, 1990.

Instituto Nacional de Estadística, Geografía e Informática, *Información estadística sobre relaciones laborales de jurisdicción local, 1985-1989,* México, INEGI, 1992.

Instituto Nacional de Estadística, Geografía e Informática, *Sistema de Cuentas Nacionales de México,* INEGI, varios números.

Nacional Financiera, *La economía mexicana en cifras,* varios números.

Secofi, *Resumen de la protección implícita por rama,* mimeo, 1991.

ÍNDICE DE CUADROS

ÍNDICE GENERAL

Tercera Parte
DETERMINANTES DE LA ESTRUCTURA DE PROTECCIÓN MEXICANA

Cuarta Parte
DETERMINANTES DEL NIVEL DE PROTECCIÓN DE LA ECONOMÍA MEXICANA

Quinta Parte
IMPLICACIONES Y CONCLUSIONES

Este libro se terminó de imprimir en diciembre de 1998 en los talleres de Impresora y Encuadernadora Progreso, S. A. de C. V. (IEPSA), Calz. de San Lorenzo, 244; 09830 México, D. F. En su composición, parada en Solar, Servicios Editoriales, Calle 2, 21; 03810 México, D. F., se utilizaron tipos Aster de 10:12, 9:11 y 8:9 puntos. La edición consta de 2 000 ejemplares.